한국한자연구소 한자연구총서 12

유물로 읽는

한국 한자의 역사

하영삼(河永三)

도서출판 3
3 publication

유물로 읽는 한국 한자의 역사

Tracing the History of Hanja in Korea Through Artifacts

文物解讀韓國漢字的歷史

초판 1쇄 인쇄 2026년 1월 25일
초판 1쇄 발행 2026년 1월 31일

저자 하영삼(河永三)
펴낸 이 정혜정
펴낸 곳 도서출판 3
표지디자인·편집 정혜욱
인쇄 호성 P&P

출판등록 2013년 7월 4일 (제2020-000015호)
주소 부산광역시 금정구 중앙대로 1929번길 48
전화 070-7737-6738
팩스 051-751-6738
전자우편 3publication@gmail.com

ISBN 979-11-24090-33-6(93710)

이 도서는 2025년 문화체육관광부의 '중소출판사 성장부문 제작지원'사업의 지원을 받아 제작되었습니다.

韓國漢字研究所
Center for the Study of Chinese Characters in Korea

한자연구총서 12

유물로 읽는
한국 한자의 역사

하영삼

Tracing the History of Hanja in Korea Through Artifacts

도서출판 3
3 publication

머리말

머리말

    문자는 인류 문명의 근간이자 지식과 문화를 전달하는 매개입니다. 특히 동아시아에서 한자는 수천 년 동안 이러한 역할을 맡아 왔으며, 한국 역시 이 거대한 문자 문화권의 일원으로서 한자와 깊은 인연을 맺어 왔습니다. 그러나 한국의 한자 사용은 단순한 수용에 그치지 않았습니다. 우리는 한자를 받아들이면서도 우리의 언어와 문화에 맞게 이를 변용하고 발전시켜 우리의 문자로 만들어왔습니다. 이 책은 바로 이러한 한국 한자의 독특한 여정을 탐구할 것입니다.

    현재 전 세계가 주목하고 있는 'K(한국)-문화' 현상의 근저에는 한국 문명의 독특한 하이브리드적 특성이 자리하고 있다 생각합니다. 데리다(Derrida)의 관점에서 볼 때, 한국은 문자학적으로 로고스 중심 문명(소리 중심의 한글)과 문자 중심 문명(의미 중심의 한자)이 결합한, 세계에서 유일한 문명입니다. 이처럼 이중적 문자 체계가 공존하고 경쟁하면서 새로운 역사를 만들어 온 경험은 한국인의 사유구조에 동양적이면서도 서양적이고, 서양적이면서도 동양적인 복합적 특성을 부여했습니다. 바로 이러한 두 문자의 특성이 결합한 혼융성이 K-문화에 세계인들이 감동하는 정서적 깊이와 현대적 감각을 제공하게 된 한 문명사적 토대라 할 수 있습니다.

한국 한자의 역사는 곧 한국 문화의 역사이기도 합니다. 한자는 우리의 사상과 제도, 예술과 일상생활 등 거의 모든 영역에 깊숙이 스며들어 있습니다. 특히 고급문화일수록 더 그렇습니다. 따라서 한국 한자의 역사를 이해하는 것은 한국 문화의 정수를 이해하는 길이기도 합니다. 이 책은 이러한 인식을 바탕으로, 한국 한자의 역사를 단순한 문자 체계나 역할의 변천사가 아니라 우리 문화의 정체성을 형성해 온 핵심 요소로 바라보고자 합니다. 그래서 한자를 한글과 함께 'K-문자'의 하나로 정의하고자 합니다.

이 책의 또 다른 큰 특징은 270여 점에 이르는 한자 관련 유물을 중심으로 한국 한자의 역사를 조명한다는 점입니다. 금석문, 목간, 문헌, 비문, 그림 등 다양한 유물은 각 시대의 한자 사용 양상을 생생하게 보여 주는 실재 자료입니다. 이 유물들을 통해 한자가 어떻게 수용되고 변용되며, 우리의 것으로 자리 잡아 갔는지를 구체적으로 확인할 수 있습니다. 그래서 이러한 유물은 단순한 역사적 사실을 넘어, 그것을 남기고 사용했던 사람들의 생각과 삶의 방식까지도 우리에게 전해주는 직접적인 유산입니다.

이 책에서는 한국 한자의 역사를 크게 네 단계로 나누어 살폈습니다.

1단계: 한자 수용 이전 단계.

2단계: 한자의 수입과 초기 수용 단계.

3단계: 한자의 변용과 독자적 발전 단계.

4단계: 한글 창제 이후 한자와의 공존 단계.

여기에서는 이 네 단계의 각 시기별로 대표적인 유물을 선별하여 소개하고, 이를 통해 한국 한자 사용의 특징과 변화를 분석했습니다.

특히 이 책은 한국 한자의 독자성에 주목하려 노력했습니다. 중국 중심의 한자 문명사 서술이 지배적인 현 상황에서 한국의 한자 사용 역사는 오랫동안 종속적 위치로 평가 절하되어 왔습니다. 그러나 한국은 중국에서 한자를 받아들이면서도 이를 우리의 언어 체계에 맞게 창조적으로 변용해 왔습니다. 향찰(鄕札), 구결(口訣), 이두(吏讀)와 같은 독특한 표기 체계는 물론, 새로운 한자 창제, 그리고 한자의 음과 훈을 활용한 고유한 어휘 체계를 발전시켜 왔습니다. 고구려, 백제, 신라, 가야와 고려 및 발해의 한자 사용 양상에서부터 조선 시대의 한국 고유 한자 창조, 또 지금도 이루어지는 한자의 새로운 응용 등에 이르기까지, 이러한 과정을 통해 한국 한자는 중국이나 일본의 한자와는 구별되는 특유의 성격을 갖게 되었습니다. 이 책에서는 이러한 한국 한자의 독자적 발전 과정을 구체적인 유물 자료를 통해 보여 주고, 한자를 'K-문자'의 한 축으로 자리매김 시키고자 했습니다.

또한 이 책은 언어학, 역사학, 문화인류학, 고고학, 예술사 등 다양한 학문 분야의 연구 성과를 종합하는 다학제적 접근을 시도하였습니다. 이를 통해 한자가 한국 사회의 정치·사회·문화는 물론 예술과 종교 등 여러 분야에서 어떻게 활용되었고, 어떤 역할을 수행했는지를 고찰했습니다. 이는 한자가 단순한 문자 체계를 넘어 우리 문화의 근간을 이루는 핵심 요소임을 강조하기 위함입니다.

한글 창제 이후의 상황도 중요하게 다루었습니다. 한자는 중국에서 빌려와 사용한 문자 체계였지만 한국화하면서 한국의 주요한 문자로 기능했습니다. 이러한 배경에서, 한글이 창제된 이후에도 한글과 한자는 치열한 쟁투를 계속했습니다. 이는 문자 자체가 '권력과 헤게모니'의 장악과 밀접하게 관련되었음을 다시 한 번 증명해 줍니다. 매우 비밀스럽게 진행되었던 한글 창제, 위대한 한글이 창제되었음에도 세종 대에만 잠시 한자와 병행되었을 뿐, 그 이후 19세가 말까지 한자가 공식 문자로서의 지위를 가졌던 것도 이러한 헤게모니 쟁투의 결과입니다. 이 시기의 유물들을 통해, 우리는 한글과 한자가 어떻게 경쟁하고, 또 공존하며, 또 창의적 발전을 이루어 왔는지를 살펴보게 될 것입니다.

또 하나, 이 책은 한국이라는 일국의 시야를 벗어나, 동아시아라는 더 큰 맥락에서 한국 한자의 위치를 조명했습니다. 한국, 일본, 나아가 베트남까지도 모두 중국과 함께 한자 문화권에 속하지만, 각국의 한자 사용 역사는 미묘하면서도 중요한 차이를 보입니다. 이러한 비교를 통해 한국 한자의 특징을 더욱 선명하게 이해할 수 있을 것입니다.

마지막으로, 4차 산업혁명과 AI시대에 접어든 현재, 문자 데이터의 정확성과 의미 및 해석의 고유성 확보는 국가 주권의 새로운 영역이 되어 'AI 주권'으로 호명됩니다. 인류사 최고의 표의문자 체계인 한자가 한국에서 어떻게 수용·변용·발전해 왔는지, 또 'K-문자'로 어떻게 자리 잡고 그 역할을 수행해왔는지를 규명하는 일은 한국이라는 일국의 한자 연구를 넘어서는 인류 문명사적 의의를 지니며, 미래 디지털 문명에서 한국의 문화적 정체성을 보호하는 데에도 전략적 의미를 가질 것입니다.

하나 더, 이 책은 집필 지침에 의해, 엄밀한 의미의 학술서는 아니지만 가능한 깊이를 가진 고급 교양서를 지향하고 있습니다. 따라서 전문적인 지식을 쉽고도 흥미롭게 전달하고자 노력했으며, 특히 풍부한 유물 자료와 시각 자료를 활용하여, 한국 한자의 역사를 보다 생생하게 체험할 수 있도록 구성했습니다.

이 책은 한국의 문자 문화에 관심 있는 모든 이들을 위한 것입니다. 인문학에 관심을 가진 일반 독자는 물론, 대학생, 한국학 연구자, 그리고 한국 문화에 관심 있는 외국인 독자까지 다양한 독자층을 염두에 두었습니다. 특히 최근 전 세계적으로 폭발적 사랑을 받고 있는 'K-문화'의 붐 속에서, 한국 문자 문화에 대한 이해를 높이는 데 조그만 기여가 되었으면 하는 바람을 담았습니다.

『유물로 읽는 한국 한자의 역사』를 통해 독자 여러분께서 한국 문화의 근간을 이루어 온 한자의 위대한 역사적 여정을 함께 할 수 있었으면 좋겠습니다. 그리고 이 여정이 한국 문화와 'K-문자'에 대한 더 깊은 이해와 사랑으로 이어지기를 희망합니다.

2026년 1월

도고재(渡古齋)에서 하영삼(河永三)

저술 개요

『유물로 읽는 한국 한자의 역사』는 한국 문화의 핵심 요소이자 'K-문자'의 주요 축인 한자의 역사를 유물을 중심으로 조명하는 독창적이고도 종합적인 시도입니다. 한자 수용 이전부터 현대에 이르기까지의 장구한 변천사를 실물 자료에 근거하여 재구성함으로써, 한국 한자의 독자성과 동아시아 문자 문명 속의 위상을 규명하고자 했습니다. 이의 주요 특징과 의의는 다음과 같이 요약될 수 있습니다.

1. 실증적 유물 중심 접근

금석문, 목간, 문헌, 비문, 그림 등 270여 점에 이르는 다양한 한자 관련 유물을 통해 한국 한자의 발전 과정을 생생하게 소개했습니다. 각 시대를 대표하는 유물을 엄선하여 한눈에 변천사를 조망할 수 있도록 구성하였으며, 추상적 이론이 아닌 구체적 증거를 바탕으로 한국 한자사의 실체를 드러내고자 했습니다.

2. 'K-문자'로서의 한국 한자의 독자성 규명

향찰, 구결, 이두 등 한국 고유 한자 등 한국만의 문자 운용 방식을 체계적으로 분석하였습니다. 이는 중국 한자의 단순 수입·수용을 넘어, 우리의 언어와 문화에 맞게 창조적으로 변용하고 토착화해 온 과정을 상세히 보여줍니다. 고구려와 발해 및 고려의 한자 사용에서 조선시대 고유 한자 창제에 이르기까지의 독창적 발전은 중국 중심 한자 문명사에 대한 대안적 관점을 제시해 줄 것입니다.

3. 통시적 시각과 폭넓은 문화적 맥락

한자 수용 이전부터 현대까지를 관통하는 통시적 시각에서 정치, 경제, 사회, 문화, 예술, 종교 등 다양한 영역과 한자와의 관계를 탐구했습니다. 특히 한글 창제 이후 한자와 한글이 벌였던 헤게모니 쟁투를 문자 본질적 속성과 문명사적 관점에서 해석함으로써, 한국의 문자 전통이 지닌 독특한 이중성과 혼융성을 규명하고자 했습니다.

4. 동아시아 비교 문화적 시각

'비교'는 자기를 타자화 하여 더욱 객관적이고 정확하게 보게 하는 중요한 방법입니다. 이러한 인식에 기초하여 한·중·일 삼국의 한자 사용 양상을 비교 분석하여 한국 한자의 특수성을 부각하고자 노력했습니다. 동일한 한자 문화권 안에서도 각국이 보여준 상이한 수용·변용의 경로를 대비함으로써, 한국 한자가 한국 문화의 정체성 형성에 기여해 온 방식을 더욱 분명히 드러내고자 했습니다.

5. 다학제적 종합 접근

언어학, 역사학, 문화인류학, 고고학, 예술사 등 여러 학문 분야의 성과를 종합해 한국 한자의 역사를 다각도로 조망하였습니다. 이를 통해 기존의 단편적·부분적 연구를 넘어, 한국 한자 문화를 총체적 관점에서 이해할 수 있는 토대를 마련하고자 했습니다.

6. 대중적 접근성과 교육적 활용성

전문 학술 연구를 기반으로 하되, 일반 독자도 이해하기 쉬운 서술 방식을 지향했습니다. 난해한 한자학 개념을 평이하게 풀어 쓰고, 학술적 어투를 지양함으로써 한자에 대한 대중적 접근을 도모했습니다. 제공된 풍부한 시각 자료와 도판 등은 청소년 교육 및 한자·역사 교육 현장에서 활용 가능하도록 하였습니다.

7. 현재적 의의와 미래 지향적 전당

전 세계가 주목하는 K-문화 현상의 근원의 한 축을 한글과 한자가 공존해온 '문자의 혼용성'을 문자학적 배경으로 설명하고, AI 시대의 '문자 주권' 확보라는 미래지향적 과제를 제기하였습니다. 이는 한자 교육, 문화재 보존, 국제 문화 교류 등 오늘날의 현안과 연결하여, 한국 한자 문화가 나아 가야 할 방향을 제시하는데도 분명한 역할을 할 것입니다.

8. 국제적 학술 가치

이 책은 향후 중국에서 기획된 "동아시아 한자로드"(한국· 중국·일본·베트남) 총서의 한 권으로 번역·출간이 예정되어 있습니다. 이를 통해 한국 주도의 동아시아 한자 문명사 연 구가 국제적으로 인정받는 계기를 마련하고자 합니다. 나아 가 'K-문자'(한글과 한자)의 혼융성이라는 문자사적 관점에서 'K-문화'의 근본적 배경을 밝힘으로써, 한국 문화의 세계적 확산에 대한 학술적 근거를 제공하고 동아시아 문명사에서 한국의 독자적 지위를 확립하는 데 기여하게 될 것입니다.

목차

 목 차

머리말
저술개요

제1장 문자 이전 • 1
    제1절 문자란 무엇인가? • 1
    제2절 문자의 발명과 의의 • 9

제2장 한자의 수입 • 17
    제1절 한자의 수입 경로 • 17
    제2절 한자의 수입시기: 원삼국시대 • 28
        (1) 북부: 고조선(古朝鮮)과 부여(夫餘) • 29
        (2) 중부와 서남부: 마한(馬韓)과 예(濊) • 42
        (3) 동남부: 진한(辰韓)과 변한(弁韓) • 47
        (4) 가야(伽倻) • 51

제3장 수용 초기의 한자: 삼국시대 • 59
    제1절 고구려 • 61
    제2절 백제 • 74
    제3절 신라 • 88
    제4절 한자의 일본 전파 • 103

 목 차

제4장 자각과 변용 시기의 한자 • 111
   제1절 '임신서기석(壬申誓記石)'체 • 113
   제2절 향찰(鄕札) • 118
   제3절 이두(吏讀) • 121
   제4절 구결(口訣) • 129

제5장 완숙 시기의 한자: 통일 신라~고려 • 135
   제1절 통일신라시대 • 135
      (1) 금석 • 138
      (2) 목간 • 152
      (3) 토기 • 165
      (4) 종이 • 170
   제2절 발해(渤海) • 180
   제3절 고려(高麗) • 191
      (1) 목판 • 195
      (2) 활자 • 215
      (3) 필사 • 224
      (4) 자기(瓷器) • 228
      (5) 목간 • 238
      (6) 금석 • 242

 목 차

제6장 조선시대: 『훈민정음』의 창제와 한자 • 251

　제1절 통치와 문자 • 251

　제2절 한글의 창제 • 259

　　(1) 창제 과정 • 259

　　(2) 창제 의의 • 268

　　(3) 훈민정음의 보급 • 270

　제3절 한글과 한자의 이원적 발전 • 281

제7장 근대와 현대의 한자 • 297

　제1절 근대: 한글의 공식문자 인정과 국한문 혼용 • 297

　제2절 일제강점기의 언어지배와 저항 • 306

　　(1) 무단통치기 • 306

　　(2) 문화정치기 • 308

　　(3) 민족말살기 • 310

　제3절 광복 이후: 국한문 혼용과 현재 • 313

　　(1) 한글 사용정책의 변화 • 313

　　(2) 상용한자의 제정 • 319

　제4절 21세기와 디지털 시대 • 327

　　(1) 국어기본법과 균형적 언어 정책 • 327

　　(2) 한류와 한글의 세계화 • 328

　　(3) AI 시대의 새로운 언어 환경 • 330

목 차

제8장 인쇄와 한자의 보급 • 335

　제1절 목판 • 338

　제2절 활자 • 346

　　(1) 금속활자 • 349

　　(2) 목활자 • 370

　　(3) 진흙 활자 • 376

　제3절 석경(石經)과 와경(瓦經) • 378

제9장 종교와 한자 • 385

　제1절 불교 • 385

　　(1) 삼국시대 • 386

　　(2) 고려시대 • 388

　　(3) 조선시대 • 393

　　(4) 일제강점기 • 397

　　(5) 현대 • 399

　제2절 유교 • 403

　　(1) 삼국시대 • 404

　　(2) 고려시대 • 406

　　(3) 조선시대 • 409

　　(4) 일제강점기 • 415

　　(5) 현대 • 417

　제3절 도교 • 420

　제4절 기독교 • 437

　　(1) 천주교 • 438

　　(2) 개신교 • 447

 목 차

제10장 예술과 한자 • 459

    제1절 서예 • 459

        (1) 삼국시대 • 461

        (2) 통일신라시대 • 469

        (3) 고려시대 • 478

        (4) 조선시대 • 484

        (5) 근현대 • 499

    제2절 문자도 • 503

    제3절 캘리그라피와 디자인 • 505

제11장 AI시대 한자와 동아시아, 그리고 미래 • 513

    제1절 동아시아에서의 한자 • 513

    제2절 동아시아 공용 한자 • 515

    제3절 인공지능(AI) 시대의 한자의 미래 • 522

        (1) 한국 한자의 독자성 • 522

        (2) 한국의 독특한 혼용형 모델 • 527

        (3) 양자역학의 미래와 한자 • 534

제12장 결론: 미래 전망과 과제 • 541

참고문헌 • 553

제1장

문자 이전

제1장 문자 이전

제1절 문자란 무엇인가?

문자는 인류 문명의 핵심 요소 가운데 하나로, 개념을 시각적 부호로 표현한 언어 체계이다.[1] 인간과 동물을 구분 짓는 가장 중요한 특징 가운데 하나가 언어의 사용인데, 여기에는 음성 언어(말)와 시각 언어(문자)가 모두 포함된다. 인류의 발달 과정에서 사람들은 특정 개념을 음성이나 시각으로 표현하는 능력을 발전시켜 왔다. 이 가운데 음성 부호는

---

[1] 이에 대해서는 여러 가지 정의가 존재한다. 예를 들어 『한국민족문화대백과사전』(한국학중앙연구원)에서는 문자를 "인간의 말을 기록하기 위한 시각적 기호 체계"라고 정의한다. 그러나 이는 문자를 말의 부차적이고 종속적인 개념으로 한정하고 있어, 여러 면에서 문제가 있는 정의라고 할 수 있다.

비교적 자연스럽게 발생하여 널리 사용될 수 있었던 반면, 시각 부호인 문자는 공동체 구성원들 사이의 합의와 규칙을 필요로 했기 때문에 더 높은 수준의 사회·문화적 성취를 요구한다.

체계적인 문자 발명이 이루어지기 전에도 인류는 그림[圖畫]이나 새김[刻辭]과 같은 방식으로 개념을 시각화하려는 노력을 기울였다. 이러한 흔적은 신석기 시대의 **암각화**(岩刻畵)나 초기 형태의 **서계**(書契) 등에서 확인할 수 있다. 한반도에서도 한자 도입 이전에 이와 유사한 시도가 있었으며, 오늘날 국보로 지정된 여러 유적을 통해 그 모습을 엿볼 수 있다.

여기서 설명될 자료는 다음과 같다.

1. **반구대 암각화**(1-1): 울산 태화강 인근 절벽에 위치한 이 암각화는 약 7,000년 전 신석기 시대에 제작된 것으로 추정된다. 높이 약 4m, 너비 약 10m에 이르는 'ㄱ'자 모양 절벽 암반에 새겨진 바위그림에는 200여 점에서 많게는 296점에 이르는 다양한 그림이 남아 있다. 특히 포경(捕鯨) 장면은 지구상에서 확인된 것 중 가장 이른 사례로 알려져 있으며, 다양한 동물의 묘사 때문에 "인류 최초의 야생동물 분류 도감"으로 불리기도 한다.

2. **천전리 각석**(1-2): 울산 반구천 하류 대곡리 암각화와 약 2.3km 떨어진 지점에 위치한 이 바위에는, 신석기 시대에 새긴 것으로 추정되는 동물 그림과 사람이 활을 들고 사슴을 사냥하는 장면(상부)이 새겨져 있다. 그 아래에는 신라 시대에 금속 도구를 이용해 얇은 선으로 새긴 인물, 배, 용, 행렬 장면 등의 세선각(細線刻) 그림과 명문(銘文, 하부)이 함께 남아 있어, 서로 다른 시대의 흔적이

한 장소에 겹쳐 있다.

3. **농경문 청동기**(1-3): 충남 예산 동서리에서 출토되었으
며, 청동기 시대 농경 생활을 묘사한 문양이 새겨진 유물
로, 당시 농경 사회의 모습과 문화를 생생하게 전해 준다.

1-1(a). 울산 대곡리 반구대 암각화(蔚山大谷里盤龜臺岩刻畵)(『기호유물』 12쪽)

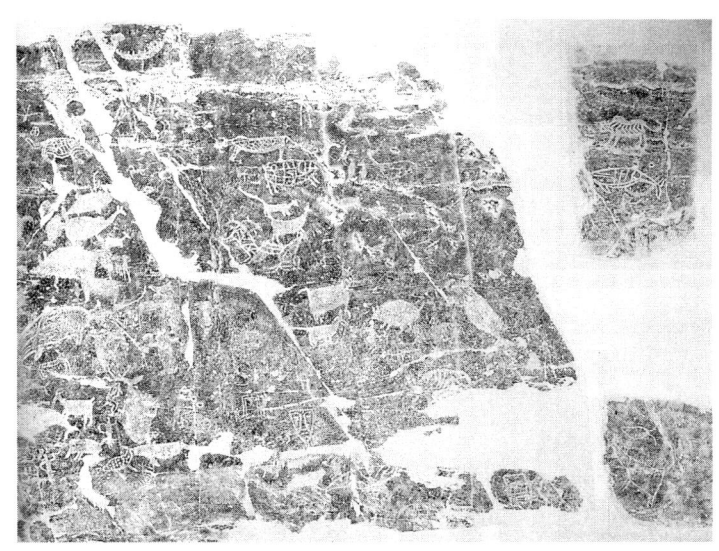

1-1(b). 울산 대곡리 반구대 암각화(蔚山大谷里盤龜臺岩刻畵)(『기호유물』 13쪽)

이 가운데 특히 주목되는 것이 세계에서 가장 오래된 고래 사냥 장면을 담고 있는 **반구대 암각화**(1-1a-c)와 한국에서 최초로 발견된 암각화 유적인 **천전리 명문 각석**(1-2)이다. 이 유적들은 2025년 '반구천의 암각화'라는 이름으로 함께 유네스코 세계문화유산에 등재되었으며, 그 결과 전 세계인의 관심을 끌고 있다.[2] 이러한 유물들은 문자 체계가 확립되기 이전, 한반도 선사인들의 의사소통 방식과 개념 표현 방식을 보여 주는 중요한 증거다. 이들은 후대에 발달하게 될 문자 체계의 선구자로 평가할 수 있으며, 인류 보편의 소통 욕구를 잘 드러낸다.

---

[2] 이들은 2025년 7월 12일 유네스코 세계유산에 정식으로 등재되었으며, 이로써 한국은 2025년 현재 유네스코 세계유산 17건을 보유하게 됐다.

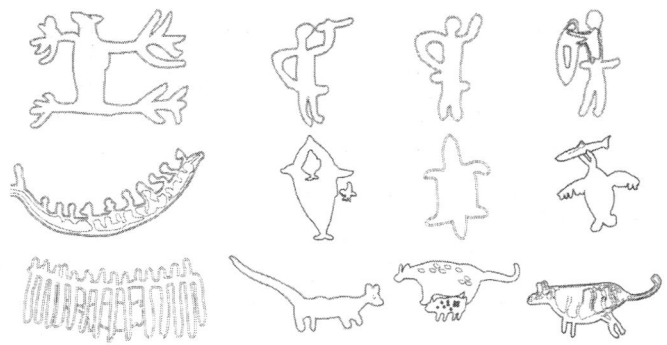

1-1(c). 울산 대곡리 반구대 암각화(『기호유물』 12~13쪽)

　반구대 암각화의 가장 흥미로운 점은 다양한 동물과 인간 활동의 구체적인 묘사에 있다. 고래와 개, 늑대, 호랑이, 사슴, 멧돼지, 곰, 토끼, 여우, 거북, 굴고기 등 다양한 생물이 등장하여 당시의 생태계와 환경을 한눈에 보여 준다. 특히 고래잡이 장면은 이 지역에서 실제로 고래 사냥이 이루어졌음을 증명하는 귀중한 자료다.

1-2. 울주 천전리 각석

(전호태(2018). "천전리 각석 명문 연구"『한국고대사연구』 91. 215쪽.)

한편, 울주 천전리 암각화는 선사시대의 바위그림과 역사시
대의 문자 기록이 한 곳에 공존하는 한국 대표 암각유적이
다.[3] 특히 같은 대곡천 유역에 위치한 반구대 암각화와 더불
어 한반도 시각기호문화의 연속성을 보여주면서도, 문자사용
의 여부와 내용 면에서 뚜렷한 대비를 이룬다. 반구대가 고
래사냥 등 선사인의 생활상을 그림으로 남긴 원시 시각기호
의 보고라면[4] 일명 서석(書石)이라 불리는 천전리 각석은 이
후 신라 시대에 이르러 문자가 등장한 바위그림으로서 한국

---

3) "울주 천전지 명문과 암각화"(蔚州 川前里 銘文과 巖刻畵), <한국민
   족문화대백과사전>, http://encykorea.aks.ac.kr/Article/E0040503
4) "'울주 천전리 각석' 바위가 들려주는 선사시대 이야기" <부산일보> 2020-02-05
   https://www.busan.com/view/busan/view.php?code=20200205000023

한자 문화 형성의 초기 단계를 잘 보여준다.

천전리 각석에 새겨진 바위그림은 상부와 하부로 뚜렷이 구분된다. 상단부에는 선사시대에 제작된 다양한 기하학적 문양과 동물상, 인물상 등 구체적 형상의 바위그림이 주로 확인되며, 이는 대부분 하나하나 점을 찍고 쪼아서 윤곽을 낸 점각(點刻) 기법으로 새겨져 있다. 이에 비해 하단부에는 삼국시대에서 통일신라시대에 이르는 여러 시대에 걸쳐 제작된 세선각화(細線刻畵), 즉 가는 선으로 그은 바위그림들과 한자로 된 명문(銘文)들이 뒤섞여 있다.

이렇듯 천전리 각석에서 그림과 문자는 분리되지 않고 상호보완적으로 존재했다. 바위그림들은 신라인들에게 이곳이 예로부터 신성한 장소임을 일깨워주는 시각적 증표였고, 그 주변에 새겨진 문자들은 선대의 방문과 기도를 언어화된 기록으로 축적해 나갔다. 예컨대 하부의 행렬도나 용선(龍船) 그림 등이 단순한 풍경 묘사가 아니라, 그 옆에 새겨진 왕족·귀족의 이름과 칭호, 기원하는 글귀와 함께 읽힐 때 비로소 맥락을 갖추게 된다. 천전리 명문은 선사시대 바위그림이 수행하던 주술적·상징적 기능을 넘어서서, 정확한 시간과 행위 주체, 목적을 기술하는 기록성을 지닌다고 할 수 있다.

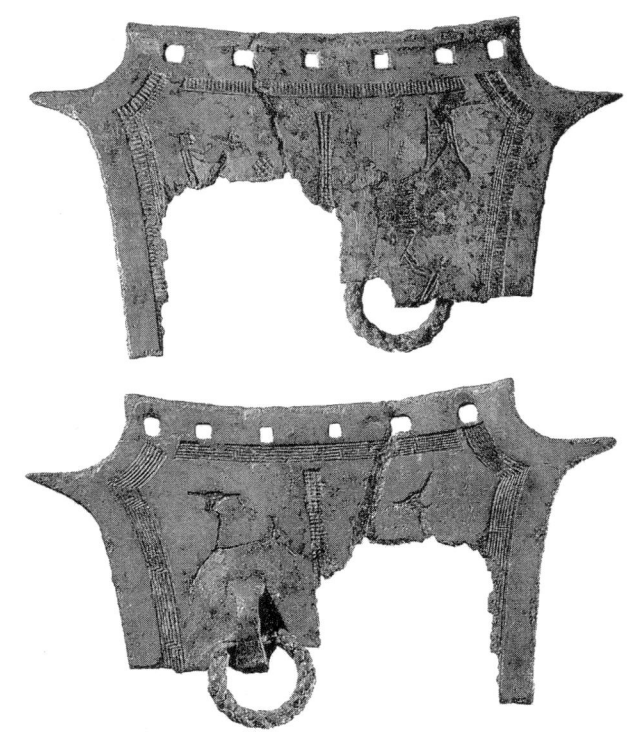

1-3 농경(農耕) 무늬 청동기(『문자』 12쪽)

　　한편 '농경(農耕) 무늬 청동기'(1-3)는 충남 예산 동서리에서
출토되어, 현재 국립중앙박물관에 소장되어 있는 귀중한 유
물이다. 폭 12.8cm에 불과한 작은 청동 작품이지만, 그 안에
담긴 내용은 선사시대 한반도의 농경문화를 생생하게 보여
준다. 오른쪽에는 머리에 긴 깃털 장식을 한 나체의 남자가
따비로 밭을 일구는 장면이 새겨져 있고, 그 옆 인물은 괭이

를 들고 있어 당시 사용된 농기구의 종류를 알려 준다. 왼쪽에는 항아리에 무언가를 담는 인물이 묘사되어 있어 수확과 저장의 과정까지 짐작하게 한다.

이 청동기는 단순한 도구가 아니라, 당시의 생활상을 담은 예술 작품이자 역사적 기록물이라 할 수 있다. 벌거벗은 인물의 표현은 노동 현장을 있는 그대로 보여 주며, 각 인물의 동작과 배치는 농경 사회에서의 분업 체계와 공동 노동의 양상을 암시한다. 이러한 점에서 농경문 청동기 역시 문자 이전 시기의 시각 언어로서, 후대 문자 체계의 탄생을 예비한 중요한 사례로 이해할 수 있다.

제2절 문자의 발명과 의의

문자의 발명은 인류 역사상 가장 혁명적인 사건 가운데 하나이다. 이는 단순한 의사소통 수단을 넘어 인류 문명의 진보를 이끄는 촉매제 역할을 했다. 말로만 전해지던 지식과 경험이 문자를 통해 시공간의 한계를 뛰어넘어 축적되고 전파될 수 있게 되었고, 이로 인해 인류 문화는 비약적으로 발전하게 되었다.

문자의 등장은 '역사' 시대의 시작을 알리는 이정표가 되었다. 이전의 선사시대와는 달리 문자의 사용으로 인류는 자신의 이야기를 직접 기록하고 후대에 전할 수 있게 되었다. 따라서 문자는 단순한 기록 수단을 넘어 문명의 상징이자 척도로 여겨지게 되었다.

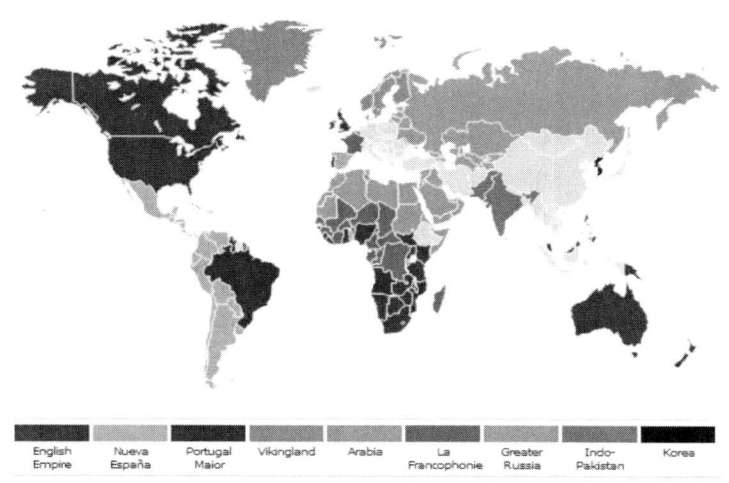

| English Empire | Nueva España | Portugal Maior | Vikingland | Arabia | La Francophonie | Greater Russia | Indo-Pakistan | Korea |

1-4. 세계의 언어 지도(CIA World Factbook: Ethnologue. The Economist.)

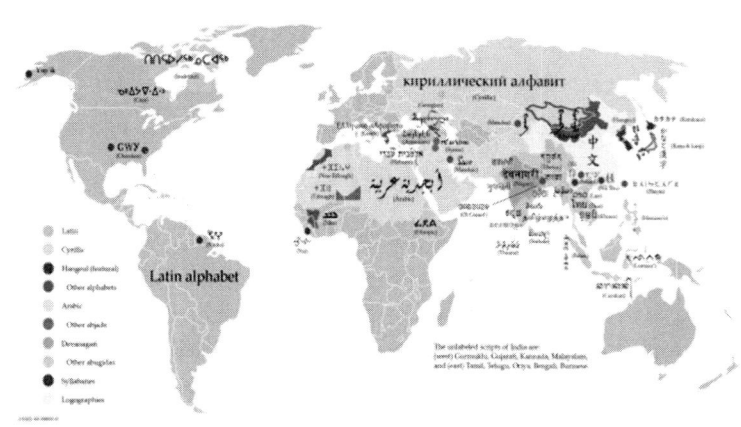

1-5. 세계의 문자 지도

세계 4대 문명의 발상지인 중국, 이집트, 메소포타미아, 인더스 강 유역에서는 일찍부터 독자적인 문자 체계가 발달했다. 그러나 이들 주변 국가는 대부분 자체적으로 문자를 만들지 못하고 이웃한 문명국의 문자를 차용해 사용했다. 이 과정에서 각국의 언어와 문화에 맞게 변형과 새로운 창조가 이루어졌으며, 한국의 한자 사용과 그 변용 과정도 대표적인 예라 할 수 있다.

현재 지구상에는 4,000~8,000개의 언어가 존재하는 것으로 추정되지만, 문자 체계는 채 100개도 되지 않는다.[5] 이는 문자 창제의 어려움과 동시에 문자의 보편성을 잘 보여준다. 중국도 56개 민족이 각자의 언어를 사용하지만, 모든 민족이 고유 문자를 가진 것은 아니며 17종의 고유 문자는 이미 소멸되었다.[6]

---

[5] 예컨대, 『언어학 및 언어교류도구 문제 핸드북(語言學及語言交際工具問題手冊)』(Handbücher zur Sprach- und Kommunikationswissenschaft (HSK))에서는 5,561종의 언어가 존재한다고 했으며, "Ethnologue: Languages of the World"와 같은 자료에서는 약 7,000개 이상의 생존 언어를 기록하고 있다(https://www.ethnologue.com).

[6] 이미 돌궐문(突厥文)·회흘문(回紇文)·찰합태문(察合台文)·우전문(于闐文)·언기(焉耆)－구자문(龜茲文)·속특문(粟特文)·파사파문(巴思巴文)·거란대자(契丹大字)·거란소자(契丹小字)·서하문(西夏文)·여진문(女眞文)·동파문자(圖畫文字)·사파도화문자(沙巴圖畫文字)·동파상형문자(東巴象形文字)·가파문(哥巴文)·수서(水書)·토화라문(吐火羅文) 등이 소멸되었다. 중국소수민족 언어와 문자 도표는 하영삼, 『한자의 세계』(신아사, 2013), 417~418쪽 참조. 또 중국의 소수민족 연구 현황에 대해서는 장극화(외)(지음), 하영삼·김화영(역), 『중국문자학 핸드북』(도서출판3, 2014), 제5장 "중국의 민족문자"(787~1185쪽) 참조.

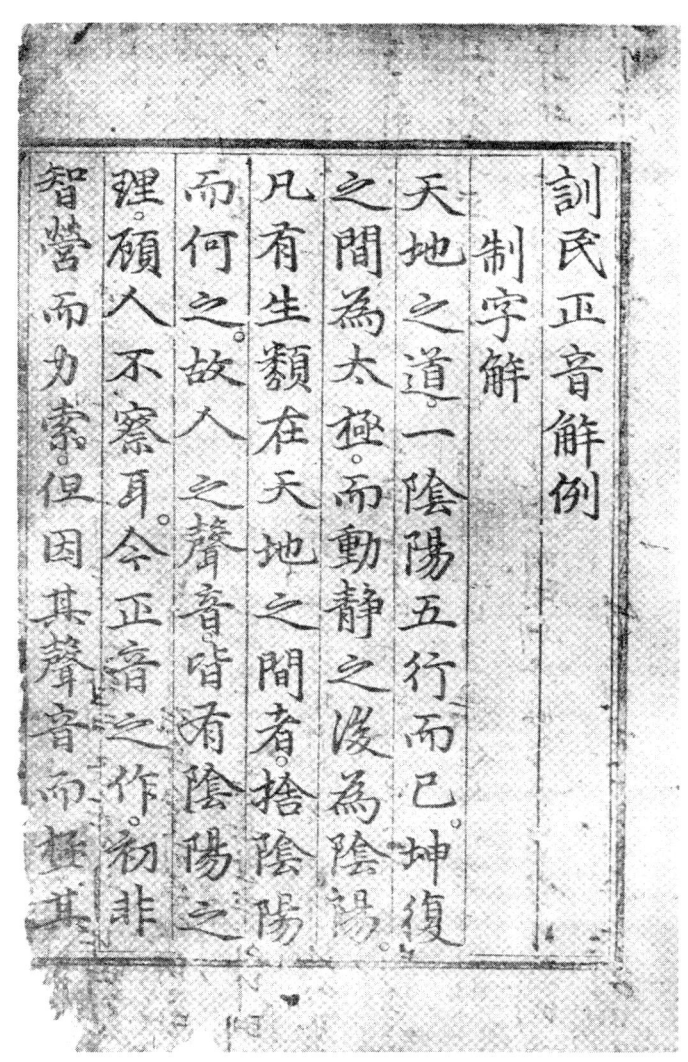

1-6. 『훈민정음』(간송본)

한국의 문자 역사 또한 주목할 만하다. 한반도에서는 이른 시기부터 높은 수준의 문명이 형성되었지만, 오랫동안 고유 문자가 없어 중국의 한자를 빌려 사용했다. 그러나 한국의 독특한 언어 구조와 문화적 환경 속에서 한자를 우리 실정에 맞게 변형하고 활용하려는 시도는 끊임없이 이어졌다. 그 오랜 모색의 결실이 바로 15세기(1443년 창제, 1446년 반포) 세종대왕이 창제한 '훈민정음', 오늘날의 '한글'이다.

한글의 창제는 한국 문화사에서 획기적인 사건이었다. 이는 단순한 문자 체계의 변화가 아니라, 한국어에 최적화된 고유 문자를 바탕으로 한국만의 독자적인 문명권을 형성하는 전환점이 되기 때문이다. 한글은 창제 원리가 명확하고 구조가 과학적이어서, 세계적으로도 그 우수성을 인정받고 있다.

그러나 한글 창제 이후에도 한자는 여전히 중요한 위치를 차지했다. 한글과 한자는 상호 보완적인 관계 속에서 오랫동안 공존하며 한국의 문자 생활을 한층 풍성하게 만들었다. 이러한 이중 문자 체계는 한국 문화의 특징이자 강점으로 작용해 왔다.

이처럼 문자의 발명과 발전 과정은 인류 문명의 진보를 비추는 거울이다. 특히 한국의 사례는 문자가 단순한 의사소통 수단을 넘어, 문화적 정체성과 창의성을 드러내는 표현 도구로 발전할 수 있음을 보여준다. 오늘날 우리가 누리는 풍부하고 화려한 문화유산은 이와 같은 문자의 힘에 크게 빚지고 있다.

1-7. 중국의 문자 일람표(하영삼, 『한자의 세계』, 417-418쪽)

민족	사용 문자
*한족	한자
*이슬람[回] 족	한자
*만주 족	한자
#몽골 족	몽골 문자 투어투이[托忒] 문자
#티베트 족	티베트 문자
#위구르 족	위구르 문자
#카자흐 족	카자흐 문자
#키르키즈 족	키르키즈 문자
#조선 족	한글
@먀오[苗] 족	신창제 귀주 동부지역 먀오 문자 신창제 호남 서부지역 먀오 문자 신창제 사천 · 귀주 · 운남지역 먀오 문자 신창제 운남 동북지역 먀오 문자 신창제 네모꼴 병음 먀오 문자
#징퍼[景頗] 족	신창제 징퍼 문자 신창제 자이와[載瓦] 문자
@부이[布依] 족	신창제 부이 문자
@하니[哈尼] 족	신창제 하니 문자
@캄[侗] 족	신창제 캄 문자
@투[土] 족	신창제 투 문자
#다이[傣] 족	다이리[傣仂] 문자 다이나[傣哪] 문자 다이펑[傣倗] 문자 금평(金平) 지역 다이 문자
@주앙[壮] 족	신창제 주앙 문자 네모꼴 주앙 문자
#라후[拉祜] 족	라후 문자
#시버[錫伯] 족	시버 문자

#슬라브 족	슬라브 문자
@야오[瑤] 족	신창제 야오 문자 네모꼴 야오 문자
#이[彝] 족	이 문자
@리수[栗粟] 족	신창제 리수 문자 대문자 알파벳 리수 문자 죽서(竹書)
@바이[白] 족	신창제 바이 문자 네모꼴 바이 문자
@와[瓦] 족	신창제 와 문자 옛 와 문자
@리[黎] 족	신창제 리 문자
@나시[納西] 족	신창제 나시 문자

제2장

한자의 수입

제2장 한자의 수입

원삼국시대

제1절 한자의 수입 경로

(1) 한자의 수입 경로

한자가 한반도에 유입된 정확한 시기를 단정하기는 어렵지만, 그 경로에 대해서는 어느 정도 윤곽이 드러나 있다. 전통적으로는 다른 문화 요소들과 마찬가지로 한자 역시 북방 루트를 따라 남하한 것으로 이해되어 왔다. 곧 고조선을 거쳐 삼한 지역으로 전파되고, 다시 고구려를 통해 신라와 백제로 확산되었다는 설명이다. 그러나 이러한 견해는 재고의 여지가 있다. 바닷길인 이른바 '해상 실크로드'를 통해 남쪽에서 한자가 유입된 정황도 일부 확인되고 있기 때문이다.[1]

1. 북방루트-육로

중국 본토에서 발달한 문명이 육로로 이어진 북방을 통해 한반도로 대규모 유입되었다는 사실은 분명하다. 특히 기원전 2세기 초 설치된 한사군(漢四郡)은 중국의 정치 체제가 한반도에 직접 이식되는 중요한 계기가 되었고, 이 과정에서 중국의 정치·문화·제도와 함께 상당한 양의 한자도 함께 전래되었을 것이다.

고구려의 태학(太學) 설치와 백제의 박사(博士) 제도 운영은 이러한 문화 전파를 잘 보여주는 대표적 사례다. 이를 통해 사서오경(四書五經) 등 유교 경전이 보급되었고, 유가 사상은 불교가 보편화되기 전까지, 나아가 조선 시대에 이르러서는 국가 통치 이념으로 자리 잡게 된다.

이러한 과정을 거치며 한자는 1446년 한글이 반포되기 전까지 한반도에서 사실상 유일한 문자 체계로 기능하였다. 따라서 북방 루트를 통한 한자의 유입은 단순한 문자 체계의 도입을 넘어, 중국 문화와 사상의 전면적인 수용을 의미한다.

---

1) 이 내용은 정경주 · 하영삼(외), 『한자로 읽는 부산과 역사』(도서출판 3, 2016), 제9장 "한자로 읽는 가야 유물"의 내용을 수정 보완하였다.

그러나 한자의 유입을 북방 루트 하나로만으로 하기는 어렵다. 한반도의 지리적 특성상 해상 교류 역시 활발했을 것이며, 이를 통한 문화 전파도 상당했을 것으로 추정된다. 특히 남부 지역의 경우 해상 실크로드를 통한 직접적인 교류가 이루어졌을 가능성이 크다.

한자의 유입 과정은 단순한 문자 전파를 넘어서 아시아 문화권을 형성하는 핵심 요소였다. 한자는 의사소통의 도구일 뿐 아니라 이의 사용은 중국 중심 문화권에 편입되었음을 상징하는 표지이기도 했다. 이는 후대 한반도 국가들의 대외 관계와 문화 정체성 형성에도 지대한 영향을 미치게 된다.

결론적으로 한자는 북방 육로를 통한 전통적인 경로와 더불어 남방의 해상 루트를 포함한 다양한 통로를 통해 한반도에 유입된 것으로 보인다. 이는 한반도가 동아시아 문화 교류의 중심에 서 있었음을 보여주는 중요한 증거이며, 이후 한국 문화의 다양성과 독자성이 형성되는 밑바탕이 되었다.

이제 한반도에서 한자 사용의 초기 모습을 보여주는 몇 가지 주요 유물들을 통해, 이러한 과정을 보다 구체적으로 살펴보자.

1. "명문(銘文) 벽돌(塼)"(2-1): 낙랑(樂浪) 시대, 평안남도 평양 석암리 출토. 기원전 1세기. 가로 35.3cm, 세로 14.7cm. 국립중앙박물관 소장.

2-1. 명문(銘文) 벽돌(塼)(『중박』 289쪽; 『문자』 28쪽)

2-2. 낙랑(樂浪) 봉니(封泥) 10종(『문자』 24쪽, 『기호유물』 31쪽)(국립중앙박물관 소장)

2. "낙랑(樂浪) 봉니(封泥)" 10종. 이 역시 낙랑 시대(기원전 1세기)의 유물로, 평양 석암리에서 출토되었다. 봉니는 문서나 귀중품의 보안을 위해 사용된 봉인 장치로, 당시의 행정 체계와 문자사용을 동시에 브여준다.

윗줄부터 오른쪽으로 ①高詡私印(고후의 개인도장), ②王顥信印(왕호의 개인도장), ③倉印(창고 관리자의 관인), ④樂浪大尹章(낙랑군 대윤의 관인), ⑤樂浪大守章(낙랑군 태수의 관인), 아랫줄 오른쪽으로 ⑥提奚丞印(제해현 책임자의 관인), ⑦蠶台長印(잠대현 책임자의 관인), ⑧蠶台丞印(잠대현 책임자의 관인), ⑨邪頭昧宰印(사두매현 책임자의 관인), ⑩提奚丞印(제해현 책임자의 관인) 등으로 해독된다. 여기 등장하는 제해(提奚), 잠대(蠶台), 사두매(邪頭昧) 등은 모두 한사군(漢四郡)에 설치되었던 현 이름이다.

이 봉니들에는 다양한 관직명과 지명이 새겨져 있어, 한사군 시기 행정 체계를 이해하는 데 중요한 자료이다. 특히 '낙랑대윤장', '낙랑태수장' 등의 명문은 낙랑군의 통치 체계를, '제해승인', '잠대장인' 등은 현급 행정 단위를 보여준다. 또한 '고후사인', '왕호신인' 같은 개인 도장의 존재는 당시 한자가 공적 영역뿐만 아니라 사적 영역에서도 사용되었음을 보여준다.

3. "**낙랑시대 도장**"(2-3): 3세기의 것으로 추정되는 이 도장
들 역시 평양 석암리에서 출토되었으며, 낙랑(樂浪) 때의
유물에 속한다. 관인(官印)과 사인(私印)으로 구분되며, ①
글자 없음(석암리 제204호 고분 출토), ②왕운(王雲, 제52
호 고분 출토), ③영수강녕(永壽康寧, 제219호 고분 출토),
④왕근신인(王根信印, 제219호 고분 출토) ④왕근신인(王根
信印, 제219호 고분 출토)로 해독된다. '영수강녕'이라는
길어(吉語)를 새긴 도장은 당시 사람들의 염원을 보여주
며, '왕운(王雲)'이나 '왕근(王根)'이라는 이름의 개인 도장
은 한자 이름의 사용이 일반화되었음을 나타낸다.

2-3. 낙랑(樂浪) 도장(『문자』 25쪽, 『기호유물』 30쪽)

이들 유물은 다음의 몇 가지 의의를 지닌다.

1. 한자 사용의 시기: 이 유물들은 적어도 기원전 1세기부터 한반도 북부에서 한자가 공식적으로 사용되었음을 입증한다.

2. 한자 사용의 범위: 공문서, 개인 도장, 건축 자재 등 다양한 영역에서 한자가 사용되었음을 보여준다.

3. 행정 체계의 이해: 봉니와 도장에 새겨진 관직명과 지명은 당시 한사군의 행정 체계를 이해하는 데 중요한 정보를 제공한다.

4. 문화 교류의 증거: 이 유물들은 중국 한(漢) 문화가 한반도에 깊이 침투했음을 보여주는 동시에, 지역적 특성이 반영된 변용의 가능성도 시사한다.

5. 문자 생활의 시작: 이 유물들은 한반도에서 본격적인 문자 생활이 시작되었음을 알려주는 중요한 증거이다.

이러한 유물들은 한자가 단순히 글자로서만이 아니라, 정치, 행정, 문화적 시스템의 일부로 한반도에 도입되었음을 보여주며, 이는 이후 한반도의 문화 발전과 정체성 형성에 깊은 영향을 미치게 된다.

2. 남방루트-해상로

이는 한자의 한반도 유입 경로에 대한 새로운 시각을 제시하고자 한다.[2] 즉 전통적으로 한자를 포함한 중국 문화의 유입이 북방 육로를 통해 이루어졌다고 여겨졌으나, 최근의 고고학적 발견은 남방 해상로를 통한 직접적인 문화 교류 가능성을 시사한다.

예컨대, 1988년부터 1991년까지 경상남도 창원시 다호리(茶戶里)에서 진행된 발굴 작업은 이러한 새로운 관점을 뒷받침하는 중요한 증거를 제공했다. 이곳에서 발견된 붓과 삭도 등의 필사도구(2-4)는 한반도의 다른 지역에서는 볼 수 없었던 문자 관련 유물로, 지금까지 발견된 최초의 관련 유물이다.

다호리 유적은 기원전 1세기 후반의 원삼국시대 전기에 해당하며, 당시 가야 문화권에 속했다. 가야(伽倻) 지역은 한반도에서 철의 생산이 가장 풍부해 철을 매개로 한 국제 무역이 활발했던 것으로 알려져 있다. 이러한 무역은 중국 연안과 한반도의 남부, 그리고 일본을 연결하는 해상 무역루트를 통해 이루어졌다.

---

[2] 하영삼(등), 『한자로 읽는 부산의 역사와 문화』(도서출판3, 2016), 제9장 "제9장_한자로 읽는 가야 유물" 참조.

2-4. 다호리 유적(붓, 삭도(『문자』 18쪽)

　더욱 주목할 만한 점은 다호리 부근의 김해 양동리(良洞里) 고
분에서 발견된 서한 시대의 명문 청동기다(2-5). 이는 한반도에
서 발견된 시기가 가장 이른 문자를 가진 청동기물로, 남부 지
역과 중국 간의 직접적인 교류 가능성을 더욱 강화한다.[3)

───────────────────

3) 이학근(李學勤)은 원래 이를 "西□宮鼎, 容一斗, 幷重十七斤七兩, 七."로
　고석했으나「韓國金海良洞里出土西漢銅鼎」(『失落的文明』, 上海藝文, 1997),
　179~181쪽), 이후의 글에서 "西□銅鼎, 容一斗, 幷蓋重十一斤, 第七.(서
　□의 청동 솥, 용량은 1말, 뚜껑의 무게는 11근, 7번째 기물.)"로 수
　정했다. 아울러 서(西)자 다음에 있는 글자를 향(鄕)으로 추정하고,

이러한 유물의 특성과 발견 위치를 고려할 때, 이들이 북방의 고구려를 통해 신라나 백제를 거쳐 가야로 전래되었다고 보기는 어렵다. 오히려 중국의 특정 지역에서 해로를 통해 직접 가야 지역으로 전해졌을 가능성이 높아 보인다. 또한 이러한 문화요소들이 당시의 해상 무역로를 따라 일본으로도 전해졌을 가능성이 크다.

가야 지역의 해로를 통한 남방 문화 수입 가능성은 다른 측면에서도 확인된다. 예를 들어, 가야 불교는 인도 아유타국의 수로부인이 인도에서 배를 타고 직접 가져온 것으로 전해진다. 이는 고구려 소수림왕 6년(372년) 고구려를 거쳐 중국 불교가 전해졌다는 일반적인 설과는 다르며, 그 시기도 더 앞선다. 게다가 수로부인의 이민 과정에서 '차(茶)'도 전해진 것으로 알려졌다. 그래서 지금도 옛날 가야의 중심지였던 김해 지역에서 재배되는 '장군차(將軍茶)'는 대엽종으로 남방 계열의 차로 알려졌으며, 서기 48년 허 왕후가 김수로왕과의 혼례 때 가져온 봉차(奉茶)로 알려졌다.4) 또한 한반도의 경상

지명이며 제후의 봉지일 것이라 보았다. 그리고 이는 『한서·지리지』에서 말한 "탁군(涿郡)에 있는 서향(西鄕)"이며, 서향후(西鄕侯)로 봉해진 사람은 한(漢) 원제(元帝) 초원(初元) 5년(기원전 44년)에 제후로 봉해진 유용(劉容)과 그 뒤를 이은 유경(劉景) 뿐이기에 이 청동정은 서한 원제 후기 때나 그보다 약간 늦은 때의 것일 것으로 추정했다. 李學勤, 「韓國金海良洞里出土西漢銅鼎續考」(『中國古代文明研究』, 華東師範大學出版社, 2005), 123~125쪽 참조.
4) 『조선불교통사』에서 서기 48년에 차씨가 들어왔다고 기록하였고 삼국유사 가락국기에 신라의 법민왕이 가락국왕의 묘에 제향을 올리는 데 차(茶)를 올리도록 명기하고 있다. 따라서 김해 장군차는 옛 가야문화권에 전파되어 야생으로 전해 내려오고 있는 우리나라 최초의 전통차라 할 것이다. 이 장군차는 하동의 북방계, 보

도 지역에서만 남아 있는 독음의 장단고저의 구분은 이것이
성조의 약화된 흔적이라는 점에서 성조언어인 남아시아
(Austroasiatic) 제어 영향의 흔적으로 볼 수도 있다.

2-5. 양동리 청동솥(靑銅鼎)과 명문(『둔자』 21쪽)(높이 17.5cm.
국립립중앙박물관 소장.)

성의 일본 품종과 대별되는 남방계통의 대엽종으로 차의 주성분
인 카테킨을 비롯한 무기성분 함량이 뛰어나고 야생차나무 DNA
분석결과 차나무의 유전변이 값이 0.419로 전국 평균값(0.343)보
다 월등하다는 것이 밝혀졌다.(정동효·윤백현·이영희, 『차생활문
화대전』(2012), 홍익재)

이렇듯 이 두 유물(2-4, 2-5)은 한반도 남부 지역, 특히 가야 문화권에서의 한자 사용이 북방 루트를 통해 전해진 것이 아니라, 해상 무역로를 통해 직접 중국과 교류하면서 이루어 졌을 가능성을 강하게 시사한다. 이는 기존의 한자 전파 경로에 대한 인식을 재고하게 만드는 중요한 발견이며, 고대 동아시아의 문화 교류가 더욱 복잡하고 다양한 경로를 통해 이루어졌음을 보여준다.

더불어 이러한 발견은 가야 지역이 단순히 문화를 수용하는 소극적 입장이 아니라, 활발한 국제 교류의 주체였음도 시사한다. 이는 한국 고대사, 특히 가야사 연구에 새로운 관점을 제공하며, 향후 이에 관한 더 깊고 종합적인 연구가 필요함을 말해 준다.

제2절 한자의 수입시기: 원삼국시대

원삼국시대(原三國時代, Proto-Three Kingdoms Period)는 보통 초기 철기시대 이후부터 삼국시대 이전의 시대로서 기원전 100년경부터 서기 300년경까지의 약 400년간의 기간을 이르는 개념으로 사용된다. 이 시대는 기원전 100년경 한반도 북부 및 중국 동북지방 일원에서 고대국가 고구려가 성립하고 한반도 서북부에 낙랑군이 설치되며, 남부에서 도구용 청동기가 소멸하고 철기가 본격 생산되는 가운데 각 지역에 삼한(三韓) 소국들이 성립되는 시기였다. 이전에는 이를 삼국시대 초기라 부르기도 하였다.

(1) 북부: 고조선(古朝鮮)과 부여(夫餘)

1. 고조선(古朝鮮)

고조선은 한국 역사의 시작을 알리는 중요한 국가로, 그 역사는 기원전 2333년부터 기원전 108년까지 이어진다. 청동기 문화를 기반으로 만주 요령 지방과 한반도 서북 지역에서 발전한 고조선은 여러 부족을 통합하여 형성된 최초의 국가로 여겨진다. 전설에 따르면 단군(檀君)[5]이 홍익인간(弘益人間)의 이념을 바탕으로 이 나라를 세웠다고 전해진다.

고조선의 역사에서 주목할 만한 전환점은 기원전 2세기경 위만(衛滿)의 집권이다. 위만은 준왕을 몰아내고 권력을 장악한 후 철기 문화를

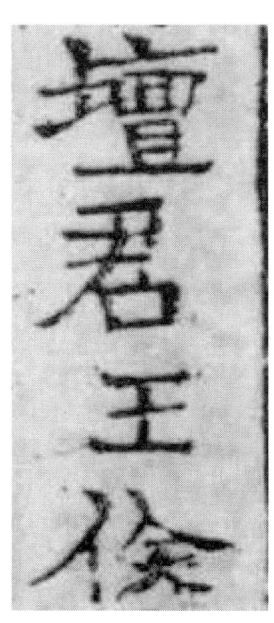

2-6. 『삼국유사』에 기록된 "단군왕검(檀君王儉)"

---

5) 그림 2-6의 "단군왕검(檀君王儉)"의 '검(儉)'자를 구성하는 '첨(僉)'이 인(人)과 천(天)으로 구성되어, "천인(天人)"임을 형상화했다. 이는 가장 대표적인 이체자 자전인 대만교육부의 『이체자자전』에도 실려 있지 않은 한국 고유의 이체자로 보인다.

적극적으로 수용함으로써 고조선의 국력을 한층 강화시켰다. 이 시기 고조선은 지정학적 이점을 활용하여 한반도 남부의 진한(辰韓)과 중국의 한(漢)나라 사이에서 중계 무역을 펼치며 경제적 번영을 누렸다.

그러나 고조선의 강성은 결국 한나라의 위협으로 이어졌다. 한나라는 대군을 동원하여 고조선의 수도인 **왕검성(王儉城)**을 공격했고, 고조선은 1년간의 치열한 항전 끝에 기원전 108년 최종적으로 멸망하게 된다.

고조선의 문화사적 중요성은 한자 수용에서 특히 두드러진다. 중국과 육로로 직접 연결된 지리적 특성으로 인해 고조선은 일찍부터 한자 문화권에 편입되었다. 이를 증명하는 대표적인 예가 「**공무도하가(公無渡河歌)**」다.6) 이 노래의 존재는

---

6) 이 시는 기원전 1세기 말~기원후 1세기경에 제작된 것으로 알려진 4언 4구체(四言四句體)의 한시(漢詩)로, 우리나라 최고(最古)의 서정 가요의 하나로 평가받는다. 이 노래는 백수광부(白首狂夫)의 아내가 남편의 죽음을 애도하며 지은 것으로 알려져 있으며, 중국 문헌인 『금조(琴操)』와 『고금주(古今注)』에도 기록되어 있다.

이는 달리 「공후인(箜篌引)」이라고도 하는데, 고조선의 사공(津卒)이었던 곽리자고(霍里子高)의 아내 여옥(麗玉)이 지었다고 한다. 자고(子高)가 아침에 일어나 배를 저어 가는데, 백발의 광부(狂夫)가 산발머리로 호로병을 들고 강을 거슬러 건너려하고 있었다. 그의 아내가 따라가 말렸지만 잡지 못하고 강물에 빠져 죽었다. 그러자 (아내는) 공후를 당겨 노래를 하였다. 노래는 매우 처량하였고, 곡을 끝내더니 그 여인도 물에 빠져 죽었다. 자고가 돌아와 여옥에게 말하니 여옥이 슬퍼하였다. 곧 공후를 꺼내어 그 노래를 묘사하니, 듣고 울지 않는 사람이 없더라. 여옥이 이 곡을 이웃 여인 여용(麗容)에게 전하니 이를 '공후인'이라 했다.(郭茂倩, 『樂府詩集』(1), 臺北: 里仁書局, 1980, 377쪽.)

가사에서 볼 수 있듯, 남편이 강을 건너다 익사한 비극을 다루며, 아내의 절박한 만류 → 이별 → 죽음 → 슬픔의 단계로 이어지는

당시 한반도에서 한자가 이미 광범위하게 사용되고 있었음을 시사한다.

> 공무도하(公無渡河) - 님아, 물을 건너지 마오.
> 공경도하(公竟渡河) - 님은 끝내 건너고 마셨네.
> 타하이사(墮河而死) - 물에 쓸려 돌아가시니,
> 당내공하(當奈公何) - 가신님을 어기할꼬.

「공무도하가」는 단순한 한자 사용을 넘어 문학적 표현의 도구로서 한자가 활용되었음을 보여준다. 이는 고조선 사회에서 한자가 단순한 의사소통 수단을 넘어 문화적, 예술적 표현의 매개체로 발전했음을 의미한다.

고조선의 한자 수용은 이후 한반도 전역의 문자 문화 발전에 중요한 기반이 되었다. 고조선을 통해 유입된 한자는 점차 한반도 남부로 확산되며, 이후 삼국시대의 문화 발전에 큰 영향을 미치게 된다.

이처럼 고조선은 한국 최초의 국가로서 정치, 경제적 발전뿐만 아니라 문화적으로도 중요한 역할을 했다. 특히 한자 문화의 수용과 전파는 이후 한국 문화의 발전 방향을 결정짓는 중요한 요소가 되었다. 고조선의 역사는 한반도가 동아시아 문명권에 편입되는 과정을 보여주는 동시에, 독자적인 문화 발전의 토대를 마련했다는 점에서 그 의의가 크다.

강렬한 감정을 담고 있다. 특히 '물(河)'은 죽음과 영원한 이별을 상징하며, 한국 문학사에서 '한(恨)'의 정서를 대표하는 작품으로 평가받기도 한다.

고조선 지역에서 발견된 한자 기록 유물들은 이 지역의 문자사용 역사를 더욱 구체적으로 보여준다. 이 유물들은 기원전 3세기에서 기원전 2세기 전반에 걸쳐 제작된 것으로 추정되며, 평양 지역을 중심으로 발견되었다.

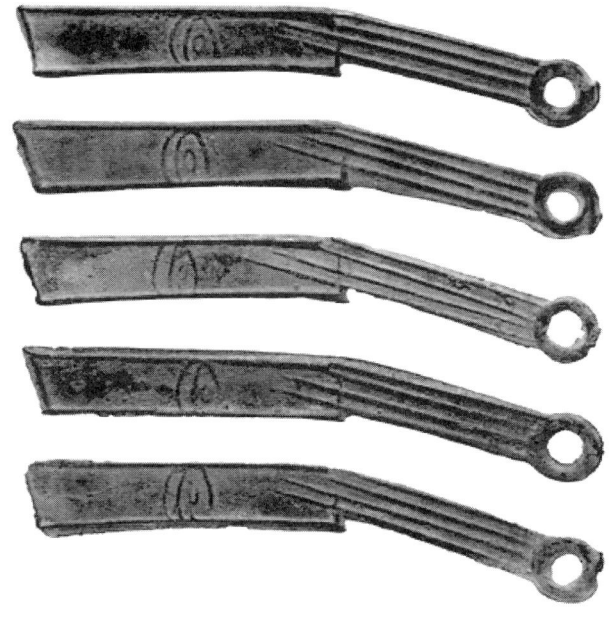

2-7. 명도전(明刀錢)

　　그중 주목할 만한 유물로는 전국(戰國) 시기의 **명도전**(明刀錢), 진(秦) 25년 명문이 새겨진 **청동 낫 창**(戈)(2-8), 그리고 5년 이씨(李氏) 명문 청동창(鉾) 등이 있다. 이 유물들은 당시 중국과 고조선 간의 활발한 교류를 입증하는 중요한 증거다.

특히 **명도전(明刀錢)(2-7)**의 발견은 주목할 만하다.[7] 이 화폐는 평양 지역 여러 곳에서 발견되었는데, 중국 연(燕)나라에서 제작되어 고조선으로 유입된 것으로 추정된다. 명도전의 존재는 당시 고조선과 연나라 사이의 경제적 교류가 상당히 활발했음을 시사한다.

이 명도전들이 어떻게 매납(埋納)되었는지에 대해서는 두 가지 가능성이 제시된다. 하나는 진(秦)과 한(漢) 왕조 교체기의 주민 이동과 관련된 것일 수 있고, 다른 하나는 위만조선 시기에 이 지역에 거주하던 주민들에 의한 것일 수 있다. 어느 경우든 이는 당시 한반도와 중국 북부 지역 간의 인적, 물적 교류가 활발했음을 보여준다.

이러한 유물들의 존재는 전국시대 말기 중국 북부 지역의 문화가 한반도로 광범위하게 전파되었음을 입증한다. 특히 고조선과 연나라 사이의 문화 교류가 매우 활발했음을 알 수 있다. 이는 단순한 경제적 교류를 넘어 문화적 영향력의 교환까지 이루어졌음을 의미한다.

이러한 증거들은 당시 고조선이 동아시아 문화권, 특히 한자 문화권의 일원으로 깊이 편입되어 있었음을 보여준다. 한

---

7) 명도전(明刀錢)은 중국 전국시대(기원전 5~3세기) 연(燕)나라에서 주로 유통된 청동 화폐로, 칼 모양의 독특한 형태가 특징이다. 날카로운 칼날과 굽은 손잡이를 가진 이 동전은 '명(明)'이라는 글자가 새겨져 있어 명도전이라 불린다. 주로 소액 거래에 사용되었으며, 연나라 외에도 제(齊)·조(趙) 등 주변 국가에서도 유통되었다. 명도전은 중국 고대 화폐 발전사에서 중요한 위치를 차지하며, 특히 도형화폐(刀幣)의 대표적 사례로 꼽힌다. 고조선과의 교역에서도 유입된 흔적이 발견되어 한반도 초기 철기시대 경제사를 연구하는 데 중요한 자료가 된다.

자의 사용은 단순히 문자 체계의 도입을 넘어 정치, 경제, 문화 전반에 걸친 광범위한 영향을 의미한다. 이는 고조선이 당시 동아시아 국제 질서 속에서 중요한 위치를 차지하고 있었음을 시사한다.

더불어 이러한 유물들은 고조선의 문화적 수준과 국제성을 반영한다. 한자를 사용할 수 있는 능력은 당시 고조선 사회의 지적 수준이 상당히 높았음을 의미하며, 국제 교역에 참여할 수 있는 경제적, 외교적 역량이 있었음을 보여기 때문이다.

결론적으로, 이러한 고고학적 증거들은 고조선이 한자 문화를 수용하고 활용하는 데 있어 선구자적 역할을 했음을 보여준다. 이는 이후 한반도 전체의 문자 문화 발전에 중요한 기반이 되었을 것이며, 한국 문화의 형성 과정에서 중요한 의미를 갖는다.

2-8. 진(秦) 25년 명문이 새겨진 청동 낫 창(戈)

2-9. 동전거푸집(錢範). (『기호유물』 21쪽, 『문자』 19쪽)

2. 부여(夫餘)

부여(夫餘)는 한반도 북부와 만주 지역의 고대사에서 중요한 위치를 차지하는 국가다. 기원전 2세기경부터 494년까지 약 700년간 북만주 지역에서 존속했던 부여는 예맥족(濊貊族)이 세운 국가로, 북부여라고도 불렸다.

부여의 역사적 중요성은 다음과 같은 측면에서 살펴볼 수 있다.

1. 오랜 역사: 기원전 1세기의 중국 문헌에 이미 등장한다는 점에서 부여의 역사가 상당히 오래되었음을 알 수 있다. 이는 부여가 동북아시아 고대사에서 중요한 위치를 차지했음을 시사한다.

2. 건국 설화: 부여의 기원에 대해서는 여러 설이 전해진다. 중국의 『논형(論衡)』과 『위략(魏略)』에 따르면, 시조 동명(東明)이 북쪽 탁리국(槖離國)에서 이주해 와 건국했다고 한다. 이러한 건국 설화는 부여의 문화적 정체성과 역사적 자의식을 보여준다.

3. 이주민의 후예: 『삼국지·동이전』은 당시 부여인들이 스스로를 다른 곳에서 옮겨온 유민의 후예라고 인식했다고 전한다. 이는 부여 사회가 자신들의 기원에 대한 뚜렷한 인식을 가지고 있었음을 보여준다.

4. 정치적 변화: 3세기 후반에 접어들면서 부여는 큰 변화를 겪게 된다. 이는 당시 동아시아 정세의 변화와 맞물려 있었을 것으로 추정된다.

5. 멸망 과정: 5세기 말, 동 만주 삼림지대의 물길(勿吉)의 침략을 받아 부여 왕실은 고구려 내지로 이동하게 된다.

이는 부여의 쇠퇴와 고구려의 부상을 동시에 보여주는 사
건이다.

6. 최후: 부여 왕실은 고구려에 복속된 후에도 일정 기간 존
속하며 명목상의 자치를 유지했으나, 494년(고구려 문자
왕 3년)에 완전히 멸망했다. 이는 고구려의 북방 확장과
고대 동아시아 권력 구조의 재편을 보여주는 중요한 사건
으로 평가된다.

부여의 역사는 한자 문화의 수용과 확산 측면에서도 중요
한 의미를 갖는다. 비록 직접적인 한자 사용의 증거는 많이
남아있지 않지만, 중국 문헌에 등장한다는 점에서 부여가 한
자 문화권과 밀접한 관계를 맺고 있었음을 알 수 있다. 또한
부여는 고구려의 건국 설화와도 연관되어 있어, 한반도 고대
사의 형성 과정에서 중요한 역할을 했을 것으로 추정된다.

3. 낙랑(樂浪)

낙랑(樂浪)은 한반도 북부 지역의 역사에서 매우 중요한 위
치를 차지한다. 이 지역은 중국 한(漢)나라의 직접적인 통치
하에 있었던 만큼, 한자 문화의 유입과 확산에 중심적인 역
할을 했다. 낙랑의 역사와 그 시기의 한자 유물에 대해 자세
히 살펴보자.

우선, 낙랑의 설치와 역사는 다음과 같이 정리될 수 있다.

1. 설치: 기원전 108년, 한 무제가 우만조선을 멸망시킨 후.

2. 지위: 한사군(낙랑, 진번, 임둔, 현도) 중 가장 중심적인
   역할을 함.
3. 통치: 많은 한인(漢人)들이 이주하여 옛 고조선 유민들을
   지배함.
4. 멸망: 313년, 고구려 미천왕에 의해 병합되어 소멸함.

또한 낙랑은 다음의 몇 가지 중요성을 가진다.

1. 문화 전파: 중국 문화, 특히 한자 문화의 한반도로의 직접
   적인 전파 통로
2. 정치적 의미: 한반도 북부에 대한 중국의 직접 통치를 상징
3. 토착 문화와의 융합: 중국 문화와 고조선 문화의 융합 지점

이 시기에 속하는 주요 한자 유물들은 낙랑 지역에서 한자
사용이 얼마나 보편화되었는지, 그리고 어떤 방식으로 사용
되었는지를 보여주는데, 이 유물들은 크게 세 가지 범주로
나눌 수 있다:

1. 행정 문서 관련 유물:
 - 봉니(封泥): 문서나 물품의 봉인에 사용된 진흙 도장
 - 각종 관인(官印): 관리들이 사용한 공식 도장
2. 일상생활 관련 유물:
 - 청동기물의 명문: 일상에서 사용된 도구들에 새겨진 한자
   명문
 - 화폐: 명도전(明刀錢) 등 한자가 새겨진 화폐

3. 건축 관련 유물:

- 명문 벽돌: 건축물에 사용된 벽돌에 한자로 명문이 새겨짐

2-10. **낙랑군 호구 목간**(『문자』 27쪽)
이 유물은 낙랑 시대의 행정 문서로, 평양 낙랑 구역에서 출토되었다.
크기는 세로 12cm, 가로 6cm로 비교적 작은 편이다. 현재
국립부여박물관에 복제품이 전시되어 있다.

이러한 유물들은 다음과 같은 중요한 의미를 지닌다 할 것이다. 첫째, 한자의 일상적 사용: 관청 문서뿐만 아니라 일상 용품에도 한자가 사용되었다는 점에서 한자 사용이 보편화되었음을 알 수 있다. 둘째, 행정 체계의 확립: 봉니와 관인의 존재는 체계적인 행정 시스템이 갖추어졌음을 보여준다. 셋째, 문화적 융합: 일부 유물에서는 중국적 요소와 토착적 요소가 함께 나타나, 문화 융합의 과정을 엿볼 수 있다. 넷째, 기술의 전파: 청동기 제작 기술, 화폐 주조 기술 등 선진 기술의 전파를 확인할 수 있다. 다섯째, 사회 계층의 존재: 다양한 종류의 유물은 당시 사회가 여러 계층으로 구성되어 있었음을 시사한다.

2-11. 「점제현 신사비(秥蟬縣神祠碑)」(『문자』 29쪽)

낙랑 시기의 한자 유물들은 한반도에서 한자 문화가 본격적으로 뿌리내리기 시작한 증거로 볼 수 있다. 이 시기를 거치면서 한자는 단순한 외래 문자 체계를 넘어 한반도의 문화, 행정, 경제 시스템에 깊이 침투하게 되었다. 이는 이후 삼국시대의 문화 발전에 중요한 기반이 되었을 것이며, 한국 문화의 형성 과정에서 결정적인 역할을 했을 것이다.

그중, 「점제현 신사비」(2-11)는 낙랑 시대의 것으로, 평안남도 용강군 해운면 성현리에 위치해 있다. 크기는 높이 166cm, 너비 108cm, 두께 13.2cm로 상당히 크다. 1914년 조선총독부 고적조사단에 의해 발견되었으며, 비문은 다음과 같다.

"□□年四月戊午, 秥蟬長□□□建丞屬國會陵爲衆□□□□神祠
刻石辭曰: □平山君德配代嵩□□□□□佑秥蟬興甘風雨惠閏土田□
□壽考五穀豊成盜賊不起□□蟄藏出入吉利咸受神光."

그 대강의 의미는 다음과 같다.

"신께서 점제를 도우시어 바람과 비가 순조롭고, 곡식이 풍성하게 잘 되고, 백성이 오래 살고, 도둑이 일어나지 않고, 무서운 짐승들이 나타나지 않고, 나들이를 하여도 다 무사하여 모두가 신의 혜택을 받게 해 주십시오.

이 비석의 의의는 다음의 몇 가지로 요약할 수 있다.

1. 최고(最古)의 비석: 한반도에 현존하는 한국 비석문 중 가장 오래된 것으로 평가받고 있다.
2. 종교적 의미: 점제현의 수장이 현민들을 위해 산신에게 제사를 드리는 내용을 담고 있어, 당시의 종교 관행을 보여준다.
3. 연대 추정: 후한 원화(元和) 2년(서기 85년)의 것으로 추정되어, 1세기 후반 한자 사용의 증거가 된다.
4. 지방 행정의 모습: 지방 관리가 주민을 위해 제사를 지냈다는 점에서 당시 지방 행정의 모습을 엿볼 수 있다.
5. 한자의 정착: 공식적인 비석에 한자가 사용되었다는 점에서 한자 문화의 깊은 정착을 보여준다.

이상의 두 유물은 낙랑 시대 한반도 북부에서 한자가 다양한 영역에서 사용되었음을 보여준다. 행정 문서부터 종교적 비석까지, 한자는 공식적인 기록 수단으로 널리 사용되었다. 이는 한자가 단순한 외래 문자가 아니라 사회 전반에 깊이 뿌리내린 문화적 요소였음을 증명해 준다.

또한 이 유물들은 낙랑의 행정 체계, 종교 관행, 지방 통치 방식 등 당시 사회의 다양한 면모를 보여주는 중요한 역사적 자료이다. 이를 통해 우리는 2000년 전 한반도 북부 지역의 문화와 사회 구조를 더 깊이 이해할 수 있다.

(2) 중부와 서남부: 마한(馬韓)과 예(濊)

마한(馬韓)과 예(濊)는 한반도의 중부와 서남부 지역에서 번성했던 고대 정치 집단들을 지칭한다. 특히 마한은 삼한시대의 중요한 정치 연맹체로, 기원전 1세기부터 서기 3세기경까지 한강 유역에서 충청도, 전라도에 이르는 광범위한 지역에 분포해 있었다.

『삼국지·동이전(東夷傳)』에 따르면, 마한 지역에는 54개의 소국(小國)이 존재했다고 한다. 이들 소국의 규모는 다양했는데, 큰 국가는 1만여 가(家), 작은 국가는 수천 가로 구성되어 있었는데, 이러한 기록은 마한 사회의 복잡성과 다양성을 보여준다. 또한 이들 국가의 지배자를 지칭하는 호칭도 달랐는데, 규모가 큰 나라의 지배자는 '신지(臣智)'라 불렸고, 작은 나라의 지배자는 '읍차(邑借)'라고 불렸다.

이 시기의 한자 유물들은 마한과 예 지역에서의 한자 사용이 어느 정도 보편화되었음을 보여준다. 금속 유물이나 토기에 새겨진 한자 명문, 한자로 새겨진 인장, 그리고 일부 무덤에서 발견된 묘지석 등이 그 예이다. 이러한 유물들은 한자가 단순히 행정이나 의례에만 사용된 것이 아니라, 일상생활의 여러 측면에서도 활용되었을 가능성을 시사한다.

특히 주목할 만 한 점은, 이 지역에서 발견된 한자 유물들이 북부 지역의 것들과는 다소 다른 특징을 보인다는 것인데, 이는 한자 문화가 지역적 특성에 맞게 변용되었음을 의미한다. 예를 들어, 일부 토기에서 발견된 문자들은 한자의 형태를 띠고 있지만, 지역 고유의 언어를 표현하기 위해 변형된 것으로 보인다.

이러한 한자 유물들의 존재는 마한과 예 지역이 고립된 사회가 아니라, 주변 지역 및 중국과 활발한 교류를 했음을 시사한다. 한자의 사용은 단순한 문자 체계의 도입을 넘어, 새로운 사회 구조와 문화적 관념의 유입을 의미했을 것이며, 이는 이후 삼국시대의 문화적 기반을 형성하는 데 중요한 역할을 했을 것으로 보인다.

마한과 예 지역에서 발견된 한자 유물들은 이 지역의 문화적 교류와 발전 수준을 보여주는 중요한 증거이다. 특히 '대길(大吉)' 명문 동탁(銅鐸)과 오수전(五銖錢)은 이 지역의 한자 사용과 중국과의 교류를 직접적으로 보여주는 유물이다.

2-12. '대길(大吉)' 명문(銘文) 동탁(銅鐸)(『문자』
22쪽, 『기호유물』 25쪽)

먼저, '대길(大吉) 명문 동탁(銅鐸)' (2-12)은 원삼국 시대의 유물로, 충청북도 청주시 봉명동에서 출토되었다. 높이 7cm의 이 청동 방울에는 '대길(大吉)'이라는 글자가 새겨져 있다. 이 유물은 금강 유역의 마한 또는 초기 백제 집단이 한나라나 낙랑과 교류하는 과정에서 얻은 것으로 추정된다. '대길'이라는 문구는 길운을 바라는 의미로, 이 방울이 의례용 또는 주술적 용도로 사용되었을 가능성을 시사한다. 이는 한자가 단순한 문자 이상의 문화적 의미를 가지고 수용되었음을 보여준다.

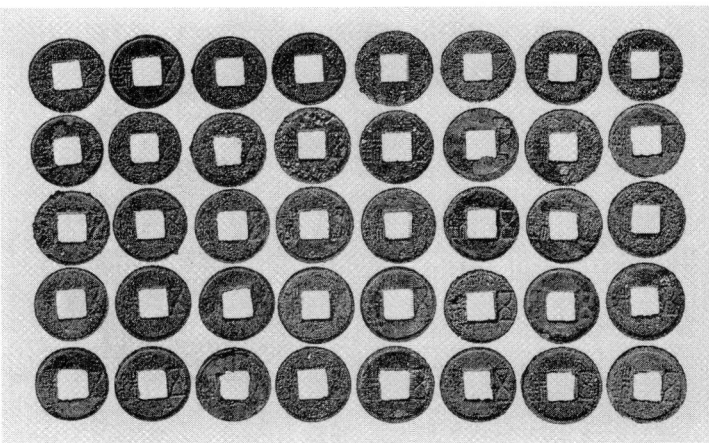

2-13. 오수전(五銖錢)(『기호유물』 21쪽, 『문자』 19쪽)

또 오수전(五銖錢)(2-13)은 여천(麗川)(현 여수시) 거문도(巨文島)에서 발견된 화폐로, 지름 2.6cm의 크기이다. 특히 주목할 만 한 점은 이 화폐가 336점이나 한꺼번에 발견되었다는 사실이다. 이는 당시 이 지역에서 중극 화폐의 유통이 상당히 활발했음을 의미한다. 오수전 외에도 서남해안 일대의 여러 유적에서 다양한 중국 화폐가 발견되었다. 삼천포 늑도에서는 방량전이, 해남군 군곡리 유적에서는 천폐(泉幣)가 발견되었으며, 제주도 산지항 유적에서는 '오수전', '천폐', '대천오십'(2-14), '포전(布錢)' 등 왕망(王莽) 시대의 다양한 화폐가 동경과 함께 출토되었다.[8]

---

8) 왕망(기원전 45~기원후 23)은 신(新)나라를 건국한 후 전통 한(漢) 제도의 화폐를 폐지하고, 복고적인 화폐 제도를 도입하며 10여 년 간 4차례의 화폐 개혁을 단행했다. 그의 통치 기간 동안 총 37종의 화폐가 주조되었으며, 이는 중국 화폐사에서 가장 복잡한 체계 중 하나로 평가된다. 그가 발행한 주요 화폐를 보면, '대천오십(大泉五十)'의 경우 왕망의 첫 번째 화폐 개혁(7년) 때 주조된 대표적

이러한 화폐 유물들의 광범위한 분포는 당시 한반도 서남부 지역과 중국 간의 해상 교역이 매우 활발했음을 보여준다. 특히 제주도에서 발견된 다양한 종류의 화폐는 이 지역이 해상 교역의 중요한 거점이었을 가능성을 시사한다.

2-14. 대천오십(大泉五十) 천폐(泉幣)

이들 유물은 단순히 한자의 사용을 넘어, 마한과 예 지역이 동아시아의 광범위한 문화 및 경제 네트워크에 편입되어 있었음을 보여준다. 한자는 이러한 교류의 매개체로서 중요한 역할을 했을 것이다. 동시에 '대길'명 동탁과 같은 유물은 한자가 지역의 고유한 문화적 맥락 속에서 새로운 의미를 획득하고 활용되었음을 시사한다.

또한 이러한 유물들은 마한과 예 지역이 단순히 문화를 수

泉五十)'의 경우 왕망의 첫 번째 화폐 개혁(7년) 때 주조된 대표적 동전으로, 한나라 오수전(五銖錢)과 병용되었는데, "50개의 오수전과 동일한 가치"를 의미한다. 또 '화천(貨泉)'과 '화포(貨布)'의 경우, 4차 개혁(14년) 때 도입된 화폐인데, 화천은 원형 방공전(圓錢 方孔) 형태였고, 오수전과 유사한 무게(약 3.19g)로 비교적 안정적으로 유통되었으며, 한반도에서도 출토된 바 있다. '육천십포(六泉十布)'는 왕망의 복잡한 화폐 체계를 대표하는 16종의 화폐로, 소천직일(小泉直一)부터 대포황천(大布黃千)까지 다양한 액면가와 형태를 가졌다. 개혁을 지향한 왕망의 화폐는 오히려 잦은 개혁으로 경제적 혼란을 초래했고 그 때문에 체재 붕괴를 부추겨 신나라 멸망의 원인 중 하나가 되기도 했다.

용하는 수동적인 위치에 있지 않았음을 보여준다. 오히려 이 지역은 동아시아의 문화 교류 네트워크에서 적극적인 참여자로서의 역할을 했던 것으로 보인다. 이는 후대 삼국시대의 문화적 발전을 이해하는 데 중요한 단서를 제공한다.

(3) 동남부: 진한(辰韓)과 변한(弁韓)

진한(辰韓)과 변한(弁韓)은 한반도 동남부 지역, 특히 현재의 경상도 지역에 존재했던 고대 정치 집단들을 지칭한다. 이들은 기원전 1세기부터 서기 3세기경까지 번성했으며, 삼한(三韓) 중 두 집단을 형성했다.

진한은 12개의 소국(小國)으로 구성되었으며, 그 중 경주의 사로국(斯盧國)이 맹주 역할을 했다. 변한은 때로 '변진(弁辰)'으로도 표기되며, 진한 소국 연맹체에 속하지 않은 경상도 지역의 정치 집단들을 가리킨다.

이 두 집단의 구분에 대해서는 여러 견해가 존재한다. 종족적 차이로 구분하는 관점, 낙동강을 경계로 한 지리적 구분, 신라와 가야의 세력권으로 대비하는 견해 등이 있다. 또한 사로국의 세력권을 진한으로, 변진구야국(弁辰狗邪國)의 세력권을 변진으로 보는 시각도 있다. 또 진왕(辰王)에게 소속된 12국을 진한으로, 그 외의 국가들을 변진으로 간주하는 견해도 있다.

진한과 변한의 각 소국은 마한의 소국들에 비해 규모가 작았다. 큰 소국의 경우 4,000~5,000가(家) 정도였으며, 작은 소국은 600~700가(家) 정도의 규모였다. 이는 이 지역의 정치적 구조가 상대적으로 더 세분화되어 있었음을 시사한다.

이 지역의 한자 사용에 대한 직접적인 증거는 상대적으로 적지만, 김해 지역에서 발견된 양동리 청동 솥(2-5)과 같은 유물들은 이 지역에서도 한자 문화가 유입되고 있었음을 보여준다. 또한 이후 신라와 가야로 발전하는 과정에서 한자 문화가 중요한 역할을 했음을 고려할 때, 진한과 변한 시기에도 한자의 사용과 그에 따른 문화적 변화가 있었을 것으로 추정된다.

진한과 변한 지역의 문화적 특성은 이후 신라와 가야의 발전에 중요한 기반이 되었다. 특히 이 지역은 해상 교역로를 통해 중국 및 일본과 활발한 교류를 했던 것으로 알려져 있어, 한자 문화의 수용과 전파가 독특한 방식으로 이루어졌을 가능성이 있다.

이 지역의 한자 문화 수용은 단순한 문자 체계의 도입을 넘어, 새로운 정치, 경제, 문화적 관념의 유입을 의미했을 것이다. 이는 이후 한반도 남부 지역의 문화적 정체성 형성에 중요한 영향을 미쳤을 것으로 보인다.

이 지역의 자료 중 청동 세발솥(銅鼎)(2-15)과 '신락(臣樂) 명문 청동기물'(2-16)이 대표적이다. 이 두 유물은 진한과 변한 지역에서 발견된 중요한 고고학적 증거로, 당시의 문화 수준과 한자 사용을 보여주는 귀중한 자료이다.

2-15. 청동 세발솥(銅鼎)(『국박』 47쪽)

먼저, **청동 세발솥(銅鼎)**(2-15)은 원삼국 시대인 2~3세기에 제작된 것으로 추정되며, 울산 하대에서 출토되었다. 높이가 49.8cm에 달하는 이 대형 청동기는 당시 이 지역의 금속 가공 기술이 상당히 발달했음을 보여준다. 세발솥은 중국에서 유래한 의례용 기물로, 이 유물의 존재는 진한과 변한 지역이 중국 문화의 영향을 받았음을 시사한다.

특히 이 세발솥의 크기와 정교한 제작 기술은 당시 이 지역 사회가 상당한 경제력과 기술력을 보유하고 있었음을 나타낸다. 또한 의례용 기물의 존재는 사회가 복잡해지고 계층화되었음을 암시하며, 이는 한자 문화의 수용과도 연관될 수 있다.

2-16. '신락' 돋을새김 청동기물('臣樂'銘圓筒形銅器)
(『기호유물』 24쪽, 『문자』 23쪽)

또 '신락(臣樂) 명문 청동기물'(2-16)은 더욱 직접적으로 한
자 사용의 증거를 제공한다. 경북 경산에서 출토된 이 유물
은 높이가 1.7cm로 작지만, 문화사적으로 중요한 의미를 지
닌다. '신(臣)'은 신하 또는 관리를 의미하고, '락(樂)'은 즐거
움을 뜻한다. 이러한 명문의 존재는 당시 사회에서 한자가
개인의 신분이나 감정을 표현하는 데 사용되었음을 시사한
다. 또한 이는 한자 문화가 지배층을 중심으로 퍼져 있었을
가능성을 보여준다.

이 두 유물은 진한과 변한 지역에서 한자 문화가 단순히
문자 체계로서만이 아니라, 의례와 개인의 표현 수단으로서
도 중요한 역할을 했음을 보여준다. 청동 세발솥은 중국 문
화의 영향과 지역의 기술력을, '신락' 명문 청동기는 한자의
실제적 사용과 그 사회적 의미를 각각 반영한다.

따라서 이 유물들은 진한과 변한 지역에서 한자 문화가 점
진적으로 수용되고 토착화되는 과정을 보여준다. 이는 이후

신라와 가야의 문자 문화 발전에 중요한 기반이 되었을 것이며, 한반도 남부 지역의 문화적 정체성 형성에 깊은 영향을 미쳤을 것이다.

(4) 가야(伽倻)

가야(伽倻)는 한반도 남부, 특히 낙동강 하류 지역을 중심으로 번성했던 고대 국가 연맹체이다. 기원 전후부터 562년까지 존속했던 가야는 여러 소국들의 연합체로, 각 지역의 독특한 특성을 유지하면서도 하나의 문화권을 형성했다.

『삼국유사』 등 역사서에 기록된 주요 가야 국가들은 다음과 같다.

1. 아라가야(阿羅伽倻): 함안(咸安) 지역
2. 고령가야(高靈伽倻): 고령(高靈) 지역
3. 성산가야(星山伽倻): 성주(星州) 지역
4. 소가야(小伽倻): 고성(固城) 지역, 고자국(古自國), 고사포국(古史浦國)이라고도 함
5. 금관가야(金官伽倻): 김해(金海) 지역
6. 비화가야(非火伽倻): 창녕(昌寧) 지역
7. 옥전가야(玉田伽倻): 합천(陜川) 지역
8. 대가야(大伽倻): 이전에는 고령가야를 말했으나 최근 그 범위가 매우 확장됨(아래의 그림 2-17 참조)

2-17. '대가야 강역도'

(https://www.kyongbuk.co.kr/news/articleView.html?idxno=1000299&replyAll=&reply_sc_order_by=C)

이외에도 『일본서기(日本書紀)』에는 '탁순(卓淳)'과 '훼기탄(喙己呑)' 등 다른 기록에서는 보이지 않는 가야 국가들의 이름도 등장하며, 최근에는 전라북도의 무주, 장수 지역에서까지 가야 유적이 발견되었는데, 이는 가야가 생각보다 매우 넓게 분포되었으며, 연맹의 구성이 시기에 따라 변화했을 가능성을 시사한다.

『삼국유사』의 기록은 특히 중요한 의미를 갖는다. 이 기록은 대략 3세기 중반 이후, 변한 지역의 12개국 중 일부가 연맹체를 형성하면서 '가야'라는 명칭을 사용하기 시작했음을 보여준다. 이는 가야의 정체성 형성 과정을 이해하는 데 중요한 단서를 제공한다.

가야 지역의 한자 사용은 이전 시기인 진한과 변한의 전통을 이어받으면서도, 더욱 발전된 형태를 보이다. 특히 금관가야(김해) 지역에서 발견된 유물들은 이 지역이 한자 문화의 수용과 발전에 중요한 역할을 했음을 보여준다.

가야의 한자 문화는 단순히 중국 문화의 모방이 아닌, 그들만의 독특한 방식으로 수용되고 발전되었다. 예를 들어, 가야의 무덤에서 발견된 유물들 중에는 한자로 된 명문이 새겨진 것들이 있는데, 이는 한자가 의례와 권위의 상징으로 사용되었음을 보여준다.

또한 가야는 철기 생산과 해상 무역으로 유명했는데, 이러한 경제 활동에서도 한자의 사용이 중요한 역할을 했을 것이다. 무역 거래나 외교 관계에서 한자는 필수적인 소통 수단이었을 것이다.

가야의 한자 문화는 이후 신라와 백제에 흡수되면서 한반도 전체의 문자 문화 발전에 기여했다. 특히 가야의 선진 문화와 기술은 신라의 발전에 중요한 밑거름이 되었으며, 이는 한자 문화의 측면에서도 마찬가지였을 것이다.

결론적으로, 가야의 한자 문화는 한반도 남부 지역에서 한자가 어떻게 수용되고 발전되었는지를 보여주는 중요한 사례이다. 이는 단순한 문자 체계의 도입을 넘어, 정치, 경제, 문화 전반에 걸친 변화를 수반하는 과정이었으며, 이 역시 이후 한국 문화의 형성에 깊은 영향을 미쳤다.

2-18. 양동리 방격규구사신경(方格規矩四神鏡)(『기호유물』
26쪽)

2-19. 성산산성 목간(城山山城木簡)(6세기)(『기호유물』 96쪽)

2-20. 글자새김 고리자루 큰칼(金入絲環頭大刀)(『문자』 36쪽)

이 세 가지 유물은 가야 지역에서의 한자 사용과 문화적 발전을 보여주는 중요한 증거들이다.

먼저, 양동리 방격규구사신경(方格規矩四神鏡)(2-18)은 가야의 발전된 문화 수준과 중국과의 교류를 보여주는 귀중한 유물이다. 기원전 1세기에 제작된 이 청동거울은 지름 30.3cm로 상당히 큰 규모이다. 거울의 표면에는 복잡한 문양과 함께 한자로 된 명문이 새겨져 있다. 12지의 이름과 사신(四神)의 배치는 고대 동아시아의 우주관을 반영하며, 테두리의 명문은 거울의 제작과 관련된 내용을 담고 있다. 이 유물은 가야 지역에서 한자가 단순한 문자 이상으로, 우주관과 문화적 관념을 표현하는 수단으로 사용되었음을 보여준다.

또 '글자새김 고리자루 큰칼(金入絲環頭大刀)'(2-20)은 6세기 가야의 유물로, 한국에서 유일하게 현존하는 삼국시대의 명문 도검이다. 길이 85cm의 이 무기에는 한자로 된 길어(吉語)가 새겨져 있으며, 이를 금으로 입혔다고 한다. 비록 부식이 심해 정확한 판독은 어렵지만, 이 유물은 가야에서 한자가 무기 제작에도 사용되었음을 보여준다. 이는 한자가 단순히 실용적인 목적을 넘어 주술적, 의례적 용도로도 사용되었음을 시사한다.

그리고 '성산산성 목간'(2-19)은 6세기 중엽의 유물로, 한국에서 발견된 가장 이른 시기의 목간이다. 함안 성산산성에서 총 240점 가량이 출토되었다는 사실은 이 지역에서 한자의 사용이 일상적이고 광범위했음을 보여준다. 목간은 주로 행정, 경제적 기록을 위해 사용되었을 것으로 추정되며, 이는 가야 사회의 복잡성과 발전된 행정 체계를 반영한다.

이 세 유물은 가야 문화의 다양한 측면을 보여준다. 김해 양동리 출토 '방격규구사신경'은 가야의 고도화된 금속 기술과 중국 문화의 수용을 보여주며, 글자새김 고리자루 큰칼은 무기 제작과 한자 사용의 결합을 보여준다. 성산산성 목간은 일상적인 행정과 기록 문화에서의 한자 사용을 증명한다.

이러한 유물들은 가야가 단순히 한자를 수동적으로 받아들인 것이 아니라, 자신들의 필요와 문화적 맥락에 맞게 적극적으로 활용했음을 보여준다. 이는 가야의 문화적 정체성 형성과 사회 발전에 한자가 중요한 역할을 했음을 시사한다.

또한 이러한 한자 문화의 발전은 이후 신라와 백제의 문화 발전에도 영향을 미쳤을 것이다. 따라서 이 유물들은 가야 지역에서의 한자 사용이 문화, 기술, 행정 등 다양한 영역에 걸쳐 깊이 뿌리내렸음을 보여준다. 이는 한반도 남부 지역의 문자 문화 발전 과정을 이해하는 데 중요한 자료가 된다.

제3장

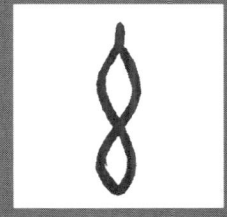

수용 초기의 한자:

삼국시대

제3장 수용 초기의 한자: 삼국시대

삼국시대는 한반도 역사에서 매우 중요한 시기로, 고구려, 백제, 신라가 한반도를 삼분하여 세력을 다투던 약 700년간의 기간을 말한다. 이 시기는 단순한 정치적 경쟁을 넘어 문화적, 기술적 발전의 시기이기도 했다.

각 나라의 건국 시기는 다음과 같다.

- 신라(新羅): 기원전 57년
- 고구려(高句麗): 기원전 37년
- 백제(百濟): 기원전 18년

이들 국가는 초기의 부족 국가적 형태에서 벗어나 점차 고대 민족국가의 체제를 갖추어 갔다. 이 과정은 4세기부터 7세기 중엽까지 지속되었으며, 660년 백제의 멸망과 668년 고구려의 멸망으로 마무리된다.

삼국시대의 주요 문화사적 특징은 다음과 같이 요약할 수 있다.

1. 철기 문화의 발전: 철제 농기구의 사용이 일반화되면서 농경 생활이 확립되었다.
2. 정치 제도의 정비: 각국은 고대국가로서의 체제를 갖추기 위해 정치 제도를 제정하고 정비했다.
3. 불교의 전래와 확산: 불교가 전래되어 확산되면서 유교 윤리와 함께 후대 정신문화의 기반을 마련했다.
4. 대륙 문화의 흡수와 재창조: 중국을 비롯한 대륙의 선진 문화를 적극적으로 수용하고 이를 재창조하여 독자적인 문화를 발전시켰다.

이 시기 한자의 수용과 사용은 더욱 체계화되고 광범위해졌다. 한자는 단순한 문자 체계를 넘어 정치, 행정, 외교, 문학 등 다양한 영역에서 핵심적인 역할을 했다. 각국은 한자를 통해 자국의 역사를 기록하고, 법령을 제정하며, 외교 문서를 작성했다.

특히 이 시기에는 한자의 사용이 지배층을 넘어 점차 확대되었으며, 한자를 이용한 자국어 표기 시도도 나타났다. 예를 들어, 신라를 중심으로 한 **이두**(吏讀)나 **향찰**(鄕札) 등은 한자를 이용해 한국어를 표현하려는 노력의 결과물이었다.

삼국시대의 한자 수용은 이후 한국 문화의 발전에 깊은 영향을 미쳤다. 한자를 통해 축적된 지식과 문화는 통일신라와 고려를 거쳐 조선시대까지 이어지며, 한국 문화의 근간을 형성했다.

그래서 이 시기의 한자 사용은 단순한 문자 체계의 도입을 넘어, 새로운 사상과 문화의 수용, 그리고 이를 바탕으로 한 독자적인 문화 창조의 과정이었다고 볼 수 있다. 이는 한국이 동아시아 문화권의 일원으로서의 정체성을 형성하는 동시에, 독자적인 문화적 특성을 발전시켜 나가는 과정이기도 했다.

제1절 고구려

고구려(高句麗)의 한자 문화 수용과 발전은 매우 독특하고 중요한 특징을 보인다. 고구려는 지리적으로 중국과 가장 가까워 일찍부터 한자와 중국의 제도를 선제적으로 받아들였다. 이는 백제나 신라보다 앞선 것으로, 고구려 문화 발전의 중요한 요인이 되었다.

고구려의 한자 문화와 관련된 주요 사항은 다음과 같다.

1. **태학(太學)의 설립**: 소수림왕 2년(372년)에 설립된 태학은 한국 최초의 공식 교육기관이다. 이곳에서는 귀족 자제들에게 유교 경전을 중심으로 한 한학을 가르쳤다.

2. 한자의 조기 사용: 고구려는 건국 초기부터 한자를 사용한 것으로 추정되는데, 이는 부여 시대부터 이어진 전통으로 보인다.

3. 소수림왕의 정책: 소수림왕은 중국 전진(前秦)과 우호관계를 맺으며 대륙의 문물을 적극적으로 수용했다. 이는 국가 체제 정비와 국력 배양을 위한 전략이었다.

4. **경당(扃堂)의 설치**: 장수왕 15년(427년)에는 평양 천도 후

지방에 경당이라는 사립 교육기관을 설치했다. 이곳에서는 평민 자제들에게 경학, 문학, 무예 등을 가르쳤다.

5. 역사서의 편찬: 4세기 후반 소수림왕 때 『유기(留記)』 (100권)라는 역사서가 편찬되었고, 영양왕 11년(600년)에는 태학박사 이문진에 의해 『신집(新集)』 5권으로 개수되었다. 이는 고구려의 역사 편찬 능력과 한문 사용 수준을 보여준다.

6. 금석문: 「광개토대왕비(廣開土大王碑)」(414년)와 「중원고구려비(中原高句麗碑)」(5세기~6세기 초)는 고구려의 뛰어난 한문 능력을 보여주는 대표적인 금석문이다. 특히 「광개토대왕비」는 금석문의 최고봉으로 평가받는다.

이러한 고구려의 한자 문화 수용과 발전은 단순한 문자 체계의 도입을 넘어서는 의미를 가진다. 이는 교육 제도의 확립, 역사 기록의 전통, 문학과 예술의 발전 등 문화 전반에 걸친 변화를 추동했다.

고구려의 이러한 노력은 후대 한국 문화의 기틀을 마련했다고 볼 수 있다. 특히 교육 제도와 한학의 전통, 역사 편찬의 전통은 이후 신라와 고려, 조선으로 이어지며 한국 문화의 중요한 특징이 되었다.

또한 고구려의 한자 문화는 단순히 중국 문화의 모방이 아닌, 자국의 필요와 상황에 맞게 변용하고 발전시킨 결과물이었다.

고구려의 한자 문화 수준을 보여주는 이 두 유물은 매우 중요한 역사적 가치를 지니는데 그 대표적인 것들은 다음과 같다.

1. '안악 3호분 묵서'(3-1)

이는 357년경의 것으로, 고구려 한자 사용의 초기 모습을 보여준다.

3-1. 안악 3호분(安岳 3號墳)
묵서(墨書)(『기호유물』 42쪽). 아래는
확대본(국가유산지식이음)

① 내용: 동수라는 인물의 관직, 출신지, 사망 연도 등을 기록

② 서체: 진나라 시대의 사경체를 사용, 당시 중국 문화의

영향을 보여줌

③ 의의: 고구려의 관직 체계, 연호 사용, 한자 사용 수준 등
을 알 수 있는 중요 자료

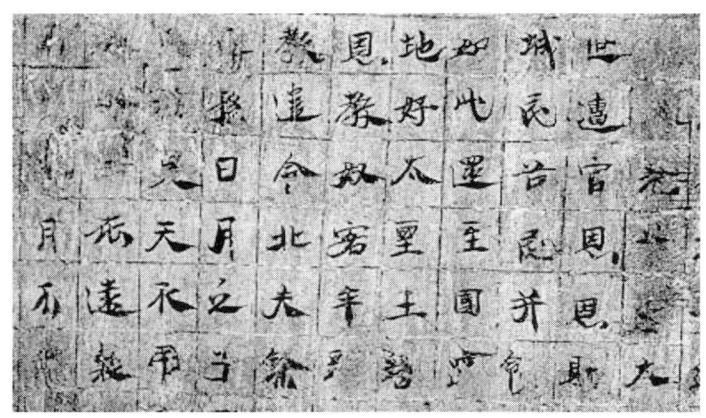

3-2. 모두루(牟頭婁) 묘지명(부분)(나무위키)

이와 유사한 시기의 '덕흥리 고분 묵서'(600여 자)와 '모두
루(牟頭婁) 묘지명'(800여 자)(3-2)[1]도 고구려의 한자 사용 수
준을 보여주는 중요한 자료이다. 이들은 4~5세기 고구려의
정치, 사회 구조에 대한 귀중한 정보를 제공한다.

---

1) 「모두루(牟頭婁) 묘지명」은 고구려 귀족이었던 모두루의 생애와 가
계를 기록한 묘지명으로, 1935년, 중국 길림성의 하양어두(下羊魚
頭)에서 발견되었으며, 세로 10자, 가로 80자라 총 800자에 달하
나, 해독 가능한 250여 자에 불과할 정도이다. 5세기 전반 고구려
의 정치 질서와 문자 문화를 보여주는 핵심 자료이다. 정제된 한
문으로 관직 이력과 공적, 사망 경위를 서술하며, 왕권 중심의 관
료 체계와 귀족의 위상을 반영한다. 특히 개인 묘지에 한문 비문
을 새긴 사례로서, 고구려가 정통 한문 문해력을 기반으로 역사
신분을 기록했음을 입증하는 문자사적 의의를 지닌다.

2. '광개토대왕비'(3-3, 3-4)

3-3. 「광개토대왕비(廣開土大王碑)」(『문자』 114쪽)

이는 414년에 세워진 거대한 비석으로, 고구려 한자 문화
의 정점을 보여준다. 이의 개요를 요약하면 다음과 같다.

① 규모: 높이 6.39m, 너비 1.38~2.00m의 거대한 크기
② 내용: 1,775자에 달하는 방대한 내용을 담고 있는데, 고
구려의 건국신화와 왕계, 광개토대왕의 업적과 정복 활
동, 수묘인 제도에 대한 규정 등이 포함되었다.
③ 의의:
- 고구려의 뛰어난 한문 능력을 보여줌

- 당시의 역사, 정치, 사회 제도에 대한 풍부한 정보 제공

- 동아시아 국제 관계에 대한 중요한 자료

- 한자의 역사에서 초기 예서(隷書)의 전형적인 작품으로 평가됨.[2]

3-5. 「광개토대왕비」(부분).
소전(小篆)어서 예서(隷書)로 넘어가는 전형적인 초기 예서체로 되어 있다.

이 두 유물은 고구려의 한자 문화가 4~5세기에 이미 매우 높은 수준에 도달했음을 보여준다. 안악 3호분 묵서는 일상적인 기록에서의 한자 사용을, 광개토대왕비는 국가적 차원의 공식 문

---

2) 한나라 무제 이후 소전체의 지위를 대신하여 당시의 표준체로 자리 잡게 된 에서는 시기에 따라 대략 세 단계로 나누는데, 초기의 진예(秦隷), 전성기의 한예(漢隷), 후기의 신예(新隷)가 그것이다. 고예(古隷)라고도 불리는 진예는 진나라 따의 소전의 모습이 많이 남아 있는 예서인데, 「광개토대왕비」가 이에 해당한다. 전성기의 한예는 팔분(八分)이라고도 불리는데, 「조전비(曹全碑)」나 「을영비(乙瑛碑)」 등이 대표적이며, 예서의 가장 큰 특징인 파책(派磔)이 완전하게 구현되며 글자도 가로가 긴 모습에 가깝다. '신예'는 '새로운 예서'라는 뜻인데, 이는 한나라 말부터 혜서(楷書)로 전이하는 초기 형태의 모습으로 이해할 수 있다.(하영삼, 『사진으로 떠나는 한자 역사기행』, 129~131쪽 참조)

서에서의 한자 사용을 각각 대표한다.

그래서 이러한 유물들은 고구려가 단순히 한자를 수용하는 데 그치지 않고, 이를 자신들의 역사와 문화를 기록하고 전달하는 도구로 적극 활용했음을 보여준다. 특히 광개토대왕비의 경우, 고구려의 역사관과 세계관을 한자를 통해 표현하고 있어, 한자가 고구려의 정체성 형성에도 중요한 역할을 했음을 알 수 있다.

또한 이 유물들은 고구려의 한자 사용이 단순한 모방이 아닌 창조적 수용의 단계에 이르렀음을 보여준다. 자신들의 고유한 역사와 문화를 한자로 표현하면서도, 그 내용은 고구려만의 독특한 세계관을 반영하고 있기 때문이다. 이러한 고구려의 한자 문화는 이후 한국 문화의 발전에 중요한 기반이 되었을 것이다.

고구려의 한자 문화를 보여주는 또 다른 대표적인 유물로 '광개토대왕 호우(壺杅)', '중원 고구려비', '금동 연가 7년 명문 여래입상' 등을 들 수 있다. 이 두 유물은 고구려의 발전된 문자 문화와 정치적 영향력을 생생하게 보여준다.

3. '광개토대왕 호우'(3-6)

이는 415년, 장수왕 3년에 제작된 것으로 추정된다. 높이 19.4cm의 이 청동 용기 바닥에는 16자의 명문이 정교하게 새겨져 있다. '을묘년국 강상광개 토지호태 왕호우. 10.(乙卯年國罡上廣開 土地好太 王壺杅十.)'3)이라는 이 명문은 광개토대왕 사

---

3) "乙卯年國罡上廣開土地好太王壺杅十."은 "을묘년에 국강상(고구려)의

3-6. 「광개토대왕(廣開土大王) 호우(壺杅)」(『중박』63쪽, 『기호유물』45쪽)

후 3년째에 그를 기념하여 만든 의례용 용기임을 알려준다.

특히 주목할 만 한 점은 이 유물이 신라의 수도 경주에서 발견되었다는 사실이다. 이는 고구려와 신라 간의 긴밀한 외교 관계를 시사하며, 아마도 광개토대왕의 제사에 참석한 신

광개토지 호태왕의 항아리(혹은 제기), 10."이라는 뜻인데, '을묘년'은 415년을 말하고, '국강상'은 고구려를 높여 부르는 말이며, '광개토지호태왕'은 오늘날 우리가 줄여서 부르는 '광개토대왕'이다. '호우'는 기물 이름이며, '10'은 만든 호우의 개수가 10개라는 의미로 해석된다. 광개토대왕을 지칭한 호칭으로는 이외에도 '국강상광개토경평안호태왕(國罡上廣開土境平安好太王)', '국강상광개토경호태왕(國罡上廣開土境好太王)'(이상 「광개토대왕비」), '국강상대개토지호태성왕(國罡上大開土地好太聖王)'(「모두루묘지명」) 등이 있다.

라 사신이 가져왔을 것으로 추정된다. 이 호우는 고구려 왕
실의 정교한 의례 문화와 금속 공예 기술, 그리고 당시의 국
제 관계를 한 번에 보여주는 귀중한 유물이라고 할 수 있다.

4. '중원 고구려비'(3-7)

이는 5세기에서 6세기 초 사이에 제작된 것으로 추정되는
거대한 석비이다. 높이 203cm, 폭 55cm, 두께 33cm의 이
비석은 국내에 유일하게 남아 있는 고구려의 석비로, 그 역
사적 가치가 매우 크다. 네 면 모두에 예서체로 글씨가 새겨
져 있지만, 안타깝게도 뒷면과 우측면은 심하게 마모되어 판
독이 어렵다.

이 비석의 내용은 고구려의 정치적 영향력과 통치 체제를
잘 보여준다. 고구려왕을 '고려대왕(高麗大王)'으로 칭하고
있으며, '신라토내당주(新羅土內幢主)'라는 표현을 통해 고구
려가 신라 영토 내에 군대를 주둔시키고 영향력을 행사했음을
알 수 있다. 또한 '고모루성(古牟婁城)', '대사자(大使者)' 등의
지명과 관직명을 통해 당시의 행정 체계를 엿볼 수 있다.

특히 주목할 만한 점은 이 비석에 일부 이두식 표현이 사
용되었다는 것이다. 이는 고구려가 한자를 단순히 수용하는
데 그치지 않고, 자신들의 언어에 맞게 변용하려 했음을 보
여준다. 이는 고구려의 언어문화가 독자적으로 발전하고 있
었음을 시사하는 중요한 증거이다.

이들 유물을 통해 우리는 고구려의 한자 문화가 매우 높
은 수준에 도달해 있었음을 알 수 있다. 그들은 한자를 단순

한 문자 체계로서가 아니라, 정치, 외교, 의례 등 다양한 영역에서 적극적으로 활용했다. 또한 이 유물들은 고구려의 문화적, 정치적 영향력이 한반도 남부까지 미쳤음을 보여주는 중요한 증거가 된다. 이러한 고구려의 한자 문화는 이후 한국 문화의 발전에 깊은 영향을 미쳤을 것이다.

5. '금동 연가 7년명 여래입상'(3-8)

이는 고구려 시대의 불교문화와 한자 사용, 그리고 고구려의 영향력을 보여주는 매우 중요한 유물이다. 5~6세기에 제작된 이 불상은 높이 16.2cm로, 1963년 경상남도 의령에서 발견되어 현재 국립중앙박물관에 소장되어 있다.

이 불상의 가장 큰 특징은 광배 뒷면에 새겨진 명문이다. 이 명문은 불상의 제작 연도와

3-7. 「중원 고구려비(中原高句麗碑)」(5세기 ~6세기 초)(『한국서적』 11쪽)

목적, 제작자 등에 대한 상세한 정보를 제공한다. '연가7년

기미년에 고려국 낙랑 동사의 주지 경(敬)과 그 제자 승려 연(演)을 비롯한 사도(師徒) 40명이 함께 현겁의 천불을 만들어 세상에 유포하기로 하였으니 그 제29번째의 불상은 비구 도영(壽穎)이 공양하는 바이다'라는 내용은 당시 고구려 불교계의 활동을 생생하게 보여준다.

이 명문을 통해 우리는 여러 가지 중요한 사실을 알 수 있다. 첫째, 고구려에서는 '연가'라는 독자적인 연호를 사용했다는 점이다. 이는 고구려가 중국과 대등한 관계를 유지하려 했음을 시사한다. 둘째, 평양의 동사(東寺)라는 사찰에서 천불(千佛) 조성 사업을 벌였다는 사실이다. 이는 당시 고구려 불교의 번영과 대규모 불사(佛事)의 진행을 보여준다.

특히 주목할 만 한 점은 이 불상이 경상남도 의령에서 발견되었다는 사실이다. 평양에서 제작된 불상이 한반도 남부에서 발견된 것은 고구려의 문화적, 정치적 영향력이 매우 광범위했음을 시사한다. 이는 고구려가 단순히 군사적으로 남진했을 뿐만 아니라, 문화적으로도 한반도 남부에 큰 영향을 미쳤음을 보여주는 중요한 증거이다.

또한 이 명문은 고구려의 한자 사용 수준이 매우 높았음을 보여준다. 정확한 날짜와 인명, 사찰명, 불교 용어 등을 유창하게 표현하고 있어, 당시 고구려에서 한자가 일상적으로 사용되었음을 알 수 있다. 특히 불교 관련 용어들이 정확하게 사용된 점은 고구려에서 불교문화와 함께 한자 문화가 깊이 뿌리내렸음을 보여준다.

이 유물은 고구려의 불교문화, 한자 사용, 정치적 영향력을 동시에 보여주는 귀중한 자료이다. 특히 한반도 남부에서 발견되었다는 점에서, 고구려 문화의 확산과 영향력을 실증적으로 보여주는 중요한 증거가 된다. 이를 통해 우리는 5~6세기 한반도의 문화적, 정치적 상황을 더욱 깊이 이해할 수 있게 된다.

3-8. 「금동 연가7년 명 여래입상(金銅延嘉七年銘如來立像)」(479~599?)(『기호유물』 48쪽)

제2절 백제

백제(百濟)의 한자 문화 수용과 발전은 고구려와는 다른 양상을 보인다. 백제는 고구려보다 약 100년 늦은 고이왕(古爾王, ?~286) 시대에 이르러 고대 왕국으로 발전하면서[4] 중국 세력과의 갈등을 겪었지만, 동시에 중국의 문화와 제도를 적극적으로 수용했다.

백제의 교육 제도에 대한 직접적인 사료는 많지 않지만, '박사(博士)'라는 명칭이 자주 등장하는 것으로 보아 한나라의 박사제도를 적극 수용했음을 알 수 있다. 또한 사도부(司徒部)와 내법좌평(內法佐平)의 존재는 백제에 전문 교육기관이 설치되었음을 시사한다.

백제의 한자 문화 수준을 보여주는 중요한 사례로, 375년(근초고왕 30년)에 박사 고흥(高興)이 『서기(書記)』를 기록했다는 점을 들 수 있다. 비록 현존하지는 않지만, 『일본서기』에 언급된 『백제기』, 『백제신찬』, 『백제본기』 등의 역사서 이름

---

[4] 『주서(周書)』 및 『수서(隋書)』의 '백제전'에 나오는 "백제시조구태(百濟始祖仇台)"의 '구태'를 '구이'로 읽고, 이것은 '고이'와 음운상 통한다고 보아 '구이=고이'로 해석해 고이왕을 백제 고대국가의 실제적 건국자로서의 시조로 보는 견해가 있다. 반면 『삼국사기』나 『삼국유사』에서 고이왕을 "초고왕모제(肖古王母弟)"라고 한 것을 '초고왕 어머니의 동생'으로 해석해, 고이왕은 온조왕계와는 계보를 달리하는 우태(優台)·비류계(沸流系) 출신이라고 보는 견해도 있다. 이밖에 『신찬성씨록』에는 고이가 '구이(久爾)' 또는 '고모(古慕)'로 표기되어 있다.(『한국민족문화대백과』, 고이왕(古爾王) 조)

은 백제의 역사 편찬 전통을 보여준다.

백제의 한자 문화 수준은 대외 관계에서도 잘 드러난다. 541년(성왕 19)에 양나라에 『열반경경의』 등의 불교 서적과 모시(毛詩) 박사를 요청한 사실은 백제의 불교와 유교에 대한 이해가 상당한 수준에 이르렀음을 보여준다. 특히 백제는 중국에서 수입한 다양한 서적과 지식을 일본에 전달하는 중개자 역할을 했는데, 『논어』와 『천자문』 등을 왜(倭)에 전달하여 아스카 문화 발전에 크게 기여했다. 특히 「칠지도(七支刀)」(3-9)는 이러한 백제의 문화 전파 역할을 상징적으로 보여주는 유물이다.

백제의 한자 문화는 시기별로 발전 양상이 달랐다. 웅진 백제기에는 중국 남조의 양과 활발히 교류했으며, 이 시기의 대표적 한자 유물로 무령왕릉의 묘지석을 들 수 있다. 사비 백제기에는 부여 일원에서 발견되는 비문, 벼루, 목간, 와전 등 다양한 문자 유물이 있으며, 특히 「백저창왕명 석조사리감」과 「사택지적비」 등은 이 시기 백제 한자 문화의 정수를 보여준다.

이처럼 백제는 한자 문화를 적극적으로 수용하고 발전시켰을 뿐만 아니라, 이를 일본에 전파하는 중요한 역할을 했다. 이는 백제가 동아시아 문화 교류의 중심 축 역할을 했음을 보여주며, 한자 문화권 내에서 백제의 독특한 위치를 드러낸다. 백제의 이러한 문화적 성취는 이후 한국 문화의 발전에 중요한 기반이 되었을 것이다.

1. 「칠지도(七支刀)」(3-9)

이는 4~5세기경 백제에서 제작된 것으로 추정되는 철제 칼이다. 길이 74.9cm의 이 칼은 양면에 60여 자의 명문이 금상감 기법으로 새겨져 있어, 백제의 정교한 금속 공예 기술과 한자 사용 능력을 동시에 보여준다. 특히 이 칼이 일본에 전해졌다는 점은 백제와 일본 간의 긴밀한 문화 교류를 시사한다.

칠지도의 명문은 칼의 제작 연도, 목적, 제작자 등을 상세히 기록하고 있다.

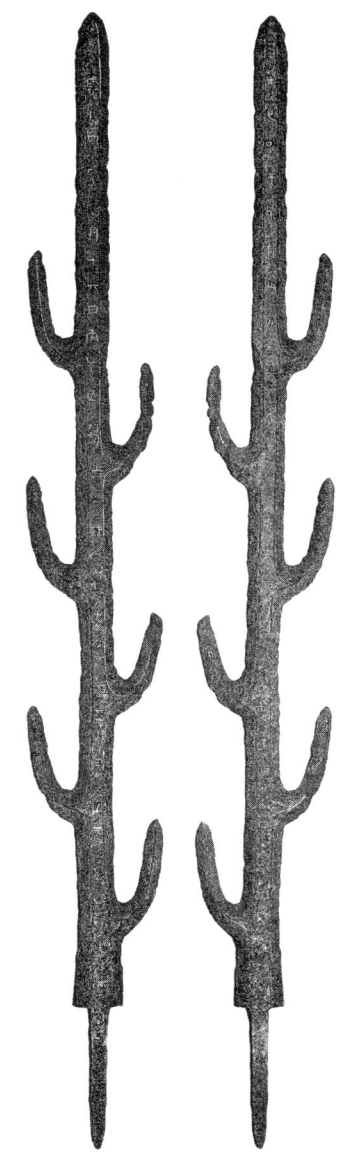

3-9. 「칠지도(七支刀)」(『문자』 35쪽, 『기호유물』 51쪽)

[앞면] "泰和四年五月十六日丙午正陽, 造百鍊銕七支刀. 世辟百
    兵宜供供危王 ロロロロ作(태화 4년 5월 15일 병오일 한낮
    에, 백 번이나 단련한 쇠로 칠지도를 만들었다. 이 칼은
    모든 병해를 물리칠 수 있어, 왜왕에게 주기에 알맞다. ロ
    ロロロ가 만들었다.)"

[뒷면] "先世以來未有此刀, 百濟王世子奇生聖音, 故爲倭王旨造
    展示後世.(선세 이래로 아직 이런 칼이 없었는데, 백제왕
    세자께서 뜻하지 않게 성음을 만드신 까닭에, 왜왕을 위
    해 만들었으니 후세에 전하여 보이게 하여라.)"(『문자와 『
    기호유물』 51쪽.)

"태화 4년 5월 15일 병오일 한낮에, 백 번이나 단련한 쇠
로 칠지도를 만들었다."라는 구절은 백제의 정확한 시간관념
과 정교한 금속 기술을 보여준다. 또한 "이 칼은 모든 병해
를 물리칠 수 있어, 왜왕에게 주기에 알맞다."라는 내용은 이
칼이 외교적 선물로 제작되었음을 알려준다.5)

2. '무령왕릉 묘지석'(3-10)

이 역시 6세기 초 백제의 문자사용 수준을 보여주는 중요
한 유물이다. 523년에서 529년 사이에 제작된 이 묘지석은
한국에서 발견된 가장 오래된 묘지석으로, 백제 무령왕과 왕
비의 생몰년, 장례 날짜 등을 정확히 기록하고 있다.

---

5) 2025년 6월 나라국립박물관은 개관 130주년을 기념해 특별전 '초
  (超) 국보―영원의 아름다움'에서 '칠지도'를 공개했는데, X선으로
  촬영한 결과 내부가 거의 부식되지 않고 상태가 양호한 것으로
  확인됐으며, 세계의 주목을 다시 받고 있다.
  (https://www.yna.co.kr/view/AKR20250520125700073?input=1195m)
  [2025.06.29. 검색]

3-10. 「무령왕릉(武寧王陵) 묘지석」(6세기)(『중박』 67쪽, 『한국도교』
40-41쪽, 『기호유물』 58~59쪽, 『문자』 197쪽)

"寧東大將軍百濟斯麻王年六十二歲, 癸卯年五月丙戌朔七日壬辰
崩到, 乙巳年八月癸酉朔十二日甲申安爀登冠大墓立志如左.(영동대
장군 백제 사마왕이 62세 되던 계묘년 5월 7일에 붕어하시고
을사년 8월 12일에 대묘에 예를 갖춰 안장하고 이와 같이 기
록한다.)"

이 명문은 백제의 정확한 연호 사용과 세련된 문장 능력을
보여준다. 이는 백제에서 한자가 공식적인 기록 수단으로 완
전히 정착했음을 의미한다.

따라서 이들 유물은 백제의 한자 문화가 매우 높은 수준에
도달했음을 보여준다. 「칠지도」는 한자를 외교적 도구로 사

용한 예를, 「무령왕릉 묘지석」은 한자를 공식 기록 수단으로 활용한 예를 각각 보여준다. 두 유물 모두 정교한 문장과 정확한 연호 사용을 통해 백제의 세련된 한자 사용 능력을 증명한다. 이렇듯, 백제는 단순히 한자를 수용하는 데 그치지 않고, 이를 자신들의 문화적, 정치적 도구로 적극 활용했음을 유물을 통해 알 수 있다.

3. 「사택지적비」(3-11)

이는 654년에 세워진 백제 시대의 유일한 현존 비석이다. 이 비석의 문장은 사륙변려체로 쓰여 있어 백제의 문학적 수준이 매우 높았음을 보여준다. "갑인년 정월 9일 내지성의 사택지적이 몸이 날로 쉬이 가고 달로 쉽게 돌아오기 어려움을 한탄하고 슬퍼하여……"라는 구절은 백제인들의 세련된 문학적 표현 능력을 잘 보여준다. 또한 구양순체로 쓰인 서체는 백제가 중국의 최신 서예 양식을 빠르게 수용했음을 시사한다.

3-11. 「사택지적비(砂宅智積碑)」(『문자』 51쪽)

4. 「창왕명 석조사리감(昌王銘石造舍利龕)」(3-12)

3-12. 「창왕명 석조사리감(
百濟昌王銘石造舍利龕)」(567)(『기호유물』 66쪽)

또 부여 능산리사지 「창왕명 석조사리감」(국보 (구)288호)
은 감실 입구 좌우에 예서풍으로 10자씩, 합계 20자의 명문
을 새긴 백제 사비기 석조 사리용기이다. 오른쪽의 "백제창
왕십삼년태세재(百濟昌王十三年太歲在)", 왼쪽의 "정해매[형]공

주공양사리(丁亥妹[兄]公主供養舍利)"(일부 글자 마멸)는 창왕(성왕의 아들 위덕왕) 13년 정해, 즉 567년에 왕의 누이 공주가 사리를 공양했음을 밝힌다. 이는 능산리 사찰·목탑 조성의 절대연대를 제공하는 동시에, 왕릉군 인접 공간에서 왕실 불사가 조직되었음을 입증한다. 더 나아가 '백제(百濟)'라는 국호의 자각적 표기, 왕호의 사용, "공양사리(供養舍利)"라는 불교 금석문 문식의 정착은 백제가 중국계 한자 서식과 서체를 수용·변용해 신앙과 국가적 추모를 기록했음을 보여주는 한자사적 기준점이며, 공양 주체로 '공주'를 명기한 점은 왕실 여성의 공덕 행위가 정치적 기념과 결합했음을 시사한다. 예서풍의 필획과 간략한 결구는 현장 각석의 실무성을 드러내어 사비기 한자 사용의 실제 층위를 보여주고 있다.

5. 무령왕비 은팔찌(武寧王妃 銀製釧)(3-13)

무령왕비 은팔찌(銀製釧)의 내면 은판에 음각된 17자 명문 "庚子年二月多利作大夫人分二百卅主耳"는 제작연월(간지 '庚子'=520년), 장인명(多利), 수증자 호칭(大夫人), 재료 소요량(二百卅主)과 문장 종결사(耳)를 한 줄에 압축하고 있다. 명문은 왕비 사망 약 6년 전 제작 사실을 뒷받침하여, 무령왕릉 지석(묘지)과 함께 백제 왕실 연대와 용어(왕대비/대부인)의 층위를 교차 검증하게 한다. 서체가 해서(楷書)로 정리되어 있어 당시 표준 필기 관행을 반영하며, 장신구에 제작자·연월·중량을 함께 명시한 드문 사례로서 공예 생산의 분업·회계적 관리 수준을 보여준다. 더 나아가 '주(主)'가 중국의 무게 단위인 주(銖)에 대응하거나 백제

독자의 단위였을 가능
성은 도량형·한자 용
법의 지역화를 시사하
고, '이(耳)'의 종결사
용례는 한자가 백제어
문장구조를 표기하는
'한국식 한자문'으로
변환되는 초기 양태를
증거한다. 이처럼 기
념적 금석문이 실무
기록으로도 작동했음
을 보여주는 점에서
백제 한자 사용의 사
회적 저변을 드러낸다
고 할 수 있다.

3-13. 「**무령왕비 은팔찌**(武寧王妃
銀製釧)」(520)(『**기호유물**』 63쪽)

　이들 금석문뿐만 아니라, 백제 시대의 목간들도 일상생활에
서의 한자 사용을 보여주는 중요한 자료이다. '부여 능산리 목
간', '나주 복암리 목간', '궁남지 목간' 등은 각각 다른 용도로
사용되었다.

6. 부여 능산리 목간(3-14)

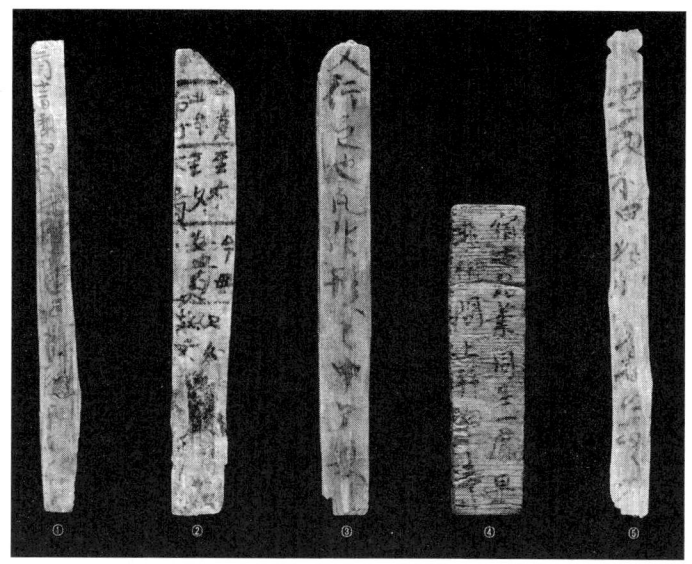

3-14. 부여 능산리(扶餘 陵山里) 목간(『문자』 65쪽, 『문자』 154쪽)
충남 부여 출토. 길이 27.6cm, 너비 1.9cm. 국립부여박물관 소장.
①~④ 능산리 사지 출토, ⑤동남리 출토.

부여 능산리사지 출토 목간은 사비기(538~663) 왕실 기원
사찰의 서쪽 배수로 일대(선대 배수로)에서 나온 24점의 묵
서 목간(木簡)으로, 길이 7.8~46cm의 실무 기록이 그대로 남
아 있다. '대덕(對德)·내율(奈率)' 등과 같은 관직명, '보희사
(寶憙寺)·자기사(子基寺)' 등의 사찰명, '육부오방(六部五方)'·한
성하부('漢城下部)'와 같은 행정·지리 표기는 백제 사회가 중
국식 한자어를 제도·공간의 명명 체계로 흡수하면서도, 관제
와 불교 운영을 한자 문서로 조직했음을 보여준다.

같은 유적의 「석조사리감 명문」(창왕 13년, 567)이 연대를
고정한다면, 목간은 그 연대 내부에서 인력·물자·의례가 배

분·보고되던 문서의 실재를 보여준다. 금석문이 기념·권위의 문자라면, 목간은 오류·약자·현장어휘를 포함한 '문자 생활사' 자료로서, 백제식 필사 관행과 자형 변이를 통해 한국 한자사의 '비석의 한자'에서 '문서의 한자'로의 이행을 구체화하는 대표적 1차 자료이다.

7. 나주 '복암리 목간'(3-15)

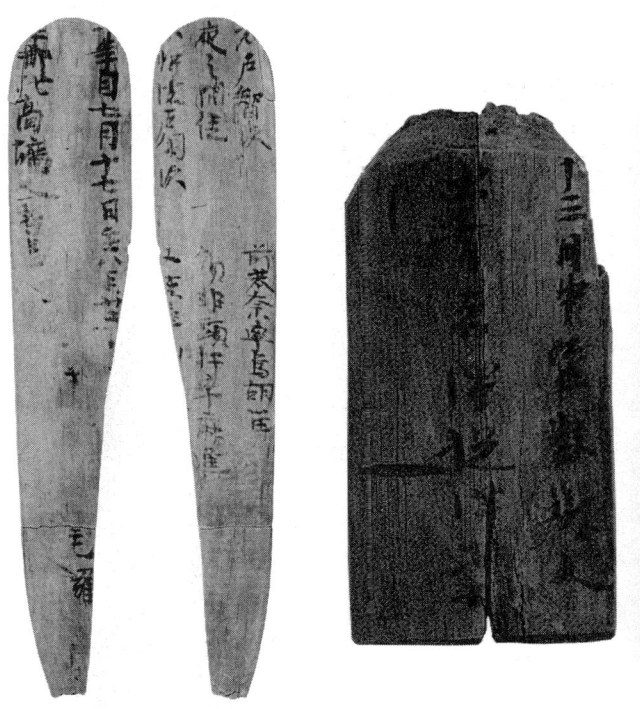

3-15. 나주 복암리 목간

나주(羅州) '복암리(伏岩里) 목간'은 610년에 작성된 것으로, 한 달 넘게 이루어진 작업에 동원된 사람들을 남녀별, 나이별로 기록하고 있다. 이는 백제의 정교한 행정 시스템과 문서 관리 능력을 보여준다. 또한 도망친 주민을 색출한 내용을 기록한 목간은 당시의 사회 통제 시스템을 엿볼 수 있게 해준다.

8. 부여 '궁남지 목간'(3-16)

부여(扶餘) '궁남지(宮南池) 목간'은 특히 흥미로운데, "서부 후항의 사달사가……귀화인 중 □4명과 하 □2명을 이끌고 매라성 법리원의 논을 개간했다."라는 내용은 백제의 행정 구역, 관직 체계, 농업 정책 등을 한 번에 보여준다. 또한 연령대별로 사람들을 구분한 점은 백제의 세밀한 인구 관리 시스템을 보여준다.[6]

이러한 유물들은 백제에서 한자가 단순히 공식 문서나 의례용으로만 사용된 것이 아니라, 일상적인 행정과 경제 활동에서도 광범위하게 활용되었음을 보여준다. 특히 목간의 존재는 문자사용이 지배층에 국한되지 않고 사회 전반에 퍼져 있었음을 보여준다.

이를 통해 우리는 백제의 한자 문화가 문학, 행정, 경제 등 다양한 영역에서 매우 높은 수준으로 발전했음을 알 수 있다. 백제인들은 한자를 단순히 수동적으로 받아들인 것이 아니라, 자신들의 필요에 맞게 창조적으로 활용했다. 이는 백제

---

6) 국립문화재연구소, 『고고학사전』(2001), '궁남지(宮南池) 목간.

가 동아시아 문화권 내에서 독자적인 위치를 차지하고 있었음을 보여주는 중요한 증거이다.

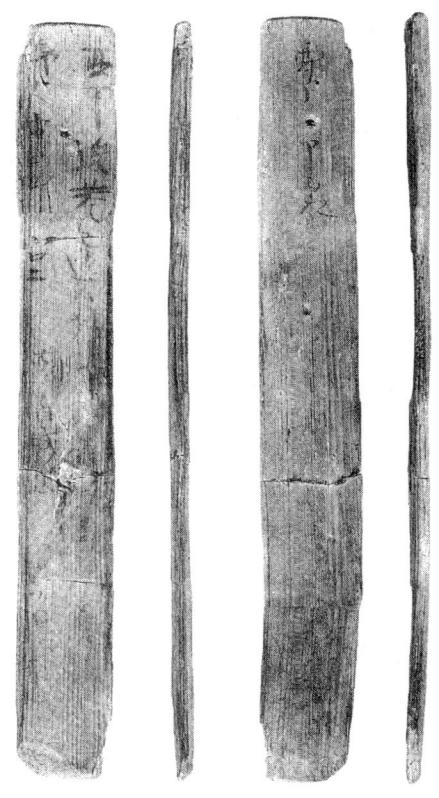

3-16. 궁남지(宮南池) 목간(『ㄱ 호유물』 73쪽)

제3절 신라

신라(新羅)의 한자 문화 발전은 다른 두 국가와는 다소 다른 양상을 보이다. 신라는 지리적으로 중국과 가장 멀리 떨어져 있었음에도 불구하고, 후대에 이르러 매우 발전된 한자 문화를 보여주었다.

신라의 한자 문화 발전 과정은 다음과 같이 정리할 수 있다:

1. 초기 발전: 신라는 고구려와 백제보다 약 100~200년 늦게 고대 왕국으로 발전했다. 이는 한자 문화의 수용도 상대적으로 늦었음을 의미한다.

2. 교육 기관 설립: 682년(신문왕 2년)에 **국학(國學)**을 설립했다. 이는 신라의 공식적인 한자 교육이 시작되었음을 의미한다.

3. 역사 편찬: 진흥왕 6년(545년)에 문사를 모집하여 국사를 편찬했다는 기록은 신라에서 한자를 이용한 역사 기록이 시작되었음을 보여준다.

4. 비문 문화: 「단양적성비」와 「진흥왕순수비」 등의 비문은 신라의 한자 사용 수준을 잘 보여준다. 특히 「진흥왕순수비」에 『서경』과 『논어』의 구절을 인용한 것은 신라의 유교 경전 이해 수준이 높았음을 시사한다.

5. 경전 학습: 612년의 「임신서기석」에 『시경』, 『서경』, 『예기』, 『춘추』 등을 읽은 기록이 있는 것은 신라에서 다양한 유교 경전이 학습되었음을 보여준다.

6. 유학생 파견: 통일 이후 신라는 많은 유학생을 당나라에 파

견했다. 290년간 약 2000여 명의 유학생이 파견되었다는 기록은 신라의 적극적인 한자 문화 수용 의지를 보여준다.

7. 뛰어난 문인 배출: 최치원과 같은 뛰어난 문인의 등장은 신라의 한자 문화가 매우 높은 수준에 도달했음을 보여준다.

신라의 한자 문화 발전은 초기에는 느렸지만, 통일 이후 매우 빠른 속도로 진행되었다. 특히 당나라와의 긴밀한 관계는 신라의 한자 문화 발전에 큰 영향을 미쳤다. 신라는 한자를 통해 유교 사상을 수용하고, 이를 국가 운영의 이념으로 활용했다.

또한 신라의 한자 문화는 단순한 수용을 넘어 창조적 활용의 단계에 이르렀다. 최치원(崔致遠, 857~미상)과 같은 문인들은 중국에서도 인정받는 수준의 문학 작품을 창작했으며, 이는 신라의 한자 문화가 독자적인 발전 단계에 도달했음을 보여준다.

결론적으로, 신라의 한자 문화는 초기의 지리적 불리함을 극복하고 매우 높은 수준으로 발전했다. 이는 신라가 삼국 통일 이후 한반도의 문화적 중심지로 자리 잡는 데 중요한 역할을 했을 것이다. 신라의 이러한 문화적 성취는 이후 고려와 조선으로 이어지는 한국 문화의 중요한 기반이 되었다.

먼저, 포항 「중성리 신라비」와 포항 「냉수리 신라비」는 신라의 초기 한자 문화를 보여주는 매우 중요한 유물이다.

(1) 포항 「중성리 신라비」(441년 또는 501년)(3-17)

3-17. 포항 「중성리 신라비」(浦項 中城里
新羅碑)(441)(『문자』 40쪽)

이는 현재까지 발견된 신라비 중 가장 오래된 것으로 여겨진다. 이 비석의 특징은 다음과 같다.

1. 문장 기술: 아직 능숙하지 않은 문장 구사는 당시 신라

에서 한문이 완전히 보편화되지 않았음을 시사한다.

2. 서체: 소전(小篆)에서 예서(隸書)로 넘어가는 과도기적 형태인 고예(古隸)와 유사하지만, 중국 서체의 영향이 크지 않은 신라 고유의 토속적 서체를 보여준다.

3. 내용: 신라 지배층이 지역 호족에게 토지 지배권을 조정하는 내용을 담고 있어, 당시 신라의 토지 제도와 지방 통치 방식을 엿볼 수 있다.

4. 의의: 이 비석은 신라의 초기 문자사용과 행정 체계를 보여주는 귀중한 자료이다.

(2) 포항 「냉수리 신라비」(503년)(3-18)

3-18. 포항 「냉수리 신라비」(浦項冷水里新羅碑))(503)(『문자』 41쪽)

이는 「중성리 신라비」보다 약 60년 후에 제작된 것으로, 신라의 한자 사용이 더욱 발전했음을 보여준다.

1. 글자 수와 구성: 총 231자가 3면(앞면, 뒷면, 윗면)에 새겨져 있어, 더 복잡하고 상세한 내용을 담고 있다.
2. 내용: 지역 호족이 절거리에게 재물에 관한 권리를 보장하는 명령을 내린 내용을 담고 있어, 신라의 지방 통치 체계와 재산권 개념을 엿볼 수 있다.
3. 서체: 해서체에 가까우나 예서체의 특징도 남아있어, 신라의 서체가 중국의 영향을 받으면서도 독자적으로 발전하고 있음을 보여준다.
4. 보존 상태: 글자가 잘 보존되어 있어 당시의 문자사용을 직접 확인할 수 있다.

이 두 비석은 신라의 한자 문화 발전 과정을 잘 보여준다. 중성리 비석에서 보이는 초기의 서투른 한문 사용에서, 60년 후 냉수리 비석에 이르러서는 더욱 세련되고 복잡한 내용을 표현할 수 있게 되었음을 알 수 있다.

또한 이 비석들은 신라의 지방 통치 체계, 토지와 재산권에 대한 개념, 행정 절차 등을 보여주어 당시 신라 사회의 모습을 이해하는 데 중요한 자료가 된다. 특히 지역 호족과 중앙 정부의 관계, 재산권의 분배와 조정 등은 신라의 국가 운영 방식을 엿볼 수 있게 해준다.

이러한 비석들의 존재는 신라가 5세기 초반부터 이미 한자를 이용해 공식적인 기록을 남기고 있었음을 보여준다. 이는

신라의 문자 문화가 예상보
다 일찍 발달했음을 의미하
며, 이후 신라가 삼국을 통
일하고 문화적으로 크게 발
전할 수 있었던 기반이 되었
을 것이다.

또 울진 「봉평 신라비」와
「진흥왕순수비」 4종은 신라
의 한자 문화와 영토 확장을
보여주는 중요한 유물들이다.

(3) 울진 「봉평 신라비」 (524년)(3-19)

1. 특징: 높이 204cm, 너비
   70cm의 자연석에 약
   400자의 비문이 새겨져
   있다.
2. 내용: 신라 지배층이 울
   진 봉평리 지역에 내린
   명령과 그 이행 과정, 제
   사 의식, 형벌 등을 기록
   하고 있다.

3-19. 울진 「봉평
신라비」(蔚珍鳳坪里新羅)(524)(『
문자』 42쪽)

3. 서체: 중국 남북조시대 북조의 영향을 받은 해서체이지만,
   예서체의 특징도 보인다.
4. 의의: 신라의 지방 통치 방식, 행정 체계, 의례 등을 보여

주는 중요한 자료이다.

(4) 「진흥왕순수비」 4종(3-20~23)

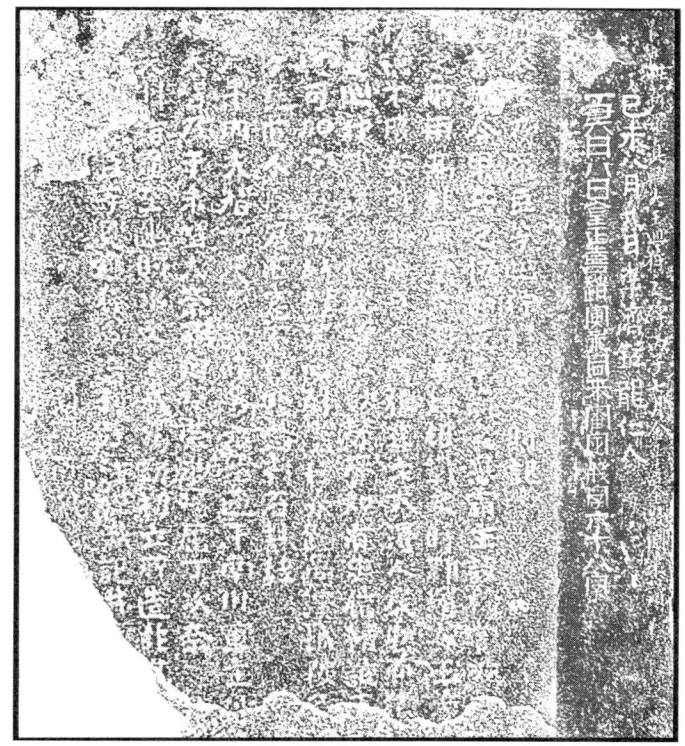

3-20. 「북한산진흥왕순수비(北漢山眞興王巡狩碑)」
(『중박』 126쪽, 『문자』 43쪽)

　「진흥왕순수비」 4종은 신라의 영토 확장과 문화적 발전을 보
여주는 중요한 유물들이다. 각 비석의 특징과 의의를 살펴보자.

3-21. 「창녕 진흥왕 척경비(昌寧眞興王拓境碑)」(568)(『문자』 46쪽)

1. 배경: 진흥왕 재위 37년 동안 신라는 큰 영토 확장을 이루었다. 가야를 병합하고, 한강 하류 유역으로 진출하며, 함경남도까지 영역을 넓혔다.

2. 목적: 진흥왕이 확장된 영토를 직접 순수(巡狩)하면서 이를 기념하기 위해 세운 비석들이다.

3. 종류:

① 「북한산진흥왕순수비」(555년):

- 국보 3호로 지정된 이 비석은 높이 1.54m, 너비 0.69m이다.

- 12행에 각 행 21~22자로 구성되어 있으나, 많은 부분이 판독하기 어렵다.

- 19세기 초 추사 김정희에 의해 재발견되어 그 역사적 가치가 더욱 높아졌다.

② 「창녕 진흥왕 척경비」(561년):

- 국보 33호로, 높이 162cm, 너비 174cm의 큰 규모를 자랑한다.

- 27행 643자의 방대한 내용을 담고 있으며, 육조풍의 해서로 씌어졌다.

- '신사'라는 간지를 통해 561년에 세워졌음을 확인할 수 있다.

③ 「황초령 진흥왕 순수비」(568년):

- 북한 국보 110호로, 높이 1.15m, 너비 0.48m이다.

- 12행에 각 행 35자씩 새겨져 있으며, 해서체와 예서체가 혼용되었다.

3-22. 「황초령 진흥왕 순수비(黃草嶺 眞興王 巡狩碑)」(568)(『문자』 44쪽)

④ 「마운령 진흥왕 순수비」(568년):

3-23. 「마운령 진흥왕 순수비(磨雲嶺 眞興王 巡狩碑)」(568)(『문자』
45쪽)

- 북한 국보 111호로, 높이 165cm, 너비 65cm이다.

- 앞면 10행(각 26자), 뒷면 8행(각 25자)으로 구성되어 있다.

- 비문의 보존 상태가 가장 좋아 대부분의 내용을 판독할
  수 있다.

- 진흥왕의 순수 날짜, 목적, 수행 인원 등 상세한 정보를 담고 있다.

  4. 의의:

     - 당시 신라의 국경, 관직, 제도, 지명 등을 알려주는 귀중한 역사 자료이다.

     - 6세기 신라의 서체와 이두문 연구에 중요한 자료를 제공한다.

(5) 「단양 신라 적성비(丹陽 新羅 赤城碑)」(3-24)

「단양 신라 적성비(丹陽 新羅 赤城碑)」는 충북 단양 적성산성에서 1978년 발견된 자연석 비로, 상단 결실로 정확한 건립연대는 견해가 갈리나 대체로 진흥왕대(6세기 중엽) 척경 직후의 산물로 이해된다. 비문은 22행 약 440자 규모로 추정되며 현존 288자 내외가 판독된다. 내용은 이사부 등 지휘부가 적성 공략에 협력한 '적성인'의 공훈을 표창·포상하고, 새로 복속된 주민을 위무하면서 "장차 신라에 충성하는 자에게도 같은 포상"을 내리겠다고 천명하는 통합의 선언이다. 한자사적으로는 관등·직명·인명의 집합적 열거, '국법'과 '전사(佃舍)' 같은 제도어의 사용이 금석문에까지 실무 규범을 기입하게 했음을 보여주어, 신라의 한자 문식(文識)이 정복지 사회통합의 기술로 작동했음을 입증한다. 또한 예서에서 해서로 이행하는 필법을 통해 6세기 신라 한자서체의 변화를 확인하게 하는 기준 자료이기도 하다.

3-24. 「단양 신라 적성비(丹陽新羅赤城碑)」(6세기)(『문자』 48쪽)

이 비석들의 중요성과 의의는 다음과 같다.

1. 영토 확장의 증거: 각 비석의 위치는 신라의 영토 확장을 직접적으로 보여준다. 특히 황초령과 마운령 비석은 신라의 북방 진출을 증명한다.

2. 한자 문화의 성숙: 비문의 문장과 서체는 6세기 신라의 한자 사용 능력이 매우 높은 수준에 도달했음을 보여준다.

3. 국가 통치 체계의 발전: 비문에 언급된 관직명과 순수의 과정은 신라의 발전된 국가 통치 체계를 반영한다.

4. 역사 기록의 중요성 인식: 순수 과정을 상세히 기록하고 비석으로 남긴 것은 신라가 역사 기록의 중요성을 인식하고 있었음을 보여준다.

5. 문화적 자신감: 대규모 비석을 여러 지역에 세운 것은 신라의 문화적, 정치적 자신감을 반영한다.

6. 이두의 사용: 일부 비석에서 발견되는 이두는 한자를 이

용한 한국어 표현 방식의 발전을 보여준다.

이상의 「진흥왕순수비」들은 6세기 신라의 정치적, 문화적 발전을 종합적으로 보여주는 귀중한 역사 자료이다. 이를 통해 우리는 신라가 삼국 통일의 기반을 다지는 과정에서 이룩한 문화적 성취를 이해할 수 있다. 특히 한자 문화의 수용과 발전이 신라의 국가 발전과 밀접하게 연관되어 있음을 분명히 보여주고 있다.

이러한 비석들은 6세기 신라가 정치적, 문화적으로 크게 성장하고 있었음을 보여준다. 특히 한자 문화의 수용과 발전이 신라의 국가 발전과 밀접하게 연관되어 있음을 알 수 있다. 이는 이후 신라가 삼국을 통일하고 문화적으로 크게 발전할 수 있었던 기반이 되었을 것이다.

(6) 신라 필사본(3-25)

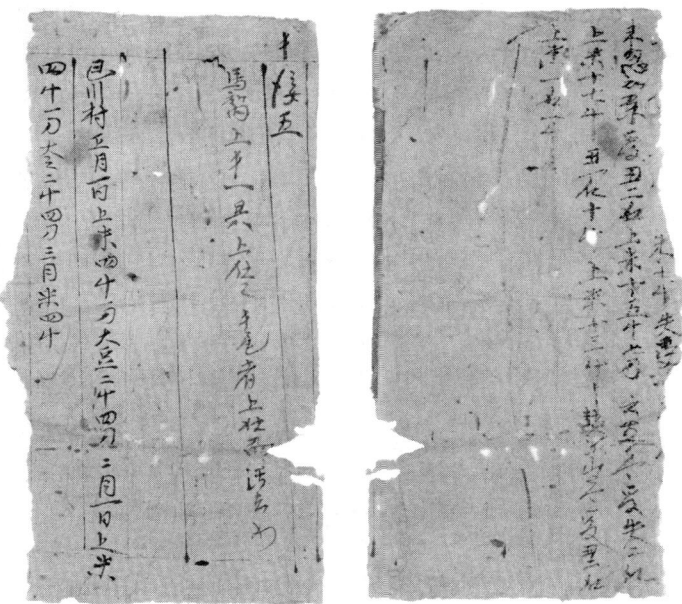

3-25. 신라 필사본.(『문자』 78쪽)

이 신라 필사본은 8세기 중반 신라의 행정 체계와 문서 작성 방식, 그리고 한자 사용의 실태를 보여주는 중요한 유물이다.

1. 제작 시기와 물리적 특징: 이 문서는 752년(경덕왕 11년)에 제작된 것으로, 세로 29.0cm, 가로 13.5cm의 크기를 지닌다. 이는 당시 행정 실무에서 사용되던 일상적 문서 규격을 구체적으로 보여주는 사례이다. 특히 이 문서는 본래 사발을 싸는 포장재로 재사용된 것으로 알려져 있는데, 이는 신라 사회에서 문서가 일회적 기록물이 아니라 생활 속에서 반복적으로 활용되었음을 잘 보여준다.

2. 문서의 기록 내용: 문서의 앞면에는 말린 말고기와 돼지 고기에 대한 관청의 점검 기록이 남아 있으며, 동시에 각 마을로부터 매달 공납으로 받은 콩과 '살'의 내역이 기재되어 있다. 한편 뒷면에는 벼의 도정과 관련된 사항이 기록되어 있어, 동일 문서가 서로 다른 행정 목적을 위해 활용되었음을 알 수 있다.

3. 역사적·문화사적 의의: 이 문서는 먼저 관청이 식품을 체계적으로 점검하고 관리하는 행정 시스템이 이미 정착되어 있었음을 보여주며, 마을 단위의 정기적 공납 제도가 제도적으로 운영되고 있었음을 입증한다. 또한 말고기, 돼지고기, 콩, 벼 등 다양한 농축산물의 생산과 유통, 그리고 고기 건조나 벼 도정과 같은 식품 가공 기술의 존재를 확인하게 해 준다.

문서의 앞뒤 면을 모두 사용한 점은 종이의 효율적 활용 관행을 잘 보여주며, 일상 행정 업무를 문서로 남기는 문화가 신라 사회에 깊이 뿌리내리고 있었음을 시사한다. 더 나아가 이러한 행정 문서에 한자가 사용되었다는 사실은, 한자가 특정 엘리트층에 한정되지 않고 실무와 생활 영역 전반에 걸쳐 광범위하게 활용되었음을 말해 준다. 아울러 이 문서가 오늘날 일본 정창원에 전해지고 있다는 점은, 신라와 일본 사이의 문화적·물질적 교류 관계를 보여주는 중요한 간접 증거로 평가된다.

4. 보존 상태와 전승의 의미: 이 문서는 현재 일본 정창원에 소장되어 있으며, 오늘날 우리가 접하는 것은 복제품이다. 그럼에도 불구하고 1200년이 넘는 세월 동안 전해져 내려왔다는 사실은 극히 예외적인 사례로, 신라 시대 종이 제작 기술과 보존 환경, 그리고 기록물이 지닌 물질적 내구성에 대한 귀중한 정보를 제공한다.

이 필사본은 신라의 일상적인 행정 문서로, 당시의 실제 생활상을 생생하게 보여준다. 특히 한자를 사용한 문서 작성이 일상화되어 있었다는 점, 그리고 상세한 행정 기록을 남기는 관행이 있었다는 점은 신라의 문화적, 행정적 성숙도를 잘 보여준다. 이는 신라가 삼국을 통일한 후 더욱 체계적인 국가 운영 시스템을 갖추었음을 시사하며, 이러한 문화적, 행정적 기반이 후대 한국의 발전에 중요한 토대가 되었을 것이다.

제4절 한자의 일본 전파

한자 자료의 일본 전파에 가장 적극적이었던 나라는 백제였다. 『일본서기』에 의하면 백제의 아직기가 284년 아직기를 파견해 『역경』, 『효경』, 『논어』, 『산해경』 등을 일본에 전했고, 이를 이어 왕인(王仁)이 『천자문』을 전했다고 한다.

『일본사』에 다음과 같은 말이 전한다.

> 일본사에 이렇게 기록되어 있다. "응신천황 15년(284년), 백제 국에서 왕자 아직기를 파견해 『역경』, 『효경』, 『논어』, 『산해경』 등을 전했다. 당시 **아직기**는 경서를 숙독하고 있었기에, 일본의 황태자가 그를 스승으로 모시고 경전을 배웠다. 이것이 본죠(일본)에서 책을 읽기 시작한 계기다. 천황이 아직기에게 물었다. '본국(백제)에 당신과 같은 사람이 또 있는가?' 아직기가 대답했다. '왕인이라는 자가 있는데, 저보다 훨씬 낫습니다.' 그리하여 사신을 보내 백제의 왕인을 초빙했다. 왕인은 『**천자문**』을 들고 일본에 들어왔다. 그 때가 285년이었다."[7]

한자의 일본 전파에 관한 이 내용은 매우 중요한 역사적 사실을 담고 있다. 특히 백제가 한자 문화의 전파에 중심적인 역할을 했다는 점이 두드러진다.

1. 백제의 매개적 역할: 백제는 한자 자료와 문자 문화를 일본에 전파하는 데 있어 가장 적극적이고 주도적인 역할을 수행한 국가로 평가된다. 이는 백제가 단순한 수용자가 아니라, 동아시아 문화권 내부에서 중국 문명과 일본 사회를 연결하는 핵심 매개자로 기능했음을 의미한다. 이러한 위치는 백제가 지닌 외교적 역량과 문화적 개방성을 잘 보여준다.

2. 아직기의 일본 파견: 284년경, 백제는 왕자 아직기를 일본에 파견하여 여러 중요한 한자 문헌을 전달하였다. 이 때 전해진 문헌으로는 『역경』, 『효경』, 『논어』, 『산해경』 등이 전하며, 이들 모두는 유교 경전과 중국 고전으로서 당시 동아시아 지식인 사회에서 필수적인 학습 대상에 해당하는 저작들이었다. 이는 일본에 전해진 한자 문화가 단순한 문자 기술이 아니라, 사상과 학문 체계 전체를 포함하고 있었음을 시사한다.

3. 아직기의 교육적 역할: 아직기의 활동은 문헌의 물리적 전달에 그치지 않았다. 그는 일본에서 황태자의 스승이 되어 경전을 직접 가르쳤으며, 이를 통해 한자 문화와 유교적 지식이 교육을 매개로 체계적으로 전수되었다. 이 사실은 문자 문화의 전파가 단순한 서적 이동이 아니라, 사람을 통한 지식 이전의 과정이었음을 분명히 보여준다.

---

7) "日本史云: 應神天皇十五年(二八四年), 百濟國遣王子阿直岐, 貢上『易經』・『孝經』・『論語』・『山海經』. 時阿直岐熟讀經典, 皇太子師之讀經. 此乃本朝讀書之始. 天皇問阿直岐曰: '勝汝者否?' '有王仁勝於鄙人.' 遂遣使者至百濟召王仁. 王仁攜『千字文』來朝(285年)."(『일본서기(日本書紀)・응신천황기(應神天皇紀)』)

4. 왕인의 초빙과 『천자문』 전래: 아직기의 추천에 따라, 285년경 백제의 학자 왕인이 일본으로 초빙되었다. 왕인은 한자 학습의 기본 교재로 알려진 『천자문』을 가지고 일본에 건너갔으며, 이를 통해 일본 사회에서 체계적인 한자 교육이 본격적으로 시작되었을 가능성이 제기된다. 『천자문』의 전래는 일본 문자 교육사의 중요한 전환점으로 평가된다.

5. 일본 문자 문화의 출발점: 아직기와 왕인의 활동은 일본에서 흔히 '책을 읽기 시작한 계기'로 인식된다. 이는 일본의 문자 문화가 자생적으로 발생한 것이 아니라, 한반도, 그중에서도 백제를 경유하여 형성되었음을 보여주는 대표적 사례로 이해된다.

6. 연대 기록의 문제: 한편 이러한 사건들의 연대는 『일본서기』에 284년과 285년으로 기록되어 있으나, 해당 연대가 실제보다 앞당겨졌을 가능성이 꾸준히 제기되어 왔다. 다수의 연구자들은 이 일련의 사건들이 실제로는 4세기 말에서 5세기 초에 발생했을 것으로 추정하며, 연대 비판을 통해 보다 역사적 실상을 복원하려는 시도가 이어지고 있다.

이 기록은 한반도, 특히 백제가 동아시아 문화 교류에서 담당한 중요한 역할을 보여준다. 백제는 중국에서 받아들인 한자 문화를 소화하고 발전시켜 일본에 전파함으로써, 동아시아 문화권 형성에 핵심적인 역할을 했다.

이러한 문화 전파는 단순히 문자나 책의 전달에 그치지 않고, 유교 사상, 행정 제도, 기술 등 다양한 분야의 지식과 문화가 함께 전해졌을 것이다. 이는 후대 일본 문화 발전의 중요한 기반이 되었으며, 동아시아 문화권의 형성과 발전에 크게 기여했다.

또한 이 사례는 고대 동아시아에서 문화 교류가 얼마나 활발하게 이루어졌는지를 보여주는 좋은 예이다. 국가 간 경쟁과 갈등이 있었음에도 불구하고, 문화와 지식의 교류는 지속적으로 이루어졌으며, 이는 동아시아 전체의 문화적 발전을 이끌었다.

3-26. 『천자문』의 일본 전파와 왕인 박사 유적지(王仁博士遺蹟)

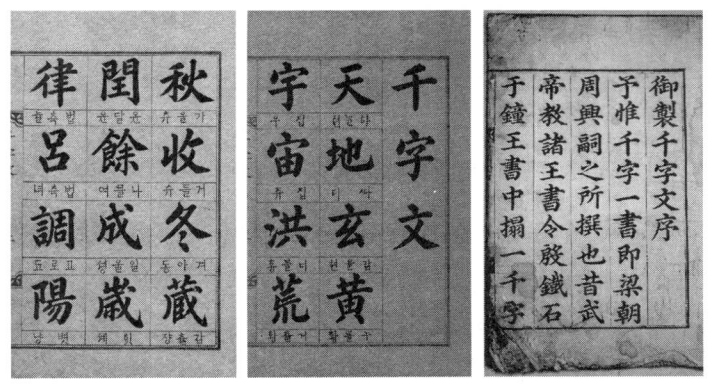

3-27. 『천자문』(崇禎紀元後六十四年辛未(1691) 序, 曆十一年(1583)韓濩 書, 二十九年辛丑(1601) 開刊, 크기 27.4×42.7cm) 예일대 소장

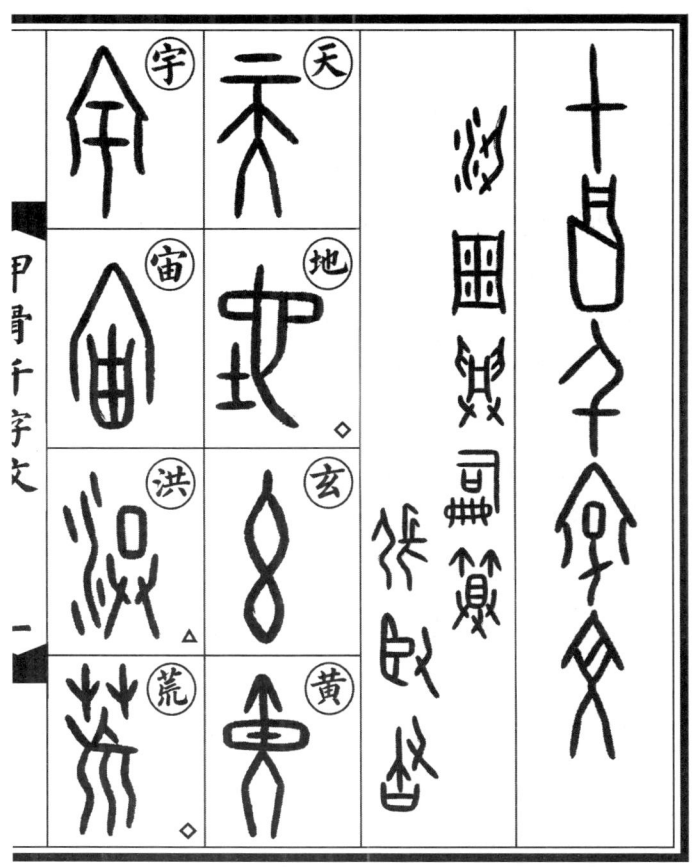

3-28. 『갑골천자문』.
천자문을 갑골문으로 판각한 최초의 작품이다. 갑골문 발견 125주년을
기념하여 서예가 장견(張堅) 교수가 갑골문을 썼고,
한국한자연구소에서 판각체로 조판하여 시민 각수들이 판각했다.
하영삼 외, 『갑골천자문』(도서출판3, 2024) 참조.

한자 문화의 일본 전파는 동아시아 문화 교류사에서 매우
중요한 사건이다. 이 과정에서 백제가 중심적인 역할을 했다

는 점은 특히 주목할 만하다. 『일본서기』의 기록에 따르면, 284년 백제의 아직기가 일본에 파견되어 『역경』, 『효경』, 『논어』, 『산해경』 등의 중요한 한자 문헌을 전했다고 한다. 이어서 285년에는 왕인이 『천자문』을 가지고 일본에 도착했다고 전해진다.

이 사건은 일본의 문자 문화 발전에 결정적인 영향을 미쳤다. 아직기는 단순히 책을 전달하는 데 그치지 않고 일본 황태자의 스승이 되어 직접 경전을 가르쳤다고 한다. 이는 한자 문화의 전파가 단순한 물리적 전달을 넘어 지식과 사상의 전수까지 포함했음을 의미한다. 왕인이 가져온 『천자문』은 한자 학습의 기초 교재로, 이를 통해 일본에서 본격적인 한자 교육이 시작되었을 것이다.

이러한 문화 전파의 흔적은 오늘날까지 남아있다. 전남 영암군 구림리에 있는 왕인 박사 유적지(3-26)는 백제 학자 왕인의 출생지로 전해지며, 한일 문화 교류의 상징적인 장소로 여겨진다. 이 유적지에는 왕인이 태어났다는 성기골과 수학했다는 문산재가 있어, 역사적 인물의 흔적을 생생하게 전하고 있다.

『천자문』(3-26)은 일본 전파 이후에도 한국에서 지속적으로 발전했다. 1583년 한석봉(韓錫琫)이 쓴 『천자문』은 서예의 명작으로 평가받았고, 1752년 남한 개원사에서 간행된 『주해천자문(註解千字文)』은 기존의 형식에 큰 변화를 주어 한자 학습의 효율성을 높였다. 특히 1804년 광통방에서 간행된 『증보천자문』은 청탁 표시, 소전체, 성조 표기 등을 추가하여 '천자문의 결정판'으로 평가받았다.

이러한 『천자문』의 발전 과정은 한자 교육 방법과 내용이 시대에 따라 어떻게 변화했는지를 보여준다. 단순한 한자 나열에서 시작해 점차 복잡하고 체계적인 학습 도구로 발전해 갔음을 알 수 있다. 이는 한자가 동아시아 문화권에서 단순한 문자 체계를 넘어 지식과 교양의 기반으로 자리 잡았음을 의미한다.

백제를 통한 한자 문화의 일본 전파와 이후의 발전 과정은 동아시아 문화권 형성의 중요한 한 축을 이룬다. 이는 국가 간 경쟁과 갈등 속에서도 문화와 지식의 교류가 지속적으로 이루어졌음을 보여주며, 이러한 교류가 동아시아 전체의 문화적 발전을 이끌었다는 점에서 그 의의가 크다. 오늘날 우리가 이해하는 동아시아의 공통된 문화적 기반은 이러한 오랜 교류의 결과물이라고 할 수 있을 것이다.

제4장

자각과 변용시기의

한자

제4장 자각과 변용 시기의 한자

한자가 한반도에 유입된 이후, 한국어를 표기하기 위한 다양한 시도와 변용이 이루어졌다. 이는 외래문화가 본토문화와 융합하여 새로운 형태로 변형되는 자연스러운 과정이었다. 하지만 한자를 이용해 한국어를 표기하려는 노력은 두 언어의 구조적 차이로 인해 많은 어려움과 불편함을 동반했다.

중국어와 한국어는 근본적으로 다른 언어 계통에 속한다. 중국어는 중국어-티베트 어족에 속하는 고립어로, 단어의 형태 변화 없이 어순과 허사를 통해 문법적 관계를 표현한다. 반면 한국어는 우랄알타이 어족에 속한다고 알려진 교착어로[1], 어근에 다양한 접사가 결합하여 문장 내 단어의 기능을

---

[1] 한국어가 우랄알타이 어족에 속한다는 것은 1930년대 제시된 람스테트(Gustaf John Ramstedt)의 가설인데, 20세기 중반까지 주요 가설로 인정받았으나, 현재는 재검토 중이다. 한국어는 그 속성이 복잡하여 우랄알타이어의 속성 하나로 쉽게 해명되지 않기 때문이다. 그래서 일부 언어학 사전에서는 귀속 미상으로 분류하기도 한다. 한국어는 북방의 알타이어족과 남방의 남아시아 제어가 남북으로 뒤섞이고, 중국의 영향 있은 후 다시 중국어의 특성이 그 위를 뒤덮은 복잡한 내부 구조를 갖고 있다.

나타낸다. 또한 한국어는 '주어-목적어-동사' 순의 SOV형 통사구조를 가지고 있어, 중국어의 어순과도 차이가 있다.

이러한 언어 구조의 차이는 한자를 이용한 한국어 표기에 큰 도전이 되었다. 한국어의 다양한 조사와 접사, 그리고 중국어와 다른 어순을 한자로 표현하는 것은 매우 복잡하고 어려운 과제였다. 특히 한자 문화가 한반도에서 점차 보편화되고 문자 생활을 지배하게 되면서, 이러한 불편함은 더욱 두드러지게 되었다.

이에 대한 해결책으로, 한국인들은 한자를 변형하여 한국어를 표기하려는 다양한 시도를 하게 된다. 이 과정에서 탄생한 것이 이두(吏讀), 향찰(鄕札), 구결(口訣) 등의 표기 체계이다.

이두는 주로 행정 문서에서 사용된 변형된 한자 표기법으로, 한자의 음과 뜻을 빌려 한국어의 문법 요소를 표현했다. 향찰은 주로 향가(鄕歌)를 기록하기 위해 사용된 표기법으로, 한자의 음과 뜻을 더욱 자유롭게 활용하여 한국어의 음운과 문법을 표현했다. 구결은 한문 문장을 한국어로 읽을 때 사용된 부호 체계로, 한문의 어순을 한국어 어순으로 바꾸고 문법 요소를 표시하는 데 사용되었다.

이러한 변용 과정은 단순히 불편함을 해소하기 위한 노력을 넘어, 한국인들의 언어적 자각과 창의성을 보여주는 중요한 문화적 현상이었다. 이는 외래문화를 수동적으로 받아들이는 것이 아니라, 자신들의 필요에 맞게 적극적으로 변형하고 발전시키는 과정이었다.

이두, 향찰, 구결 등의 표기 체계는 훗날 훈민정음 창제의 토대가 되었다. 이들 표기 체계를 통해 축적된 한국어의 음운과 문법에 대한 이해는 독자적인 문자 체계를 만드는 데 중요한 밑거름이 되었다.

　결과적으로, 한자의 수용과 변용 과정은 한국 문자 문화의 발전에 중요한 역할을 했다. 이는 외래문화의 수용이 단순한 모방에 그치지 않고, 창조적인 변형과 발전으로 이어질 수 있음을 보여주는 좋은 예라고 할 수 있다.

제1절 '임신서기석'체

　「임신서기석(壬申誓記石)」은 1934년 경상북도 경주시 현곡면 금장리 석장사(石丈寺)터 부근에서 발견되어 현재 국립경주박물관에 보관되어 있다. 길이 약 30㎝, 너비는 윗부분이 12.5㎝이나 아래로 내려갈수록 좁아지고 있다.

4-1. 임신서기석(壬申誓記石), 6~7세기(612?)(『중박』
109쪽, 『문자』224쪽)

비문은 5행에 총 74자의 명문이 새겨졌는데, 중국식 한문이 아니라 한국어 어순에 맞게 순서를 변형한 문장이며, 한자의 변형은 이루어지지 않아, 초기 단계의 변형 양식을 보여 준다. 「임신서기석」의 전체 명문은 다음과 같이 해독된다.

"壬申年六月十六日, 二人幷誓記. 天前誓. 今自三年以後, 忠道執持, 過失无誓. 若此事失, 天大罪得誓. 若國不安大亂世, 可容行誓之. 又別先辛未年 七月廿二日, 大誓. 詩尙書禮傳倫得誓三年."

(임신년 6월 16일에 두 사람이 함께 맹세하여 기록합니다. 하늘 앞에 맹세합니다. 지금부터 3년 이후에 충도를 집지하고, 허물이 없기를 맹세합니다. 만약 이 서약을 어기면 하늘에게 큰 죄를 짓는 것이라고 맹세합니다. 만약 나라가 불안하고 세상이 크게 어지러워진다면 모름지기 충도를 행할 것을 맹세합니다. 또한 따로 앞서 신미년 7월 22일에 크게 맹세하였습니다. 즉, 『시』·『상서』·『예기』·『좌전』을 차례로 습득하기를 맹세하되, 3년으로 합니다).

이 비석의 특징은 다음과 같다.

1. 형태와 발견: 경상북도 경주에서 1934년에 발견되었으며, 길이 약 30cm, 너비는 위쪽이 12.5cm로 아래로 갈수록 좁아지는 형태이다.
2. 내용 구성: 5행에 총 74자의 명둔이 새겨져 있다.
3. 언어적 특징: 중국식 한문이 아닌 한국어 어순에 맞춰 변형된 문장 구조를 보인다. 그러나 한자 자체의 변형은 이루어지지 않았다.
4. 시기: 612년(진평왕 34년)에 작성된 것으로 추정된다.

비문의 내용을 살펴보면, 두 사람이 하늘 앞에서 맹세를 하는 장면을 기록하고 있다. 이들은 3년 후부터 충도를 지킬 것을 맹세하며, 이를 어길 경우 하늘의 큰 벌을 받을 것임을 다짐한다. 또한 국가가 혼란에 빠질 경우 충도를 행할 것을 맹세한다. 더불어 이전에 했던 맹세도 언급하는데, 『시경』, 『상서』, 『예기』, 『좌전』 등의 유교 경전을 3년 동안 학습하기로 했다는 내용이다.

이 비석의 가장 큰 의의는 한자를 사용하면서도 한국어의 문법 구조를 반영하려 했다는 점이다. 이는 한자 문화를 수용하면서도 자국의 언어 특성을 유지하려는 노력의 초기 형태를 보여준다. 이의 구체적 내용을 중국어와 비교하면 다음과 같은 차이를 보인다.

임신서기석 체	중국어식 문장	어법 차이
今自三年以後	自今三年以後	개사구조(개사+시간사)
忠道執持	執持忠道	동빈구조(동사+빈어)
過失无誓	誓无過失	동빈구조(동사+빈어)/ 주술구조(주어+술어)
若此事失	若失此事	동빈구조(동사+빈어)
天大罪得誓	誓得天大罪	동빈구조(동사+빈어)/ 수식구조(정어+명사)
詩尙書禮傳倫得誓三年	誓三年[內]倫得詩尙書禮傳	동빈구조(동사+빈어)

「임신서기석」은 한국의 초기 한자 변용을 보여주는 중요한 유물이며 한문을 사용하면서도 한국어의 어순과 문법 구조를 반영하려 한 노력을 보여준다 특히 주목할 점은 다음과 같다.

1. 어순의 변화: 한국어의 SOV(주어-목적어-동사) 구조를 반영하려 함
2. 조사의 표현: 한국어의 조사를 한자로 표현하려는 시도가 보임
3. 시제의 표현: 한국어의 시제를 표현하기 위해 특정 한자를 활용함

이러한 특징은 한자를 한국어에 적용하는 과정에서 겪은 어려움과 그 해결 노력을 잘 보여준다. 「임신서기석」은 이두나 향찰과 같은 보다 발전된 형태의 한자 변용 이전 단계를 보여주는 중요한 자료이다.

이 비석은 또한 당시의 정치적, 문화적 상황을 엿볼 수 있게 해준다 충도를 강조하고 유교 경전 학습을 맹세하는 내용은 신라 사회에서 유교적 가치관이 중요시되었음을 보여준다. 동시에 하늘에 대한 맹세를 한다는 점에서 전통적인 신앙 체계도 여전히 강하게 작용하고 있었음을 알 수 있다.

결론적으로, 「임신서기석」은 한국의 문자 문화가 외래문화를 수용하면서도 자국의 특성을 유지하려 했던 노력의 초기 형태를 보여주는 중요한 유물이다. 이는 이후 발전하게 될 이두, 향찰 등의 한자 변용 체계의 선구적 형태로서 한국 문자 문화사에서 중요한 위치를 차지한다.

제2절 향찰(鄕札)

향찰(鄕札)은 한자를 이용해 한국어를 표기하는 독창적인 방식으로, 한국의 문자 문화사에서 매우 중요한 위치를 차지한다. 이는 한자 문화를 수용하면서도 한국어의 특성을 최대한 살리려 한 노력의 결과물이라고 할 수 있다.

향찰의 기본 원리를 소개하면 다음과 같다.

1. 의미부: 문장의 핵심 의미를 나타내는 부분은 한자의 뜻 (훈)을 사용한다.
2. 문법 요소: 조사나 어미와 같은 형태소는 한자의 소리 (음)를 빌려 표기한다.
3. 어순: 한국어의 어순을 그대로 유지한다.

이러한 방식은 '임신서기석 체'보다 한 단계 더 발전한 형태로, 한자를 더욱 유연하게 활용하여 한국어의 특성을 표현하고 있다. 향찰은 특히 향가(鄕歌)를 기록하는 데 많이 사용되어 '향가식 표기법'이라고도 불린다.

이는 「서동요(薯童謠)」의 예를 통해 향찰의 특징을 자세히 살펴볼 수 있다:

원문	해석	구조분석
善花公主主隱	선화공주님은	선화공주[善花公主]님[主]은[隱]
他密只 嫁良置古	남몰래 사귀어 두고	남[他] 몰래[密只] 사귀어[嫁良] 두[置]고[古]
薯童房乙	서동방을	서동방[薯童房]을[乙]
夜矣 卯乙 抱遺 去如	밤에 뭘 안고 가다	밤[夜]에[矣] 무엇[卯]을[乙] 안고[抱遺] 개[去]다[如]

1. '善花公主主隱'(선화공주님은)

   - '善花公主'는 의미부로 한자의 뜻을 그대로 사용

   - '主'는 '-님'의 의미로 사용

   - '隱'은 조사 '은/는'을 나타내는 음차자

2. '他密只 嫁良置古'(남몰래 사귀어 두고)

   - '他'는 '남'의 의미로 훈독

   - '密只'는 '몰래'의 음차

   - '嫁良'은 '사귀어'' 의미로 훈독

   - '置'는 '두-'의 의미로 훈독

   - '古'는 어미 '-고'를 나타내는 음차자

3. '薯童房乙'(서동방을)

   - '薯童房'은 '서동방'의 의미로 훈독

   - '乙'은 조사 '을/를'을 나타내는 음차자

4. '夜矣 卯乙 抱遺 去如'(밤에 뭘 안그 가다)

   - '夜'는 '밤'의 의미로 훈독

   - '矣'는 조사 '에'를 나타내는 음차자

- '卯'는 '무엇'의 의미로 훈독
- '乙'은 다시 조사 '을/를'을 나타내는 음차자
- '抱遣'은 '안고'의 의미로 훈독
- '去'는 '가-'의 의미로 훈독
- '如'는 어미 '-다'를 나타내는 음차자

이러한 향찰 표기법은 한자라는 외래 문자 체계를 빌려오면서도 한국어의 고유성을 최대한 유지하려 했던 노력을 보여준다. 의미를 전달하는 핵심 어휘는 한자의 뜻을 활용하고, 문법적 요소는 한자의 소리를 빌려 표현함으로써, 한국어의 문법 구조와 의미를 정확하게 전달할 수 있었다.

향찰은 단순히 문자 표기 방식을 넘어 당시의 문화적 정체성을 보여주는 중요한 지표이기도 하다. 이는 외래문화를 수용하면서도 자국의 언어와 문화를 보존하려는 노력의 산물로, 한국 문화의 창조적 수용 능력을 잘 보여주며, 한자 문화권 내에서 한국어의 특성을 살리면서도 문자 생활을 영위할수 있게 한 독창적인 표기 체계였다고 할 수 있다. 그런 의미에서 이는 후대의 이두 발전은 물론 궁극적으로는 한글 창제에 이르는 한국 문자 문화의 발전 과정에서 중요한 디딤돌역할을 했다고 볼 수 있다.

제3절 이두(吏讀)

이두(吏讀)는 한국 문자 문화의 발전 과정에서 매우 중요한 위치를 차지하는 표기 체계이다. 이는 한자를 기반으로 하면서도 한국어의 특성을 반영하려 한 독창적인 노력의 결과물이다.

이두의 정의는 그 범위에 따라 넓은 의미와 좁은 의미로 나눌 수 있다. 넓은 의미에서 이두는 한자차용표기법 전체를 아우르는 개념으로, 향찰과 구결, 그리고 삼국시대의 고유명사 표기 등을 모두 포함한다. 그러나 일반적으로 우리가 이두라고 할 때는 좁은 의미를 가리키며, 이는 한자를 한국어의 문장 구성법에 따라 변형하고 여기에 토(吐)를 붙인 형태를 말한다. 이러한 방식을 특별히 서기체표기(誓記體表記)라고도 부르기도 한다.

이두의 기원은 신라 초기로 거슬러 올라간다. 유리왕 시대의 신열악(辛熱樂)이나 탈해왕 때의 돌아악(突阿樂) 등이 초기 이두의 형태로 여겨진다. 그러나 이두를 체계화하고 발전시킨 인물로는 신라의 학자 **설총(薛聰)**[2]이 널리 알려져 있다. 설

---

2) 설총(薛聰)의 생몰 연대는 부정확하나, 태종무열왕 재위시기인 654~657년 사이에 태어나 제35대 왕 경덕왕(景德王, 742~765 재위) 때까지 살았던 것으로 알려진다. 할아버지는 나마(奈麻)인 담날(談捺)이며, 아버지는 원효(元曉)이고, 어머니는 요석공주(瑤石公主)라고 전한다. 6두품 신분으로 추정되며, 강수(強首)·최치원(崔致遠)과 함께 신라의 3대 문장가로 꼽힌다. 『삼국사기』에 의하면, 9경(九經)을 신라 말로 읽고 가르쳤으며, 글을 잘 지어 비문(碑文) 여러 개를 남겼으나 고려시대에 이미 글자가 마멸되어 전하지 않게 되었다.

총은 이두의 초기 형태를 집대성하여 보다 체계적인 표기 방식으로 발전시켰다고 전해진다.

이두의 가장 큰 특징은 그 사용 방식에 있다. 이두는 주로 한문을 중심으로 하는 문장에서 토로 쓰이는 부분에 한정되어 사용된다. 이는 향찰과의 중요한 차이점인데, 향찰이 문장 전체를 한국어식으로 표기하는 반면, 이두는 한문 문장의 골격을 유지하면서 필요한 부분에만 한국어 문법 요소를 추가한다. 따라서 이두로 쓰인 부분을 생략해도 원래의 한문 문장이 그대로 남아 의미를 이해할 수 있다.

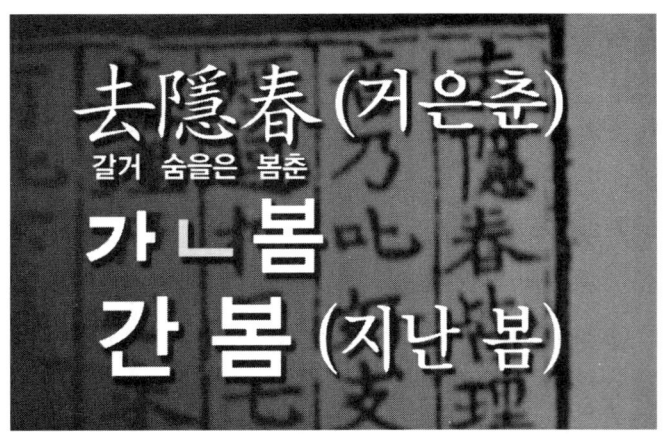

4-2 이두의 사용례(KBS 역사스페셜 캡쳐)

신문왕(神文王;681~691) 때에는 화왕계(花王誡)를 지어 왕에게 인재를 발탁할 것을 간하였고, 성덕왕(聖德王) 18년(719)에는 「감산사아미타여래조상기(甘山寺阿彌陀如來造像記)」를 지었다고 한다. 『고려사(高麗史)』에 의하면 고려 현종(顯宗) 13년(1022)에 홍유후(弘儒候)로 추증되었다고 한다.(두산백과)

이두는 시간이 지남에 따라 계속 발전했다. 초기에는 토에 해당하는 부분을 한자로 표기했지만, 후에는 이를 간단한 부호로 대체하여 사용했다. 이두는 특히 불교 경전이나 유가의 경전, 그리고 관공서의 문서에서 널리 사용되었다. 후기로 갈수록 이두의 사용 방식에도 변화가 생겼는데, 한문 문장을 한국식으로 고치지 않고 원문 그대로 사용하면서 부호화된 이두만을 필요한 부분에 추가로 표기하는 방식이 등장했다. 이러한 방식을 특별히 **구결(口訣)**이라고 부르며, 이는 한문 문장의 해독을 보다 용이하게 만들었다.

이두의 발전과 사용은 한국의 문자 문화사에서 매우 중요한 의미를 갖다. 이는 한자라는 외래 문자 체계를 수용하면서도 한국어의 특성을 살리려 한 창의적인 노력의 결과물이다. 이두는 실용적인 측면에서 행정, 법률, 종교 등 다양한 분야의 문서 작성과 해석에 크게 기여했으며, 동시에 한국의 문화적 정체성을 유지하는 데도 중요한 역할을 했다.

더불어 이두는 언어학적으로도 중요한 가치를 지닌다. 이두를 통해 우리는 당시의 한국어 문법과 어휘에 대한 귀중한 정보를 얻을 수 있다. 또한 이두의 사용 경험은 훗날 한글 창제의 중요한 배경이 되었을 것이다.

결론적으로, 이두는 한자 문화권 내에서 한국이 어떻게 자신의 언어적, 문화적 특성을 유지하면서도 국제적인 소통을 이어갔는지를 보여주는 중요한 사례이다. 이는 단순한 문자 체계를 넘어 한국의 문화적 창의성과 적응력을 보여주는 귀중한 문화유산이라고 할 수 있다.

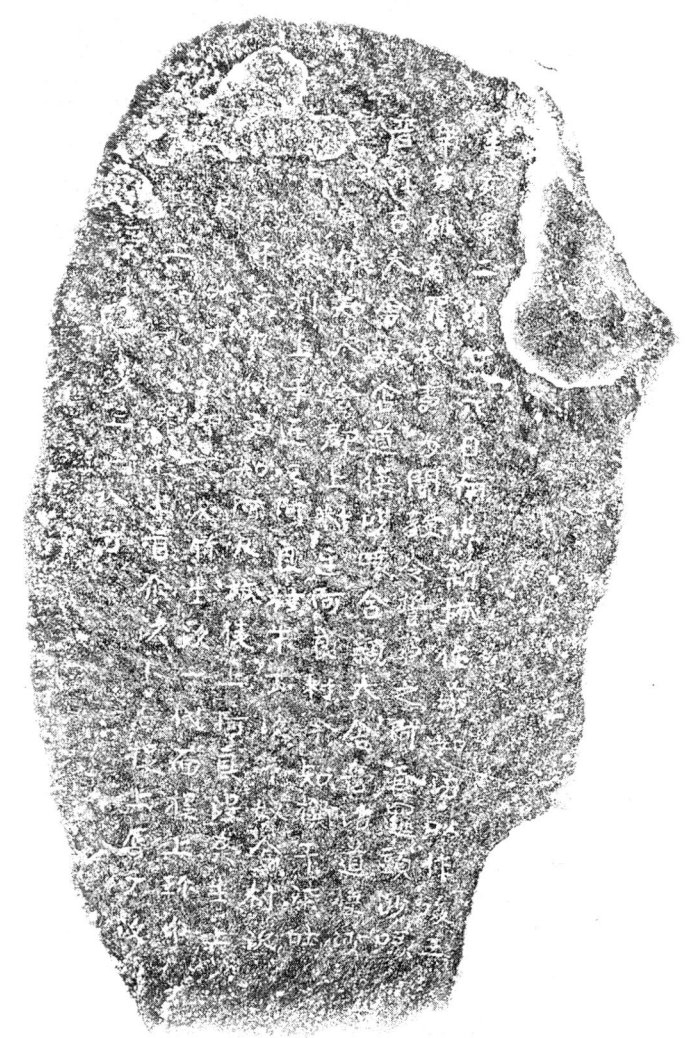

4-3. 「남산신성비」(제1비),
경주 남산, 삼국 591년, 석(石), 91.0×44.0cm, 국립경주박물관

경주 「남산 신성비」(4-3)는 신라 시대의 문자 문화와 행정 체계를 보여주는 중요한 유물이다. 591년에 세워진 이 비석들은 남산신성 축조 과정을 상세히 기록하고 있어, 당시의 건축 기술과 행정 시스템을 이해하는 데 귀중한 자료가 된다.

1934년부터 2000년까지 총 10기가 발견된 이 비석들은 신성의 공사 구간마다 세워졌을 것으로 추정된다. 신성의 전체 둘레가 4.5km에 달한다는 점을 고려하면, 원래는 200기 이상의 비석이 존재했을 것으로 보인다. 이는 당시 신라의 체계적인 기록 문화와 대규모 공사 관리 능력을 보여준다.

발견된 비석들의 크기는 다양하지만, 대체로 높이 80-120cm, 너비 30-47cm 정도의 규모를 가지고 있다. 비문은 고졸(古拙)한 서체로 음각되었으며, 각 비석마다 행수와 자수가 일정하지 않은 것이 특징이다. 예를 들어, 제1비는 9행 171자, 제2비는 11행 183자로 구성되어 있다.[3]

특히 주목할 만한 것은 「남산신성비」 제1비의 내용이다. 이 비석은 이두 표기의 전형적인 예를 보여준다. 비문의 내용을 살펴보면 다음과 같다.

"南山新成作節 如法以作

後三年崩破者

罪教事爲 聞教 令 誓事之"

이를 현대어로 해석하면 다음과 같다.

---

3) 국립경주박물관, (특별전 도록)『문자로 본 신라』(2002), 32~35쪽.

"남산 산성을 지을 **때**, 법대로 만들었다.

지은 뒤 3년, 무너지는 것은,

죄 주실 일을 삼아, 들으시게 하고, 맹세시킬 일이니라."

이 비문에서 우리는 이두의 주요 특징을 확인할 수 있다. 문장의 순서가 한국어 어순에 맞게 배열되어 있으며, '이(以)'나 '교(敎)'와 같은 한자를 사용해 조사나 어미를 표현하고 있다. 이는 한문의 골격을 유지하면서도 한국어의 문법적 특성을 반영하려는 노력을 보여준다.

이두의 이러한 특성은 한자 문화권 내에서 한국어의 특성을 살리면서도 문자 생활을 영위하려 했던 당시 지식인들의 노력을 잘 보여준다. 한문을 그대로 사용하지 않고 한국어의 어순과 문법에 맞게 변형함으로써, 보다 정확하고 효율적인 의사소통을 가능하게 했다.

남산신성비의 내용은 또한 당시 신라의 행정 체계와 법의식을 엿볼 수 있게 해준다. 성벽 축조에 대한 엄격한 기준과 책임 의식, 그리고 이를 문서화하여 기록으로 남기는 관행은 신라의 발전된 국가 운영 시스템을 반영한다.

결론적으로, 경주 남산 신성비는 신라의 문자 문화, 행정 체계, 건축 기술 등 다양한 측면을 보여주는 중요한 역사적 자료이다. 특히 이두 표기의 실제 사용 예를 제공함으로써, 한국어와 한문이 공존하며 발전해 온 한국 문자 문화의 독특한 양상을 생생하게 보여준다. 이는 한국이 동아시아 문화권 내에서 자신의 정체성을 유지하면서도 국제적인 소통을 이어 갔던 방식을 이해하는 데 중요한 단서를 제공한다.

4-4. 설총 무덤(경주)

설총(薛聰, 7세기 후반~8세기 초)은 신라의 유학자·문장가로, 『삼국유사』에는 원효(元曉)의 아들로 전한다. 그는 왕에게 올린 「왕계(花王戒)」서 꽃의 비유로 간신을 경계하며 군주의 도리를 환기하였고, 유교 경전을 강독·주해하여 국학(國學) 중심의 교학 질서를 정비한 인물로 평가된다. 전승에서는 그가 한자를 빌려 한국어의 어순·조사·어미를 적는 이두(吏讀)와, 한문을 한국어식으로 읽게 하는 구결(口訣)의 정리·체계화에 깊이 관여했다고 본다. 이두는 표의문자인 한자에 한국어 문법 요소를 덧붙여 '읽기 가능한 행정문'을 만드는 기술이었고, 설총의 작업은 관료 문서·교육 현장에서 한문 독해의 장벽을 낮추어 문자 활용의 저변을 넓혔다. 나아가 이는 한자 수용을 '모방'에 그치지 않고, 한자 자원을 재조합해 자국어를 기록·통치하는 단계로 전환시킨 점에서 한자의 한국화 과정의 한 전형으로 이해된다. 그 결과는 훈민정음 이전 한국어 표기 전통의 중요한 토대가 되었다.

4-5. 이두(吏讀) 목간(木簡)(『문자』 225쪽)
통일신라. 경북 월성 해자 출토. 길이 6.1센티, 너비 1.2센티, 두께
1.2센티. 국립경주문화재연구소 소장.
"대오지랑(大烏知郎)님께 만 번 절하며 사뢰었다. '경(經)'에
넣으려고 산다고 아뢰지는 않았지만 (산) 종이가 1~2근. 첩을
내려주신 명령[敎]이 있었다. 뒷일은 명령대로 다 시켰다."

제4절 구결(口訣)

구결(口訣)은 한국의 문자 문화사에서 매우 독특하고 중요한 위치를 차지하는 표기 체계이다. 이는 한문을 읽고 이해하는 데 도움을 주기 위해 발전한 방식으로, 한문 문장의 각 구절 아래에 문법적 요소를 덧붙이는 형태를 취한다.

'구결'이라는 용어는 '입겿'(또는 '입겿')이라는 순수 한국어 표현의 차자(借字)이다. 여기서 '겿' 또는 '겿'은 어떤 사물의 주요 성질에 부수적으로 따르는 성질을 의미한다. 이는 구결이 한문의 주요 내용에 부가적으로 덧붙는 요소임을 잘 설명해준다

구결의 기원은 매우 오래되었을 것으로 추정된다. 비록 '구결'이라는 용어가 조선 세조 때의 문헌에서 처음 등장하지만, 그 개념과 사용은 훨씬 이전부터 있었을 것이다. 『세종실록』의 기록에 따르면, 이미 세종 10년(1428)에 권근이 태종의 명으로 『시경』, 『서경』, 『역경』 등의 토를 만들었다고 한다. 이는 구결 또는 유사한 형태의 표기 방식이 이미 널리 사용되고 있었음을 시사한다.

구결의 형태는 다양했지만, 주로 한자의 일부분을 떼어 간략화한 형태로 사용되었다. 예를 들어, '은/는'을 나타내는 '은(隱)'자의 좌변인 'ß', '며'를 나타내는 '며(旀)'자의 우변인 '尔' 등이 사용되었다. 이러한 약체화된 형태는 한문 원문

을 해치지 않으면서도 필요한 문법 정보를 효과적으로 전달할 수 있었다.

구결은 주로 한자의 음을 이용하여 표기했다는 점에서 이두와 유사성을 보이지만, 그 사용 목적과 내용에서 명확한 차이를 보인다. 이두가 주로 한국어 문장을 한자로 표기하는 데 사용되었다면, 구결은 한문 원문의 이해와 독송을 돕기 위한 보조적 역할을 했다.

구결의 사용은 한국인들이 한문을 어떻게 이해하고 수용했는지를 보여주는 중요한 지표이다. 이는 한자 문화권에 속하면서도 자국어의 특성을 유지하려 했던 한국의 독특한 문화적 위치를 반영한다. 구결을 통해 한문을 한국어의 어순과 문법에 맞게 재해석하는 과정은, 외래문화를 창조적으로 수용하는 한국 문화의 특성을 잘 보여준다.

그러나 훈민정음의 창제와 사용이 확산되면서 구결의 사용은 점차 줄어들게 되었다. 훈민정음이 한국어의 음운과 문법을 더욱 정확하고 효율적으로 표현할 수 있었기 때문이다. 이는 한국의 문자 문화가 외래 문자 체계에 의존하던 단계에서 독자적인 문자 체계를 갖추는 단계로 발전해 나가는 과정을 보여준다.

이처럼 구결은 한자 문화와 한국어의 특성이 만나 만들어낸 독특한 문화적 산물이라고 할 수 있다. 이는 한국이 동아시아 문화권 내에서 자신의 언어적, 문화적 정체성을 어떻게 유지하고 발전시켜 왔는지를 보여주는 중요한 사례이다. 구결의 발전과 사용, 그리고 이후의 쇠퇴는 한국 문자 문화의 역동적인 변화 과정을 잘 보여주며, 이는 훗날 한글 창제로 이어지는 중요한 문화적 배경이 되었다.

4-6. **구결표**(불교문헌)(부분)(류탁일, 『한국문헌학연구』 81쪽)

한 가지 언급할만한 것은 '각필(角筆) 구결(口訣)'이라는 것인데, 이는 한국 문자 문화사에서 최근에 주목받기 시작한 중요한 발견이다. 이는 기존에 알려진 묵서(墨書) 구결과는 다른 방식으로, 한문 경전의 훈독과 현토(懸吐)를 위해 사용된 특별한 형태의 구결이다.

각필 구결의 가장 큰 특징은 그 제작 방법에 있다. 일반적인 붓과 먹을 사용하는 대신, 각필이라는 뾰족한 도구를 사용하여 종이에 압력을 가해 글자를 새기는 방식으로 만들어졌다. 이렇게 만들어진 구결은 육안으로는 쉽게 보이지 않지만, 빛을 비스듬히 비추면 그 흔적을 확인할 수 있다.

이 특별한 형태의 구결이 한국에 존재한다는 사실은 2000년 7월, 일본의 **훈점**(訓點)학자 고바야시 요시노리(小林芳規) 교수의 자료 조사를 통해 한국에서의 존재가 확인되었다. 이는 한국 문자 문화사 연구에 새로운 지평을 열어준 중요한 발견이었다.4)

각필 구결의 사용 시기는 주로 통일신라시대부터 고려시대 전기에 집중되어 있는 것으로 보인다. 그러나 일부 백제시대의 유물에서도 각필로 쓴 문헌과 각필 자체가 발견되고 있어, 그 기원은 더 오래되었을 가능성이 있다. 이는 한국의 구결 문화가 예상보다 더 오래되고 복잡한 역사를 가지고 있음을 보여준다.

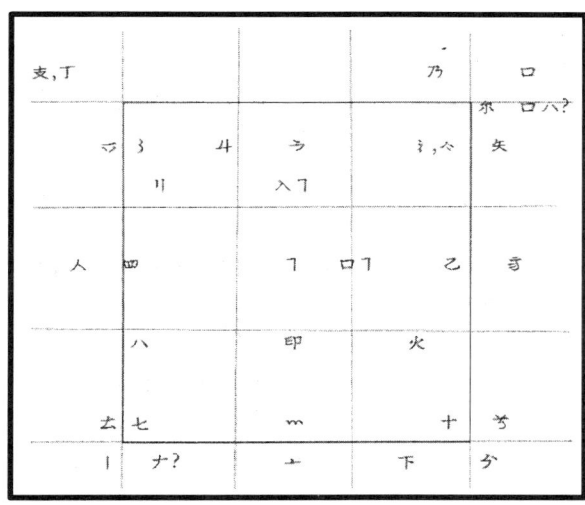

4-7. 각필부호(『문자』 230쪽)

---

4) 이승재(李丞宰), 「새로 발견된 각필(角筆) 부호구결과 그 의의」, (http://www.korean.go.kr/nkview/nklife/2000-3/10-10.htm

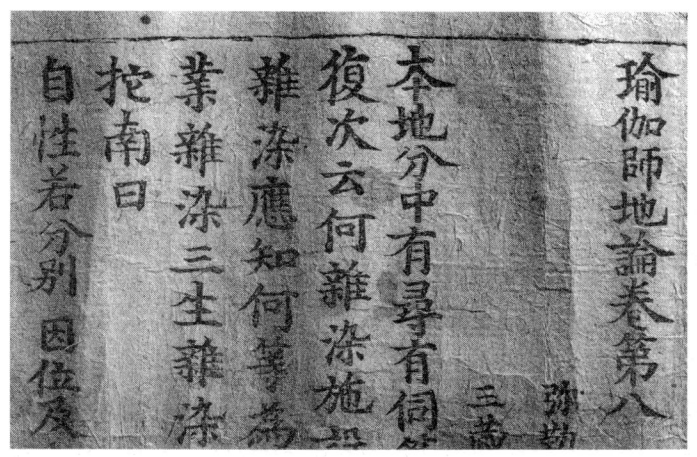

4-8 각필부호(『문자』 230쪽)
『유가사지론』의 각필 흔적. 붉은 선이 각필 부분이다.

각필 구결의 발견은 여러 가지 중요한 의미를 갖는다.

1. 문자사용의 다양성: 이는 한국의 고대 문자사용이 우리가
   알고 있는 것보다 더 다양하고 복잡했음을 보여준다.

2. 학습 방법의 이해: 각필 구결은 당시 사람들이 한문 경전
   을 어떻게 학습하고 이해했는지에 대한 새로운 통찰을 제
   공한다.

3. 문화 교류의 증거: 각필 구결의 존재는 동아시아 지역에
   서의 문화 교류, 특히 불교 경전의 전파와 학습 방식에
   대한 새로운 정보를 제공한다.

4. 보존 기술의 발전: 각필 구결의 발견은 고문서 연구에 있
   어 새로운 조사 방법과 기술의 필요성을 제기했다.

5. 문자 문화의 연속성: 각필 구결은 삼국시대부터 고려시대
까지 이어지는 한국 문자 문화의 연속성을 보여준다.

각필 구결의 발견은 한국 문자 문화사 연구에 새로운 장을
열었다고 볼 수 있다. 이는 우리가 알고 있던 한국의 문자사
용 역사가 더욱 풍부하고 다양했음을 보여주며, 앞으로 더 많
은 연구를 통해 새로운 사실들이 밝혀질 가능성을 시사한다.

결론적으로, 각필 구결은 한국의 문자 문화가 얼마나 독창
적이고 다양한 방식으로 발전해 왔는지를 보여주는 중요한
증거이다. 이는 한국이 동아시아 문화권 내에서 자신만의 독
특한 문자 문화를 발전시켜 왔음을 입증하는 또 하나의 사례
라고 할 수 있다.

제5장

완숙시기의 한자:

통일신라~고려

제5장 완숙 시기의 한자: 통일신라~고려

제1절 통일신라시대

통일신라시대는 한반도에서 한자 사용이 절정에 달했던 시기이다. 이 시기의 한자 사용을 이해하기 위해서는 신라의 역사적 맥락을 살펴볼 필요가 있다.

『삼국사기(三國史記)』에 따르면, 신라는 크게 다음의 세 시기로 구분된다.

1. 상대(上代, BC 57~AD 654):
   시조부터 제28대 진덕(眞德)여왕까지의 시기로, 원시부족 국가에서 고대국가로 발전하는 과정을 거쳤다. 이 시기에 골품(骨品)제도가 확립되었는데, 이는 한자 사용이 사회적 지위와 밀접하게 연관되기 시작했음을 의미한다.

2. 중대(中代, 654~780):

제29대 무열왕(武烈王)부터 제36대 혜공왕(惠恭王)까지의 시기로, 삼국 통일과 전제왕권(專制王權)의 확립이 이루어졌다. 이 시기는 신라 문화의 황금기로 평가되며, 한자 사용도 더욱 정교화 되고 보편화되었을 것으로 추정된다.

3. 하대(下代, 780~935):

제37대 선덕왕(宣德王)부터 제56대 경순왕(敬順王)까지의 시기로, 골품제도의 붕괴와 족당(族黨)의 형성이 일어났다. 왕권이 쇠퇴하고 호족(豪族)과 해상세력이 등장하면서, 한자 사용의 양상도 변화했을 것으로 보인다.

한편, 또 다른 구분법으로는 제30대 문무왕(文武王)을 기준으로 그 이전을 삼국시대, 이후를 통일신라시대로 나누기도 한다. 이 구분에 따르면, 통일신라시대는 삼국 통일 이후 한자 문화가 더욱 발전하고 체계화된 시기로 볼 수 있다.

이 시기 동안 한자는 왕실 문서, 불교 경전, 시문학 등 다양한 영역에서 광범위하게 사용되었다. 특히 중대에 이르러 전제왕권이 확립되면서, 한자는 국가 통치와 문화 발전의 핵심 도구로 자리 잡았을 것이다.

그러나 하대에 이르러 골품제도가 붕괴되고 새로운 세력이 등장하면서, 한자 사용의 양상도 변화를 겪었을 것으로 추정된다. 이는 훗날 한글 창제의 배경이 되는 사회적 변화의 시작으로도 볼 수 있다.

통일신라시대는 한자 사용이 국가 제도와 문화 전반에 깊이 뿌리내린 시기였다. 당나라와의 연합을 통해 통일을 이룬

신라는 당나라의 제도를 대거 수용하면서 한자 문화도 함께 발전시켰다.

682년에는 최고의 교육기관인 국학(國學)이 설치되었고, 788년(元聖王 4년)에는 독서삼품과(讀書三品科)가 시행되어 유가 경전 시험을 통한 인재 선발이 이루어졌다. 독서삼품과는 다음과 같이 구성되었다.

1. 하품(下品): 『곡례(曲禮)』와 『효경』 이수
2. 중품(中品): 하품 과목에 『논어』 추가
3. 상품(上品): 중품 과목에 『춘추좌씨전(春秋左氏傳)』, 『예기(禮記)』, 『문선(文選)』 추가
4. 특품(特品): 오경(五經), 삼사(三史: 『史記』·『漢書』·『後漢書』), 제자백가(諸子百家) 서적에 모두 능통한 경우

이러한 제도를 통해 한자와 한문 실력은 출세를 보장하는 중요한 수단으로 자리 잡았다.

또한, 신라는 국제화에 힘써 당나라에 승려와 유학생을 대거 파견했으며, 이들을 고급 관리로 등용하기도 했다. 이를 통해 중국과의 교류가 전례 없이 발전했고, 한자는 일반인들에게까지 필수적인 문자로 자리 잡았다.

그 결과, 한자를 이용한 유가와 불교의 경전, 시문, 서예 등 다양한 문예활동이 급속히 보편화되었다.

통일신라시대의 중요한 한자 자료는 기록된 재질에 따라 다양하게 남아있는데 구체적으로 살피면 다음과 같다.

(1) 금석

통일신라(7 - 9세기)는 한자(漢字)가 국가 운영·불교 신앙·귀족 기억·지식인 문장(文章)의 공용 매체로 정착한 시기이다. 이때의 금석문(金石文) - 청동기물·불상·비석·묘비 등 - 은 종이 문서가 소실되기 쉬운 조건에서 "지속되는 기록"으로 남아, 한국 한자 사용사의 층위를 가장 구체적으로 보여준다.

아래 4점은 통일신라 금석류 실물 한자의 대표적 사례로서, 한자의 사회적 기능이 "의례적 표기→행정적 증명→문학적 자의식"으로 확장되는 과정을 압축적으로 보여준다.

1. 「성덕대왕신종(聖德大王神鍾) 명문」(771)(5-1)

「성덕대왕신종 명문」은 771년(혜공왕 7)에 완성된 왕실 발원 범종으로, 몸통에 '1,000여 자'에 리는 장문의 명문을 지닌다. 명문은 종의 제작 배경(선왕 추모), 봉안 사찰(봉덕사)과 제작의 경과를 서술하여, 범종이 단순한 법구(法具)가 아니라 국가적 추모·호국·불교 공덕을 결집한 '공적 문서'였음을 보여준다.

이 유물이 한자사적으로 중요한 지점은 (1)장문 서사의 안정된 한문 문식이 금속 표면에 구현될 정도로 서사·서체·조각의 기술이 융합되었다는 점, (2)왕실-사찰-장인의 네트워크가 한자 기록으로 정식화되었다는 점이다. 즉 통일신라 한자는 "불교 의례의 언어"를 넘어 "국가 기억의 기록 장치"로 작동한다.

5-1. 「성덕대왕(聖德大王) 신종(神鐘)」(771)(『문자』192~193쪽)

2. 장흥 보림사 철조비로자나불좌상(長興 寶林寺 鐵造毘盧遮那 佛坐像)」(858 - 859 전후)(5-2)

보림사 철조비로자나불좌상은 왼팔(또는 어깨·팔 뒤) 부위에 8행의 조상기(造像記)가 음각된, 조성 연대가 명문으로 확정되는 대표적 철불이다. 명문에는 헌안왕 2년(858) 무주·장사(오늘날 광주·장흥) 지역의 부관(副官) 김수종(金遂宗)이 시주·발원하여 불상을 조성했다는 취지를 밝히고 있다.

또한 자료 해제에서는 착수·완공을 858 - 859년으로 설명

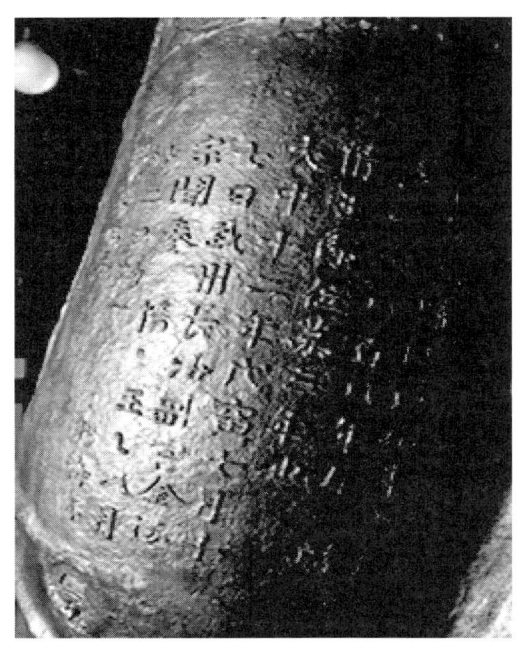

5-2. 장흥 보림사 철조비로자나불좌상 명문. 불상의
왼쪽 어깨 부분에 불상조상기 8행이 양각되었다

하기도 하여, 조상기가 제작 과정의 "진행 기록" 성격을 띰
을 시사한다.[1] 이 주조 명문이 한자 사용사에서 갖는 의의
는 (1)불상 자체가 '기념물'인 동시에 '계약서/증서'처럼 발원
자·관직·지역을 명기하는 행정적 문서성을 획득했다는 점, (2)
중앙뿐 아니라 지방 관료·지역 사회의 신앙 경제가 한자 기
록으로 제도화되었다는 점이다. 통일신라 한자의 확산이 '수
도 귀족의 문장'만이 아니라 '지방 불교의 기록 실천'으로까
지 내려갔음을 보여주는 실재 증거라는데 있다.

---

1) 지역N문화(https://ncms.nculture.org/iron-culture/story/7512)

3.「김인문묘비(金仁問墓碑)」(7세기 말~701년 전후 추정)(5-3)

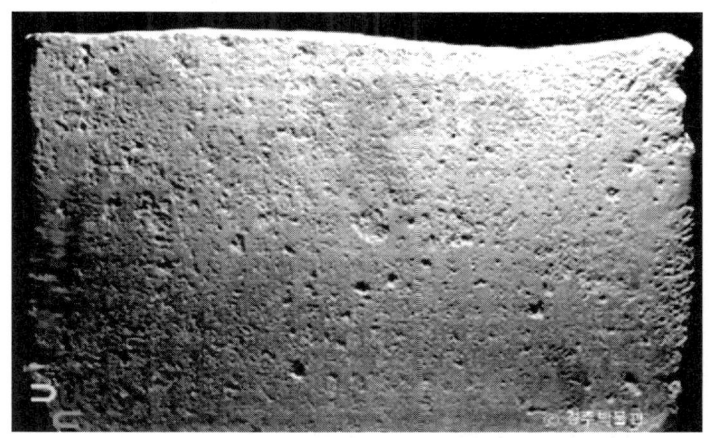

5-3. 김인문묘비(金仁問墓碑).(한국민족문화대백과사전)

　「김인문 묘비」는 1931년 경주 서악동 일대에서 비편(碑片)
으로 발견되었고, 현재 남은 비문은 26행 구성에 약 400자
규모로 알려진다. 이 묘비의 연대는 비문에 직접 나타나지
않으나, 통일신라 시기의 확실한 금석문으로서 7세기 말~701
년(효소왕 10) 전후로 추정된다.(국가유산지식이음) 비문 내
용에는 "조문흥대왕(祖文興大王)", "티종대왕……" 등과 같은
왕호·가계·관직과 공적을 드러내는 구절이 남아, 『삼국사기』
의 김인문 전기 서술과 교차 검증할 수 있는 여지가 높다.

　또한 한자사적으로는 (1)당대(唐代)식 묘비 문체와 해서(楷
書) 운용이 신라 왕족·귀족의 기념 서사로 이식되었고, (2)개
인의 경력·훈공을 '정형화된 한문 서사'로 고정하는 기억 장
치가 확립되었음을 뜻한다. 다시 말해 통일신라 한자는 불교

적 공덕문뿐 아니라, 귀족 사회의 신분·공적·역사서술을 고정하는 '사회적 기록의 표준'으로 기능했음을 실증해 준다.

4. 「하동 쌍계사 진감선사탑비(河東 雙磎寺 眞鑑禪師塔碑)」(887)(5-4)

5-4. 하동 쌍계사 진감선사탑비

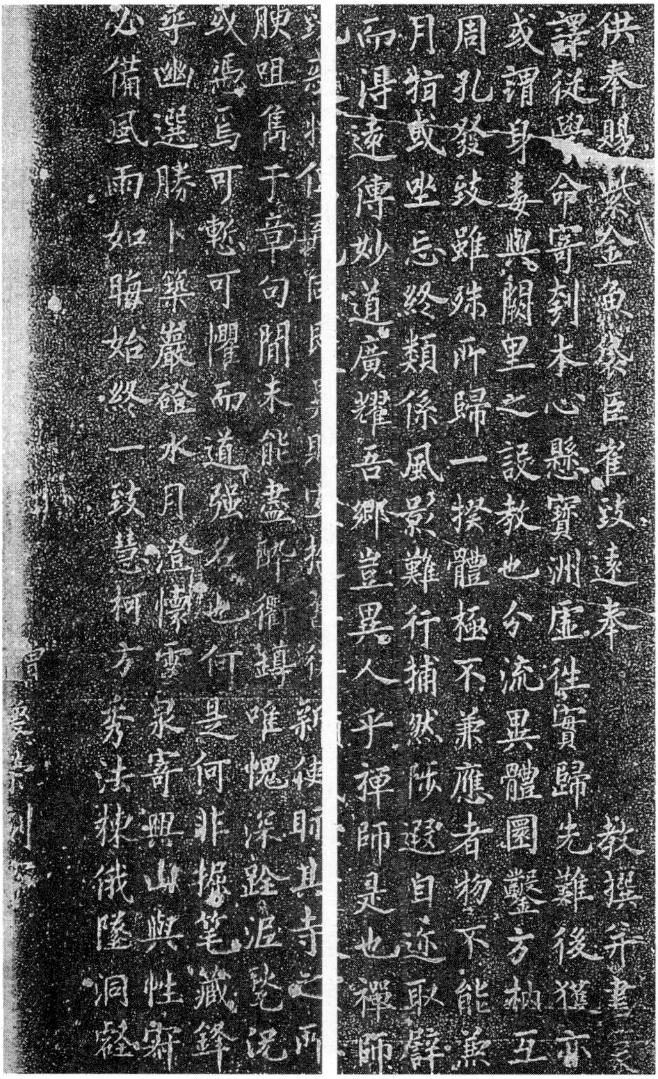

세부(왼쪽 아래)

세부(오른쪽 중간)

5-5. 「쌍계사(雙磎寺) 진감선사대공탑비(眞鑑禪師大空塔碑)」(『문자』 218~219쪽)

하동 쌍계사 「진감선사대공탑비」(5-5)는 887년(정강왕 2)에 세워진 국보 탑비로, 왕명에 따라 최치원이 비문을 짓고(撰) 전서(篆書) 제액과 본문 글씨까지 직접 쓴(書) 점에서 "문장 – 서예 – 금석"이 한 인물의 역량으로 결속된 정점의 작품이다.

비문은 진감선사 혜소(774 – 850)의 입당(入唐) 구법과 귀국 이후 지리산 화개곡에서의 교화 활동을 서사적으로 정리하여, 선종의 권위가 국가적 기념의 언어(한문)로 공인되는 과정을 보여준다.

이 비의 예술적 핵심은 두전(頭篆), 곧 상단 제액의 전서가 단순 장식이 아니라 "고문자적 권위"를 호출하는 기호 장치로 작동한다는 데 있다. 최치원(崔致遠)은 두전을 이른바 '육국문자'(전국문자) 계열의 대전(大篆)으로 처리했는데, 이는 당대 중국에서도 흔히 보기 어려운 선택으로 평가되며, 한문 문장가로서의 세련과 더불어 문자학적 야심을 동시에 드러낸다. 즉, 본문이 당대 최고 수준의 전기(傳記)적 서사로 선사의 생애를 질서화한다면, 두전은 그 서사를 "태고의 문자"로 봉인하여 기념비의 시간감을 심화시켰다고 할 수 있다.

본문 해서(楷書)의 성취 또한 각별하다. 국가유산포털의 설명처럼 이 서체가 **구양순체**의 엄정한 골격 위에 온아한 필의가 가미된 독특한 조화를 이루며, 강약의 혼연 속에서 신운을 느끼게 한다고 정리한다. 이는 구양순·우세남·왕희지 등 다양한 계통을 소화한 종합으로 설명하며, 최치원의 서예가 단순 모방이 아니라 "중국 최고 문장가·서가의 문법을 내면화한 뒤 재조립한 성숙"임을 보여준다.

결과적으로 「진감선사탑비」는 통일신라 하대 금석문이 중국 당대의 규범을 따라잡는 수준을 넘어, 제액(대전)과 본문(해서)의 분업적 위계를 한 인물의 자율적 미학으로 통합한 독자성을 보여준다. 더불어 최치원 서풍은 이후 최인연·최광윤 등으로 이어져 탑비 서풍의 한 전통을 형성한 것으로도 알려졌다.

이상의 4점 금석자료는 통일신라 한자 사용의 다층성을 잘 드러낸다. 「성덕대왕신종명문」이 '왕실 불교와 국가 기억'을, 「보림사 철불」은 '지방 사회의 신앙·행정 문서성'을, 「김인문 묘비」는 '귀족 공적의 서사화'를, 「진감선사탑비」는 '지식인 문장과 서예의 공적 제도화'를 대표한다 할 수 있다. 이처럼 이들 금석 자료는 한국 한자사가 단선적 수입사가 아니라, 매체(청동·철·석), 제도(왕실·관료·사찰), 장르(발원문·조상기·묘비·탑비)가 서로 결합하며 한자의 기능이 확대·분화된 역사임을 가장 설득력 있게 보여준다.

이외에도 이 시기의 중요한 금석 자료들은 다음과 같은 것들이 있다.

5. 「보림사 탑지」(5-6)

5-6. 전라남도 장흥 「보림사(寶林寺) 탑지(塔誌)」(870)

　여기에는　탑의　조성　연대(870년)가　기록되어　있으며("造塔
時, 咸通十一年庚寅五月日"), 대규모 국가적 불교 행사와 관련
하여 세운 것으로 추정된다. 총 46자의 글자가 새겨졌는데,
앞면에는 "國主天雲大王上大等..神述時, 州總官蘇于……"라고 쓰
였다. '내말(乃末)' 등과 같은 통일신라시대의 관등(官等) 이름
을 비롯해 제36대 혜공왕(惠恭王, 765~780년 재위)의 생전 이
름인 '천운(天雲)'과 신라 제38대 원성왕(元聖王, 785~798년
재위)의 장인 이름인 '신술(神述)'이 보인다. 또 천(天)자는 중
국 당나라 측천무후(則天武后) 시대에 만든 문자로 확인되었
다. 측천무후는 30자를 창제한 것으로 알려졌는데, 그중 🔲
은 소전체의 천(天)을 해서체로 쓴 글자이다. 이를 통해 이
비석이 8세기 후반에 조성되었으며, 당시의 신라의 중앙과
지방의 관계, 중국과의 교류 내용 등을 알 수 있다.

6. 성주사지 「낭해화상 백월보광탑비」 탁본(5-7)

有唐新羅國故
兩朝國師教諡大朗慧和尚白月

帝唐摛航以玉切易元以文德之年暢月月毀之七日
遷歝假律禪室中工聞之震悼使駭弔以書贈
後入室遂與門人昭玄大德釋道賢四天王寺上座釋
琪樹工瑤堆跐咦命珠箔外上曰故聖住大師

資報身
那測知
超朗公
成瑠璃
無絃琴
前寧執事侍郎賜紫金魚袋臣崔仁渷奉

五百年擇地十三歲離塵
仁方示方便聖住強住持松門遍掛錫路
一從歸島外三返遊臺中群迷湯蕆否
自寂滅歸後觸地生蓁藜泥洹一何早
禪境雖沒守容塵亭許侵難岑待彌勒
教書

세부(왼쪽 아래) 세부(오른쪽 위)

5-7. 보령 「성주사지 낭해화상 백월보광탑비」 탁본(保寧 聖住寺址 郎慧和尙 白月保光塔碑 拓本)(890)(『문자』 217쪽, 『문자신라』 249쪽)

성주사지 「낭혜화상 백월보광탑비」 탁본은 보령 성주사지에 남은 국보 제8호 탑비의 서체·장법을 그대로 전하는 대표적 금석 탁본이다. 비신(높이 약 251cm, 폭 148cm)에 5,120자 내외의 장문이 해서로 새겨졌고, 마멸이 비교적 적어 거의 전문 판독이 가능하다. 낭혜화상 무염(801－888)의 입적 2년 뒤인 진성여왕 4년(890) 무렵 조성된 것으로 보며, 비문은 최치원이 찬술한 사산비명의 하나이고, 글씨는 최인연이 담당한 것으로 알려졌다.

내용은 "有唐新羅國故兩朝國師……"로 시작해 출가·입당 구법·귀국 후 성주사 교화와 국사 책봉, 시호 '낭혜'·탑호 '백월보광'의 내력을 서사화하는데, 특히 '양조국사(兩朝國師)'라는 표기는 왕권이 선종 고승의 권위를 국가적 언어로 승인하는 양상을 선명히 드러낸다. 아울러 진골에서 6두품으로 강등된 가계 서술 등은 골품제 연구의 요긴한 단서가 되며, 비문에 보이는 '고어'의 흔적은 신라어가 한자 표기 속에 교직되는 양태를 보여준다. 나아가 장서각 소장본처럼 탁본이 16면 전첩으로 편집·유통된 사실은 금석의 한자가 법첩·교육·연구의 필사문화로 확장되는 매체사적 연쇄까지 입증한다.

7. 「황복사(皇福寺) 금동(金銅)사리함(舍利函) 뚜껑 명문」(5-8)

5-8. 「황복사(皇福寺) 금동(金銅)사리함(舍利函) 뚜껑 명문」(706)(『문자』
178쪽, 『문자신라』 170쪽)

　　통일신라 706년(성덕왕 5)에 조성된 「황복사 석탑 금동사리함 뚜껑 명문」은 1942년 경주 구황동 황복사지 삼층석탑(국보) 해체수리 때 2층 사리공에서 금제불상·사리 등과 함께 확인된 대표적 사리기(舍利記)이다. 명문은 신문대왕의 승하(692)와 신목태후·효소왕의 발원으로 "종묘 성령을 위한 선원 가람"에 삼층석탑을 세운 사실, 태후(700)·효소왕(702)의 연이은 승하, 그리고 신룡 2년(706) 5월 30일 성덕왕이 불사리 4과와 "6치 순금 미타상" 1구, 『무구정광대다라니경』 1권을 탑의 둘째 층에 봉안한 경위를 연대기적으로 기록한다. 말미에는 사주(寺主) 사문 선륜(善倫), 소판 김순원·김흥종, 석 영휴·영태 등 담당자까지 적었다. 사리함이 유리병 - 금합 - 은합 -

금동외함의 중첩 구조임을 밝히고, 외함 네 면에 소탑 99기를 점선묘로 두른 구성까지 전하는 점도 중요하다. 발원문에서는 "법륜·삼도·육도·법계" 등 불교어를 농축하고 있다.

명문은 사방으로 칸을 그어 한 칸에 한 자씩 새긴 해서체(18행, 1행 20자 형식, 자경 약 1cm)로 되었는데, 또 금속 표면에서 한문이 '공적 문서'로 기능함을 보여준다. 천수·성력·대족·신룡 등 당 연호와 『무구정광대다라니경』의 수용은 왕실 추모·사리신앙·행정기록이 한자 문식으로 결속된 양상을 보여주는 한국 한자사의 기준 자료이며, 탑의 건립·중수 연대를 확정하는 결정적 근거이기도 하다.

8. 산청(山淸) 「석남암사지(石南巖寺址) 납석사리호(蠟石舍利壺)」(5-9)

산청 석남암사지 '납석사리호'(국보 233)는 통일신라 영태 2년(766, 혜공왕 2)으로 제작 연대가 확정되는 사리장엄구이다. 지리산 남쪽 석남암사지 석조비로자나불 대좌 중대석에서 발견되었고, 뚜껑 포함 높이 약 14.5cm, 배지름 12.3cm의 거무스름한 납석 항아리로 뚜껑 안쪽에는 연화문이 간략히 새겨졌다. 몸체에는 15행 136자의 음각 명문이 돌아가며 새겨져 '영태 2년 병오 7월 2일' 법승·법연 두 승려가 과거를 받들어 '두온애랑'을 위해 비로자나불을 조성하고, 『무구정광대다라니경』과 함께 관음암에 봉안하며, 이를 보는 이들까지 삼악도의 업보가 소멸해 성불하기를 발원한다는 요지를 전하고 있다.

5-9. 산청(山淸) 「석남암사지(石南巖寺址)
납석사리호(蠟石舍利壺)」(766)(『기호유물』 151쪽, 『문자신라』 171쪽)

　서체는 해서가 주류를 이루되 일부 행초서가 섞이고, 정간 없이 8~11자씩 불규칙하게 배치되어 현장 각인의 실무성을 보여준다. 또 이두식 표기가 섞인 점은 한자가 불교 한문 어휘를 담는 동시에 신라어 인명·관계·서원 구조를 표기하던 매개였음을 시사한다. 더불어 불상 대좌 중대석에 사리·경전·조성기를 함께 봉안한 초기 '복장' 양식을 보여, 후대 석탑 석합류 명문 사리장치로 이어지는 계통을 예고한다 할 수 있다.

따라서 이 유물은 통일신라 한자가 산중 암자의 불사 실무까지 확산되어, 신앙 행위의 시간·주체·물목을 공증하는 '생활문자'로 기능했음을 보여주는 핵심 자료라 할 수 있다.

이상의 이러한 유물들은 통일신라시대에 한자가 단순한 의사소통 도구를 넘어 고도의 예술적, 문학적 표현 수단으로 사용되었음을 증명한다. 또한 종교(불교), 정치(왕실), 문학이 한자를 매개로 긴밀하게 연결되어 있었음을 보여준다. 이는 당시 한자 문화가 사회 전반에 깊이 뿌리내리고 있었으며, 문화적 성취의 핵심 요소로 기능했음을 보여준다.

(2) 목간

통일신라시대의 한자 사용을 이해하는 데 있어 목간 자료는 매우 중요한 위치를 차지한다. 목간은 종이가 널리 보급되기 이전에 의사소통의 주요 수단으로 사용된, 좁고 긴 나무 판에 글자나 그림을 새긴 유물이다. 이는 당시의 실제 생활상을 생생하게 보여주는 귀중한 자료로 평가받고 있다.

한국에서는 1975년 경주 안압지 발굴을 시작으로 현재까지 약 500여 점의 목간이 발견되었다. 초기에는 주로 신라와 백제의 수도였던 경주와 부여 지역에서 발굴되었으나, 점차 그 범위가 확대되어 경기도 하남시, 경남 함안, 전북 익산 등 다양한 지역에서도 출토되고 있다. 특히 산성에서 많은 목간이 발견된 점은 주목할 만하다. 이는 삼국시대에 산성이 지방의 정치, 군사, 행정의 중심지 역할을 했음을 보여준다.

목간의 내용은 당시 사회의 다양한 면모를 보여준다. 예를 들어, 함안 성산산성에서 발견된 독간은 낙동강이 곡식, 철 등의 물자와 사람의 이동로로 활용되었음을 알려준다. 경주 월성해자의 목간에서는 왕경 마을의 모습과 함께 이두(吏讀)라는 한자를 우리말식으로 표현한 문자 체계의 사용을 확인할 수 있어, 당시의 언어생활을 엿볼 수 있다.

통일신라시대 한자 사용의 다양한 측면을 보여주는 이러한 목간 자료는 공식 문서부터 일상적인 메모에 이르기까지 광범위한 용도로 한자가 사용되었음을 알려준다. 특히 이두의 사용은 한자가 한국의 언어 환경에 맞게 변용되는 과정을 보여주는 중요한 증거이기도 하며, 지방에서도 널리 사용되었다는 점에서 한자 문화의 보편화를 확인할 수 있다.

목간 자료의 발견은 문헌 자료만으로는 파악하기 어려운 당대의 일상생활과 행정 체계, 지방의 문자사용 실태와 문화 수준을 이해하는 데 큰 도움을 준다. 이를 통해 우리는 통일신라시대의 한자 문화가 단순한 중국 문화의 모방이 아닌, 한국적 맥락에서 창의적으로 수용되고 발전되었음을 알 수 있다. 이처럼 통일신라시대 목간은 당시 한자 사용의 실용성과 보편성, 그리고 한국화 과정을 보여주는 중요한 고고학적 증거로서 그 가치가 매우 크다.

1. 「월성(月城) 해자(垓子) 이두(吏讀) 목간(木簡)」(5-10)

5-10. 「월성(月城) 해자(垓子) 이두(吏讀) 목간(木簡)」(『문자』 225쪽)

　　경주 월성 해자에서 출토된 이두 목간은 통일신라기 왕경의 언어생활과 문자 운용을 구체적으로 보여주는 핵심 자료이다. 이 유물은 길이 6.1cm의 소형 목간으로, 경주 월성을 둘러싼 해자 퇴적층에서 확인되었으며 현재 국립경주문화재연구소에 소장되어 있다. 목간에 남은 이두 표기는 한자를 활용해 한국어의 어휘와 문법을 표기한 사례로, 신라 왕경의 행정·일상 현장에서 구어적 언어가 실제로 어떻게 기록되었는지를 드러낸다. 이는 한문 중심의 문헌 기록만으로는 포착하기 어려운 언어 현실을 보완하며, 한자가 한국어 체계에 맞추어 기능적으로 재구성되는 '한국화'의 구체적 양상을 보여준다. 나아가 본 자료는 신라의 문자 생활이 단일한 한문 체계가 아니라 이두를 포함한 복합적 문자 실천으로 이루어졌음을 실증적으로 입증하는 중요한 고고문자학적 증거로 평가된다.

2. 「성산산성 묵서 목간」(5-11)

5-11. 경상남도 함안 성산산성 발견 묵서 목간

발굴연도·차수		묵서목간			목간형 목기	묵흔 無	계
		단면	양면	문서			
1991년	1차						
1992년	2차	4				2	6
1993년	3차						
1994년	4차	16	4		1		21
2000년	5차					2	2
2001년	6차						
2002년	7차	48	15		4	18	85
2003년	8차					1	1
2004년	9차						
2005년	10차						
2006년	11차	15	13		2	9	39
2007년	12차	47	26			3	76
2008년	13차	1	1		1	1	4
2009년	14차	12	8	2	2	12	36
2010년	15차						
2011~12년	16차	6	6		2		14
2014~16년	17차	12	8	1	2	2	25
합계		161	81	3	14	50	309
			245				

5-12. 성산산성 출토 목간 현황(『함안 성산산성 출토 목간의 국제적 위상』)

경남 함안 성산산성에서 발견된 묵서(墨書) 목간은 6세기 전후 가야·신라 이행기의 행정 운영과 문자사용 실태를 구체적으로 보여주는 대표적 자료이다. 이 목간은 함안 성산산성의 성내·성외 시설에서 다수 출토되었으며, 군사 거점으로서 산성이 수행한 행정·물류 관리 기능을 실증적으로 증언한다. 목간에는 한자로 적은 인명, 지명, 수량, 물품명 등이 묵서로 기재되어 있어, 당시 지방 통치와 군사 조직의 실제 운용 방식이 문서 단위로 확인된다.

성산산성 목간의 가장 중요한 특징은 중앙의 정제된 한문 문서와 달리, 실무 현장에서 즉각적으로 작성·사용된 기록물

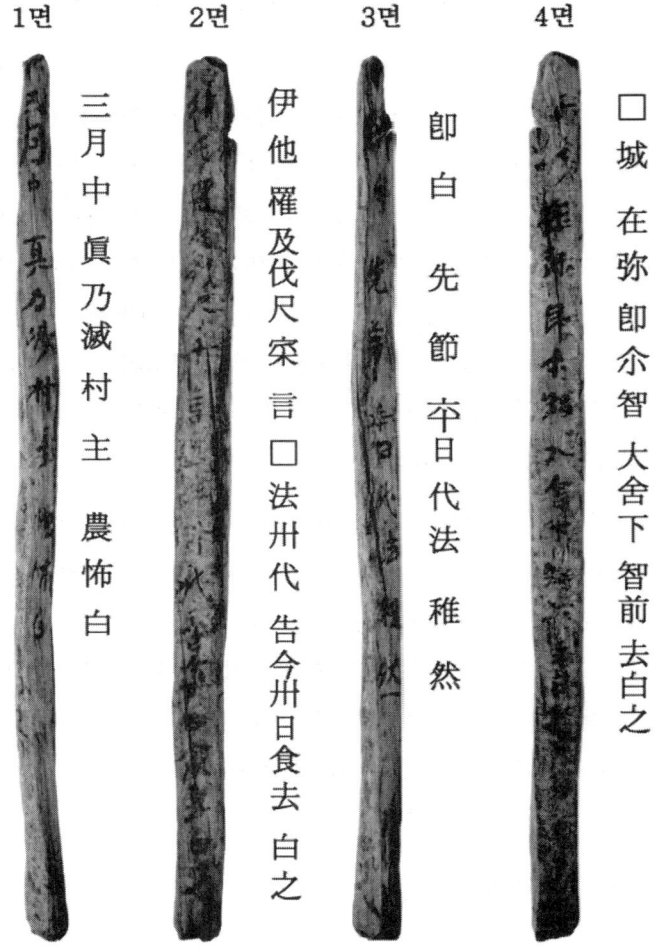

1면 2면 3면 4면

三月中眞乃滅村主 農怖白

伊他罹及伐尺寀 言□法卅代 告今卅日食去 白之

卽白 先節 卒日代法 稚 然

□城 在弥卽尒智 大舍下 智前 去白之

5-13. 성산산성 발견 4면 목간

이라는 점이다. 묵서 내용은 군량·자재의 출납, 인력 동원, 물품 배분 등 행정 실무와 직결되어 있으며, 이는 문자 사용이 지배층의 교양 차원에 머물지 않고 지방 사회 전반으로 확산되었음을 보여준다. 특히 일부 목간에서는 한자 표기의 간략화, 관용적 약자, 구어적 표현이 확인되어, 문자 사용의 실제 양상과 유연성을 드러낸다.

또한 「성산산성 목간」은 가야 지역이 신라 체제에 편입되어 가는 과정에서 문자 행정이 어떻게 정착되었는지를 보여주는 결정적 증거이다. 이 자료들은 신라식 행정 용어와 표기 관습이 지방 거점에까지 침투·적용되는 과정을 입체적으로 보여주며, 문자·행정·군사의 결합 양상을 파악하게 한다. 이는 가야 멸망 이후 지역 사회가 급격히 단절된 것이 아니라, 기존의 실무 전통 위에서 새로운 국가 체제가 점진적으로 구축되었음을 시사한다.

이렇게 볼 때, 함안 성산산성 묵서 목간은 6세기 한반도 남부에서 한자가 실질적 통치 기술로 기능하였음을 보여주는 일급 자료라 할 수 있다. 이는 한국 한자사가 추상적 수용사에 그치지 않고, 구체적 행정 현장과 물질문화 속에서 전개되었음을 입증하며, 지방 사회의 문자 생활과 국가 형성 과정을 재구성하는 데 핵심적 위치를 차지한다.

3. 김해 「봉황동 목간」(5-14)

김해 봉황동 유적에서 출토된 목간은 가야와 신라가 교차하던 한반도 남부 지역의 문자 생활과 정치·사회 구조를 구체적으로 보여주는 핵심 자료이다. 김해 봉황동 유적은 1920년대에 한국에서 최초로 본격 발굴이 이루어진 유적 가운데 하나로, 기원후 1~4세기 남부 지역의 주거·생산·생활

(一面)　　　　　　　　　　(二面)

5-14. 김해 「봉황동 목간」(『한국의 고대 목간』 147쪽)

양상을 종합적으로 보여주는 대표적 생활 유적이다. 이러한
공간에서 발견된 목간은 문자사용이 왕궁이나 군사 거점에
한정되지 않고, 일상적 생활 영역에까지 깊이 스며들어 있었
음을 분명히 보여준다.

　현재까지 봉황동 유적에서는 총 94점의 묵서(墨書) 목간이
확인되었으며, 적외선 촬영과 판독을 통해 약 400여 자에 달
하는 문자가 판독되었다. 이들 문자에는 당시의 지명(地名),
인명(人名), 신라의 관직명(官職名), 곡물과 물품의 명칭, 신분

을 나타내는 표현 등이 다수 포함되어 있다. 이는 봉황동이 단순한 취락이 아니라, 물자 관리와 인적 통제가 이루어지는 행정적 성격의 공간이었음을 시사하며, 가야 사회 내부에 이미 문자 기반의 관리 체계가 일정 수준 구축되어 있었음을 말해준다.

특히 주목되는 점은 목간에 신라식 관직명과 행정 용어가 등장한다는 사실이다. 이는 가야와 신라가 정치·군사적으로 긴밀히 접촉하던 시기의 현실을 반영하며, 가야 지역이 점진적으로 신라의 행정 질서와 문자 체계에 편입되어 가는 과정을 실증적으로 보여준다. 다시 말해 봉황동 목간은 가야의 붕괴 이후 갑작스러운 체제 교체가 아니라, 기존 지역 사회의 실무 관행 위에 새로운 국가 질서가 중첩·확산되는 과정을 보여주는 귀중한 자료라 할 수 있다.

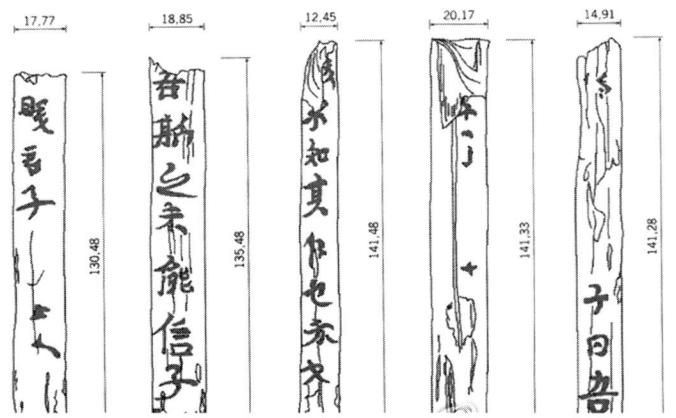

5-15. "봉황동 계양산성 『논어』 목간 길이 1m"(세계일보, 2021-08-29)

아울러 봉황동에서는 『논어(論語)』의 일부 구절로 보이는 경전성 문자가 확인된 목간도 보고되어 있다. 이는 유교 경전이 이미 이른 시기부터 한반도 남부 지역에 유입되어, 특정 계층의 교양이나 윤리적 규범으로 활용되었을 가능성을 시사한다. 경전 텍스트가 생활 유적에서 확인된다는 점은, 한자가 단순한 외교·의례의 도구를 넘어 일상적 사유와 학습의 매개로 기능했음을 보여주는 중요한 단서가 된다.

이렇게 볼 때, 김해 봉황동 목간은 가야 사회의 일상, 행정, 문자사용을 입체적으로 복원할 수 있게 하는 자료로서, 신라와 가야를 둘러싼 정치·사회적 변화의 구체적 양상을 담고 있다 할 수 있으며. 이는 한국 고대사와 한자 수용사를 국가 중심 서술에서 벗어나 지역 사회의 생활사와 문자 실천의 차원에서 재구성하게 하는 결정적 고고문자학 자료로 평가된다.

통일신라시대의 한자 사용은 단순히 공식 문서나 문학 작품에 국한되지 않았다. 이외에도 일상생활과 종교적 의례, 그리고 놀이문화에서도 광범위하게 사용되었음을 보여주는 흥미로운 유물들이 발견되었다.

그 대표적안 것으로는 다음의 것들이 있다.

4. 화왕산성 출토 목간(5-16)

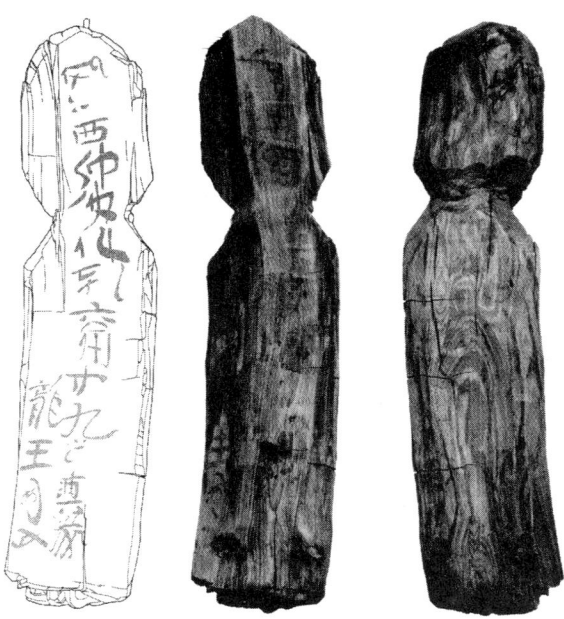

5-16. 경남 창녕 화왕산성 출토 '용왕(龍王)' 목간(『한국도교』 54쪽)

　경남 창녕 화왕산성에서 출토된 '용왕(龍王)'이라 쓴 사람 모양의 목간(5-16)은 당시의 종교적 의례와 한자 사용의 관계를 보여주는 중요한 자료이다. 길이 49cm, 너비 13cm의 이 목간은 사람 모양으로 다듬어졌으며, '용왕'이라는 글자가 새겨져 있다. 정수리와 몸통에 못이 꽂힌 채 발견되었고, 목과 다리 부분에도 못으로 찌른 흔적이 있어, 용왕에게 사람 대신 제물로 바치는 목제인형이었을 것으로 추정된다. 이는 한자가 종교적 의례에서도 중요한 역할을 했음을 보여준다.

6. 경주 안압지 출토 주령구(酒令具)(5-17)

1975년 경주 안압지에서 출토된 나무 주사위 주령구(酒令具)(5-17)는 신라인들의 음주 문화와 한자 사용을 동시에 보여주는 흥미로운 유물이다. 14면체의 이 주사위는 각 면에 다양한 벌칙이 한자로 적혀 있다. 예를 들어, '금성작무(禁聲作舞, 노래 없이 춤추기)', '음진대소(飮盡大笑, 술잔 비우고 크게 웃기)', '곡비즉진(曲臂則盡, 팔을 구부려 다 마시기)' 등의 내용이 새겨져 있다. 이는 한자가 단순히 공식적인 용도로만 사용된 것이 아니라, 일상적인 놀이 문화에서도 널리 사용되었음을 보여준다.

5-17. 경주 안압지 출토 주령구(酒令具)(좌: 진품, 우: 복제품)(위키백과)

① 금성작무(禁聲作舞)-노래 없이 춤추기(무반주 댄스)
② 중인타비(衆人打鼻)-여러 사람 코 때리기
③ 음진대소(飮盡大笑)-술잔 비우고 크게 웃기(원샷)

④삼잔일거(三盞一去)-술 석 잔을 한 번에 마시기

⑤유범공과(有犯空過)-덤벼드는 사람이 있어도 참고 가만있기

⑥자창자음(自唱自飮)-스스로 노래 부르고 마시기

⑦곡비즉진(曲臂則盡)-팔을 구부려 다 마시기(러브샷)

⑧농면공과(弄面孔過)-얼굴 간지러움을 태워도(놀려도) 참기

⑨임의청가(任意請歌)-마음대로 노래 청하기

⑩월경일곡(月鏡一曲)-월경 노래 한 곡 부르기

⑪공영시과(空詠詩過)-시 한수 읊기

⑫양잔즉방(兩盞則放)-두 잔이 있으면 즉시 비우기

⑬추물막방(醜物莫放)-더러운 것 버리지 않기

⑭자창괴래만(自唱怪來晩)-스스로 '괴래만'을 부르기(도깨비 부르기)

이러한 유물들은 통일신라시대의 한자 사용이 매우 다양한 영역에서 이루어졌음을 증명한다. 종교적 의례에서부터 일상적인 유흥에 이르기까지, 한자는 당시 사회의 모든 면에 깊이 침투해 있었다. 특히 주령구에 새겨진 내용들은 당시 사람들의 유희 문화와 한자 소양이 밀접하게 연관되어 있었음을 보여준다.

이는 한자가 단순히 학문이나 행정의 도구로만 사용된 것이 아니라, 일상생활의 모든 면에서 활용되었음을 의미한다. 또한 이두의 사용과 마찬가지로, 이러한 유물들은 한자가 한국의 문화적 맥락에 맞게 창의적으로 수용되고 변용되었음을 보여준다.

이러한 유물들을 통해 우리는 통일신라시대의 한자 문화가

얼마나 깊이 있고 다양하게 발전했는지를 더욱 생생하게 이해할 수 있다. 한자는 단순한 문자 체계를 넘어, 당시 사회의 모든 측면을 관통하는 문화적 코드로 기능했던 것이다.

(3) 토기

통일신라시대의 한자 사용을 보여주는 중요한 자료 중 하나로 토기 자료를 들 수 있다. 이 시기의 토기 자료는 주로 기와(瓦當)와 벽돌(塼)에 새겨진 명문이 대부분을 차지하며, 때로는 토기로 만든 기물에도 글자가 새겨진 경우가 있다.

기와와 벽돌에 새겨진 명문은 당시의 건축 문화와 한자 사용의 관계를 잘 보여준다. 이러한 명문들은 대개 건물의 이름, 제작 연도, 제작자의 이름, 또는 특정한 기원이나 축원의 내용을 담고 있다. 예를 들어, 사찰의 기와에는 해당 사찰의 이름이나 불교적 의미를 지닌 문구가 새겨져 있는 경우가 많다.

먼저, 기와의 경우, 특히 와당(瓦當)에 새겨진 명문이 주목된다. 와당은 기와의 끝부분을 장식하는 원형 또는 반원형의 부분으로, 여기에 새겨진 글자들은 해당 건물의 성격이나 목적을 나타내는 경우가 많았다. 이는 한자가 단순히 의사소통의 도구를 넘어 건축물의 정체성을 표현하는 수단으로도 사용되었음을 보여준다.

다음으로, 벽돌에 새겨진 명문의 경우, 주로 건축물의 축조 과정이나 목적과 관련된 내용을 담고 있다. 때로는 벽돌을 제작한 장인의 이름이나 제작 지역, 날짜 등이 기록되어 있어,

당시의 건축 기술과 행정 체계를 이해하는 데 도움을 준다.

그리고 토기로 만든 기물에 새겨진 글자들은 상대적으로 드물지만, 매우 흥미로운 정보를 제공하는데, 주로 해당 기물의 용도나 소유자, 제작자 등을 나타내는 경우가 많다. 때로는 특정한 의례나 행사와 관련된 내용을 담기도 한다.

이러한 토기 자료들은 통일신라시대의 한자 사용이 일상생활의 다양한 영역에 깊이 뿌리내리고 있었음을 보여준다. 건축물에서부터 일상용품에 이르기까지, 한자는 물건의 정체성을 나타내고, 정보를 전달하며, 때로는 미적 장식의 역할도 했다.

동시에 이러한 자료들은 당시의 문자 해독률과 관련해서도 중요한 시사점을 제공한다. 건축 자재나 일상용품에까지 한자가 널리 사용되었다는 사실은, 적어도 사회의 일정 계층에서는 한자 해독 능력이 상당히 보편화되어 있었음을 암시한다.

따라서 토기에 새겨진 한자 명문들은 통일신라시대의 문자 문화가 일상 속에 매우 깊숙이 파고들어 있었음을 보여주는 중요한 증거이다. 이를 통해 우리는 당시의 한자 사용이 단순히 공식 문서나 문학 작품에 국한되지 않고, 건축, 공예, 일상생활 등 사회의 모든 영역에서 광범위하게 이루어졌음을 알 수 있다.

1. '조로(調露) 2년' 명문(銘文) 보상화 무늬 벽돌(寶相華文塼)(5-18)

경주 안압지에서 출토된 '조로 2년' 명문 보상화문 벽돌은 통일신라 왕경의 건축·행정·문자 문화를 집약적으로 보여주는 대표적 기호 유물이다. 이 벽돌은 통일신라 680년에 제작된 것으로, 측면 명문에 "조로 2년, 한지벌부 군약 소사가 3월 3일 만들어 납품한다.(調露二年, 漢只伐部君若小舍,   三月三日作康.)"는 제작 주체와 시기, 행정 단위가 명확히 기록되어 있다. '조로'는 당나라 연호인데, 이는 신라가 자국 연호와 병행하여 국제적 연호 체계를 수용·활용하였음을 보여준다. 조로 2년은 문무왕 20년에 해당하며, 이 시기는 왕경 재편과 궁성 정비가 본격화되던 단계였다.

5-18 '조로(調露) 2년' 명문(銘文) 보상화 무늬 벽돌(寶相華文塼)(680, 唐高宗)(『문자』 157쪽, 『기호유물』 138쪽)

보상화 무늬는 불교적 상징과 왕실 장식성이 결합된 문양으로, 이 벽돌이 단순한 건축 자재를 넘어 왕실 공간의 위계

와 미감을 표현하는 요소였음을 말해준다. 실제로 안압지는
『삼국사기』에 기록된 동궁 조영 기사와 직접적으로 연결되는
공간으로, 국가 주도의 대규모 토목·건축 사업이 문자 기록과
함께 체계적으로 수행되었음을 확인하게 한다. 특히 관등과
관부명이 명시된 점은 통일신라 행정 체계가 건축 생산 과정
에까지 정밀하게 작동했음을 보여주는 실증 자료이다. 따라
서 이 벽돌은 통일신라의 국가 운영, 대외 인식, 문자사용이
물질문화 속에서 구체화된 사례로서 한국 고대사와 한자사의
교차 지점을 선명하게 드러내는 중요한 유물로 평가된다.

2. 문자 기와 조각(瓦片)(5-19)

5-19. 문자 기와 조각(瓦片)(문자 163쪽)

서울 고덕동 선리에서 출토된 통일신라 문자 기와 조각은
기와 생산·유통과 지명 인식이 문자로 체계화되었음을 보여

주는 자료이다. 이 기와에는 지명이 기록되어 있으며, 특히 '해구(蟹口)'는 고덕동 일대에서 이성산성에서 발원해 한강으로 유입되는 하천 '게내'를 가리킨다. 명문은 대체로 "지명+수(受)+해구"의 형식을 취하는데, 이는 특정 지역에서 제작되어 해당 수계와 관련된 장소로 납품·배치된 기와임을 뜻한다. 이러한 표기 방식은 건축 자재의 출처 관리와 공공 건축의 물류 체계가 지명 단위로 운영되었음을 보여주며, 신라 왕경을 넘어 한강 유역까지 확장된 행정·건설 네트워크를 드러내고 있다. 나아가 자연지명과 행정 실무가 결합된 문자사용의 실제를 보여주는 사례로서, 통일신라의 지역 통합과 공간 인식이 물질문화 속에서 구현되었음을 입증하는 중요한 증거로 평가된다.

이처럼 통일신라시대의 토기 자료, 특히 기와와 벽돌에 새겨진 명문은 당시의 한자 사용과 사회상을 생생하게 보여주는 중요한 자료이다.

이러한 자료들은 통일신라시대의 한자 사용이 공식 문서나 문학 작품에 국한되지 않고, 건축과 일상생활의 영역에까지 깊이 침투해 있었음도 보여준다. 또한, 지방에서도 한자가 널리 사용되었다는 점에서 한자 문화의 전국적 보급을 확인할 수 있다.

따라서 이러한 토기 자료들은 통일신라시대의 한자 문화가 단순히 상류층의 전유물이 아니라 사회 전반에 걸쳐 실용적으로 사용되었음을 보여주는 중요한 증거이다. 이를 통해 우리는 당시의 문자 생활과 사회 구조, 그리고 문화적 특성을 더욱 깊이 이해할 수 있게 된다.

(4) 종이

통일신라시대는 한자 사용과 문서 제작 기술의 발전에 있어 중요한 전환점이 되었다. 이 시기에 들어 종이를 이용한 문서 제작과 인쇄 기술이 크게 발전했으며, 이는 한자 문화의 보급과 확산에 큰 영향을 미쳤다.

이 시기의 가장 주목할 만한 유물은 세계 최고(最古)의 목판 인쇄물로 알려진 「무구정광대다라니경(無垢淨光大陀羅尼經)」이다. 이 경전의 존재는 통일신라시대에 이미 고도의 인쇄 기술이 발달해 있었음을 보여준다. 목판 인쇄 기술의 발달은 불교 경전을 비롯한 다양한 문헌의 대량 생산과 보급을 가능케 했으며, 이는 한자 문화의 확산에 큰 기여를 했다.

한편, 필사 자료 중에서 주목할 만한 것은 「신라 촌락 문서」이다. 이 문서는 당시의 사회상, 특히 지방의 행정 체계와 경제 구조를 이해하는 데 중요한 자료가 된다. 이러한 문서의 존재는 한자가 중앙 정부의 공문서뿐만 아니라 지방의 행정 문서에도 널리 사용되었음을 보여준다.

이러한 자료들은 통일신라시대의 한자 사용이 다음과 같은 특징을 가지고 있었음을 시사한다.

1. 기술의 발전: 목판 인쇄 기술의 발달은 문서와 경전의 대량 생산을 가능하게 했으며, 이는 한자 문화의 보급을 가속화했다.

2. 종교와의 연관성: 「무구정광대다라니경」의 존재는 불교가 한자 문화의 전파와 발전에 중요한 역할을 했음을 보여준다.

3. 행정 체계의 발달: 「신라 촌락 문서」는 한자가 지방 행정에까지 널리 사용되었음을 보여주며, 이는 체계적인 행정 시스템의 존재를 시사한다.

4. 문해력의 확산: 다양한 종류의 문서가 존재한다는 것은 한자를 읽고 쓸 수 있는 사람들이 상당수 있었음을 의미한다.

5. 사회 구조의 반영: 다양한 문서들은 당시의 사회 구조, 경제 활동, 종교 생활 등을 반영하고 있어, 통일신라시대의 전반적인 모습을 이해하는 데 도움을 준다.

이러한 종이 자료들은 통일신라시대의 한자 문화가 단순히 엘리트 계층의 전유물이 아니라, 사회 전반에 걸쳐 깊이 뿌리내리고 있었음을 보여준다. 인쇄 기술의 발달은 한자로 쓰인 지식과 정보의 보급을 가속화했으며, 이는 문화적, 종교적, 행정적 측면에서 사회를 통합하는 데 중요한 역할을 했을 것이다.

따라서 통일신라시대의 종이 자료들은 당시의 발전된 문자 문화와 기술 수준을 보여주며, 한자가 사회의 다양한 영역에서 중요한 역할을 했음을 증명한다. 이러한 자료들은 우리가 통일신라시대의 문화와 사회를 더욱 깊이 이해하는 데 귀중한 정보를 제공한다.

아래에서는 중요한 몇 가지 유물을 소개한다.

1. 「무구정광대다라니경(無垢淨光大陀羅尼經)」(5-20)

5-20. 「무구정광대다라니경(無垢淨光大陀羅尼經)」,(『중박』 119쪽, 『문자』 186~187쪽, 『기호』 159쪽)

「무구정광대다라니경」은 통일신라시대의 한자 문화와 인쇄 기술 수준을 집약적으로 보여주는 대표적 유물로서, 한국 고대 문화사의 위상을 새롭게 인식하게 하는 결정적 자료이다. 이 경전은 1966년 10월 불국사 석가탑 해체·보수 과정에서 사리장엄과 함께 발견되었으며, 제작 시기는 대체로 704년에서 751년 사이로 추정된다. 특히 본문에 측천무후가 제정한 신제자(新制字) 4자가 사용된 점, 그리고 706년에 조성된 황복사 금동사리함 명문과의 비교를 통해 704~706년 무렵 제작되었을 가능성이 유력하게 제기된다.

이 경전의 세계사적 의의는 무엇보다도 현존하는 최고(最古)의 목판 인쇄물이라는 점에 있다. 이는 일본의 「백만탑다라니경」(764~770년)보다 약 60년 앞선 것으로, 동아시아 인쇄문화의 기원이 한반도에 있음을 분명히 보여준다. 한 폭에 55~63행, 한 행에 7~9자를 배열한 정연한 판식과 상하 단선 처리, 힘차고 안정된 해서체는 단순한 신앙용 인쇄물을 넘어 고도의 기술적·미학적 완성도를 드러낸다. 서체는 중국 육조시대, 특히 북위 계통의 서법과 유사하지만, 전체 구성에서는 통일신라 특유의 균형감과 긴장감을 보여준다.

「무구정광대다라니경」은 통일신라에서 이미 정교한 목판 조판과 대량 인쇄가 가능했음을 실증하며, 불교 신앙의 확산과 한자 문화의 보급이 기술 혁신과 밀접하게 결합되어 있었음을 보여준다. 또한 중국의 연호·문자 제도를 수용하면서도 신라 내부에서 직접 조판·제작이 이루어졌다는 점은, 외래문화를 단순히 모방한 것이 아니라 이를 기반으로 독자적인 문화 체계를 발전시켰음을 보여준다. 이 경전은 통일신라시대 한자가 종교·예술·기술을 매개하는 핵심 문화 요소로 기능했음을 입증하는 자료로서, 한국 고대 인쇄문화와 문자사의 정점을 이루는 유물로 평가된다.

2. 「신라 촌락 문서」(5-21)

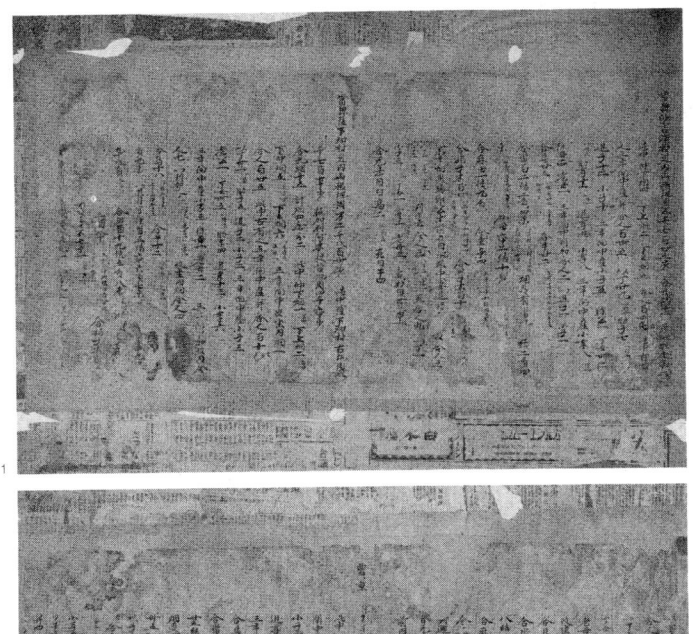

문서 1

문서 2

5-21. 「신라 촌락 문서」(『문자』 81~87쪽)

「신라 촌락 문서」는 통일신라시대의 촌락 구조와 지방 행정, 그리고 한자 문서 행정의 실태를 실증적으로 보여주는 일급 사료이다. 이 문서는 1933년 10월 일본 나라의 도다이지 쇼소인에서 발견되었으며, 『화엄경론질』의 포심에 배첩된 상태로 전래되었다. 현재는 원본이 전하지 않고 사진 자료만 남아 있으나, 그 내용의 충실성과 형식의 정연함은 통일신라 문서 행정의 수준을 충분히 보여준다.

제작 시기는 695년에서 875년 사이로 추정되어 왔으나, 최근에는 문서의 내용과 형식, 문자사용 양상 등을 근거로 신문왕대인 695년 제작설이 가장 유력하게 받아들여지고 있다. 문서는 닥나무 종이 두 장에 해서체로 기록되었으며, 크기는 가로 약 58cm, 세로 29.6cm에 이르는 비교적 대형 문서이다. 이는 임시 기록물이 아니라 공적 행정 문서로 작성되었음을 시사한다.

내용은 서원경 인근 네 개 촌락을 대상으로 하여, 촌명과 촌역, 호수와 인구, 우마의 수, 토지와 수목의 현황, 그리고 이전 조사 대비 호구·우마·수목의 증감까지를 일정한 순서에 따라 체계적으로 기록하고 있다. 이러한 구성은 신라가 촌락 단위를 행정의 기초로 삼아 인구와 자원을 정기적으로 파악·관리했음을 명확히 보여준다.

「신라 촌락 문서」의 가장 큰 의의는 한자가 중앙 관료 사회에 국한되지 않고 지방 행정의 실제 운영 과정에서도 표준적이고 정교한 문서 언어로 사용되었음을 입증한다는 점에 있다. 이는 지방 관리층이 한자를 해독하고 복잡한 행정 문서를 작성·운용할 수 있었음을 전제로 하며, 통일신라 사회 전반에 문서 행정과 문자 문화가 깊이 정착되었음을 뜻한다. 나아가 이 문서는 통일신라의 사회 구조와 경제 기반을 구체적으로 복원할 수 있는 자료로서, 한자 문화가 국가 운영의 실질적 기반이 되었음을 보여주는 결정적 증거로 평가된다.

3. 신라 백지 묵서 『대방광불 화엄경』(5-22)

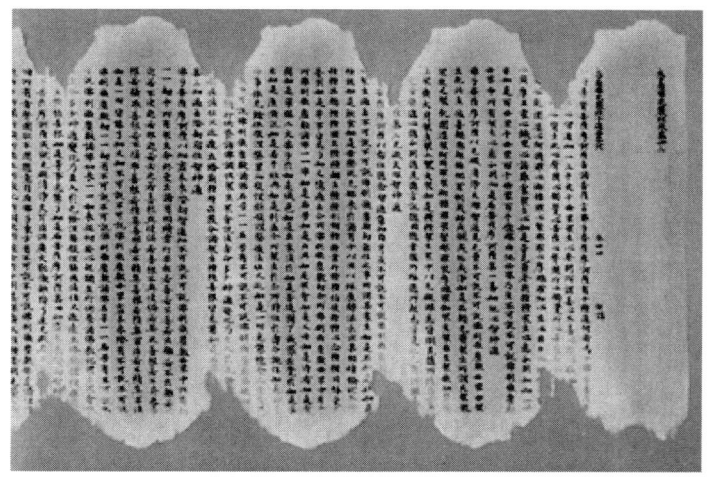

5-22. 신라(新羅) 백지(白紙) 묵서(墨書)「대방광불(大方光佛) 화엄경(華嚴經)」(『문자신라』 224쪽)

신라 백지 묵서 『대방광불 화엄경』은 755년에 제작된 사경으로, 길이 약 14m, 폭 29cm에 이르는 대형 두루마리 두 축으로 구성되어 있다. 이는 현존하는 한국 최고(最古)의 사경으로서 통일신라 불교문화의 정점과 문헌 제작 역량을 보여준다. 특히 자주색 바탕 위에 금·은니로 그린 불보살도는 신라시대에 전하는 유일한 회화 자료로, 서예·회화·종교적 장엄이 결합된 복합 예술의 성취를 증언한다. 본 사경은 경전 필사의 신앙적 실천이 고도의 미학과 기술로 승화되었음을 보여주며, 통일신라 한자 문화의 예술적 완성도를 집약적으로 드러내는 유물이다.

4. 『화엄문의요결』(5-23)

5-23. 『화엄문의요결』(9세기 초)

『화엄문의요결』은 9세기 초 제작된 불교 주해서로, 각필구결과 구두점을 활용해 한문 문장의 독해를 체계적으로 보조한 점이 특징이다. 축 길이 29cm의 비교적 간결한 형식이지

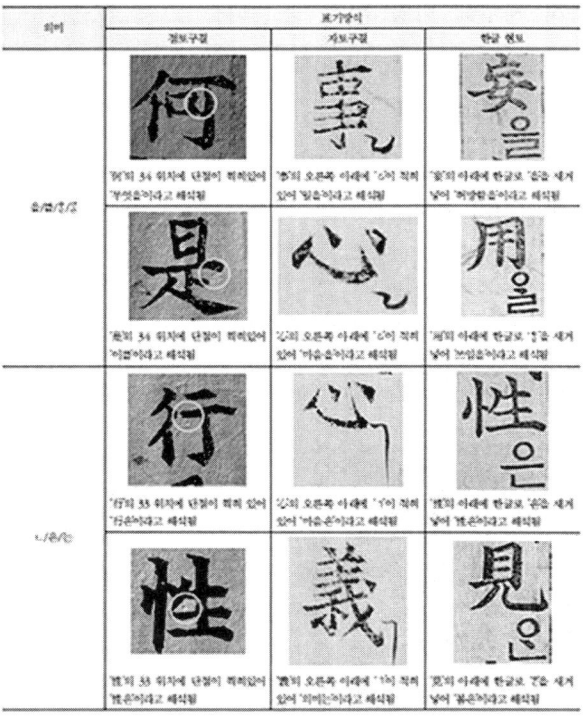

5-24. "대장경 속에 숨겨진 비밀 문자 '각필구결'
해독"(우리문화신문, 2018.11.30.)

만, 한자 문장을 한국어 어순과 의미 구조에 맞추어 해석하
도록 안내하는 교육적 장치가 정교하게 구현되어 있다. 이는
통일신라 시기에 경전 학습이 암송 중심에서 문장 분석과 해
석 중심으로 심화되었음을 시사하며, 한자 텍스트의 수용이
단순 독해를 넘어 교수·학습의 방법론으로 제도화되었음을
보여주는 중요한 자료이다.

이들 자료는 통일신라시대의 한자 사용과 문화에 대해 다음과 같은 중요한 시사점을 제공한다.

1. 불교와 한자 문화의 밀접한 관계: 세 자료 모두 불교와 관련되어 있어, 한자 문화와 불교의 긴밀한 연관성을 보여준다.

2. 서예와 회화 기술의 발달: 「대방광불 화엄경」은 당시의 높은 서예와 회화 수준을 증명한다.

3. 한자 텍스트 독해 방식의 발전: 「화엄문의요결」의 각필구결은 한자 텍스트를 보다 쉽게 이해하고 읽기 위한 노력을 보여준다.

4. 문서 제작 기술의 발달: 다양한 재료와 기법을 사용한 문서 제작은 당시의 발달된 기술 수준을 반영한다.

5. 한자의 종교적, 문화적 중요성: 불교 경전과 관련 문서에 한자가 광범위하게 사용된 것은 한자가 당시 종교와 문화의 핵심적 매체였음을 보여준다.

6. 지방에서의 한자 사용: 감은사지 출토 지편은 지방 사찰에서도 한자가 널리 사용되었음을 시사한다.

이러한 자료들은 통일신라시대의 한자 문화가 단순히 문자의 사용을 넘어 종교, 예술, 교육 등 다양한 영역에서 깊이 뿌리내리고 있었음을 보여준다. 또한 한자를 통해 불교 사상이 전파되고 학습되었음을 알 수 있으며, 이는 한자가 당시 문화와 지식의 주요 매개체였음을 증명해 준다.

제2절 발해(渤海)

발해(渤海, 698~926)는 대조영(大祚榮)이 698년 건국한 뒤, 713년 당(唐)으로부터 '발해군왕(渤海郡王)' 책봉을 받으며 국호를 '발해(渤海)'로 정착시킨 고대 국가로, 오늘날 한반도 북부·중국 동북(요녕·길림·흑룡강)과 연해주 일대에 걸친 광역 공간을 기반으로 존속하였다. 초기 국호가 '진국(振國/震國)'으로 전해지는 점은, 발해가 '국가명 자체'를 한자 표기로 제도화해 나간 과정을 보여준다.

발해에 남겨진 문자문화는 '한자(漢字)의 단순 수용'에 그치지 않고, 북방 한자문화의 계승·전개와 '문자성'의 다층 구조를 보여준다는 점이 특징이라 할 수 있다. 발해의 한자자료는 (1)건축 재료(기와·전돌)에 남은 '문자형 표지', (2)왕실·귀족층의 금석문(묘지명·불교 조상기), (3)관부(官府)의 외교문서, (4)실무·교역 현장의 목간(木簡) 등으로 기록 매체가 분화되어 나타난다. 곧 발해는 한자를 '종이 위의 글쓰기'로만 사용한 것이 아니라, 국가 운영·대외 교섭·종교 실천·생산 관리의 층위마다 서로 다른 방식으로 한자를 매체화(媒體化)했다. 이 다층적 한자자료는 통일신라와 병행하여 전개된 남북국기의 한자문화가 '남(신라)의 왕경-불교-금석문'만이 아니라 '북(발해)의 관제-외교-생산'을 통해서도 성립했음을 보여주는 중요 자료이다.

(1) 발해 문자표(5-25)

　발해 문자 연구는 1930년대 이후 발해 유적에서 출토된 '명문기와(銘文瓦)'가 축적되면서 본격화되었다. 이들 기와·전돌에 새겨진 글자·부호는 대체로 한자이며, 일부는 이체자(異體字) 또는 판독 곤란한 부호로 분류되어 '발해 고유문자' 존재 여부를 둘러싼 논쟁을 촉발하였다. 다만 명문기와의 다수는 문장 단위가 아니라 낱글자 또는 짧은 조합에 그치며, 따라서 이를 독자적 문자체계로 단정하기에는 자료학적 한계가 있다는 점이 지적된다.

　국가유산 지식이음(국립문화유산연구원)의 설명에 따르면, 발해 기와의 문자 표지는 상경성(上京城) 등 주요 성곽 유적에서 다수 출토되었으며, '숫자 표지'만도 400개 안팎이고, 문자 유형은 250종 이상으로 소개된다. 표지 내용에는 숫자(一·三·九 등), 간지(乙·丙·卯 등), 성씨·직명·인명으로 보이는 글자(王·尹·金·高·昌·福 등)와 2자 이상 조합도 포함되는데, 이는 "기와 제작·반출·시공 관리"와 관련된 표식일 가능성이 크다.(portal.nrich.go.kr)

5-25. 발해문자(김무식, 2008,
137~138쪽)
총 371자(개별자)가 발견되었는데,
와당 문자가 주를 이루고 있다.

5-26. 발해문자(러시아 연해주
두만강 근처 염주성(Kraskino
성) 출토, 우리역사넷)

김재선(金在善, 2003)과 김무식(金武植, 2008)의 연구에 따르면 정리된 문자(371자)는 (1)한자와 일치하는 형태(135자), (2)한자의 변형(154자), (3)두 글자 이상이 합쳐진 '합문(合文)'(62자), (4)한자를 뒤집은 '반서(反書)'(10자), (5)기호 문자(10자) 등으로 분류할 수 있다.

이 분류는 "발해의 한자 사용이 관제·외교의 정문서 영역에만 존재한 것이 아니라, 생산·건축·물류의 현장에서 '표지 문자'로도 작동했음"을 드러낸다는 점에서 의미가 있다. 즉 여기서 중요한 것은 '고유문자 창제 여부' 자체보다, 한자가 발해 사회의 관리기술 속에서 어떻게 '현장 문자'로 전환되었는가 하는 점이다. 이는 앞 절들에서 선사·삼국 시기의 '문자 이전 문자성'을 논했던 문제의식과도 연결된다. 발해의 명문기와는, 문자(한자)가 국가적 제도와 결합할 때 '기록(文書) 이전의 표지(標識)'까지 포괄하는 방향으로 확장되는 양상을 보여준다 할 수 있다.

(2) 왕실 묘지명 – 정혜공주·정효공주 묘지석과 묘지명

5-27.
「정효공주묘비(貞惠公主墓碑)」
(연변조선족자치주박물관)

5-28.
「정혜공주묘지석(貞惠公主墓誌
石)」(780년, 중국 길림성박물관)

　　발해 한자자료의 '정전(正典)급' 범주는 왕실·귀족층의 금석문, 특히 묘지명(墓誌銘)이다. 정혜공주묘(貞惠公主墓)는 발해 제3대 문왕(文王)의 둘째 딸 무덤으로, 묘비 내용에 따르면 777년 사망, 780년(寶曆 7년) 매장 사실이 확인되며, 발해의

연호 운용과 장례 관행(3년장) 등 국가 제도의 구체가 드러
난다. 「정효공주묘지(貞孝公主墓誌)」는 1980~81년 발굴 과정에
서 확인된 대표적 발해 한자자료로, 비문이 18행 728자에 달
하고 해서체(楷書體)로 음각되어 비교적 판독이 용이하다고
알려졌다.

　두 묘지명은 발해가 한자를 단순히 '표기 수단'으로만 쓴
것이 아니라, 당대 동아시아의 묘지문 관습(관직·계보·덕행
서술, 애도 서사, 규범 언어)을 내재화한 상태에서 고도의 문
장력과 서사 규범을 구사했음을 보여준다. 또한 묘지명 속
연호(大興·寶曆 등) 정보는 발해의 시간 체계가 한자(연호 표
기)를 통해 국가적으로 조직되었음을 실증해 준다.

　이들 문자가 한국한자역사에서 이 자료가 갖는 의의는 크
게 세 가지로 요약된다.

　　첫째, '북방 고구려계 계승국'의 한문 문장 전통이 실물 금석
　　문으로 확인된다는 점이다. 이는 한자문화의 지리적 범위
　　를 한반도 남부의 통일신라 중심 서사에서 만주·연해주까
　　지 확장시킨다.
　　둘째, 발해 지배층의 교양·규범 언어가 한자 문장으로 제도
　　화되었음을 보여주어, 발해가 '문서국가'로 작동했음을 뒷
　　받침한다.
　　셋째, 발해의 연호·존호·관제 표기가 문자자료 내부에서 상호
　　교차 검증 가능하다는 점에서, 발해사 서술의 '문자 기반'
　　을 강화한다.

(3) "함화(咸和) 4년" 불비상(佛碑像)(5-29)

5-29.
「함화(咸和) 4년 불비상(佛碑像)」,
발해, 834년. 높이 73.3센티(좌대
포함). 일본 오쿠라(大倉) 미술관
소장.

불교 실천과 한자 기록의 결합에 관한 자료로, 발해 대이
진(大彝震) 재위 때의 연호 '함화(咸和)'가 명시된 불교 조상
기 자료로 「함화 사년명 불비상(咸和四年銘 佛碑像)」이 있다.
한국 고대 사료 DB에 의하면, 이 유물을 834년(발해 대이진
함화 4년)으로 추정하고, 높이 64cm의 불상으로 일본 오카야
마현 구라시키시 오하라 미술관에 소장되어 있다.(한국사데이
터베이스)

이 자료의 핵심은, 발해에서 불교 조성·공덕(功德) 활동이
한자 명문으로 기록되고, 연호를 통해 시간성을 부여받으며,
조상 주체의 신분·의례 행위가 문자르 고정된다는 점이다. 통

일신라의 불교 금석문이 왕경 중심의 사찰·탑·불상에 집중되는 경향을 보인다면, 발해의 불비상 명문은 '북방 불교 네트워크'가 한자 기록으로 유지되었음을 보여준다. 동시에 '함화'라는 연호의 사용은 발해가 '시간의 국가화'를 한자체계로 수행했다는 점에서, 묘지명과 같은 범주의 국가기록성과 맞물린다고 할 수 있다.

(4) 발해 「중대성첩(中臺省牒) 사본」(5-30)

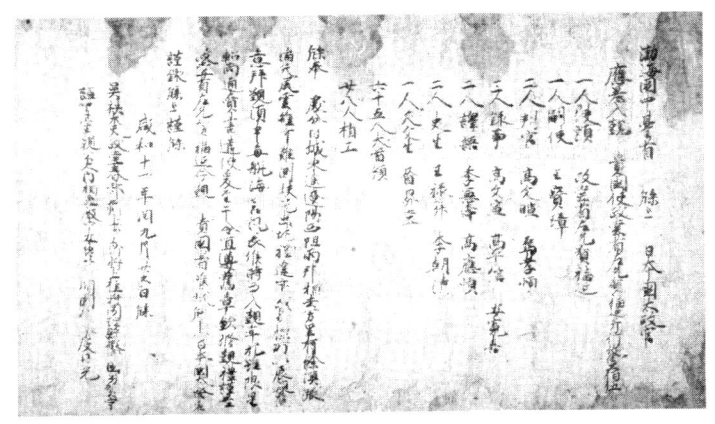

5-30. 함화11년 「중대성첩 사본」(발해. 841년. 세로 29cm, 가로 48.8cm.
일본 도오다이지(東大寺) 쇼소인(正倉院) 소장)

발해의 한자 사용이 가장 '제도적'으로 구현된 대표적 자료는 외교문서인데, 이 자료는 발해가 수행한 동아시아 외교문서의 한자 양식을 보여준다.

한국 고대 사료 DB에 의하면, "함화11년 중대성첩 사본(咸和十一年 中臺省牒 寫本)"을 841년(발해 대이진 함화 11년) 자료로 정리하며, 크기(가로 48.8cm, 세로 29cm), 서체(행서), 재질(비지 斐紙)까지 상세히 소개했다. 이 문서는 "발해국 중대성(渤海國中臺省)"이 일본국 태정관(日本國太政官)에 올린 첩(牒)으로서, 사신단의 파견과 인원·직책 구성을 상세히 열거하고, 장거리 항해와 사신 파견의 정당성을 문장화하여 제도적 설득을 수행했다.

이 자료가 갖는 한국한자역사에서 의의는 다음과 같다.

첫째, 발해가 당(唐)나라 식 관제를 한자 용어로 운용했음을 '문서 자체'가 증명한다(정당성(政堂省)·중대성(中臺省)·태정관(太政官) 등).

둘째, 한자가 동아시아 국제질서에서 사실상 공용 외교문자였음을 보여준다. 발해는 일본과의 교섭에서 자국의 제도와 의례를 '한자 문서 양식'으로 번역해 제출함으로써, 국제적 승인과 교류를 획득했다.

셋째, 발해의 문서행정이 '문장-직명-인원 통계-서명(位署)' 등 다층 요소를 결합하는 방식으로 작동했음을 보여주어, 발해 한문서사(漢文書寫) 문화의 수준을 구체화한다.

(5) 발해 사신 관련 목간(5-31)

일본 평성궁(平城宮) 유적에서 출토된 발해 관련 목간은 발해-일본 교섭이 문서만이 아니라 실무·현장 문자의 형태로도 남아 있음을 보여준다. 국가유산 지식이음의 설명에 의하면,

평성궁터에서 발해 관련 목간이 2점 확인된다고 했다. 그중 하나는 '발해사(渤海使)'라는 표현과 '교역(交易)' 등의 어휘가 보이는 연습 목간으로, 발해 사신단이 외교와 더불어 교역 활동을 수행했음을 보여준다. 또 다른 목간은 길이 24.8cm로, "견고려사(遣高麗使)" 및 "천평보자 2년(758) 10월 8일 진이계서(進二階敍)" 등의 문구가 판독되는데, 여기서 말한 "고려(高麗)"가 발해를 가리킨다고 해설했다. 이는 일본이 발해를 "고려(고구려)"로 호칭했음을 보여주는 구체 자료로 평가된다.(portal.nrich.go.kr)

이 목간류는 한국한자역사에서 상당히 중요하다. '발해(渤海)'라는 자국·대외 공인 국호(한자 표기)가 존재함에도, 외부 세계(일본)의 실무 기록에서 발해가 '고려(高麗)'로 재 명명되는 장면이 확인되었기 때문이다. 이는 발해가 고구려 계승국으로 인식·표상되던 동시대 국제 담론이, 한자 표기(국호·지칭어) 차원에서 어떻게 작동했는지를 보여주는 증거자료이다. 다시 말해, 발해의 한자사는 '문자사용의 역사'이면서 동시에 '명명(命名) 정치'의 역사이기도 하다.

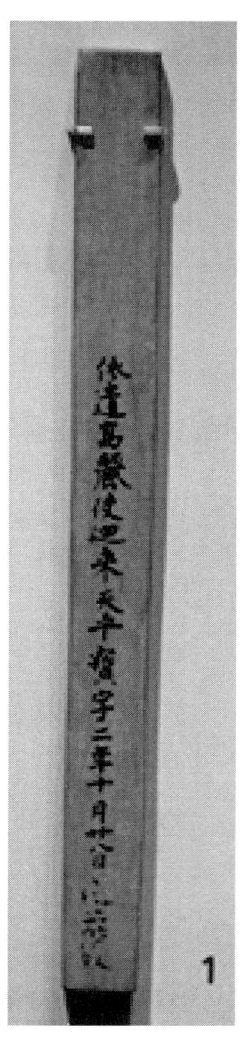

5-31. '견고려사 목간(1)'(758년 일본 나라문화재연구소소장 복제품)

이상의 발해 시대 한자자료는 매우 중요한 의미를 지니는데, 그것은 한국한자역사의 지평을 넓히는 다음의 세 가지 관점에서 확인할 수 있다.

첫째, 지리적 확장으로, '한자의 한국사'를 만주·연해주까지 포함하는 북방 서사로 재구성했다는 의미를 지닌다. 즉 발해의 금석문·문서·목간은 한자문화가 한반도 내부의 왕경 중심으로만 전개된 것이 아니라, 고구려 계승권의 북방 공간에서도 고도로 제도화되었음을 보여준다. 이는 '한국 한자문화의 공간사'를 남북국기라는 복수 축 위에서 재구성하게 만든다.

둘째, 사회적 통합으로, 다종족 국가의 행정·의례 언어로서 한자의 기능의 의미를 지닌다. 즉 발해는 다종족 구성과 광역 통치라는 조건 아래, 한자를 관제·연호·문서양식의 표준으로 삼아 국가 운영의 공동구성을 수행했다. 특히 「중대성첩」에서 확인되는 관제 용어와 사신단 조직, 묘지명에서 확인되는 규범 언어는 한자가 단순 '문자'가 아니라 '국가 운영의 규범 기술'이었음을 보여준다.

셋째, 매체의 분화로, 기와 - 석비 - 종이 - 목간으로 이어지는 '한자의 물질사'의 의미를 재현했다. 즉 발해의 명문기와는 생산·시공 관리의 현장 문자로서의 한자, 묘지명과 불비상은 종교·장례 의례의 기억장치로서의 한자, 「중대성첩」은 국제 질서 속 문서 권력으로서의 한자, 「평성궁 목간」은 교역·실무 현장에서 기능하는 한자를 보여준다. 이처럼 발해 한자자료는 한자가 '한 사회의 문자생활 전체'로 확산되는 과정을, 서로 다른 물질 매체의 층위에서 입증한다.

덧붙여, 발해 멸망 이후 발해 유민(특히 왕족·관료층)의 고려 귀부는, 발해에서 제도화된 북방 한자문화가 고려 사회로 유입될 수 있는 역사적 통로를 형성했다는 점에서 주목된다.

제3절 고려(高麗)

고려는 918년 왕건(王建)이 신라 달기의 혼란한 정세 속에서 나라를 세우고 후삼국을 통일하면서 시작되었다. 이후 1392년까지 474년간 34대에 걸쳐 왕씨 왕조가 지속되었다. 고려의 역사는 여러 중요한 전환점을 거치며 발전했다.

먼저, 제6대 성종(981~997년 재위) 때에 이르러 고려는 중앙집권적인 국가 기반을 확립했다. 이후 제11대 문종(1046~1083년 재위) 시기에 고려는 귀족정치의 최전성기를 맞이했다. 그러나 이러한 귀족 중심의 정치 체제는 1170년 정중부(鄭仲夫) 등이 일으킨 무신 난으로 큰 변화를 맞게 된다. 이 사건을 계기로 문신의 귀족정치는 막을 내리고, 무인들이 정권을 장악하게 되었다.

고려 후기에는 또 다른 중요한 변화가 있었다. 1270년, 몽골의 세력을 등에 업은 제24대 원종(1259~1274 재위)과 그의 일파가 거사를 일으켜 무신정권을 몰락시키고 왕정을 복구했다. 이로 인해 고려는 원나라의 강력한 영향력 아래 놓이게 되었다. 고려 무인 세력의 마지막 저항이라 할 수 있는 삼별초의 대몽항전(1270~1273)이 끝난 후, 고려는 원나라의 요구에 따라 두 차례나 일본 정벌에 동원되는 등 약 100년간 원나라의 간섭을 받게 된다.

말기에 이르러서 고려는 다른 중대한 전환점이 찾아왔다.

1388년(우왕 14년) 이성계(李成桂)가 요동정벌 중 위화도에서 회군하여 정치와 군사의 실권을 장악하게 된다. 이후 1391년(공양왕 3년)에는 혁명적인 과세제도인 과전법을 공포하여 새로운 왕조의 경제적 기반을 마련했다. 그리고 마침내 1392년, 이성계는 역성(易姓) 혁명을 일으켜 조선을 건국하게 된다. 이로써 474년간 지속된 고려왕조는 역사의 무대에서 사라지게 되었다.

고려의 정치제도는 당나라와 송나라의 제도를 기반으로 하면서도 고려만의 독자적인 요소를 가미한 복합적인 형태를 띠고 있었다. 삼성육부는 당나라의 제도를, 중추원과 삼사는 송나라의 제도를 채용했으며, 도병마사와 식목도감 같은 기관은 고려의 특수한 필요에 따라 만들어진 것이었다.

중앙집권제 강화를 위해 고려는 958년(광종 9년)에 과거(科擧)제도를 도입하고 점차 발전시켰다. 이 과거제도는 크게 세 부분으로 나뉘었다. 첫째, 제술업(製述業)에서는 시(詩)·부(賦)·송(頌)·책(策)을 시험했고, 둘째, 명경업(明經業)에서는 『상서(尙書)』·『주역(周易)』·『모시(毛詩)』·『춘추(春秋)』·『예기(禮記)』 등의 경전을 시험했다. 셋째, 잡업(雜業)에서는 명경업(明經業), 그리고 명법업(明法業)·명산업(明算業)·명서업(明書業)·의업(醫業)·지리업(地理業) 등 전문직을 선발했다.

고려는 전문 관료 양성에도 힘을 기울였다. 태조 때 개경과 서경에 학교를 세웠고, 992년에는 중앙에 국자감을 정식으로 설치하여 교육제도의 기반을 마련했다. 국자감은 당나라 제도를 본떠 만든 종합대학 형태로, 국자학, 태학, 사문학

및 율학, 서학, 산학으로 구성되었다. 이들 학교는 입학 자격
에 차이가 있었지만, 모두 유학을 교육했다.

지방교육에도 관심을 기울여, 987년에는 경학박사와 의학
박사를 12목에 파견해 지방자제를 교육시켰고, 1127년에는
각 주에 향학을 세워 지방교육기관으로 삼았다. 이러한 노력
으로 지방문화가 향상되었고, 지방호족의 자제들이 과거를
통해 중앙관리로 진출할 수 있는 기반이 마련되었다.[1]

이러한 제도적 변화와 함께, 유가 경전을 비롯한 한문 능
력이 과거를 통해 고급관리가 되는 필수 요건이 되면서 한자
의 사용이 급격히 증가했다. 한자와 한문의 학습, 그리고 유
가(儒家) 경전(經典)의 습득은 귀족사회를 유지하는 중요한 기
반이 되었다. 이로 인해 고려 시대어는 한자 문화가 사회 전
반에 깊이 뿌리내리게 되었고, 정치, 교육, 문화 등 다양한
영역에서 한자의 영향력이 크게 확대되었다.

고려 시대는 불교(佛敎)가 국가의 정신적 지주 역할을 하며
크게 번성했다. 유교가 정치이념으로 자리 잡았다면, 불교는
국민들의 정신계를 이끄는 지도이념이 되어 현실생활에 깊은
영향을 미쳤다. 이로 인해 불교는 고려 시대의 문화와 사상
중 가장 중요한 위치를 차지하게 되었다.

이러한 숭불 정책은 고려 건국 초기부터 시작되었다. 태조
왕건은 942년에 직접 「훈요십조(訓要十條)」를 지어 자손들에게
국가 운영의 지침을 남겼는데, 그 첫 번째 조항에서 "우리나
라의 대업은 반드시 제불의 호위에 의지할 것이다. 그러므로

---

[1] 『한국고중세사사전』, 2007, 가람기획.

선(禪)·교(敎)의 사원을 세워 주지를 보내어 수호하게 하고 각기 그 업을 닦게 하라."[2])라고 하여 불교국가로서의 방향을 명확히 제시했다.

이러한 정책에 따라 태조 시대에 이미 개경에는 법왕사, 왕륜사, 흥국사 등 10개의 국가 사찰이 건립되었다. 이후 선종 때에는 의천이 송, 요, 일본으로부터 불서를 대량으로 구입하여 4,700여 권에 달하는 『속장경(續藏經)』을 간행했다. 더 나아가 고종 때에는 몽골군의 침입에 대항하려는 의도에서 강화도에서 『팔만대장경(八萬大藏經)』을 간행하는 등 불교문화의 발전이 절정에 달했다.

이러한 불교 중심의 문화 발전으로 인해 고려 시대의 한자 유물 중에는 불교와 관련된 것들이 특히 많이 남아있다. 이는 당시 불교가 단순히 종교적 차원을 넘어 국가의 정체성과 문화를 형성하는 데 중심적인 역할을 했음을 보여준다.

고려 시대의 한자 유물은 그 재질에 따라 다양하게 분류될 수 있다. 이러한 유물들은 석재, 금속, 목재, 도자기, 종이 등 다양한 재료로 만들어졌으며, 각각의 재질은 그 시대의 기술 수준과 문화적 특성을 반영하고 있다. 이러한 다양한 재질의 유물들을 통해 우리는 고려 시대의 한자 사용이 일상생활부터 국가의 공식 문서, 종교 의례에 이르기까지 광범위하게 이루어졌음을 알 수 있다.

---

2) "我國家大業, 必資諸佛護衛之力, 故創禪敎寺院, 差遣住持焚修, 使各治其業."

(1) 목판

1. 『초조 대방광불 화엄경(初雕大方廣佛華嚴經)』

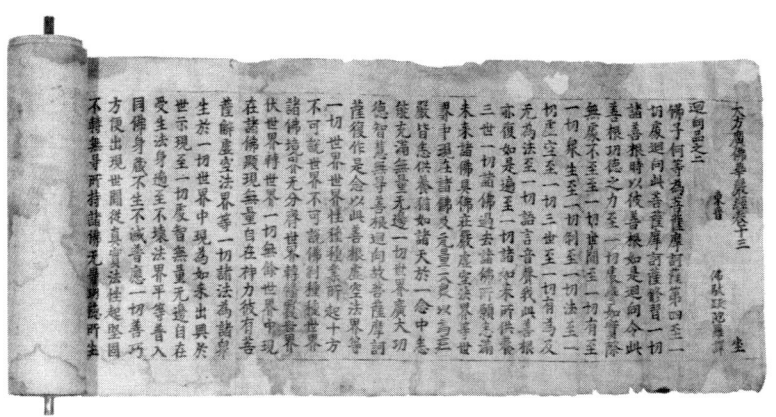

5-32. 『초조 대방광불 화엄경(初雕大方廣佛華嚴經)』(11세기)(『중박』174쪽)
고려시대. 1087년(선종 4). 국보 제256호. 목판 인출 권자본. 1권, 1축. 개인 소장.

고려시대의 『초조 대방광불 화엄경(初雕大方廣佛華嚴經)』(5-32)
은 한자 문화와 불교의 밀접한 관계를 보여주는 중요한 유물
이다. 이 경전은 1087년(선종 4년)에 완성된 것으로, 국보 제
256호로 지정되어 있다.

이 인출본(印出本) 화엄경은 고려 현종 때 간행된 『초조대
장경(初雕大藏經)』의 일부이다. 고려에서 『화엄경』의 간행은 두
차례에 걸쳐 대규모로 이루어졌다. 첫 번째는 1011년(현종 2
년) 거란의 침입에 대응하여 호국의 의지로 시작되어 1087년

에 완성된 『초조대장경』이었고, 두 번째는 1231년 몽골의 침입으로 강화도로 천도한 후 소실된 초조대장경을 대체하기 위해 1236년부터 1251년까지 제작된 『재조(再雕)대장경』이다.

이 초조본 『화엄경』의 권1과 권29는 각각 권자본 형태로 제작되었으며, 닥나무로 만든 한지에 인쇄되었다. 권1에는 홍경 등의 「필역진전문」, 총 목차, 황제의 서문, 그리고 한역에 참여한 인물들의 명단이 기록되어 있다.

판식을 보면, 초조본은 매장 23행 14자로 구성되어 있는 반면, 재조본은 24행 17자의 소자(小字)로 되어 있다. 특히 초조본의 각자(刻字)가 재조본에 비해 더욱 정교하고 정연하며, 묵질(墨質)도 더 농후하고 윤택한 것이 특징이다.

이 유물은 고려시대 한자 문화의 수준을 잘 보여준다. 정교한 각자(刻字)와 높은 품질의 인쇄 기술은 당시 고려의 문화적 수준이 매우 높았음을 증명한다. 또한 이 경전의 제작 배경은 고려 시대에 불교가 국가적 차원에서 얼마나 중요하게 여겨졌는지를 보여준다. 거란과 몽골의 침입이라는 국가적 위기 상황에서 대장경을 간행한 것은 불교에 대한 믿음과 한자 문화가 고려의 정신적, 문화적 근간이었음을 시사한다.

더불어 이 유물은 고려 시대의 인쇄 기술과 서지학적 가치도 높이 평가받고 있다. 초조본과 재조본의 비교를 통해 고려 시대 인쇄술의 발전 과정을 살펴볼 수 있는데, 이들은 당시 한자 문화의 보급과 확산에 중요한 역할을 했을 것이다.

2. 『속장경(續藏經)』

『속장경(續藏經)』(5-33)은 고려 중기에 대각국사 의천(義天)이 주도하여 제작한 중요한 불교 문헌이다. 이 경전은 기존의 경(經)·율(律)·논(論) 삼장(三藏)과는 달리, 이들에 대한 주석서인 장소(章疏)를 집대성한 것이라는 점에서 특별한 의미를 지닌다.

의천은 기존의 『초조(初雕)대장경』이 가진 한계를 보완하고자 이 작업을 시작했다. 그는 송(宋), 요(遼), 왜(倭) 등 주변국을 두루 방문하여 방대한 자료를 수집했고, 이를 바탕으로 『신편제종교장총록(新編諸宗教藏總錄)』이라는 불서 목록을 작성했다.

이 목록에는 총 4,700여 권의 저술이 포함되어 있는데, 특히 주목할 만한 점은 당·송·요의 저술뿐만 아니라 원효를 비롯한 신라의 고승들의 저술 181부도 함께 수록되어 있다는 것이다. 이는 한국 불교 사상의 독자성과 중요성을 인식하고 이를 보존하려는 의천의 노력을 잘 보여준다.

의천은 흥왕사에 교장도감(教藏都監)이라는 특별 기구를 설치하고, 1091년(선종 8년)경부터 1101년(숙종 6년) 그가 세상을 떠날 때까지 약 10년에 걸쳐 『속장경』을 제작했다. 이는 당시 고려의 불교문화와 한자 문화의 수준을 잘 보여주는 대규모 문화 사업이었다.

그러나 안타깝게도 이 속장경의 판목은 1232년(고종 19년) 몽골군의 침입으로 흥왕사와 함께 소실되어 현재는 원본을

5-33. 전남 순천시 송광사의 천왕문 사천왕상(四天王像) 내부에서
발견된 속장경(續藏經) 「묘법연화경현의(妙法蓮華經玄義)」

볼 수 없다. 다만 일본의 **동대사(東大寺)** 도서관 등에 인쇄본의 일부가 보관되어 있고, 한국에는 조선 초기에 중수 간행된 일부가 순천의 송광사(松廣寺)에 전해지고 있다.

『속장경』의 제작은 고려 시대 한자 문화의 정수를 보여주는 사업이었다. 이는 단순히 불교 경전을 모으는 작업이 아니라, 방대한 양의 한문 텍스트를 체계적으로 정리하고 새롭게 편찬하는 고도의 지적 작업이었다. 또한 이 과정에서 한국 고유의 불교 사상을 정리하고 보존했다는 점에서 한자 문화의 한국적 발전을 잘 보여준다. 비록 원본은 소실되었지만,

『속장경』은 고려 시대 한자 문화의 수준과 불교 사상의 깊이를 증명하는 중요한 문화유산으로 평가받고 있다.

3. 『팔만대장경(八萬大藏經)』

5-34. 『팔만대장경(八萬大藏經)』(『국보』 115쪽)
고려시대, 1237년~1248년. 국보 제32호. 유네스코 세계문화유산, 세계기록유산.
경남 합천군 가야면 해인사 소장.

『팔만대장경(八萬大藏經)』(5-34)은 고려 시대의 문화적, 정신적 정수를 보여주는 중요한 유산이다. 1237년부터 1248년까지 12년에 걸쳐 제작된 이 대장경은 국보 제32호로 지정되었을 뿐만 아니라, 유네스코 세계문화유산과 세계기록유산으로도 등재되어 그 가치를 국제적으로 인정받고 있다.

이 대장경의 제작 배경은 고려의 역사적 맥락과 깊이 연관되어 있다. 원래 고려는 현종 2년(1011년)부터 선종 4년(1087년)까지 약 76년에 걸쳐 『초조대장경(初雕大藏經)』을 완성했다.

5-35. 눈 내린 해인사 전경

경남 합천 가야면 소재. 고려시대 『팔만대장경』이 소장되어있으며, 신라
제40대 애장왕(哀莊王) 때 지어졌다.

이는 거란의 침입이라는 국가적 위기 속에서 시작된 사업으
로, 당시 동양에서 가장 방대한 분량인 약 6천 권의 한역(漢
譯) 대장경이었다.

　　그러나 이 『초조대장경』이 1232년(고종 19년) 몽골군의 침
입으로 대구 부인사(符仁寺)에서 소실되자, 고려는 다시 한
번 국가적 위기 속에서 대장경 제작을 결심한다. 이렇게 시
작된 사업이 바로 『팔만대장경』의 판각이다. 이는 단순한 경
전의 복원을 넘어 몽골과의 항전이라는 호국의 의지를 담은
국가적 프로젝트였다.

　　『팔만대장경』의 규모는 실로 방대하다. 1,496종의 불교 경
전을 6,561권, 78,500여 장의 목판에 새겼다. '팔만대장경'이

라는 이름은 판수가 8만여 판에 닫하고, 불교에서 말하는 8만4천 가지의 번뇌(煩惱)에 대응하는 8만4천 가지의 법문(法門)을 수록했다는 의미에서 붙여졌다.

이 대장경의 제작은 고려의 한자 문화와 불교문화가 결합된 최고의 성과물이라고 할 수 있다. 방대한 양의 한문 경전을 정확하게 판각하는 작업은 고도의 한자 지식과 기술을 요구했을 것이다. 또한 이 과정에서 불교 교리에 대한 깊은 이해와 정확한 해석 능력도 필요했을 것이다.

현재 경상남도 합천군 가야면의 해인사에 보관되어 있는 이 대장경판은 750년이 넘는 세월 동안 기적적으로 완벽하게 보존되어 왔다. 이는 고려 시대의 뛰어난 목판 인쇄 기술과 보존 기술을 증명하는 것이기도 한다.

『팔만대장경』은 단순한 불교 경전 모음 이상의 의미를 지닌다. 이는 고려의 문화적 역량, 정신적 결집력, 그리고 한자 문화의 정수를 보여주는 중요한 문화유산이다. 또한 국가적 위기 속에서도 문화적 가치를 지키고자 했던 고려인들의 의지와 지혜를 보여주는 귀중한 역사적 증거이기도 한다.

판각 연도	판각 종·권수	판각 연도	판각 종·권수
정유년(1237)	2종 115권	계묘년(1243)	467종 1,316권
무술년(1238)	42종 509권	갑진년(1244)	280종 1,737권
기해년(1239)	103종 304권	을사년(1245)	280종 765권
경자년(1240)	74종 292권	병오년(1246)	171종 450권

신축년(1241)	107종 298권	정미년(1247)	32종 100권
임인년(1242)	176종 382권	무신년(1248)	1종 1권
간기 없는 것	294권		
합 계			1,496종 6,561권

5-36. 『팔만대장경』 판각과 구성표

이외에도 『향약구급방(鄕藥救急方)』과 『용감수경(龍龕手鏡)』
은 고려 시대의 학문적 성취와 한자 문화의 발전을 보여주는
중요한 문헌들이다.

4. 『향약구급방(鄕藥救急方)』

『향약구급방(鄕藥救急方)』(5-37)은 1236년 고려 고종 23년에
처음 간행된 현존 한국 최고(最古)의 의서로서, 고려 시대 한
자 사용과 학문 발전의 성격을 분명히 보여주는 대표적 자료
이다. 현재는 1417년에 간행된 3책 1질의 간본만이 일본 궁
내청서릉부에 전해지고 있으나, 그 내용과 편찬 의의는 한국
의학사와 문자사에서 매우 중요하다. 이 의서는 초기에는 송
나라 의학 지식을 폭넓게 수용하면서도, 점차 고려의 자연
환경과 질병 양상, 약재 현실을 반영한 '향약' 중심의 처방
체계를 정립해 나갔다. 이는 외래 지식을 한자로 기록하되,
그 운용과 적용에서는 토착적 경험과 실천을 적극적으로 결
합한 사례라 할 수 있다.

『향약구급방』은 김영석의 『제중입효방』, 최종준의 『신집어

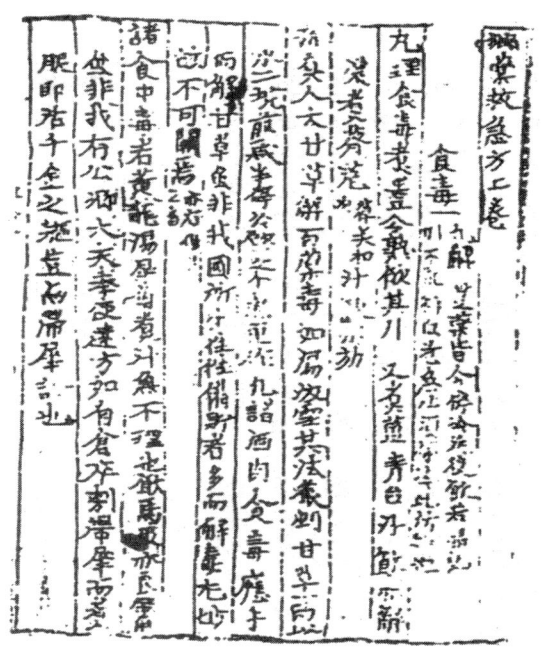

5-37. 『향약구급방(鄕藥救急方)』

의찰요방』 등과 함께, 고려 지식인들이 한자를 매개로 자국의 현실에 부합하는 학문 체계를 구축했음을 보여준다. 이는 한자가 단순한 수입 학문의 전달 도구를 넘어, 고려 사회의 의료·생활 문제를 해결하는 실천적 지식 언어로 기능했음을 의미한다. 이러한 점에서 『향약구급방』은 한국 한자 사용사가 독자적 학문 형성과 사회적 실천으로 확장된 중요한 이정표로 평가된다.

5. 『용감수경(龍龕手鏡)』

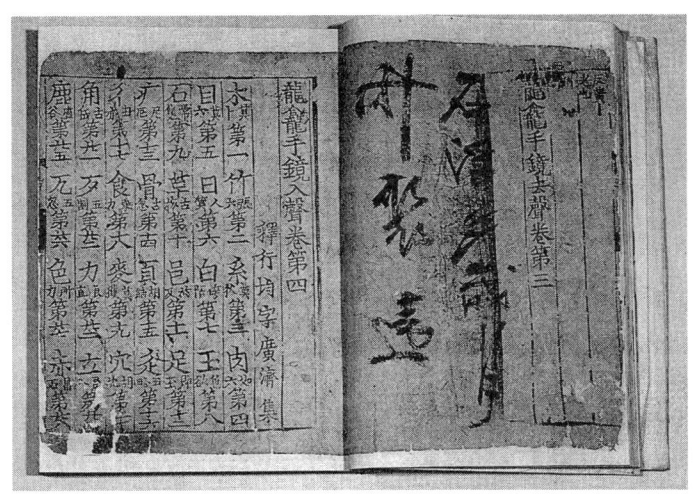

5-38. 『용감수경(龍龕手鏡)』(『국보』 129쪽)
고려, 11세기. 권3~4, 나주목(羅州牧) 간행, 목판본, 26.1×19.3센티. 보물
제291호. 고려대학교 소장.

『용감수경(龍龕手鏡)』(5-38)은 11세기 고려에서 간행된 한자
자전으로, 고려 시대 한자 문화의 학문적 깊이와 불교 지식
체계의 성숙도를 집약적으로 보여주는 대표적 유물이다. 이
책은 본래 요(遼)나라의 승려 행균이 997년에 편찬한 불전
중심의 자전으로, 고려에서 이를 수용하여 간행하였다. 전체
26,430여 개의 표제자와 163,170자에 이르는 방대한 해석문
을 수록하고 있어, 11세기 동아시아에서 운용되던 한자 지식
의 범위와 밀도를 실증적으로 보여준다.

'용감(龍龕)'이란 본래 불전을 보관하는 법당이나 불교 경전

자체를 가리키는 말로, 이 자전이 불교 경전 독해와 연구를 주요 목적으로 삼고 있음을 뜻한다. 이는 고려에서 불교가 단순한 신앙을 넘어 학문과 문자 문화의 핵심 기반으로 기능했음을 보여준다. 곧 『용감수경』은 불교적 요구에 의해 편찬·활용된 자전이면서도, 그 내용과 체계 면에서는 일반 한자 학습과 문헌 해독 전반을 포괄하는 지식 도구로 작동하였다는 말이다.

특히 주목되는 점은 이 책이 중앙이 아니라 서남부의 변방에 위치한 나주목에서 권득령의 주관 아래 간행되었다는 사실이다. 이는 고려 시대에 고급 한자 지식과 출판 역량이 개경과 같은 정치 중심지에만 집중된 것이 아니라, 지방 사회에도 폭넓게 확산되어 있었음을 분명히 보여준다. 지방 관청 차원에서 대규모 자전을 간행할 수 있었다는 사실은, 고려 사회 전반에 한자 문식성과 불교 학문이 깊이 뿌리내리고 있었음을 말해준다.

더욱 중요한 의의는 이 고려판 『용감수경』이 세계적으로 유일하게 남아 있는 원형 판본이라는 점이다. 중국에서는 원래의 『용감수경』이 전하지 않고, 남송대에 제목을 바꾼 『용감수감(龍龕手鑑)』만이 전래된다. 이도 인해 고려에서 간행된 본 판본은 단순한 수입본이 아니라, 동아시아 한자 사전사와 불교 문헌학 연구에서 기준 텍스트를 복원하는 정본으로서의 가치를 지닌다.

이러한 점에서 『용감수경』은 고려가 한자를 단순히 중국 문화를 모방·전달하는 수단으로 사용한 것이 아니라, 이를 토대로 자국의 종교·학문·출판 체계를 자립적으로 운영했음을 보여주는 결정적 증거라 할 수 있다. 이는 한국 한자 사용 역사가 수용을 넘어 축적과 보존, 나아가 세계 지식사의 공백을 메우는 단계로까지 발전했음을 상징적으로 보여주는 유물로 평가된다.

이 두 문헌은 고려 시대의 한자 문화가 단순히 중국 문화의 모방이 아니라, 고려의 실정에 맞게 발전하고 변용되었음을 보여준다. 『향약구급방』은 의학 분야에서, 『용감수경』은 한자 학습과 연구 분야에서 고려인들의 창의적인 접근을 보여준다. 또한 이러한 서적들이 지방에서도 간행되고 사용되었다는 점은 고려 시대 한자 문화의 보편화와 지방으로의 확산을 시사한다.

이러한 문헌들은 고려 시대의 한자 문화가 학문, 의학, 불교 등 다양한 분야와 긴밀하게 연결되어 있었으며, 중앙뿐만 아니라 지방에서도 높은 수준으로 발전했음을 보여준다. 이는 고려 시대 한자 문화의 깊이와 폭을 이해하는 데 중요한 자료가 된다.

7. 『동인지문사륙(東人之文四六)』

『동인지문사륙(東人之文四六)』(5-39)은 1355년 고려 말에 간행된 시문 선집으로, 고려 문인 최해가 신라와 고려의 명현들이 지은 작품 가운데 사륙변려문(四六騈儷文)만을 선별하여 편찬한 것이다. 현존하는 권 13~15는 목판본으로 전하며, 여러 기관과 개인에 분산 소장되어 각각 보물로 지정될 만큼

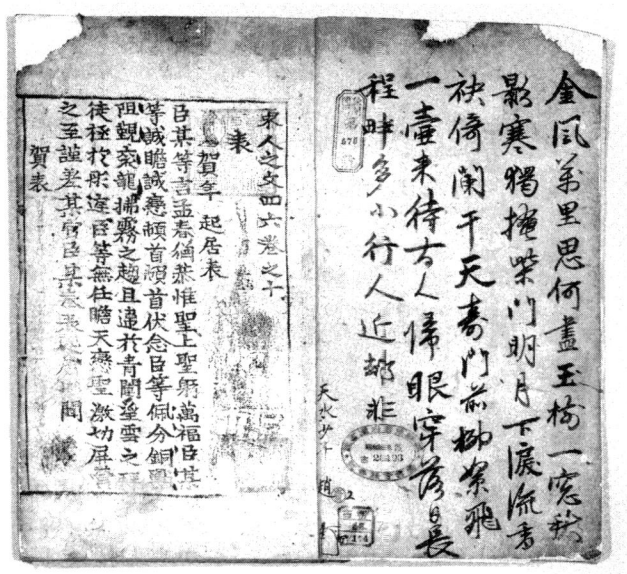

5-39. 『동인지문사륙(東人之文四六)』(『국보』 131쪽)
고려, 1355년, 권 13~15, 목판본. 보물 제712호. 개인 소장.

그 가치가 높다. 이 책은 한국에서 확인되는 최초의 시문 선집이라는 점에서 문학사적 의의가 크며, 고려 말 한문 문학이 이미 체계적 선집 편찬의 단계에 이르렀음을 보여준다.

특히 사륙변려문은 대구와 음률, 수사적 균형을 중시하는 고난도의 문체로, 이를 중심으로 선집을 구성했다는 점은 당시 문인 사회가 문체의 세련됨과 형식미를 중요한 가치로 인식했음을 말해준다. 이는 고려 지식인들이 한자를 단순한 기록 수단이 아니라, 미학적·지적 경쟁의 장으로 활용했음을 보여주는 사례이다. 나아가 『동인지문사륙』은 신라 이래 축적된 문학 전통을 '동인(東人)'이라는 자의식을 통해 계승·정리한 작업으로, 한국 한자 문학이 중국 중심의 모방 단계를 넘어 자국의 역사와 문학을 체계적으로 성찰하는 단계에 도달했음을 보여주는 중요한 유물로 평가된다.

8. 『중용주자혹문(中庸朱子或問)』

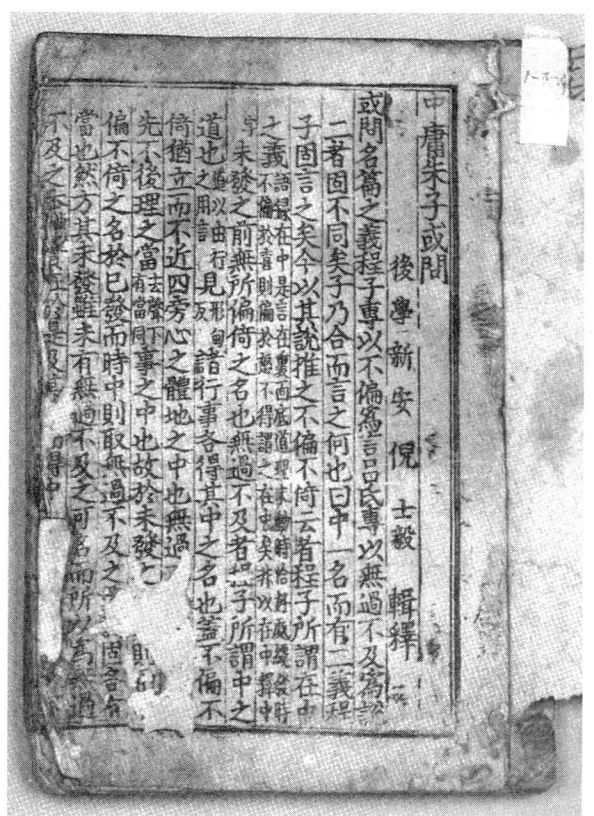

5-40. 『중용주자혹문(中庸朱子或問)』(『국보』 136쪽)
고려, 1371년. 보물 제706~707호. 1책. 목판본, 25×16.5센티.
개인 소장.

『중용주자혹문』(5-40)은 1371년(공민왕 20년)에 진주의 지방 관서였던 진주목에서 간행된 성리학 관련 서적으로, 원나라에서 유통되던 주자학 문헌을 번각한 판본이다. 이 사실은 고려 말 성리학이 중앙 학계에 국한되지 않고 지방 사회로까지 확산되었음을 분명히 보여주며, 지방 관청이 고급 유교 문헌의 간행과 보급을 담당할 수 있을 정도의 출판 역량과 학문적 수요를 갖추고 있었음을 시사한다.

이 책은 『중용』에 대한 주자의 해석을 문답 형식으로 정리한 주석서로, 경전의 의미를 체계적으로 이해하고자 하는 성리학적 학습 태도를 반영한다. 고려 후기에 이와 같은 주자학 문헌이 번각·유통되었다는 점은, 불교 중심의 사상 지형 속에서도 유교, 특히 성리학이 점차 국가 운영과 지식인의 학문 체계로 자리 잡아 가는 과정을 보여준다. 또한 번각이라는 출판 방식은 외래 지식을 그대로 수용하는 데 그치지 않고, 이를 안정적으로 재생산·보급하려는 고려 사회의 제도적 대응을 드러낸다.

따라서『중용주자혹문』은 고려 말 한자가 성리학이라는 새로운 사유 체계를 매개하는 핵심 문자 언어로 기능했음을 보여주는 자료이며, 지방 출판 문화의 성숙과 사상사의 전환을 동시에 증언하는 중요한 유물로 평가된다.

9. 초조본(初雕本)「유가사지론」

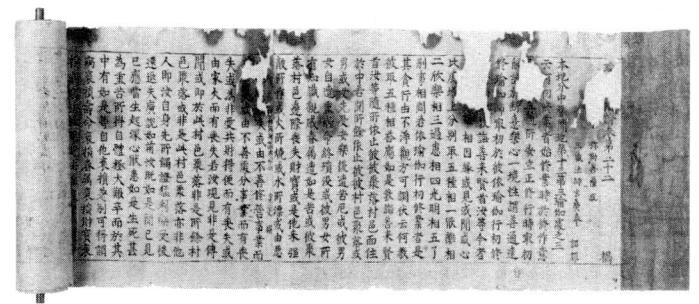

5-41. 초조본(初雕本)「유가사지론(瑜伽師地論)」(『중박』313쪽)
고려시대, 11세기, 28.8×44.8센티, 국보 272호. 권 32. 1권 1축(軸).
국립중앙박물관 소장.

초조본「유가사지론(瑜伽師地論)」(5-41)은 11세기 고려 현종
대에 처음 조성된 『초조대장경(初雕大藏經)』의 일부로, 고려
초기 불교문화와 한자 인쇄 기술의 수준을 집약적으로 보여
주는 대표적 유물이다. 이 유물은 권32에 해당하는 1권 1축
의 두루마리 형태로, 크기 28.8×44.8cm이며 현재 국립중앙박
물관에 소장되어 있고 국보 제272호로 지정되어 있다.

「유가사지론」은 유식불교(唯識佛敎)의 근본 논서로서, 방대
한 교리 체계와 정밀한 개념 분석을 특징으로 한다. 이러한
고난도의 불교 철학서를 목판으로 조판·인쇄했다는 사실은,
고려가 이미 11세기 초에 대규모 불전 편찬과 정밀한 문자
인쇄를 수행할 수 있는 기술적·제도적 기반을 갖추고 있었음
을 의미한다. 초조본은 이후 몽골 침입으로 소실된 고려 대
장경의 원형에 해당하는 자료로, 현존 수량이 극히 제한적이

라는 점에서도 그 가치가 크다.

이 경전은 해서체를 바탕으로 한 정제된 판식과 균형 잡힌 행간을 보여주며, 이는 단순한 종교 문헌을 넘어 국가 차원의 기획 아래 제작된 공적 인쇄물임을 드러낸다. 고려는 불교를 국가 이념으로 삼아 경전 간행을 적극적으로 추진하였고, 한자는 이러한 종교·국가적 사업을 수행하는 핵심 매개 언어로 기능하였다.

따라서 초조본 「유가사지론」은 고려 초기 한자 문화가 불교 사상, 인쇄 기술, 국가 권력과 긴밀히 결합되어 있었음을 보여주는 결정적 증거라 할 수 있다. 이는 한국 한자 사용사가 단순한 문자 수용의 단계를 넘어, 고도의 지식 체계와 기술 문명을 구현하는 수준에 도달했음을 상징적으로 보여주는 유물로 평가된다.

10. 합천(陝川) 해인사(海印寺) 고려목판(高麗木板)

5-42. 합천 해인사 고려목판(陝川 海印寺 高麗木板)(『국보』 113~114쪽)

'합천 해인사 고려목판'(5-42)은 고려 시대 불교문화와 한자 인쇄 기술의 정수를 보여주는 대표적 유물로, 총 54종 2,835판이며, 그 중 28종 2,725판이 국보(제206호), 26종 110판이 보물(제734호)로 지정되었으며, 현재 장경판전 사이의 동서 사간판전(寺刊板殿)에 봉안되어 있다. 이 목판들은 일반적으로 팔만대장경의 조성 및 보존과 깊이 연관된 것으로 이해되며, 고려가 국가적 차원에서 불교 경전을 체계적으로 판각·인쇄했음을 상징한다. 해인사에 전래된 대장경 목판은 13세기 몽골 침입이라는 국가적 위기 속에서 조성된 것으로, 불교 신앙과 국가 수호의 염원이 결합된 대규모 문화 사업의 산물이다.

이 목판들은 수천 장에 이르는 방대한 분량에도 불구하고, 판각의 정밀성과 문자 배열의 균형, 오자 교정의 엄밀성에서 세계 최고 수준을 보여준다. 이는 한자를 매개로 한 불교 교학의 축적과 함께, 고도의 목판 제작 기술·교정 체계·보존 환경이 종합적으로 작동했음을 의미한다. 특히 해인사 장경판전에 구현된 과학적 보존 방식은 목판 인쇄물이 단순한 기록 매체를 넘어 지속 가능한 지식 자산으로 관리되었음을 보여준다.

따라서 합천 해인사 고려목판은 고려 시대 한자 문화가 종교적 신앙, 국가적 기획, 기술적 완성도를 통합한 단계에 도달했음을 입증하는 자료이다. 이는 한국 한자 사용사가 불교 경전을 중심으로 인쇄·보존·전승의 전 과정을 체계화하며 세계 인쇄문화사에 독자적 위상을 확립했음을 보여주는 결정적 유물로 평가된다.

이상의 자료들을 종합해 보면, 고려 시대의 한자 문화가 문학, 철학, 종교 등 다양한 분야에 걸쳐 깊이 있게 발전했음을 알 수 있다. 특히 지방에서도 높은 수준의 한자 문화가 존재했다는 점, 중국의 문화를 수용하면서도 독자적인 발전을 이루었다는 점, 그리고 불교와 유교 문화가 공존하며 발전했다는 점 등이 주목된다.

따라서 이러한 유물들은 고려 시대 한자 문화의 다양성과 깊이를 보여주며, 당시의 지적 수준과 문화적 성취를 잘 반영하고 있다. 또한 이 시기에 한자가 단순한 문자 체계를 넘어 고려의 정신문화와 학문 발전의 핵심 도구로 기능했음을 알 수 있다.

5-43. 2014년 60년 기획으로 시작한 "팔만대장경 복각 사업", 이는 21세기 기후위기·전쟁·AI 등 현대 문명의 위협을 종교의 힘으로 극복하고자 하는 한국 발 'K-종교'의 모범 사례가 될 것이다.

특기할 것은, 2024년 해인사는 몽골의 침입을 불력으로 극복하고자 조성했던 "대장경 판각"의 정신을 21세기에 되살려 인공지능(AI) 시대 인류의 평화적 공존과 상생을 발원하기 위해 "팔만대장경 복각 사업"을 시작했다. 이는 선조들이 목판 한 장 한 장에 "간절한 마음과 불심"을 새겼다는 기억을 현대적으로 계승하여, 전통 조판기술의 대중 전승과 문화유산의 사회적 공유를 지향한다. 특히 기후위기·전쟁·AI 등 현대 문명의 위협 속에서 인류의 미래를 지키고자 하는 발원을 복각의 공적 목적에 결합하였다.

60년 기획으로 첫발을 띤 본 사업은 2024년 장경도감(藏經都監)이 조판의 '첫걸음'으로 판각학교를 개설해 승가 중심 교육을 시작했고, 2025년 6월 고불식을 기점으로 일반 재가자에게도 문호를 개방하였다. 교육은 3년 과정으로 전통 각법의 기초부터 단계적으로 실기·이론을 병행하며, 국가무형유산 각자장 보유자 등 전문 장인이 지도한다. 또한 문화재청도 기존 8만여 장의 각 경판 정밀 촬영, 전통방식 인경본 제작 후 2025년부터 웹서비스 구축을 계획하고 있다.

21세기 AI시대에 다시 시작된 이러한 '팔만대장경 복각' 사업은 세계의 평화와 공존을 위해 한국의 종교가 앞서서 세계인들에게 발신한 'K-종교'의 모범적 사례라 할 수 있을 것이다.

(2) 활자

이외에도, 인쇄술의 발달은 특히 주목할 만하다. 처음에는 『대장경』과 같이 고정식인 목판인쇄였으나, 뒤에는 이동식인 활판인쇄로 발전하게 되었다. 1234년 주자(鑄字)로써 최윤의 (崔允儀, 1102~1162) 등이 지은 『상정고금예문(詳定古今禮文)』 50권을 인출했다는 기록이 있다. 이 주자는 금속활자임이 분명하므로 그 이전부터 금속활자가 사용되었음을 알 수 있다. 금속활자의 발명은 서양의 그것보다 2백여 년이나 앞선 것으로 세계최초의 일이다. 『상정고금예문』은 오늘에 전하지 않지만 다행히 1377년에 간행된 『직지심체요절(直指心體要節)』이 남아 있어 세계최고의 것으로 공인받고 있다. 금속활자의 사용은 고려 말에 더욱 활발해 1392년 서적원(書籍院)을 두고 주자인쇄를 맡게 하였다.

고려 시대의 인쇄술 발전은 한자 문화의 확산과 발전에 중요한 역할을 했다. 이 시기의 인쇄술 발전은 다음과 같은 특징을 보이다.

1. 목판인쇄에서 활판인쇄로의 발전:
   초기에는 『대장경』과 같은 대규모 불교 경전을 고정식 목판으로 인쇄했다. 그러나 점차 이동식 활판인쇄 기술이 발전하게 되었다.
2. 금속활자의 발명과 사용:

1234년에 주자(鑄字)로 최윤의 등이 지은 『상정고금예문(詳定古今禮文)』 50권을 인쇄했다는 기록이 있다. 이는 금속활자가 이미 그 이전부터 사용되고 있었음을 시사한다.

3. 세계 최초의 금속활자:

고려의 금속활자 발명은 서양보다 약 200년 앞선 것으로, 세계 최초의 금속활자 발명으로 인정받고 있다.

4. 『직지심체요절(直指心體要節)』:

1377년에 간행된 이 책은 현존하는 세계 최고(最古)의 금속 활자본으로 공인받고 있다. 이는 고려 인쇄술의 우수성을 입증하는 중요한 증거이다.

5. 고려 말기의 활발한 금속활자 사용:

금속활자의 사용은 고려 말에 더욱 활발해져, 1392년에는 서적원(書籍院)을 설립하여 주자인쇄를 전담하게 했다.

이러한 인쇄술의 발전은 고려 시대 한자 문화에 큰 영향을 미쳤는데, 다음의 몇 가지로 정리할 수 있다.

1. 지식의 보급과 확산: 활자 인쇄의 발달로 더 많은 서적을 빠르게 제작할 수 있게 되어, 한자로 쓰인 지식과 정보의 보급이 용이해졌다.

2. 문화의 대중화: 서적 생산의 증가로 더 많은 사람들이 한자로 된 문헌에 접근할 수 있게 되었다.

3. 학문의 발전: 다양한 분야의 서적을 쉽게 제작할 수 있게 되어, 학문 발전에 큰 기여를 했다.

4. 한자 표준화: 활자의 사용으로 한자의 형태가 더욱 표준화되었을 것이다.

5. 국제적 위상 제고: 세계 최초의 금속활자 발명은 고려의

문화적 우수성을 보여주는 중요한 사례이다.

이처럼 고려 시대의 인쇄술 발전은 한자 문화의 깊이와 폭을 확장시키는 데 크게 기여했다. 이는 단순히 기술적 진보를 넘어, 한자를 매개로 한 지식과 문화의 생산, 보급, 확산에 혁명적인 변화를 가져왔다고 볼 수 있다. 이러한 발전은 고려 시대 한자 문화의 성숙도와 창의성을 잘 보여주는 사례라고 할 수 있다.

1. 고려 주자판(鑄字版) 「남명천화상송증도가」 번각본(飜刻本)

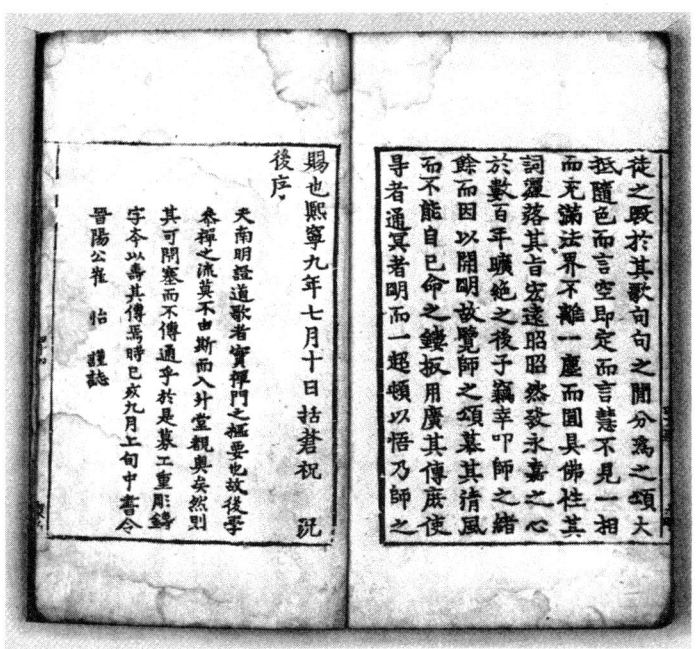

5-44. 고려 주자판(鑄字版) 「남명천화상송증도가(南明泉和尙頌證道歌)」
번각본.(『보물』183쪽)

고려 주자판 「남명천화상송증도가(南明泉和尙頌證道歌)」 번각본
(5-44)은 고려 시대 금속활자 인쇄의 실체를 보여주는 핵심
자료로서, 목판 중심이던 인쇄문화가 이동식 활자 체계로 전
환되는 과정을 구체적으로 증언한다. 이 책은 선종 계열의
대표적 불서인 『증도가』에 대한 송(頌) 형식의 저술로, 불교
교리를 시가적 언어로 풀어낸 것이 특징이다. 고려에서는 이
러한 불교 문헌을 단순히 필사하거나 목판으로 고정 인쇄하

는 데서 나아가, 주자(鑄字)를 활용해 인출함으로써 보다 효율적이고 유연한 출판을 시도하였다.

이 번각본은 비록 원래의 초주자본은 아니지만, 금속활자를 사용한 판본 계통을 충실히 반영하고 있어 고려 주자 인쇄의 기술적·문헌학적 성격을 파악하는 데 결정적 단서를 제공한다. 활자의 배열 방식과 자형의 균질성은 개별 활자를 조합해 문장을 구성하는 고도의 기술이 이미 안정 단계에 도달했음을 보여준다. 이는 고려의 한자 문화가 불교 교학을 중심으로 축적된 방대한 텍스트를 보다 신속하고 정확하게 재생산하려는 실천적 요구와 결합되었음을 의미한다.

특히 1239년에 조계산 수선사에서 금속활자로 간행한 공인본(공인박물관에 소장, 보물 제758-2호)[3] 「남명천화상송증도가」 주자판은 1234년 최윤의 등이 주자로 『상정고금예문』을 인출했다는 기록과 함께, 고려가 세계 최초로 금속활자 인쇄를 실현한 문명권이었음을 물질적으로 뒷받침한다. 이 유물은 한자가 단순한 사상 전달의 매개를 넘어, 기술 혁신과 결합된 지식 인프라의 핵심 요소로 기능했음을 보여주며, 한국 한자 사용사가 인쇄 기술의 비약적 발전과 함께 새로운 단계로 진입했음을 상징적으로 보여주는 사례로 평가된다.

---

3) 박상국, 『남명천화상송증도가: 세계 최초 금속활자본의 탄생』, 김영사, 2020.

2. 『직지심체요절』

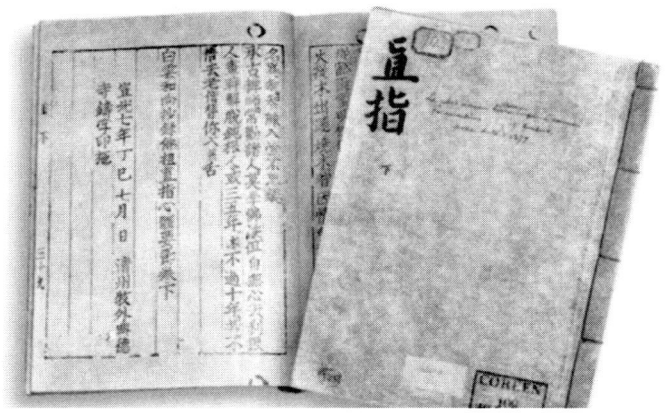

5-45. 『직지심체요절(直指心體要節)』. 고려시대, 1377년. 유네스코 세계기록유산. 프랑스 국립도서관(Bibliothèque nationale de France) 소장.

『직지심체요절(直指心體要節)』(5-45)은 1377년 고려 우왕 3년에 청주 흥덕사에서 금속활자로 인쇄된 불교 서적으로, 현존하는 세계 최고(最古)의 금속활자본으로 공인된 유물이다. 현재 프랑스 국립도서관에 소장되어 있으며, 유네스코 세계기록유산으로 등재되어 그 세계사적 가치를 인정받고 있다. 이 책은 백운 경한(白雲景閑)의 선종 어록을 모은 것으로, 선불교의 핵심 사상을 간결한 한문 문장으로 제시한다.

『직지』의 가장 중요한 의의는 금속활자 인쇄가 단순한 실험 단계가 아니라, 실제 종교 문헌의 간행과 유통에 안정적으로 활용되었음을 보여준다는 점에 있다. 활자 주조, 조판, 인출에 이르는 전 과정이 체계적으로 운영되었으며, 이는 고려 말에 이미 국가와 사찰 차원에서 금속활자 기술이 성숙

단계에 도달했음을 뜻한다. 한자의 정제된 서체와 판면 구성
은 활자 인쇄가 목판 인쇄에 뒤지지 않는 가독성과 완성도를
확보했음을 보여준다.

또한 『직지』는 고려 사회에서 불교와 인쇄술, 한자 문화가
긴밀하게 결합되어 있었음을 상징한다. 방대한 경전과 어록
을 보다 빠르고 널리 보급하려는 불교적 요구가 금속활자라
는 기술 혁신을 촉진했으며, 이는 결과적으로 세계 인쇄문화
사의 흐름을 수 세기 앞당겼다. 이러한 점에서 「직지심체요
절」은 한국 한자 사용사가 기술사·지식사 차원에서 세계 문
명사에 기여한 결정적 증거로 평가된다.

3. 금속활자

5-46. 금속활자(12세기 초)(『북한』 4, 228쪽)

12세기 초로 편년되는 고려 금속활자(5-46)는 세계 최초의
이동식 금속활자 사용을 입증하는 물질적 증거로서, 한국 인
쇄문화사의 핵심 유물이다. 이 활자들은 개별 한자를 금속으
로 주조해 반복 사용이 가능하도록 제작된 것으로, 고정식

목판 인쇄의 한계를 근본적으로 극복한 기술 혁신을 보여준다. 이는 15세기 **구텐베르크**의 금속활자보다 200여 년 앞선 성취이다.

금속활자의 존재는 고려 사회에서 한자가 대량 복제와 신속한 지식 유통을 가능하게 하는 핵심 기술 요소로 인식되었음을 뜻한다. 불교 경전과 유교 의례서, 행정 문헌의 간행 수요가 이러한 기술 발전을 견인했으며, 한자는 그 중심에서 지식과 기술을 결합하는 표준 문자 체계로 기능하였다. 이 금속활자는 한국 한자 사용사가 문자 수용의 차원을 넘어, 인류 인쇄문명의 방향을 선도한 단계에 도달했음을 상징적으로 보여주는 유물이다.

고려 시대의 이 세 가지 유물은 당시 인쇄술의 발전과 한자 문화의 수준을 잘 보여준다.

1. 고려 주자판 「남명천화상송증도가」 번각본(5-44): 이 책은 1239년(고종 26년)에 고려에서 주자본(鑄字本)을 바탕으로 다시 목판에 새겨 인출한 번각본이다. 내용은 당나라 승려 현각(玄覺)의 「증도가」에 대해 송나라의 남명선사 법천(法泉)이 주석을 덧붙인 것으로 구성되어 있다. 책에는 1077년에 작성된 서문과 1076년의 후서가 함께 수록되어 있어, 원본의 제작 시기와 전승 경위를 비교적 정확하게 파악할 수 있다. 특히 이 번각본은 고려 시대에 이미 존재하던 주자본을 다시 목판으로 옮겨 새긴 사례로서, 고려 인쇄문화가 금속활자와 목판 인쇄를 병행하며 운용하던 기술적·출판적 다양성을 잘 보여준다.

2. 『직지심체요절』(5-45): 이는 1377년 고려 우왕 3년, 승려 백운(白雲)에 의해 간행된 불서이다. 이 책은 현재 전해지

는 자료 가운데 세계에서 가장 오래된 금속 활자본으로 알려져 있으며, 서양의 구텐베르크 금속 활자 인쇄보다 약 80년 앞선 시기에 제작되었다는 점에서 인쇄사적으로 큰 의의를 지닌다. 이러한 가치를 인정받아 유네스코 세계기록유산으로 지정되었으며, 현재는 프랑스 국립도서관에 소장되어 있다. 이는 고려의 금속활자 인쇄술이 이미 고도로 발달한 단계에 이르렀음을 보여주는 결정적 증거이다.

3. 12세기 초의 금속활자(5-46) 사용: 비록 구체적인 실물 자료나 상세한 기록은 전하지 않지만, 여러 문헌과 간접 증거를 통해 12세기 초 이미 금속활자가 사용되고 있었음이 시사된다. 이는 고려가 13세기 이후의 성과로만 평가되던 금속활자 인쇄술을, 더 이른 시기부터 실험·활용해 왔을 가능성을 열어 주는 단서로서 주목된다.

이 유물들은 고려 시대 인쇄술과 한자 문화의 발전에 대해 다음과 같은 점을 보여준다.

1. 인쇄 기술의 다양성: 주자본, 목판본, 금속 활자본 등 다양한 인쇄 방식이 공존했다.

2. 선진적인 기술: 금속활자의 사용이 12세기 초부터 시작되어 14세기에는 완성된 형태로 발전했음을 알 수 있다.

3. 불교와 한자 문화의 관계: 불교 서적의 인쇄가 한자 문화와 인쇄술 발전의 주요 동력이었음을 보여준다.

4. 국제적 수준의 문화: 「직지심체요절」이 세계 최고의 금속활자본으로 인정받은 것은 고려 문화의 우수성을 입증한다.

5. 지식의 전파와 보존: 다양한 인쇄 기술을 통해 불교 사상과 같은 지식을 효과적으로 전파하고 보존했다.

6. 한자의 표준화: 활자의 사용으로 한자의 형태가 더욱 표준화되었을 것이다.

7. 문화적 연속성: 중국의 서적을 번각하고 주석을 다는 등, 한자 문화권 내에서의 지적 교류와 발전을 보여준다.

이러한 유물들은 고려 시대의 한자 문화가 단순히 중국 문화의 모방이 아닌, 독자적이고 선진적인 발전을 이루었음을 증명한다. 특히 금속활자의 발명과 사용은 한자 문화의 보급과 발전에 혁명적인 영향을 미쳤을 것이며, 이는 고려의 문화적 성취를 세계적 수준으로 끌어올린 중요한 요인이 되었다.

(3) 필사

필사본의 경우, 「금광명경(金光明經)」(5-47)은 고려 시대 한자 문화와 불교문화의 융합, 그리고 한자의 한국화 과정을 보여주는 중요한 유물이다. 이 유물의 특징과 의의를 간단히 살펴보자.

1. 제작 시기와 형태: 1020년에 제작되었으며, 이는 고려 현종 11년에 해당한다. 축 길이가 33cm인 권자본 형태이다.

2. 소장 정보: 현재 청주고인쇄박물관에 소장되어 있다.

3. 내용적 특징: 「금광명경」은 대승불교의 중요한 경전 중 하나로, 국가의 수호와 번영을 기원하는 내용을 담고 있다.

4. 형식적 특징: 가장 주목할 만한 점은 훈점(訓點)이 표시되어 있다는 것이다.

逆生死流道「甚深微難見 貪欲覆衆生
愚實暗不見
是時大會之衆從座而起偏袒右肩右膝著
地合掌恭敬頂禮佛足而白佛言若有處處
講宣此金光明經是會大衆皆悉往彼為作
聽衆是說法師種種利益安樂無障身心泰
然我等皆當盡心供養令諸聽衆安隱快樂

5-47(a). 「금광명경(金光明經)」(『문자』232쪽) 고려시대, 1020년,
축 길이 33센티. 청주고인쇄박물관 소장.

이처럼 「금광명경(金光明經)」은 고려 시대 한자 문화와 불교문화가 교차·융합되는 지점을 물질적으로 보여주는 대표적 유물이며, 한자의 한국화가 구체적 실천으로 전개되는 과정을 드러내는 자료이기도 하다. 그중에서도 한자사적 관점에서 특히 주목되는 특징은 훈점(訓點)의 사용이다. 훈점은 한문 텍스트를 한국어의 어순과 문법에 맞추어 독해할 수 있도록 보조하는 부호 체계로서, 다음과 같은 함의를 지닌다.

1. 한자의 한국화: 훈점의 적용은 한자를 한국의 언어 환경 속에서 운용 가능하도록 재조정하려는 적극적 시도를 보여준다.

2. 불교 경전의 대중화: 훈점은 한문 독해 능력이 제한된 독자에게도 경전 이해의 통로를 제공함으로써, 불교 사상의 확산과 수용에 기여했을 가능성이 크다.

3. 한국어 문법 체계에 대한 자각의 진전: 훈점 체계의 발달은 한국어 문법에 대한 인식이 심화되고, 이를 표기·독해에 반영하려는 지적 실천이 진행되고 있었음을 시사한다.

4. 독자적 문자 문화의 형성: 훈점은 동일 한자문화권 내부에서도 한국 특유의 문자 운용 방식이 형성·정착되었음을 보여주는 중요한 지표이다.

5. 교육적 기능: 훈점은 한문 학습을 지원하는 보조 장치로 기능하며, 한자 교육 및 경전 학습의 방법론을 구체화하는 데에도 일정한 역할을 담당했을 것이다.

이렇듯 「금광명경」은 고려 전기 유물로서 불교가 국가적 이데올로기로 작동하던 시대적 맥락을 환기하는 동시에, 한자를 사용하면서도 한국어의 구조적 특성을 반영하려는 노력

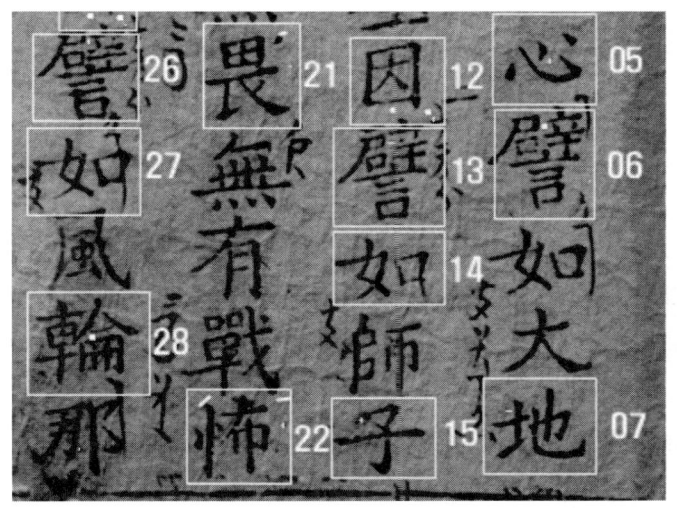

5-47(b). 「금광명경」 권3에 기입된 훈점.
충청타임즈(http://www.cctimes.kr)

이 이미 11세기 초 무렵 체계화되어 있었음을 뒷받침한다.

따라서 이 유물은 고려의 한자 문화가 단순한 중국 문화의 수용에 머물지 않고, 한국의 언어·문화적 조건 속에서 창조적으로 변용되며 재구성되고 있었음을 보여주는 유력한 증거라 할 수 있다. 더 나아가 불교·문자·교육이라는 여러 영역이 상호 긴밀히 연동되면서 동시대의 지식과 실천을 조직해 나갔음을 드러내는, 다층적 가치의 자료로 평가될 수 있다.

(4) 자기(瓷器)

청자(靑瓷)는 고려의 대표적인 문화상품이다. 그래서 청자에 기록된 한자도 제법 존재하는데, 이 또한 당시의 한자 문화를 엿볼 수 있는 자료가 된다. 초기 고려청자는 10세기경 중국 오대십국 시대의 월요(越窯) 기술의 영향을 받아 시작되었다. 이 시기의 청자는 주로 올리브 그린 색상을 띠었으며, 차 문화와 관련된 사발(碗) 생산에 주력했다.

11세기에 접어들면서 청자 생산은 전남 강진을 중심으로 확대되었고, 이때부터 고려청자 특유의 맑은 비취색이 서서히 나타나기 시작했다. 12세기 전반에 이르러 고려청자는 그 절정에 도달하여, 유명한 비색(翡色) 청자가 제작되었다. 이 시기의 청자는 그 우수성을 인정받아 중국의 『고려도경(高麗圖經)』과 『수중금(袖中錦)』에서도 극찬을 받았다.

특히 주목할 만한 것은 12세기 중반에 개발된 상감청자(象嵌靑磁) 기법이다. 이는 청자에 문양을 상감하는 독창적인 기술로, 1159년 문공유묘(文公裕墓)에서 출토된 「청자상감보상당초문대접」과 같은 발달된 형태의 상감청자가 제작되었다. 이외에도 철화(鐵畵), 철채(鐵彩), 진사채(辰砂彩), 화금(畵金), 연리문(練理文) 등 다양한 기법이 발전하였다.

그러나 12세기 후반부터 13세기에 걸쳐 무신 정권의 집권과 몽골의 침입 등 정치적 혼란기를 겪으면서 고려청자의 품질에도 변화가 생겼다. 기형이 둔해지고 굽이 커졌으며, 유약의 색깔이 어두워지고 문양도 느슨해졌다. 이 시기에는 간기(干記)가 기록된 청자 상감 그릇이 등장하였는데, 이는 암녹색의 흐린 유약과 둔해진 곡선, 그리고 모래 받침 자국 등의 특징을 보인다.

충렬왕 시대에 이르러 고려청자는 일시적으로 품질이 회복되어 비색이 개선되고, 편호(扁壺)와 같은 새로운 기형과 문양이 등장하였다. 이러한 변화는 원나라의 영향으로 추측되며, 당시의 국제 교류와 문화적 영향을 반영한다.

이러한 고려청자의 발전 과정은 단순히 도자기 기술의 진보만을 의미하지 않는다. 청자에 새겨진 한자 문양과 명문, 간기의 사용 등은 당시 한자 문화의 보편성과 그 활용 범위를 보여준다. 또한 중국 문헌에 기록된 고려청자에 대한 평가는 한자를 매개로 한 국제적 문화 고류의 양상을 드러낸다.

따라서 고려청자는 당대의 미적 감각, 기술 수준, 국제 관계, 그리고 한자 문화의 보급과 활용을 종합적으로 보여주는 중요한 문화적 산물이다. 특히 청자에 표현된 한자는 단순한 문자 체계를 넘어 예술적, 문화적 표현의 핵심적 수단으로 기능했음을 알 수 있다. 이를 통해 우리는 고려 시대 한자 문화의 깊이와 그 영향력을 더욱 생생하게 이해할 수 있다.(『세계미술용어사전』, 1999.)

1. '보원고(寶源庫) 명문 청자 매병'

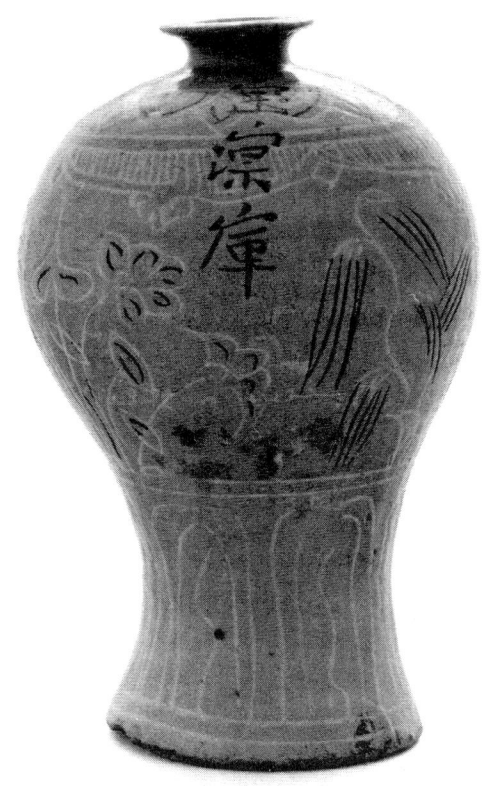

5-48. '보원고(寶源庫)' 명문 청자(青瓷) 매병(『매병 준』
84쪽) 고려시대, 14세기. 1912년 구입.
국립중앙박물관 소장.

'보원고(寶源庫) 명문 청자 매병'(5-48)은 기물 표면에 관서
명을 직접 각인함으로써 고려 말 왕실 재화 관리와 물자 운
영의 제도적 실재를 "한자 명문"으로 가시화한 자료이다. 보
원고는 1369년 공민왕대에 설치된 관청으로, 궁중의 귀중품을

보관하던 창고로 추정되며, 노국대장공주의 죽음 이후 왕실 의례(천수도량)와 연동된 관서 편제 속에 편입된 것으로 설명된다.(한국민족문화대백과사전)

따라서 이 기물은 단순한 사치재가 아니라 관서 소속 재화로 분류·관리되었음을 시사한다. 국립중앙박물관 설명에서도 이 명문을 통해 보원고가 1369년부터 조선 초까지 존속한 관사였음을 언급하며, 명문이 기물의 성격을 규정하는 핵심 단서임을 분명히 한다. 여기서 한자는 행정문서의 언어를 넘어 물질문화의 표지 체계로 작동한다. 다시 말해, '관청명+기명(器名)'의 결합은 물자의 소유·귀속·유통을 통제하는 제도적 언어이며, 왕실 재화가 '누구의 것인가'를 기물 표면에 영구적으로 고정하는 장치이다.

따라서 '보원고 명문 청자 매병'의 의의는, 고려 말 한자 사용이 관료제의 기록을 넘어 재화 관리의 실무 현장ー보관, 출납, 소속 표지ー까지 확장되었음을 보여준다는 데 있다. 또한 14세기 후반이라는 격동기에도 왕실 재정과 의례가 관서 체계를 통해 운영되었음을 입증하며, 한국 한자 사용사가 제도 운영의 기술로서 물질세계에 깊이 각인되는 국면을 보여주는 중요한 사례로 평가된다.

2. 영암 「성풍사지 탑지석(塔誌石)」

1986년 전남 영암 성풍사(聖風寺) 터에서 복원과정에서 출토된 탑지석은 고려 전기 사찰 조영과 불교 신앙, 그리고 한자 문서 문화가 결합된 양상을 직접적으로 보여주는 금석문 자료이다. 세로 15.8cm, 가로 12.8cm, 두께 0.8cm, 글자크기 약 2cm로 된 이 탑지석의 발견으로 1009년(목종 12)이라는 석탑의 조성연대 및 성풍사(聖風寺)라는 절의 명칭, 영암현(靈巖縣) 호장(戶長) 박문영(朴文英)이라는 제작 주체 등이 정확하게 밝혀져 석탑의 가치를 한층 높이게 되었다.(https://db.history.go.kr/)

이처럼 이 탑지석은 석탑의 조성 연대와 발원(發願), 봉안(奉安) 맥락을 '돌에 새긴 문서'로 고정하는 장치로서, 탑이 단순한 건축물이 아니라 국가·지역 공동체의 기억을 한자로 봉인한 매체였음을 말해준다. 특히 성풍사지 석탑은 탑 내부 발견 유물을 통해 확인된 1009년 건립 사실은 절대연대가 분명한 기준점 역할을 한다. 탑지석은 고려 전기 지방 사찰의 조영이 어떤 표준적 문식(文識) 체계-연대표기, 불교적 공덕 서술, 조성 사실의 공적 기록-를 통해 수행되었는지 보여주며, 한자 사용이 불교 의례를 넘어 지역 사회의 '공적 기록 기술'로 기능했음을 입증한다. 또한 이는 향후 탑지·묘지명·매지권 등 각종 석각·서사 자료로 확장되는 고려 한자 기록문화의 한 축을, '사찰 조영의 문서화'라는 관점에서 뚜렷하게 드러내는 유물로 평가된다.

3. 현화사(玄化寺) 주지(住持) 「천상(闡祥) 매지권(買地券)」

5-49. 현화사(玄化寺) 주지(住持) 천상(闡祥) 매지권(買地券)(『한국도교』 51쪽)
고려, 1141년. 20.5×16.5센티. 국립중앙박물관 소장.

현화사 주지 천상의 매지권(5-49)은 1141년(인종 19) 제작
된 것으로 전해지는 고려 시대 도교적 장례문서이며, 불교
승려의 장례 실천 속에 한자 문서 형식과 도교적 우주론이
깊이 침윤해 있음을 보여준다. 매지권은 무덤 땅을 '황천부
(皇天父)·후토모(后土母)' 등 토지신적 존재로부터 매입했다는
내용을 한자로 작성하여, 사후 공간을 법적으로·주술적으로
안전화하려는 문서이다. 국립중앙박물관의 소장 설명에서도
천상의 매지권은 무덤에 넣은 문서로, 무덤 경계를 사신(四
神)으로 표현하고 신선(神仙)적 보증을 세우는 등 유사 매지

권과 공통되는 관행을 지닌다고 한다. 이 자료의 한자사적 의의는, 한자가 국가 행정의 문서 언어일 뿐 아니라 장례·주술·종교의 '효험을 담보하는 문서 언어'로도 운용되었다는 점에 있다. 다시 말해 고려의 한자 사용은 유교·불교로 환원되지 않으며, 도교적 문서 전통과 결합해 삶과 죽음의 경계에서 작동하는 실천적 문자 체계를 형성했다. 천상의 매지권은 이러한 복합 종교 문화 속에서 한자 기록이 수행적 효력을 갖는 방식으로 사용되었음을 보여주는 대표적 증거이다.

4. '시가 새겨진 청자'

12세기 고려의 '시가 새겨진 청자'(5-50)는 도자기 표면에 한시(漢詩)를 '명문'으로 새겨 넣어, 공예·문학·문자 문화가 하나의 물질 매체에서 결합되는 양상을 보여주는 유물이다. 국립중앙박물관 소장품(덕수 2857)인 이 청자 병은 조롱박 형태 위에 연꽃 넝쿨무늬를 양각·음각으로 가득 채우고, 몸체의 창(窓) 형태 구획 안에 7언 절구의 시를 흑상감으로 새겨 넣었다. 이는 청자가 단지 귀족적 생활용기였다는 차원을 넘어, 한자를 통한 교양의 표상, 즉 '소유와 감상의 상징 자본'으로 기능했음을 시사한다. 또한 시문을 기물에 직접 각인한다는 행위는, 한자가 종이 문서의 독점적 매체를 넘어 공예품·의례용품·사치재(奢侈財)에까지 확장되며 일상 공간을 문식화(文識化)하는 과정을 보여준다. 나아가 기물의 장식 체계속에 시문을 배치함으로써, 시각적 문양(연당초문)과 문자 텍스트(시문)가 상호 보완적으로 의미를 생성하는데, 이는 고려

5-50. 시가 새겨진 청자 연꽃 넝쿨무늬 조롱박 모양 병
국립중앙박물관(e뮤지엄)

한자 문화가 '읽는 문자'와 '보는 문자'를 함께 발전시켰음을 보여주는 중요한 사례이다.

이상의 유물의 특징을 정리하면 다음과 같다.

1. '보원고(寶源庫) 명문 청자 매병'(5-48)은 14세기 고려의 관청 체계를 보여주는 또 다른 예이다. 1369년 공민왕 때 설치된 보원고는 귀중품을 보관하던 곳으로 추정되며, 이 명문을 통해 당시 왕실 재화 관리 체계의 일면을 엿볼 수 있다.

2. 1009년에 제작된 '탑지석'은 고려 초기의 불교문화와 금석문 전통을 보여준다. 이는 한자가 종교적, 기념비적 용도로 사용되었음을 증명한다.

3. 1141년의 '현화사 주지 천상의 매지권'(5-49)은 고려 시대 도교와 불교의 혼합, 그리고 장례 문화를 보여주는 흥미로운 자료이다. 한자로 쓰인 이 문서는 불교 승려의 매장에 도교적 요소가 결합된 독특한 문화 현상을 보여준다.

4. 12세기 때의 '시가 새겨진 청자'(5-50)는 고려청자의 예술성과 문학성이 결합된 대표적인 예이다. 청자에 새겨진 시는 당나라 시인 하지장을 언급하며, 이는 고려 시대 지식인들의 문학적 소양과 중국 문화에 대한 깊은 이해를 반영한다.

이외에도 당시의 문화와 사회상을 생생하게 보여주는 중요한 고려 시대의 청자와 석물에 새겨진 한자 명문들은 다양하며, 이들은 한자 사용의 다양성과 그 문화적 맥락을 잘 드러내 주고 있다. 예컨대, 14세기에 제작된 '을유(乙酉) 사온서(司醞署) 명문 버드나무 무늬 매병'은 고려 왕실의 관서 체계와 그 변천을 보여준다. '사온서'는 궁중의 술과 감주를 담당하던 관서로, 충선왕 시기부터 공민왕 시기를 거쳐 조선 초기까지 그 명칭과 기능이 지속되었다. 이는 한자로 표기된 관서명이 시대에 따라 어떻게 변화하고 유지되었는지를 보여주는 좋은 예이다.

이러한 유물들은 고려 시대 한자 사용의 다양한 측면을 보여준다. 관청 명, 종교적 문서, 예술 작품 등에 사용된 한자는 단순한 문자 체계를 넘어 당시의 정치, 종교, 예술, 문학 등 다양한 문화 영역을 아우르는 핵심적인 매개체였음을 알 수 있다. 특히 청자에 새겨진 시는 한자가 고급문화의 상징이자 예술적 표현의 수단으로 활용되었음을 보여준다.

이처럼 이상의 유물들은 또한 고려 시대의 국제적 문화 교류와 한자 문화권 내에서의 고려의 위치를 반영한다. 중국의 문학 전통을 참조하면서도 고려만의 독특한 문화적 맥락에서 한자를 활용하고 있음을 볼 수 있다. 이는 고려가 동아시아 한자 문화권의 일원으로서 능동적으로 문화를 수용하고 재창조했음을 시사한다. 따라서 이러한 다양한 한자 명문 유물들은 고려 시대 한자 문화의 깊이와 폭을 생생하게 보여준다. 한자는 단순한 의사소통의 도구를 넘어 정치, 종교, 예술, 문학 등 사회 전반에 걸쳐 중요한 문화적 매개체로 기능했으며, 이를 통해 고려 문화의 독자성과 세련됨을 표현했음을 알 수 있다.

(5) 목간

　고려 시대의 죽간(竹簡)과 목간(木簡)은 당시의 일상생활과 행정 체계, 그리고 한자 사용의 실태를 생생하게 보여주는 중요한 고고학적 자료이다. 1207년과 1208년에 각각 제작된 이 유물들은 고려 후기의 문화상을 이해하는 데 귀중한 정보를 제공한다.

　죽간은 대나무를 얇게 쪼개어 만든 좁고 긴 판에 글을 쓴 것으로, 종이가 보편화되기 이전에 주로 사용되던 기록 매체이다. 특히 '1207년의 고려 죽간'(5-51)은 이러한 전통적인 기록 방식이 13세기 초 고려에서도 여전히 사용되고 있었음을 보여준다. 이는 종이 사용이 일반화된 이후에도 특정 목적이나 상황에서는 여전히 죽간이 활용되었음을 시사한다.

　한편, '1208년의 목간'(5-52)은 나무 조각에 글을 쓴 것으로, 주로 일상적인 메모나 행정 문서 등에 사용되었다. 이 목간의 존재는 고려 시대에 다양한 재료와 형태의 기록 매체가 공존했음을 보여준다. 목간은 그 내구성으로 인해 중요한 정보를 오랫동안 보존할 수 있었고, 특히 습기가 많은 한반도의 기후 조건에서도 비교적 잘 보존될 수 있었다.

　이 두 유물에 사용된 한자는 당시의 문자 생활을 직접적으로 보여준다. 죽간과 목간에 쓰인 한자의 형태, 사용된 어휘, 문장 구조 등은 13세기 초 고려의 한자 사용 실태를 반영한다. 특히 이러한 일상적인 기록 매체에 사용된 한자는 공식 문서나 문학 작품과는 다른, 보다 실용적이고 대중적인 한자 사용의 양상을 보여줄 수 있다.

또한, 이 유물들의 내용은 고려 후기의 사회, 경제, 행정 체계에 대한 중요한 정보를 제공할 수 있다. 예를 들어, 행정 문서라면 당시의 관료제나 지방 통치 체계를, 경제 관련 기록이라면 당시의 무역이나 조세 제도를 이해하는 데 도움이 될 수 있다. 개인적인 메모라면 일반 고려인들의 일상생활이나 사고방식을 엿볼 수 있는 귀중한 자료가 될 것이다.

1. 고려 죽간

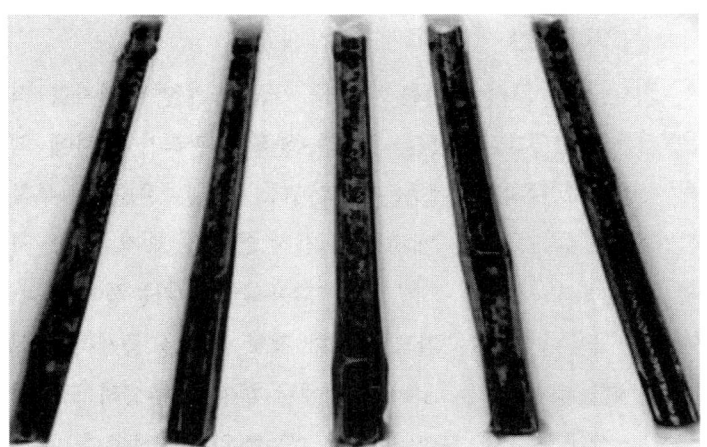

5-51. "바닷 속에서 잠자던 고려 죽간 첫 발견"(경향신문, 2009.11.04.)

1207년의 것으로 편년되는 고려 죽간은 대나무에 한자를 적어 정보를 기록한 자료로, 고려 시대 해상 교통과 물류 체계의 일단을 보여주는 중요한 문자 자료이다. 종이나 비단에 비해 제작이 간편하고 내구성이 있는 죽간은 이동과 전달이 잦은 환경에서 실무 기록 매체로 적합했으며, 특히 뱃길과 관련된 인적·물적 이동을 관리하는 데 활용되었을 가능성이 크다. 죽간에 적힌 한자 기록은 일정한 형식과 간결한 표현을 띠어, 일시적 메모가 아니라 행정·물류 실무에서 통용된 표준적 기록이었음을 시사한다. 이는 고려 사회에서 한자가 문헌과 불교 경전에만 국한되지 않고, 교통과 유통이라는 생활 기반 영역에서도 기능적 문자로 활용되었음을 보여준다. 고려 죽간은 한자 사용사가 종이 문서 중심의 서면 행정 이전에도 다양한 물질 매체 위에서 전개되었음을 입증하는 자료로 평가된다.

2. 고려 목간

1208년경의 고려 목간은 나무를 가공한 간찰에 한자를 적은 기록물로, 고려의 뱃길 운영과 행정적 관리가 문자에 의해 뒷받침되었음을 보여주는 자료이다. 목간은 운송 중 부착하거나 전달하기 쉬운 매체로서, 선적 물품의 표지, 운송 지시, 출발·도착 정보의 기록 등에 활용되었을 가능성이 높다. 여기에 사용된 한자는 짧고 명확한 정보 전달을 중시하는 실무 문체를 띠며, 이는 고려 사회에서 한자가 추상적 교양의 상징을 넘어 실질적 행정 기술로 기능했음을 말해준다. 특히 해상 교통이라는 역동적 공간에서 목간이 사용되었다는 점은, 고려의 문자 행정이 육상 중심을 넘어 해상 네트워크로까지 확장되었음을 시사한다. 이 목간은 고려 한자 사용사가 교통·유통 체계와 결합해 사회 운영의 실질적 기반을 형성했음을 보여주는 중요한 증거이다.

5-52. "고려청자 운송 비밀 간직한 목간 첫 발굴"
http://www.sisunnews.co.kr/news/articleView.html?idxno=66749

이러한 죽간과 목간의 존재는 고려 시대 한자 문화의 다양
성과 보편성을 동시에 보여준다. 중국에서 유래한 죽간 문화
가 고려에서도 지속되고 있었다는 점은 동아시아 한자 문화
권의 연속성을 보여주는 한편, 목간의 사용은 고려의 독자적
인 문화 발전을 보여준다.

따라서 1207년의 죽간과 1208년의 목간은 고려 후기 한자

사용의 실태와 문화적 맥락을 이해하는 데 중요한 자료라 하겠다. 즉 이 유물들은 공식 문헌이나 예술 작품과는 다른 차원에서, 당시 사회의 일상적이고 실용적인 측면을 보여주는 귀중한 자료이다. 이를 통해 우리는 고려 시대 한자 문화의 깊이와 폭을 더욱 풍부하게 이해할 수 있게 된다.

(6) 금석

고려 시대의 금석문과 금속 유물들은 당시의 종교, 예술, 그리고 일상생활에서 한자가 어떻게 사용되었는지를 생생하게 보여준다. 이 유물들은 고려 문화의 다양성과 복잡성을 반영하며, 한자 문화의 깊이 있는 발전을 증명한다.

'금판 관세음경'(5-53)과 '금동 대금구'(5-54)는 불교문화와 한자의 밀접한 관계를 보여준다. 이는 종교적 텍스트와 의례용 물품에 한자가 중요하게 사용되었음을 의미한다.

5-53. '금판 관세음경(觀世音經)'(부분, 고려초기)(「북한」 230쪽)

5-54. '금동 대금구(帶金具, 말띠 고리)'「북한」 248쪽)

5-55. 보검무늬 청동거울(寶劍紋銅鏡)(『한국도교』 113쪽)
고려시대. 지름 16.5센티. 국립중앙박물관 소장.

또 청동으로 만든 거울(銅鏡)도 고려 시대 일상 용품에 새
겨진 한자의 예를 보여준다. 예컨대, '보검무늬 청동 거
울'(5-55)은 고려시대 고분에서 출토된 금속 공예품으로, 도
교·불교적 상징과 한자 명문이 결합된 대표적인 사례이다. 이
거울은 지름 16.5cm로, 중앙에 두 자루의 보검이 손잡이를
위로, 검신을 아래로 향하게 배치한 독특한 도상을 지닌다.
이러한 보검 도상은 송나라 동경(銅鏡)의 영향 아래 형성된
것으로 보이며, 악귀를 물리치고 재앙을 막는 도교적 벽사(辟
邪) 관념과 깊이 연관된다. 거울 가장자리에는 "안명귀보(安
明貴寶), 불검이경(佛劍而鏡)"이라는 여덟 글자의 명문이 새겨
져 있는데, 이는 이 거울이 '안정과 광명을 가져오는 귀한 보
물'이자 '불검(佛劍)의 성격을 지닌 거울'임을 선언하는 문구

이다. 여기서 한자는 단순한 장식 문자가 아니라, 기물의 효능과 성격을 규정하는 수행적 언어로 기능한다. 이 유물은 고려시대에 한자가 종교적 상징체계와 결합하여 금속 공예품 위에 각인됨으로써, 사후 세계와 현세의 안녕을 매개하는 문자로 사용되었음을 보여주는 중요한 자료로 평가된다.

5-56. '황비창천(煌丕昌天)' 청동 거울(銅鏡)(『한국도교』 59쪽)
고려시대. 지름 24.0센티. 국립중앙박물관 소장.

또 '황비창천(煌丕昌天) 명문 청동거울'(5-56)은 고려시대에 제작된 도교적 성격의 금속 유물로, 한자 명문과 상징적 도상이 결합된 대표적인 사례이다. 지름 24.0cm의 이 거울에는 '煌丕昌天'이라는 네 글자 명문과 함께 범선(帆船), 해와 달, 용의 형상이 새겨져 있다. 이는 바다 건너 신선이 거주하는 신산(神山)을 향해 나아가는 장면을 형상화한 것으로 이해되며, 도교적 세계관과 항해 신앙이 결합된 도상 체계를 보여준다. 특히 용은 물과 하늘을 매개하는 신성한 존재로, 거친 바다에서의 위험을 제압하고 무사 항해를 보장하는 수호적 상징으로 기능한다. 이 거울은 실용적 도구라기보다 주술적·의례적 성격이 강한 기물로, 한자 명문은 그 효험과 의미를 규정하는 언어 장치이다. 이를 통해 고려시대 한자는 도교적 신앙과 해양 활동의 현실적 요구를 연결하는 수행적 문자로 활용되었음을 확인할 수 있다.

그러가 하면 '현화사 비'(1022년)(5-57)와 '영통사 대각국사 비'(1125년)(5-58)는 고려 시대 비문 문화의 발달을 보여준다. 먼저, '현화사 비'는 1022년에 세워진 고려 전기의 금석문으로, 사찰의 창건·중창과 그 배경이 된 불교 신앙 및 국가적 후원을 한자 문장으로 정식화한 기념물이다. 이 비는 사찰의 연혁과 불사(佛事)의 내력을 체계적으로 기록함으로써, 사찰이 단순한 신앙 공간을 넘어 국가와 지역 사회의 공적 제도 속에 편입되어 있었음을 보여준다. 비문에 사용된 한자는 연대표기, 인물 서술, 공덕의 평가를 표준화된 문체로 배열하여, 고려 전기 문서·기념 문화의 성숙도를 드러낸다. 특히 돌에 새긴 기록은 사찰의 정통성과 권위를 영속화하려는 의도를 반영하며, 불교적 공덕을 '공적 기억'으로 전환하는 장치로 기능한다. 현화사 비는 고려 사회에서 한자가 종교·제도·기억을 매개하는 핵심 언어로 작동했음을 보여주는 자료로서, 한국 한자 사용사가 금석문을 통해 제도화·영구화되는 과정을 잘 증언한다.

5-57. 현화사 비(1022), 2400자.(『북한』 4, 170쪽)

5-58. 「영통사 대각국사비(靈通寺 大覺國師碑)」.
고려시대, 1125년. 북한 국보유적 제155호.

먼저, 「**영통사 대각국사비**」(5-58)는 1125년에 세워진 고려 시대의 대표적 금석문으로, 천태종의 개조인 의천의 사적과 종파적 위상을 한자 비문으로 집약한 기념물이다. 높이 4.49m에 이르는 이 비는 앞면에 의천의 출가와 교학 활동, 교단 정비의 공적을 서술하고, 음기어는 묘실과 사당 조성의 내력을 기록하여 생전의 업적과 사후의 기념 체계를 함께 제 시한다. 비문은 당대 유학자 김부식이 찬술하여, 불교 고승의 생애를 유교적 문장 규범과 역사 서술의 형식으로 정식화했다는 점이 특히 주목된다. 이는 고려 사회에서 한자가 종교 간 경계를 넘어 공적 기억을 구성하는 공통 언어로 기능했음을 보여준다. 또한 「대각국사비」는 교단의 정통성을 돌에 각인함으로써 후대에 전승하려는 의도를 분명히 드러내며, 불교 교학·유교 문장·국가적 기념이 결합된 고려 한자 문화의 성숙한 양상을 입증하는 중요한 자료로 평가된다. 특히 「대각국사비의」 비문을 김부식이 지었다는 점은 당대 최고 지식인들이 한자 문화의 생산에 참여했음을 시사한다.

5-59. 「사신문(四神紋) 석관(石棺)」(1144)(『한국도교』 48~49쪽)
고려시대, 1144년. 제1석 37.0센티×54.3센티. 제2·4석 37.0센티×93.0센티.
제3석 37.0센티×53.0센티. 제5석 51.3센티×89.0센티. 국립중앙박물관
소장.

또 1144년의 「사신문 석관」(5-59)은 고려 시대 장례 문화와 한자의 관계를 보여준다. 석관에 서겨진 사신도, 별자리, 그리고 명문은 당시 사람들의 우주관과 사후 세계에 대한 믿음, 그리고 이를 표현하는 데 있어 한자의 역할을 보여준다.

이 고려시대 석관은 죽은 이의 유골을 담은 석관 위, 아래, 좌우 판석에 비천과 꽃, 북두칠성, 사신도를 새겨 넣었고, 안쪽 면에는 카시오페이아와 북두칠성 및 명문을 새겼고, 바닥에는 안쪽으로 격자무늬를 새겼다. 4개의 측면 판석바깥 면에는 돌아가며 사신(四神) 즉 청룡, 백호, 주작, 현무를 양각하였다.

통일신라시대에 불교식 화장이 유행하면서 뼈 항아리를 안치하는 데 석함이나 석관을 사용하기 시작하였고, 특히 고려시대에 들어서면서 화장한 유골을 모시는 석관이 상류층에 많이 보급되었다. 고려시대의 석관은 그 바깥 면에 주로 사신이나 12지신, 비천상 등의 모습을 새기고, 안쪽에는 꽃이나 새 등의 각종 동식물, 사신(四神), 북두칠성을 비롯한 별자리 등 다양한 도상을 선각하였다. 또 석관 면에는 간혹 석관 주인공의 묘지명을 새기기도 하였다.

이러한 유물들은 고려 시대 한자 사용의 다양한 측면을 반영한다.

1. 종교적 용도: 불교 경전, 다라니, 비문 등에서 한자가 중요하게 사용되었다.

2. 예술적 표현: 청동 거울이나 석관의 장식에서 한자가 미적 요소로 활용되었다.

3. 길상적 의미: 일상 용품에 새겨진 한자 문구들은 주로 행운과 보호를 기원하는 내용이다.

4. 역사 기록: 비문을 통해 중요한 인물이나 사건을 기록하는 데 한자가 사용되었다.

5. 우주관과 신앙 표현: 석관의 별자리와 사신도 등은 당시 사람들의 세계관을 한자로 표현한 것이다.

6. 사회적 지위 표현: 정교한 한자 사용은 종종 제작자나 소유자의 높은 사회적 지위를 반영했을 것이다.

이들은 고려 시대 한자 문화가 단순히 문자사용의 차원을 넘어, 종교, 예술, 철학, 일상생활 등 사회 전반에 깊이 뿌리 내리고 있었음을 보여준다. 한자는 단순한 의사소통 도구가 아니라 고려인들의 사상과 감정, 신앙을 표현하는 중요한 문화적 매개체였다. 또한 이러한 다양한 용도의 한자 사용은 고려 사회의 문화적 성숙도와 복잡성을 반영하며, 동아시아 한자 문화권 내에서 고려의 독특한 위치를 보여준다.

제6장

조선시대:

『훈민정음』의 창제와 한자

제6장 조선시대: 『훈민정음』의 창제와 한자

제1절 통치와 문자

문자는 그 탄생부터 권력과 통치오- 밀접한 관련을 맺고 있었다. 이는 문자가 세계를 분류하고 질서화 하는 근본적 속성을 지니고 있기 때문이다. 세계를 분류하고 질서화 한다는 것은 곧 세계질서를 재편하는 것과 연결되며, 이는 필연적으로 통치와 직접적인 관계를 맺게 된다.

중국에서 문자의 정의와 기능에 대한 최초의 체계적인 논의는 허신(許愼)의 『설문해자(說文解字)』(100년경)에서 이루어졌다. 허신은 문자의 기원과 발전 과정을 다음과 같이 설명한다.

> 창힐이 처음 서계를 만들 때, 사물의 부류에 의거해 그 형체를 본떴는데, 그 때문에 그것을 '문(文)'이라 했다. 그 후 의미

와 소리가 서로 더해지게 되었는데, 이러한 것을 '자(字)'라고
했다.(『설문해자·서』)

이 설명에 따르면, '문(文)'은 사물을 분류하고 범주화하여
그 이미지를 본떠 만든 것이다. 즉, 문(文)은 외부 세계를 내면
화한 관념을 다시 외부화 하여 모든 사람이 공유할 수 있게 만
든 것이다. 이는 혼돈스러운 세계를 감각할 수 있고, 말할 수
있으며, 볼 수 있는 체제로 만드는 과정이라고 할 수 있다. 반
면 '자(字)'는 문(文)에서 파생되어 점차 늘어난 것으로, 감각
할 수 있는 것을 수적으로 증가시키지만 동시에 무질서의 원
인이 될 수도 있다.

결과적으로 문(文)과 자(字)가 결합한 '문자(文字)'는 연접
(conjunction)과 이접(disjunction)을 동시에 수행한다. 즉, 문자는
다양한 감각 데이터들을 결합하고 재배치하여, 이전에 보이지 않
았던 것을 가시화하거나 이미 보이는 것을 다른 형식으로 재구성
하는 능력과 관련이 있다는 말이다.

이러한 문자의 특성은 세계를 인식하고 구조화하는 방식에
깊은 영향을 미치며, 이는 필연적으로 권력과 통치의 문제와
연결된다. 문자를 통해 세계를 어떻게 분류하고 질서화 하느
냐에 따라 사회 구조와 권력 관계가 형성될 수 있기 때문이
다. 그래서 문자는 단순한 의사소통의 도구를 넘어, 세계관을
형성하고 권력을 행사하는 중요한 매개체로 기능할 수 있다.

허신의 『설문해자』 「서문」에서 언급된 "무릇 문자라는 것
은 경전의 근본이요, 정치의 시작이며, 옛 사람들의 흔적을
후세 사람들에게 남기고, 후세 사람들이 옛 것을 알게 하는

바이다."라는 구절은 문자의 중요성과 그 정치적, 문화적 의미를 잘 보여준다.

문자의 이러한 중요성 때문에, 중국 역사에서 최고 통치자나 지배층은 문자를 통제하고 관리하려는 노력을 지속해왔는데, 이는 기존 체제를 수호하고 유지하는 데 문자를 이용하려는 시도였다. 예를 들어, 분서갱유(焚書坑儒)와 같은 사건은 문자의 해석과 사용을 통제하려는 극단적인 사례이다.

장광직(張光直, 1931~2001)이 지적했듯이, 문자는 신화, 제사, 미술과 함께 권력을 획득하는 주요한 수단이었다.(『신화미술제사』, 이철 역, 동문선, 1990) 이러한 이유로 새로운 왕조가 등장하거나 강력한 전제 군주가 나타날 때마다 문자의 표준화와 개혁이 이루어졌다.

중국 역사에서 문자와 권력의 관계를 보여주는 몇 가지 중요한 예를 들면 다음과 같다.

1. 창힐의 문자 창제: 전설적인 황제 시대의 창힐이 문자를 만든 것은 국가의 출현과 관련한 강력한 통치의 목적과 연관된다.
2. 주나라의 '외사(外史)' 관직: 공용 문자의 표준화의 실천과 이를 통한 주(周) 왕국의 효율적 통치를 위해 설치되었다.
3. 진시황의 소전(小篆) 제정: 분열되었던 전국시대 육국문자를 폐기하고 새로운 통일 국가의 문자 표준을 확립했다.
4. 한나라의 『설문해자』 편찬: 고금문(古今文) 논쟁에서 진행된 학문 권력의 획득과 통치 이데올로기 제공을 위해 만들어졌다.
5. 측천무후의 신창제 문자: 새로운 권력 구조를 상징하는

6-1. 한자를 움직인 중국의 권력들

문자를 다수 창제했다.

6. 왕안석의 한자 해설: 『자설(字說)』의 편찬을 통해 기존 한
   자의 새로운 해석을 통해 '신법(新法)'의 통치 이념을 구축
   하고자 했다.

7. 강희제: 『강희자전』의 편찬을 통해 동아시아 한자의 표준
   을 마련하고 이를 통해 제국의 권위를 마련하고자 했다.

8. 모택동의 간화자 도입: 신중국의 성립과 함께 한자 폐지
   와 알파벳 사용을 위한 새로운 문자 체계(간화자는 그 과
   정의 과도기적 문자)를 도입했으며, 이는 전통 중국과 절
   연한 '새로운' 중국 구축의 상징이었다.

简 化 字 总 表
(1986 年新版)

第 一 表
不作简化偏旁用的简化字

本表共收简化字 350 个，按该音的拼音字母顺序排列。本表的简化字都不得作简化偏旁使用。

A				D
	报〔報〕	灿〔燦〕	称〔稱〕	
	币〔幣〕	层〔層〕	惩〔懲〕	
碍〔礙〕	毙〔斃〕	搀〔攙〕	迟〔遲〕	担〔擔〕
肮〔骯〕	标〔標〕	谗〔讒〕	冲〔衝〕	胆〔膽〕
袄〔襖〕	表〔錶〕	馋〔饞〕	丑〔醜〕	导〔導〕
	别〔彆〕	缠〔纏〕②	出〔齣〕	灯〔燈〕
B	卜〔蔔〕	忏〔懺〕	础〔礎〕	邓〔鄧〕
坝〔壩〕	补〔補〕	偿〔償〕	处〔處〕	敌〔敵〕

6-2. 간화자 총표. 모택동의 한자 폐기 과정에서 도출된 결과물이다.

6-3. 허신 동상과 묘. '허신문화원' 내에 세워진 허신 동상. 뒤로 보이는 것이 허신의 묘이다. 『설문해자』는 한자 형체와 해석의 국가적 표준을 확립했다.

6-4. 국(國), 정(正), 인(人), 성(聖), 천(天), 년(年), 월(月), 일(日) 등이 모두
측천무후의 창제글자[武周新字]로 기록 '측천무후 창제문자'.
「무주육공부인최씨묘지(武周陸公夫人崔氏墓誌)」. 낙양 출토, 성력(聖歷)
2년(699) 정월 28일 하장. 높이 46.5, 넓이 46.5, 해서 12행, 각 행 12자.

이러한 사례들은 문자가 단순한 의사소통의 도구를 넘어
정치적, 문화적 권력의 중요한 수단이었음을 보여주며, 문자
의 창제, 표준화, 개혁, 통제 등은 새로운 질서를 확립하고
권력을 공고히 하는 데 중요한 역할을 했다.

이처럼 문자는 통치 이데올로기와 정치의 근본이 되는 동
시에 역사를 전승하는 매개체로서, 지배 권력에 의해 지속적
으로 관리되고 통제되어 왔다. 이는 문자가 가진 강력한 상

징적, 실질적 힘을 반영하는 것이며, 문자 정책이 국가의 중요한 통치 전략 중 하나였음을 보여준다.

문자 통일과 개혁의 역사적 사례들을 보면, 조선에서의 한글 창제 역시 정치적, 문화적으로 중요한 의미를 가졌을 것임을 추론할 수 있다. 이러한 한글 창제의 의미와 목적을 다음과 같은 몇 가지로 정리할 수 있다.

6-5. '진시황조석권(秦始皇詔石權)'. 돌로 만든 저울추에 새긴 진시황 도량형 통일에 관한 조서(詔書).

1. 내부적 의미:

a) 고려의 잔재 청산: 불교 중심의 고려 문화에서 벗어나 새로운 문화적 기반을 마련하려는 시도로 볼 수 있다.

b) 신권(臣權)과 왕권(王權)의 대립 극복: 새로운 문자 체계의 도입을 통해 왕실 중심의 권력 구조를 강화하려 했을 것이다.

c) 왕실 주도의 새로운 질서 확립: 한글 창제는 세종의 주도로 비밀리에 이루어졌으며, 이는 왕실이 새로운 문화적, 정치적 질서를 확립하려는 의도를 반영한다.

2. 외부적 의미:

a) 중국의 영향에서의 독립: 고유 문자 체계의 창제는 문화적으로 중국으로부터의 독립을 상징한다.

b) 자주국으로서의 위상 강화: 독자적인 문자 체계는 조선이 독립적인 자주국임을 대내외에 선언하는 효과가 있었을 것이다.

3. 문화적 의미:

a) 새로운 문화 창출의 기반: 한글은 조선만의 독특한 문화를 발전시킬 수 있는 토대가 되었을 것이다.

b) 지식의 대중화: 한자에 비해 습득이 쉬운 한글의 창제는 지식과 정보의 보급을 용이하게 했을 것이다.

4. 언어적 의미:

a) 한국어의 특성 반영: 한글은 한국어의 음운 체계를 정확히 반영할 수 있도록 설계되었다.

b) 문자와 언어의 일치: 한자로는 표현하기 어려웠던 한국어의 특성을 정확히 표현할 수 있게 되었다.

이러한 맥락에서 볼 때, 한글의 창제는 단순한 문자 체계의 개발을 넘어 조선의 정치, 문화, 사회, 언어 전반에 걸친 큰 변화를 의도한 정책이었다고 볼 수 있다. 이는 중국을 비롯한 다른 문명국들의 문자 정책과 마찬가지로, 한글의 창제는 대내외적으로 새로운 질서와 권력 구조를 확립하고 국가의 정체성을 강화하려는 노력의 일환으로 볼 수 있다.

제2절 한글의 창제

(1) 창제 과정

한글이 언제 어떤 과정을 거쳐 어떻게 만들어졌는지는 미스터리하지만, 1443년(세종 25년) 12월조의 『조선왕조실록』에 이렇게 기록되었다.

> 이 달(1443년 12월)에 임금께서 친히 언문(諺文) 28자를 지으셨는데, 그 글자들은 고전(古篆)을 모방하였다. 초성(初聲)·중성(中聲)·종성(終聲)으로 나누었으며, 이들을 합치면 글자가 이루어진다. 무릇 한자 및 우리나라의 일상어를 모두 표기할 수 있으니, 글자는 비록 간단하지만 전환의 쓰임이 무궁하다. 이를 이름 하여 '훈민정음'이라 하였다.(是月, 上親制諺文二十八字, 其字倣古篆, 分爲初中終聲, 合之然後乃成字. 凡于文字及本國俚語, 皆可得而書. 字雖簡要, 轉換無窮, 是謂『訓民正音』.)[1]

이 기록은 한글 창제의 핵심적인 내용을 담고 있으며, 다음의 몇 가지 중요한 점을 시사한다.

    1. 창제 시기와 주체: 이 문헌에는 1443년(세종 25년) 12월, 세종대왕이 직접 새로운 문자를 창제하였다는 사실이 명

---

[1] 『세종장헌대왕실록(世宗莊憲大王實錄)』 1C2권, 25년 12월 30일 제2조.

확히 기록되어 있다. 이는 한글의 창제가 개인적 발명이 아니라, 국왕이 주도한 국가적 차원의 기획 사업이었음을 분명히 보여주는 대목이다.

2. 문자의 구조적 특징: 새로 만든 문자는 모두 28자로 구성되어 있으며, 글자의 체계는 초성·중성·종성의 세 요소로 나뉜다. 이들 요소를 결합하여 하나의 완성된 글자를 이루는 방식으로 설계되었는데, 이는 한글이 음절 단위를 중심으로 한 체계적이고 과학적인 문자 구조를 갖추고 있음을 간결하게 설명한 것이다.

3. 제작 원리와 문자관: "고전(古篆)을 모방하였다"는 표현은, 한글이 전혀 무에서 창조된 문자가 아니라 기존 문자 전통에 대한 깊은 이해와 참조 위에서 형성되었음을 시사한다. 이는 한글 창제가 전통과 단절된 혁신이 아니라, 문자사적 맥락 속에서 이루어진 창조적 변용이었음을 보여준다.

4. 실용성과 범용성: 이 문자는 한자와 우리나라의 일상어를 모두 표기할 수 있다고 설명되는데, 이는 한글이 한자 표기에 보조적으로 쓰이는 데 그치지 않고, 한국어의 고유한 어휘와 음운 체계를 온전히 표현할 수 있는 문자임을 강조한 것이다. 또한 "'글자는 비록 간단하지만 전환의 쓰임이 무궁하였다'는 구절은, 한글이 단순한 형태를 지니면서도 응용 가능성과 활용 범위가 매우 넓은 문자 체계임을 부각한다.

5. 명칭과 목적: 이 새로운 문자 체계는 '훈민정음'이라 명명되었다. 이 명칭은 '백성을 가르쳐(訓民) 올바른 소리(正音)를 쓰게 한다'는 뜻을 담고 있으며, 한글이 지닌 사회적·윤리적 목적과 정치적 이상을 집약적으로 드러낸다. 이는 문자 창제가 곧 백성을 향한 통치와 교화의 수단이었음을 상징적으로 보여준다.

이 기록은 한글 창제의 공식적인 선언이라고 볼 수 있으며, 한글의 기본 원리와 목적을 간략하게 설명하고 있다. 그러나 실제 창제 과정의 세부적인 내용이나 참여한 학자들에 대한 언급은 없어, 한글 창제의 구체적인 과정은 여전히 많은 부분이 미스터리로 남아있다.[2]

이 기록은 한글이 단순히 새로운 문자 체계의 도입을 넘어, 국가의 문화적, 정치적 정체성을 확립하고 백성들의 교육과 소통을 위한 도구로써 만들어졌음을 시사한다. 이는 앞서 논의된 문자와 권력의 관계, 그리고 문자 정책의 정치적 의미와 밀접하게 연관된다.

『훈민정음(訓民正音)』(6-6)은 1443년 한글 창제의 원리와 사용법을 상세히 설명하는 핵심적인 문헌이다. 이 책은 『훈민정음예의본(訓民正音例義本)』과 『훈민정음해례본(訓民正音解例本)』으로 구성되어 있는데, 각각 한글 창제의 배경과 구체적인 제작 원리를 다루고 있다.

『훈민정음예의본』은 "나라 말씀이 중국과 달라 한자와 서로 통하지 않으니……"라는 문장으로 시작하는데, 이는 한글 창제의 근본적인 동기가 한국어와 한자 사이의 언어적 불일치에 있었음을 명확히 보여준다. 이러한 인식은 한국의 언어적 특수성에 대한 자각과 함께, 독자적인 문자 체계의 필요성을 강조하는 것으로 해석될 수 있다. 『훈민정음해례본』은 한글의 제작 원리와 사용법을 상세히 풀이하고 있다. 이 부

---

2) 한글 창제 과정에 대한 상세한 연구는 정광, 『한글의 발명』(김영사, 2015) 참조.

분은 각 글자의 형태와 의미, 발음 원리, 그리고 실제 적용 방법 등을 체계적으로 설명하고 있어, 한글 창제가 깊은 언어학적 통찰을 바탕으로 이루어졌음을 보여준다.

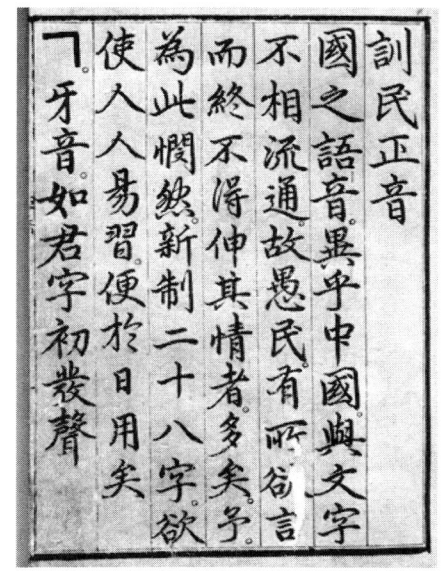

6-6. 『훈민정음』 본문(『국보』 159쪽)

이 문헌은 목판본으로 2권 2책으로 구성되어 있으며, 현재 간송미술관에 소장되어 있다. 1962년 국보 제70호로 지정되었고, 1997년에는 유네스코 세계기록유산으로 등재되어 그 가치를 국제적으로 인정받았다.

『훈민정음』의 중요성은 단순히 새로운 문자 체계의 설명에 그치지 않는다. 이는 15세기 한국의 높은 언어학적 지식수준을 보여주는 동시에, 자국의 언어와 문화에 대한 깊은 이해와 자긍심을 반영한다. 또한, 한글 창제가 단순한 문자의 발명을 넘어 문화적 자주성을 확립하려는 정치적 의도와도 밀접하게 연관되어 있음을 시사한다.

이처럼 『훈민정음』은 한국 문자 문화사의 핵심 자료일 뿐만 아니라, 조선 초기의 문화적, 정치적 지향을 이해하는 데 중요한 통찰을 제공한다. 게다가 앞서 논의된 문자와 권력의 관계, 그리고 문자 정책의 정치적 함의와도 밀접하게 연관되어 있어, 한글 창제를 당시의 더 넓고 포괄적인 문화적, 정치적 맥락 속에서 이해해야할 필요성도 제기된다.

한글 창제 과정은 세종대왕의 주도 아래 이루어졌지만, 실제 개발 작업은 집현전 학자들의 참여로 진행된 것으로 보는 것이 현재 학계의 일반적인 견해이다.[3] 이는 "임금께서 친히 언문 28자를 지으셨다"는 기록이 세종의 직접적인 문자 창작이라기보다는 프로젝트의 총괄적 지휘를 의미한다고 해석할 수 있다.

출발부터 권력과 정치적 속성을 가진 문자의 창제 과정이 상당한 어려움과 반대에 직면했던 것은 자연스런 일이다. 특히 전통을 고수하려는 세력과 기존 문자 체계의 기득권을 유지하려는 이들의 반발이 컸다.

이러한 반대의 대표적인 사례로 1444년 최만리(崔萬理)를 중심으로 한 반대 상소(6-7)를 들 수 있다.

이 상소는 한글 창제에 대한 당시 보수 세력의 입장을 잘 보여주는 중요한 역사적 사건이다. 이는 단순한 문자 체계의 변화에 대한 반대를 넘어, 당시의 정치적, 문화적, 교육적 맥락에서 한글 창제가 가져올 수 있는 광범위한 영향에 대한 우려를 다음과 같이 드러내고 있다.

1. 국제 관계와 문화적 정체성: "중국과 다른 문자를 만드는

---

3) 최경본, 『한글 연대기』(돌베개, 2025), 23~24쪽.

危懇謹疏于後伏惟 聖裁一我朝自 祖宗以來至誠事大一遵華
制令常同文同軌之時創作諺文有駭觀聽儻曰諺文皆本古字非新字
也則字形雖倣古之篆文用音合字盡反於古實無所據若流中國
或有非議之者豈不有愧於事大慕華一曰古九州之內風土雖異未
有因方言而別為文字者唯蒙古西夏女真日本西蕃之類各有其字
是皆夷狄事耳無足道者傳曰用夏變夷未聞變於夷者也歷代中國
皆以我國有箕子遺風文物禮樂比擬中華今別作諺文捨中國而自
同於夷狄是所謂棄蘇合之香而取螗螂之丸也豈非文明之大累哉一
新羅薛聰吏讀雖為鄙俚然皆借中國通行之字施於語助與文字元
不相離故雖至胥吏僕隸之徒必欲習之先讀數書粗知文字然後乃
用吏讀吏讀者須借文字乃能達意故因吏讀而知文字者頗多亦
興學之一助也若我國元不知文字如結繩之世則姑借諺文以資一
時之用猶可而執正議者必曰與其行諺文以姑息不若緩緩遲久習
中國通行之文字以為久長之計也況吏讀行之數千年而簿書期
會等事無有防礙者何用改舊行無弊之文別創鄙諺無益之字乎若
行諺文則為吏者專習諺文不顧學問文字吏員岐而為二苟為吏者

세종실록 권 103:20a

6-7. 1444년 최만리의 반대 상소(『왕조실록』)

것은 사대모화(事大慕華)에 어긋나며, 스스로 이적(夷狄)이
되려는 것이나 다름없다."는 주장은 당시 동아시아 국제
질서에서 조선의 위치와 문화적 정체성에 대한 우려를 반
영한다. 이는 한자 문화권 내에서의 조선의 위상과 관련
된 정치적, 문화적 고려사항을 드러냈다.

2. 교육과 학문의 문제: "이두(吏讀)는 한자를 배우는 데 도움

이 되지만 언문(諺文)은 그렇지 못해 유익함이 없다."는 주
장은 새로운 문자 체계가 기존의 학문 체계와 교육 방식에
미칠 영향에 대한 우려를 나타낸다. 이는 한자 중심의 지
식 체계와 교육 시스템의 변화에 대한 저항을 보여준다.

3. 정책 결정 과정의 문제: "널리 의견을 묻지 않고 갑자기
   이배(吏輩) 10여 명에게 언문을 가르쳐 고인이 이미 이룬
   운서를 고쳐 인쇄하려는 것은 신중하지 못하다."는 지적
   은 한글 창제 과정의 폐쇄성과 급진성에 대한 비판을 담
   고 있다. 이는 중요한 국가 정책의 결정 과정에 대한 문
   제 제기로 볼 수 있다.

4. 왕실의 역할에 대한 우려: "동궁(東宮)이 언문 일을 해서
   는 안 된다"는 주장은 왕세자가 이 프로젝트에 관여하는
   것이 적절하지 않다는 입장을 보여준다. 이는 왕실의 역
   할과 권위에 대한 전통적 인식을 반영한다.

이러한 반대 상소는 한글 창제가 단순한 문자 개혁을 넘어
조선 사회의 근본적인 변화를 가져올 수 있는 중대한 사안이
었음을 보여준다. 이는 문자 정책이 국가의 정치, 문화, 교육
체계 전반에 미치는 영향력을 잘 보여주는 사례이다.

최만리의 상소는 결국 받아들여지지 않았지만, 이러한 반
대 의견의 존재는 한글 창제와 보급 과정이 순탄치 않을 것
임을 보여준다. 또한 이는 새로운 문자 체계의 도입이 단순
한 언어학적 혁신을 넘어 사회 전반의 변화를 수반하는 복잡
한 정치적, 문화적 과정이었음을 시사한다.

이처럼 최만리의 반대 상소는 한글 창제를 둘러싼 당시의
복잡한 정치적, 문화적 역학관계를 이해하는 데 중요한 자료
이다. 이는 문자 정책이 국가의 정체성, 국제 관계, 교육 체

계, 그리고 권력 구조와 밀접하게 연관되어 있음을 보여주는 역사적 사례로서 의의를 가진다.

그러나 세종은 이에 아랑곳하지 않고 자신의 주장을 관철시켰고, '훈민정음'의 우수성을 선전하고 이의 보급에 노력했다. 우선 1446년 정인지(鄭麟趾) 등 8명의 신하들이 '훈민정음'의 음가 및 운용방법에 대한 설명서를 만들었는데, 그것이 바로 「훈민정음해례」이다.

「훈민정음해례」는 다음과 같이 구성되어 있다.

1. 제자해(制字解): 글자의 제작 원리 설명
2. 초성해(初聲解): 자음의 원리와 사용법 설명
3. 중성해(中聲解): 모음의 원리와 사용법 설명
4. 종성해(終聲解): 받침의 원리와 사용법 설명
5. 합자해(合字解): 글자 조합의 원리 설명
6. 용자례(用字例): 실제 사용 예시

이는 '훈민정음'의 과학적, 체계적 원리를 상세히 설명함으로써, 새로운 문자 체계의 우수성과 실용성을 입증하려는 시도였을 뿐 아니라 단순한 설명서를 넘어, 한글의 학문적 기반과 정당성을 확립하려는 노력의 일환이었다고 볼 수 있다.

한글의 역사적 중요성과 문화적 가치는 현대에도 지속적으로 인식되고 있다. 2014년 2월 17일 설립되어 같은 해 10월 8일 개관한 국립한글박물관은 이러한 인식의 결과물이다. 국립중앙박물관(서울시 용산구) 권역에 위치한 이 박물관은 한글 및 한글문화와 관련된 유물과 자료의 수집, 보존, 연구, 전시, 교육 및 문화 교류 등을 담당하고 있다.

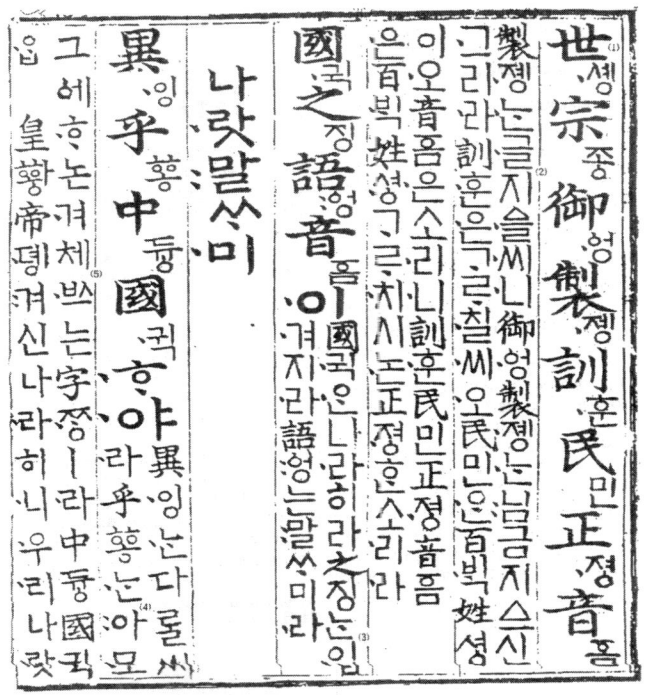

6-8. 『훈민정음』 해례본 용자례(『국보』 158쪽) 1446년. '훈민정음'의
해설서. 정인지, 최항, 박팽년, 신숙주, 성삼문, 강희안, 이개, 이선로
등이 지었으며 제자해(制字解), 초성해(初聲解), 중성해(中聲解),
종성해(終聲解), 합자해(合字解)의 5해(解)와 용자례(用字例)의
1례(例)로 되어 있다.

(2) 창제 의의

'훈민정음'은 지금까지 세계에서 만들어진 문자 중 매우 과학적이며 체계적인 우수한 문자임을 부정할 수 없다. 정인 지(鄭麟趾)의 「서문(序文)」에서도 '훈민정음'의 우수성과 특징에 대하여 구체적으로 언급했다.

계해 년 겨울, 우리 임금께서 정음(正音) 28자를 창제하시어 '의 례(例義)'를 간략하게 보이시고 이름을 '훈민정음(訓民正音)'이라 하셨다. 상형의 글자로 고전(古篆)을 모방하였고, 소리를 따라 만들었으니 7음과 조화를 이루고, 천·지·인의 삼극(三極)의 뜻과 음양이기(二氣)의 오묘함 등 갖추지 않은 것이 없었다. 이 28자로 전환의 쓰임이 무궁하며 간결하되 요략하였고, 정교하면서 서로 통하니, 지혜로운 자라면 하루아침이면 깨우치고 어리석은 자라도 열흘이면 배울 수 있을 것이다. 이로써 글을 해석하면 그 뜻을 알 수 있고 이로 송사(訟事)를 들으면 그 정황을 알아 볼 수가 있다. 자운(字韻)으로는 능히 청탁(淸濁)을 구분할 수 있고, 악가(樂歌)로는 율려(律呂)의 조화를 이루었으니, 사용하기에 모자람이 없고, 표현에 전달되지 않음이 없다. 바람소리나 학이나 닭의 울음소리 또는 개 짖는 소리라도 모두 적을 수 있다.(癸亥冬, 我殿下創制正音二十八字, 略揭例義以示之, 名曰訓民正音. 象形而字倣古篆, 因聲而音叶七調, 三極之義, 二氣之妙, 莫不該括. 以二十八字而轉換無窮, 簡而要, 精而通, 故智者不崇朝而會, 愚者可浹旬而學. 以是解書, 可以知其義, 以是聽訟, 可以得其情. 字韻則淸濁之能卞, 樂歌則律呂之克諧, 無所用而不備, 無所往而不達, 雖風聲鶴唳雞鳴狗吠, 皆可得而書矣.)『洪武正韻譯訓』(서울; 高麗大學校出版部, 1974), 28년 9월 29일 第4條)

정인지의 이 서문은 '훈민정음'의 창제 과정과 그 특징, 그리고 우수성을 상세히 설명하고 있다. 이 서문을 통해 우리는 '훈민정음'이 단순한 문자 체계를 넘어 깊은 철학적, 과학적 기반을 가진 혁신적인 창조물이었음을 알 수 있다. 서문의 주요 내용은 다음을 포함한다.

1. 창제 시기: 이 기록에 따르면 세종대왕은 계해년(1443년) 겨울, 모두 28자로 이루어진 새르운 문자를 창제하였다고 밝히고 있다. 이는 한글 창제가 특정 시점을 가진 의도적이고 계획적인 사업이었음을 분명히 보여준다.

2. 문자의 원리와 사상적 기반: 문자의 제작 원리에 대해서는 먼저 상형(象形)의 원리를 바탕으로 하여 고대 전서(篆書)를 모방하였다고 설명한다. 동시에 이 문자는 단순히 형상을 본뜬 데 그치지 않고, 소리를 따라 만들어져 일곱 음과 조화를 이룬다고 서술된다. 더 나아가 그 구조 속에는 천·지·인 삼극의 의미와 음양 이기의 원리가 담겨 있어, 한글이 단순한 실용 문자가 아니라 우주론적 질서와 철학적 사유를 반영한 문자 체계임을 강조한다.

3. 실용성과 효율성: 이 문자는 단 28자만으로도 무궁무진한 활용이 가능하다고 평가하며, 체계는 간결하면서도 정교하다고 설명한다. 또한 학습의 용이성을 강조하여, 지혜로운 사람은 하루 만에 익힐 수 있고, 어리석은 사람이라하더라도 열흘이면 배울 수 있다고 하여, 한글이 지식의 독점 구조를 허무는 보편적 문자임을 부각한다.

4. 활용 범위의 다양성: 이 문자는 문서의 해석이나 송사의 청취, 운율의 구분과 음악의 창작 등 문학·행정·예술 전반에 걸쳐 활용될 수 있음을 설명한다. 나아가 동물의 울음소리나 자연의 소리까지도 표현할 수 있다고 하여, 한글

이 인간 언어를 넘어 자연 세계의 소리까지 포괄하려는
문자적 잠재력을 지닌 체계로 인식되었음을 보여준다.

이처럼 '서문'에서는 '훈민정음'이 단순한 의사소통 도구를
넘어 철학적, 과학적, 예술적 원리를 포괄하는 종합적인 문자
체계임을 강조하고 있다. 특히 동양 철학의 핵심 개념인 천
지인 삼극과 음양 이기의 원리를 언급함으로써, '훈민정음'이
동아시아의 전통적 세계관과 조화를 이루면서도 혁신적인 창
조물임을 보여준다. 또한 '훈민정음'이 단순히 학문적 성과에
그치지 않고 실제 생활에서 광범위하게 활용될 수 있는 실용
성과 효율성을 갖춘 문자임을 밝히고 있다. 이는 세종대왕의
민본주의적 통치 철학과도 연결되는 부분이며, '훈민정음'이
단순한 문자 개혁을 넘어 조선의 문화적, 철학적 성취를 대
표하는 중요한 창조물이었음을 증명하는 자료라 하겠다.

(3) '훈민정음'의 보급

세종대왕의 '훈민정음' 창제와 보급 과정은 체계적이고 전
략적인 접근을 보여준다. 이 과정은 단순한 문자 도입을 넘
어 광범위한 문화적, 학술적 변화를 수반하는 종합적인 프로
젝트였다.
훈민정음 보급의 주요 단계와 의의는 다음과 같다.

1. 언해(諺解) 작업:

- 의미: 한문 텍스트를 '훈민정음'으로 번역하는 작업
- 주요 사례:
    a) 『석보상절(釋譜詳節)』(1447): 최초의 언해 작업
    b) 『월인석보(月印釋譜)』(1449) '훈민정음' 언해를 포함하여 새 문자의 사용 의지를 명확히 표현

2. 한자음 표준화:
   - 『동국정운(東國正韻)』(1447~1448) 발간: 중국 한자음의 기준 설정

3. 단계적 보급 전략:
   - 1444년: 『운회(韻會)』 번역 명령
   - 1445년: 한자음 정리 사업 진행
   - 1446년: 『훈민정음해례』 완성
   - 1447년: 『용비어천가(龍飛御天歌)』 간행 (한글과 한자 병행)
   - 1448년: 『동국정운(東國正韻)』 반포
   - 1449년: 『석보상절(釋譜詳節)』 간행

이러한 일련의 조치들은 '훈민정음'의 보급을 위한 세종의 강력한 의지를 보여준다. 이 과정에서 주목할 점들은 다음과 같다.

1. 종교적 접근: 불경의 언해를 통해 종교적 권위를 활용하여 새 문자의 수용성을 높였다.
2. 학술적 기반 구축: 『훈민정음해례』와 『동국정운』 등을 통해 새 문자 체계의 학문적 정당성을 확립했다.
3. 문화적 통합: 『용비어천가』와 같은 작품을 통해 한글과 한자를 병용함으로써 새 문자와 기존 문화의 조화를 모색했다.
4. 단계적 접근: 6년에 걸친 체계적인 보급 전략은 새 문자

체계의 안정적 정착을 위한 신중한 접근을 보여준다.

이러한 노력들은 '훈민정음'이 단순한 문자 체계를 넘어 조선의 문화적, 정치적 변화를 위한 핵심 도구였음을 시사한다. 세종의 이러한 전략적 접근은 새로운 문자 체계의 도입이 가져올 수 있는 사회적 저항을 최소화하면서도, 그 효과를 극대화하려는 노력으로 볼 수 있다.

따라서 '훈민정음'의 창제와 보급 과정은 문자 정책이 국가의 문화적, 정치적 변화를 이끄는 핵심 요소가 될 수 있음을 보여주는 중요한 역사적 사례이다. 이는 문자가 단순한 의사소통 도구를 넘어 국가의 정체성과 문화를 형성하는 근본적인 요소로 기능할 수 있음을 증명한다.

이들 중에서도 『용비어천가(龍飛御天歌)』와 『석보상절(釋譜詳節)』은 '훈민정음'의 실제 적용과 보급 과정을 보여주는 중요한 문헌들이다. 이 두 문헌은 각각 독특한 특징과 의의를 지니고 있으며, 조선의 문자 정책이 어떻게 실행되었는지를 생생하게 보여준다.

1. 『용비어천가』(6-9)는 1445년에 편찬이 시작되어 1447년에 간행된 작품으로, 조선 왕조의 창업을 송영하고 왕조의 영속을 기원하는 125장의 노래로 구성되어 있다. 정인지, 안지, 권제 등이 창작에 참여했고, 성삼문, 박팽년, 이개 등이 주석을 달았으며, 정인지의 서문과 최항의 발문이 포함되어 있다. 이 작품은 한글이 사용된 최초의 문헌으로서 보물 제1463호로 지정되어 있으며, 한글과 한자를 병행 사용함으로써 새로운 문자 체계와 전통적 한자 문화의 조

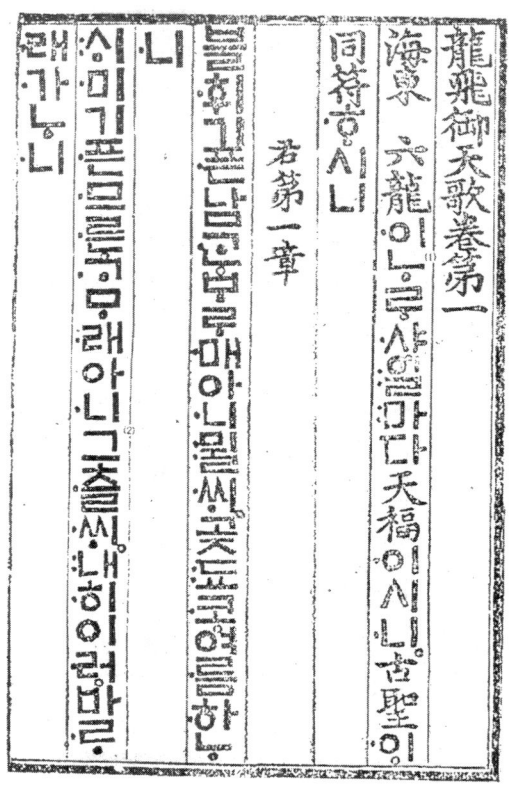

6-9. 『용비어천가(龍飛御天歌)』(1447).
조선, 1447년. 목판본. 10권 5책. 보물 제1463호.

화를 시도했다는 점에서 큰 의의를 지닌다.

2. 『석보상절』(6-10)은 1446년 소헌왕후의 사망 후 그의 명
복을 빌기 위해 제작되기 시작했다. 세종의 명으로 수양
대군(후의 세조)이 주도하여 석가의 일대기를 다양한 불경
에서 발췌하여 편찬했으며, 1447년에 완성되어 1449년에
간행되었다. 이 문헌은 『석가보』, 『법화경』, 『지장경』, 『아
미타경』, 『약사경』 등의 내용을 포함하고 있으며, 한문 원
문을 한글로 번역한 최초의 불경이라는 점에서 큰 의미를

지닌다. 보물 제523호로 지정된 이 문헌은 불교 교리의
대중화에 크게 기여했다.

6-10. 『석보상절(釋譜詳節)』(1449). 조선,
1447년. 목판본. 보물 제523호.

이 두 문헌은 '훈민정음'의 실용화와 보급 과정에서 중요
한 의미를 지닌다. 『용비어천가』는 정치적, 문화적 목적을, 『
석보상절』은 종교적, 교육적 목적을 각각 반영하며 '훈민정
음'의 다양한 활용 가능성을 보여준다. 두 문헌 모두 기존의
한자 문화와 새로운 한글 문화를 조화롭게 결합하려는 시도
를 보여주며, 특히 『석보상절』은 불교 경전의 한글 번역을
통해 지식과 사상의 대중화를 도모했다.

또한, 이 문헌들은 왕실이 직접 관여하여 제작됨으로써, 새
로운 문자 정책이 국가 차원의 중요한 사업이었음을 보여준

다. 당대 최고의 학자들이 참여하여 '훈민정음'의 학문적 기반을 강화했다는 점도 주목할 만하다.

따라서 이 두 문헌은 '훈민정음'이 단순한 문자 체계의 도입을 넘어 조선의 정치, 문화, 종교, 교육 전반에 걸친 광범위한 변화를 이끌어내기 위한 도구로 활용되었음을 보여준다. 이는 문자 정책이 국가의 근본적인 변화와 발전을 위한 핵심 전략이 될 수 있음을 증명하는 중요한 역사적 사례라고 할 수 있다.

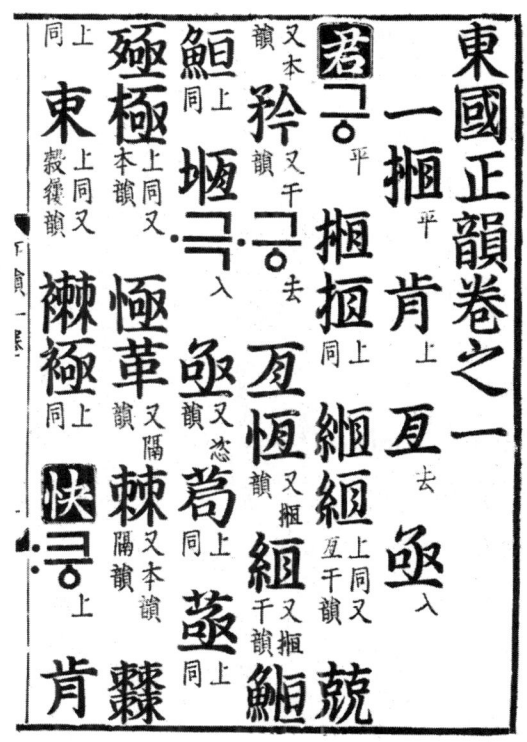

6-11. 『동국정운(東國正韻)』(1447~1448). 1448년,
포배장(包背裝), 6권 6책, 31.9×19.8㎝, 국보 제142호,
건국대학교 박물관 소장.

이외에도 『동국정운(東國正韻)』, 『월인천강지곡(月印千江之曲)』, 그리고 『월인석보(月印釋譜)』는 조선 초기 한글 창제 이후의 문자 정책과 문화적 변화를 잘 보여주는 중요한 문헌들이다.

『동국정운』(6-11)은 1448년 신숙주, 최항, 박팽년 등이 세종의 명으로 편찬한 한국 최초의 운서이다. 6권 6책으로 구성된 이 책은 중국의 『홍무정운』에 대응하는 것으로, '동국의 바른 음'이라는 의미를 담고 있다. 이는 당시 혼란 상태에 있던 한국의 한자음을 표준화하려는 목적으로 제작되었으며, 세종의 언어 정책의 핵심적인 부분을 이루고 있다. 1447년에 편찬이 완성되고 1448년에 간행된 이 책은 한글 창제 이후 한자음 정리라는 또 다른 언어 개혁의 성과를 보여준다.

『월인천강지곡』(6-12)은 1449년 세종이 지은 불교 찬가로, 석가의 공덕을 찬송하는 내용을 담고 있다. 이 작품은 수양대군이 『석보상절』을 지어 올린 것에 대한 세종의 화답으로 볼 수 있

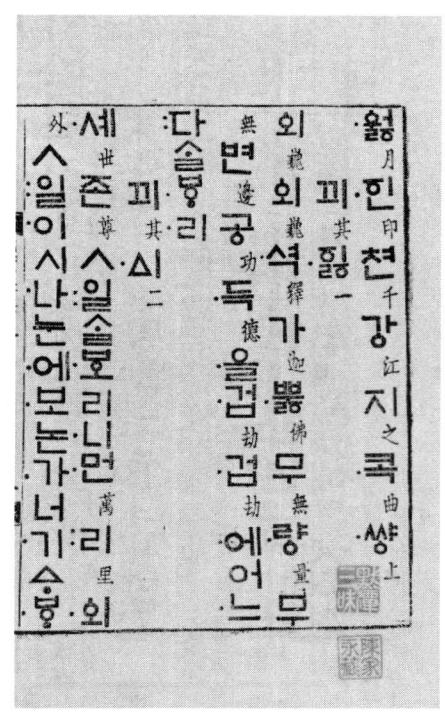

6-12. 『월인천강지곡(月印千江之曲)』(1449)
조선, 1449년. 보물 제398호(국가유산포털)

다. 상, 중, 하 3권에 걸쳐 500여 수의 노래가 수록되어 있으며, 『용비어천가』와 함께 '훈민정음'으로 표기된 한국 최고의 가사로 평가받고 있다. 이는 한글이 종교적, 문학적 표현의 도구로 활용되기 시작했음을 보여주는 중요한 사례이다.

『월인석보』(6-13)는 1459년에 간행된 책으로, 세종의 『월인천강지곡』과 세조가 개정한 『석보상절』을 합편한 것이다. 이 책은 세종 말년부터 세조 초년까지 약 13년에 걸쳐 완성되었으며, 석가의 일대기를 집대성한 작품으로 평가받고 있다. 특히 '훈민정음' 창제 이후 최초로 간행된 불경 언해서라는 점에서 그 의의가 크다.

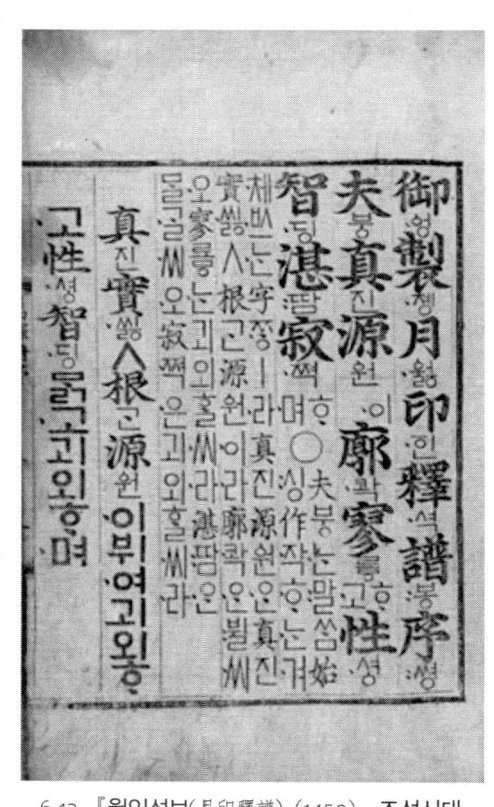

6-13. 『월인석보(月印釋譜)』(1459) 조선시대.
1459년. 곡판본. 보물 제745호.

이 세 문헌은 조선 초기 문자 정책의 다양한 측면을 보여 준다. 『동국정운』은 한자음의 표준화를, 『월인천강지곡』은 한 글의 문학적 활용을, 『월인석보』는 한글을 통한 불교 경전의 대중화를 각각 대표한다. 이는 '훈민정음' 창제가 단순한 문 자 체계의 도입을 넘어 언어 정책, 문학, 종교 등 다양한 영 역에서 광범위한 변화를 이끌어냈음을 보여준다.

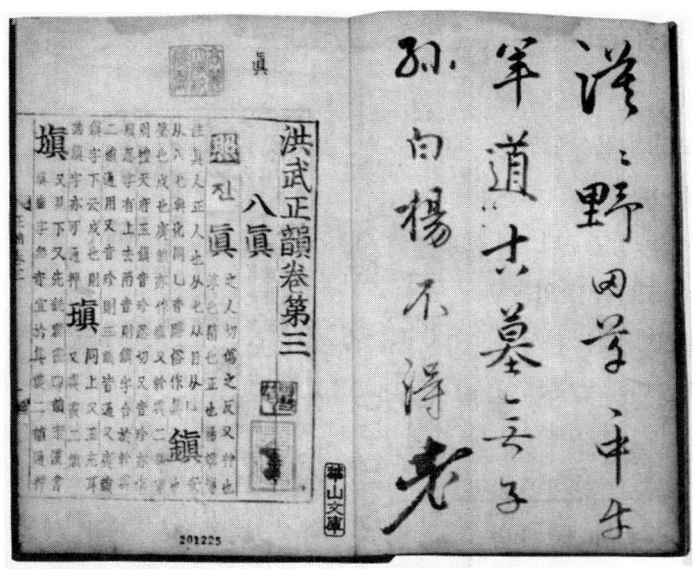

6-14. 『홍무정운역훈(洪武正韻譯訓)』

세종의 '훈민정음' 창제와 보급 노력은 상당한 성과를 거 두었다. 『홍무정운역훈(洪武正韻譯訓)』(6-14)의 서문은 이러한 성과와 그 과정을 상세히 기록하고 있다.

우리 세종장헌대왕께서는 운학(韻學)에 유의하시어 깊이 연 구하시고 '훈민정음'의 글자들을 창제하시었으니, 사방 만물의 소리를 전달하지 못하는 것이 없었으며, 한국선비들은 비로소 사성칠음(四聲七音)을 알게 되었고 이로 갖추지 않은 것이 없었으니 이는 단지 자운(字韻)을 나타내는데 그치는 것이 아니었다. 이리하여, 우리나라는 대개로 중국을 섬겨왔으나 어음(語音)이 통하지 않아 언제나 통역에 의존해야 했다. 이에 먼저 『홍무정운』을 번역하라 명하시었다.……그러나 어음이 이미 다르고 와전이 심하여, 신들에게 명하시어 중국의 선생이나 학자들에게 찾아가 바로 잡으라 하시었으니 중국을 왕래한 것이 일곱 여덟 번이었고, 질정을 해준 사람이 상당수였다. 북경은 만국이 모이는 곳으로, 가고 오는 먼 길에 교제를 통하여 밝히고자 한 것 또한 적지 않았다. 변방과 이역의 사신이나 불자나 도가 또는 군인데 이르기까지 함께 접촉하여 정음과 속음의 변이를 다하고자 하지 않음이 없었다. 또한 중국의 사자가 왔을 때 유학자라면 곧 찾아가서 바로잡았다. 이렇게 십여 차례의 원고를 쓰고 부지런히 반복하기를 8년을 하였으니 거의 바로 잡아 결함이 없어졌음에 의심하지 않게 되었다. (我世宗莊憲大王留意韻學, 窮研底蘊, 創制訓民正音若干字, 四方萬物之聲, 無不可傳. 吾東方之士, 始知四聲七音, 自無所不具, 非特字韻而已也. 於是, 以吾東國世事中華而語音不通, 必賴傳譯. 首命譯洪武正韻,……然語音旣異, 傳訛亦深, 乃命臣等, 就正中國之先生學士, 往來至於七八, 所與質之者若干人. 燕都爲萬國會同之地, 而其往返道途之遠, 所嘗與周旋講明者, 又爲不少. 以至殊方異域之使, 釋老卒伍之微, 莫不與之相接, 以盡正俗異同之變. 且天子之使至國而儒者則又就正焉. 凡謄十餘藁, 辛勤反復, 竟八載之久, 而向之正罔缺者, 似益無疑.)(『洪武正韻譯訓』, 349쪽)

서문에 따르면, 세종은 운학(韻學)에 깊은 관심을 가지고 연구하여 '훈민정음'을 창제했다. 이 새로운 문자 체계는 "사방 만물의 소리를 전달하지 못하는 것이 없었"을 정도로 포괄적이었으며, 한국 선비들이 처음으로 사성칠음(四聲七音)을 이해할 수 있게 해주었다.

특히 주목할 만한 점은 '훈민정음'이 단순히 자운(字韻)을 나타내는 데 그치지 않았다는 것이다. 세종은 중국과의 의사 소통 문제를 해결하기 위해 『홍무정운』의 번역을 명령했고, 이 과정에서 철저한 연구와 검증이 이루어졌다. 중국의 선생 이나 학자들을 찾아가 바로잡는 작업이 여러 차례 이루어졌 으며, 북경에서의 다양한 교류를 통해 정음과 속음의 변이를 철저히 연구했다.

이러한 노력은 8년에 걸쳐 지속되었으며, 그 결과 거의 완 벽에 가까운 성과를 이루었다고 평가되고 있다. 이는 '훈민정 음'의 창제가 단순한 문자 개발을 넘어 광범위한 언어학적 연 구와 국제적 교류를 수반한 대규모 프로젝트였음을 보여준다.

그러나 이러한 세종의 강력한 의지와 노력에도 불구하고, 1450년 세종의 사망 이후 한글에 대한 관심은 점차 약화되었 다. 이는 새로운 문자 체계의 정착이 단기간에 이루어질 수 있는 일이 아니며, 지속적인 정책적 지원과 사회적 수용이 필요함을 시사한다.

세종의 한글 창제와 보급 노력, 그리고 그 이후의 변화는 문자 정책이 국가의 문화적, 정치적 상황과 밀접하게 연관되 어 있음을 보여준다. 초기의 성공적인 도입에도 불구하고 왕 의 사망 이후 관심이 약화된 것은, 문자 정책이 단순히 기술 적인 문제가 아니라 정치적 의지와 사회적 합의가 필요한 복 잡한 과정임을 드러낸다.

따라서 세종의 '훈민정음' 창제와 보급 노력은 그 자체로 큰

성과를 거두었지만, 이후의 과정은 새로운 문자 체계의 안정적 정착이 장기적이고 지속적인 노력을 필요로 함을 보여준다. 이는 문자 정책의 성공이 단순히 우수한 체계의 개발만으로는 충분하지 않으며, 지속적인 정책적 지원과 사회적 수용이 필요함을 보여주는 중요한 역사적 교훈이라고 할 수 있다.

제3절 한글과 한자의 이원적 발전

세종의 '훈민정음' 창제는 인류 문자 역사에서 뛰어난 업적으로 평가받고 있지만, 그 실제 사용과 보급 과정은 복잡하고 점진적이었다. 한글이 만들어진 직후 한자를 완전히 대체하지 못한 것은 여러 요인이 복합적으로 작용한 결과이다.

먼저, 기존의 한자 사용 계층이 의식적으로 한글 사용을 방해했다는 점을 주목해야 한다. 최만리 등의 반대 상소에서 볼 수 있듯이, 한자 중심의 문화와 교육 체계에 익숙한 지배층은 새로운 문자 체계의 도입을 위협으로 인식했다. 이는 단순한 문자 선호의 문제가 아니라 기존 권력 구조와 지식 체계의 변화에 대한 저항으로 볼 수 있다.

다음으로, 세종 자신도 한글과 한자를 대립적 관계로 보지 않았다는 점은 중요하다. 한글 창제의 목적은 다면적이었는데, 한국어에 적합한 문자 체계 개발, 고려 왕실과의 단절, 왕권 강화, 중국에 대한 문화적 자주성 강조 등이 복합적으로 작용했다. 이는 한글이 단순히 한자를 대체하기 위한 수단이 아니라, 더 광범위한 정치적, 문화적 목표를 위한 도구였음을 시사한다.

또한, 한글 창제와 사용이 한자의 권위에 직접적인 위협이 되지 않았다는 점도 주목할 만하다. 세종을 비롯한 한글 창제 주역들이 한자나 한문의 권위를 부정하지 않았다는 사실은, 한글이 한자와 상호보완적인 관계로 인식되었음을 보여준다. 이는 새로운 문자 체계의 도입이 기존 문화와의 급진적 단절이 아닌, 점진적 변화와 공존의 과정이었음을 의미한다.

이러한 맥락에서, 한글이 초기에 '교육 문자'로서의 역할을 담당했다는 해석은 설득력이 있다. 한글은 한문 교육과 중국어를 포함한 외국어 학습의 보조 수단으로 활용되면서 점진적으로 그 사용 영역을 확대해 나갔다. 이는 새로운 문자 체계가 기존 문화와 충돌하지 않으면서도 실용적 가치를 인정받을 수 있는 방식이었다.

따라서 세종의 한글 창제와 그 이후의 보급 과정은 문자 정책이 단순히 기술적인 문제가 아니라 복잡한 사회적, 정치적, 문화적 요인들이 작용하는 과정임을 보여준다. 한글의 점진적 수용과 확산은 새로운 문화적 요소의 도입이 기존 체계와의 조화와 균형을 필요로 한다는 것을 시사한다. 이는 문자 정책을 포함한 문화 정책의 성공이 단기간의 강력한 추진력뿐만 아니라 장기적인 사회적 수용과 적응 과정을 필요로 한다는 중요한 역사적 교훈을 제공한다.

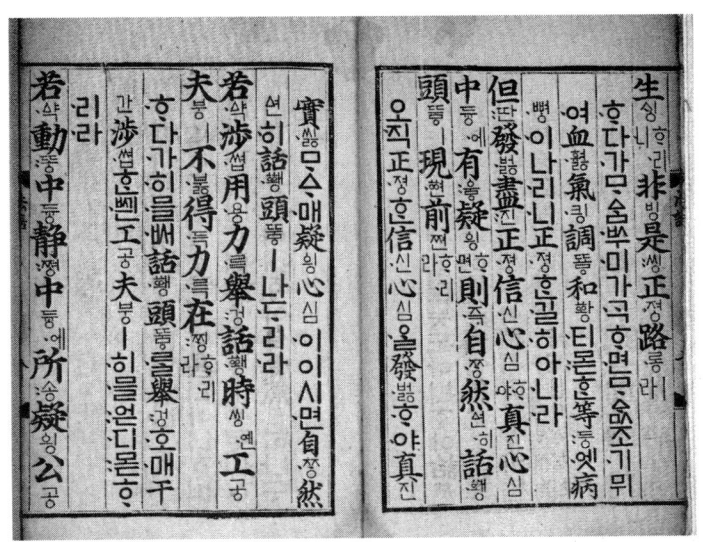

6-15. 세종과 세종 이후의 간행물을 통해 본 한글과 한자의 위상. 세종
시기의 『월인천강지곡(月印千江之曲)』(위)과 세조 시기의
『몽산화상어록(蒙山和尚語錄)』(아래). 세종 때에는 한글이 한자와
동일한 위상을 가졌으나 세조 때의 출판물에서는 현저히 위축되었다.

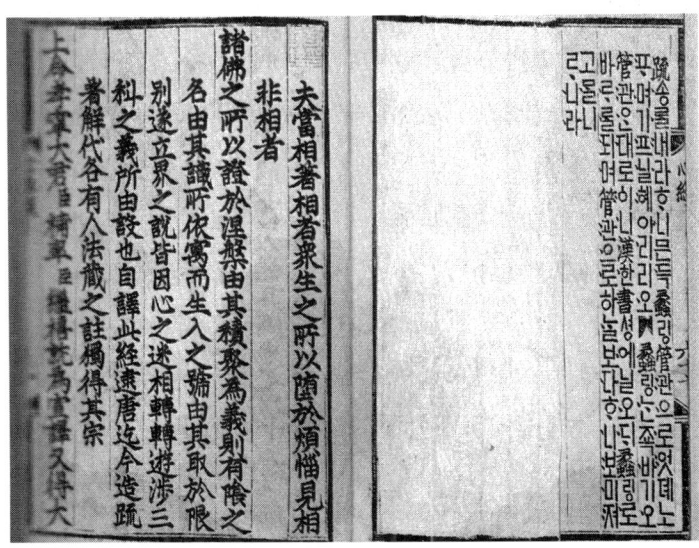

한글 창제 이후의 문헌 출판 과정은 새로운 문자 체계가 어떻게 기존의 문화적, 정치적 구조와 상호작용하며 발전해 갔는지를 보여준다. 이 과정은 크게 세 가지 방향으로 진행되었다. 불교 경전의 번역, 유교 경전의 번역, 그리고 한자 및 외국어 학습서의 제작이 그것이다.

먼저, 불교 경전의 번역은 초기에 국가 주도로 활발히 이루어졌다. 1461년 설치된 간경도감을 중심으로 『월인석보』, 『능엄경언해』, 『법화경언해』, 『금강경언해』 등 다수의 불경이 한글로 번역되었다. 이는 한글이 기존의 종교적 지식을 대중화하는 도구로 활용되었음을 보여준다. 그러나 1471년 간경도감이 폐지되면서 이러한 노력은 점차 줄어들었다.

둘째, 유교 경전의 번역은 불교 경전 번역보다 늦게 시작되었지만, 조선의 통치 이념으로서 유교의 중요성을 반영하여 체계적으로 이루어졌다. 1518년 『번역소학』을 시작으로, 1584년 경서교정청의 설치 이후 『소학언해』, 『효경언해』, 『중용언해』, 『대학언해』, 『논어언해』, 『맹자언해』 등 주요 유교 경전이 한글로 번역되었다(6-16). 이는 한글이 국가의 공식적인 이념을 전파하는 도구로 사용되었음을 보여준다.

셋째, 한자 학습서와 외국어 학습서의 제작은 한글의 실용적 활용을 보여주는 중요한 예이다. 『훈몽자회(訓蒙字會)』, 『천자문(千字文)』, 『신증유합(新增類合)』 등의 한자 학습서와 『노걸대언해(老乞大諺解)』(6-17), 『박통사언해(朴通事諺解)』(6-18) 등의 중국어 학습서는 한글이 교육과 국제 교류의 도구로 사용되었음을 보여준다. 특히 이들 학습서가 지속적으로 개정, 보완되었다는 점은 한글의 실용적 가치가 시간이 지남에 따라 더욱 인정받았음을 보여준다.

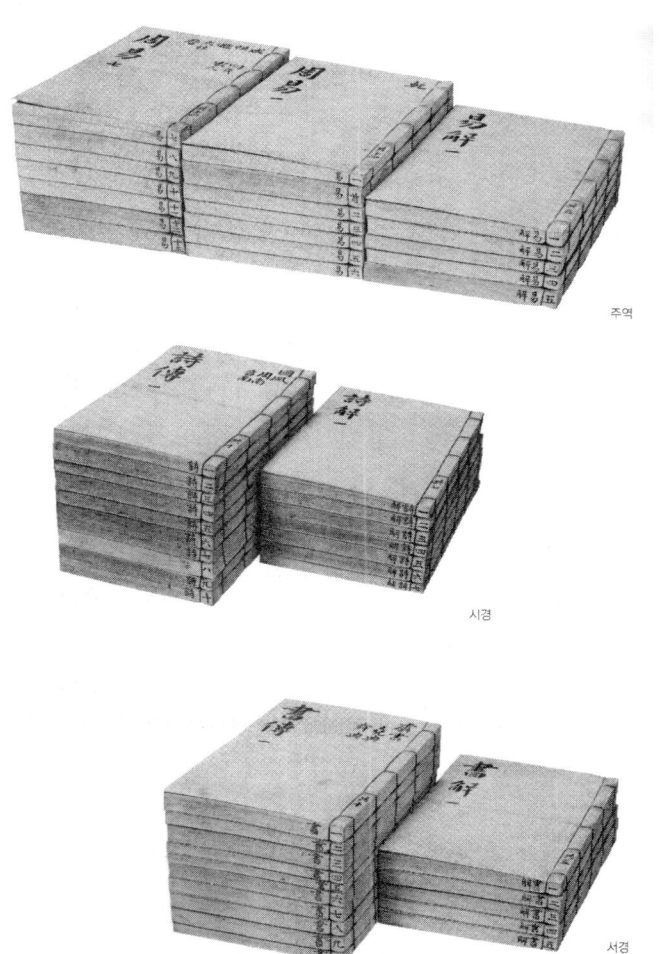

6-16. 『주역』과 『주역언해』, 『시경대전』과 『시경언해』, 『서경대전』과 『서경언해』

6-17. 『노걸대언해(老乞大諺解)』(1670)

　이러한 과정은 한글이 점진적으로 그 사용 영역을 확대해 나갔음을 보여준다. 초기에는 주로 종교 텍스트의 번역에 사용되다가, 점차 국가 이념의 전파, 교육, 외교 등 더 넓은 영역으로 확장되었다. 이는 한글이 기존의 한자 중심 문화와 충돌하지 않으면서도 독자적인 가치를 인정받아 가는 과정이었다고 볼 수 있다.

따라서 한글 창제 이후의 문헌 출판 과정은 새로운 문자 체계의 도입이 단순히 기술적인 변화가 아니라 복잡한 사회적, 정치적, 문화적 과정임을 보여준다. 한글은 기존의 지식 체계를 대중화하고, 국가 이념을 전파하며, 실용적인 교육 도

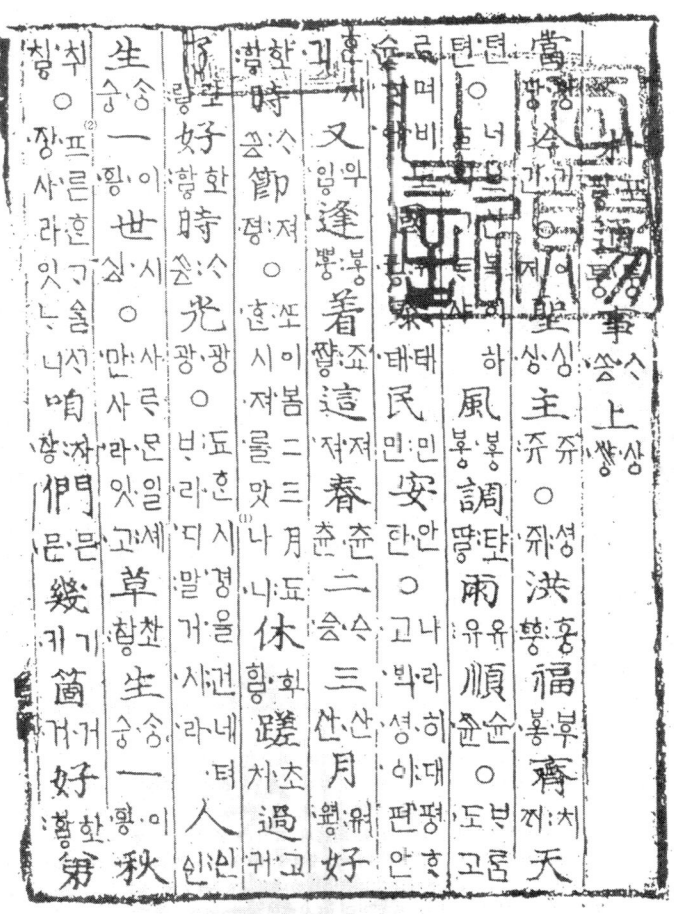

6-18. 『박통사언해(朴通事諺解)』(1677)

구로 활용되면서 점진적으로 그 위상을 확립해 나갔다. 이는 문자 정책의 성공이 장기적인 사회적 수용과 적응 과정을 필요로 한다는 중요한 역사적 교훈을 제공한다.

사실, 한글의 보급과 정착 과정은 상당히 복잡하고 때로는 모순적인 양상을 보였다. 한글 창제 후 반세기 만에 지방의 노비 수준의 신분인 도공에게까지 사용이 확산된 것은 한글의 실용성과 접근성을 잘 보여주는 사례이다. 이는 한글이 계층과 지역을 초월하여 빠르게 보급되었음을 의미한다.

그러나 이러한 확산 과정이 순탄하지만은 않았다. 연산군의 1501년 한글 사용 금지령은 새로운 문자 체계가 정치적 권력 구조와 밀접하게 연관되어 있었음을 보여준다. 이는 문자 정책이 단순한 의사소통 도구의 선택을 넘어 정치적 의도와 권력 관계를 반영한다는 점을 시사한다. 그러나 3년 후 한글 역서 번역 명령을 통해 이 금지령이 완화된 것은 한글의 실용적 가치가 이미 널리 인정받고 있었음을 보여준다.

또 세종 시대 이후 한글의 지위가 점차 낮아진 것은 기존 권력 구조와 문화적 관성의 영향을 보여준다. 귀족과 양반 계층이 공식적으로는 한문을 고집하면서도, 비공식적으로는 한글을 사용했다는 점은 한글이 실용적 필요에 의해 지속적으로 사용되었음을 나타낸다. 특히 부녀자들과의 의사소통이나 일반인들과의 소통에 한글이 사용된 것은 한글이 계층 간, 성별 간 의사소통의 가교 역할을 했음을 보여준다.

나아가 여성들의 한글 사용이 상대적으로 많았다는 점은 주목할 만하다. 이는 한글이 전통적인 교육 체계에서 소외되었던 계층에게 새로운 문화적, 지적 기회를 제공했음을 의미한다. 그러나 동시에 '암클'이라는 표현에서 볼 수 있듯이, 이로 인해 한글이 '비속한' 문자로 인식되는 부작용도 있었다.

이러한 복잡한 양상은 새로운 문자 체계의 도입과 정착이 단순한 언어학적 혹은 교육학적 문제가 아니라 사회의 전반적인 권력 구조, 문화적 관행, 그리고 계층 간 관계와 밀접하게 연관되어 있음을 보여준다. 한글은 공식적으로는 낮은 지위에 머물렀지만, 실제로는 다양한 계층과 상황에서 광범위하게 사용되며 한국 사회의 의사소통 구조를 변화시켰다.

따라서 한글의 보급과 정착 과정은 새로운 문화적 요소가 기존 사회 구조와 상호작용하며 점진적으로 자리 잡아가는 복잡한 과정을 보여준다. 이는 문자 정책이 단순히 위에서 아래로의 일방적인 과정이 아니라, 다양한 사회적 요인들과 상호작용하며 발전해 나가

619. 이윤탁(李允濯)
'한글영비(靈碑) 탁본'
조선, 1536년. 비의 높이
143.5㎝, 폭 64.5㎝,
두께 19.3㎝. 보물
제1524호

는 역동적인 과정임을 보여준다.

그중에서도 이윤탁의 '한글영비(靈碑)'(6-19)는 한글 사용의 실제적 양상과 그 사회적 의미를 보여주는 중요한 유물이다. 1536년에 세워진 이 비석은 현존하는 한글 비석 중 가장 오래된 것으로, 한글 창제 후 약 90년이 지난 시점에서의 한글 사용 실태를 보여주는데, 거기에는 이렇게 쓰여 있다.

> "신령스러운 비다. 쓰러뜨리는 사람은 화를 입을 것이다. 이를 한문을 모르는 사람에게 알리노라."

이 비석의 특징과 의의는 다음과 같다.

1. 실용적 목적: 비석의 내용이 "영원한 빗돌이라, 건드린 사람은 재앙을 입으리라. 이는 글 모르는 사람더러 알리는 것이다."라고 한 것은 한글의 실용적 사용을 보여준다. 특히 무덤의 중요성과 훼손 방지를 알리는 데 한글을 사용한 점은 주목할 만하다.

2. 계층 간 소통: "글 모르는 사람더러 알리는 것"이라는 표현은 한자를 모르는 일반 대중을 고려한 것이다. 이는 한글이 계층 간 소통의 도구로 사용되었음을 보여준다.

3. 한글의 지위: 공식적인 비석에 한글을 사용했다는 점은 한글이 이미 어느 정도 사회적 인정을 받고 있었음을 시사한다. 그러나 동시에 "글 모르는 사람"을 위한 것이라는 표현은 한글이 여전히 한문에 비해 낮은 지위에 있었음을 암시한다.

4. 한글의 보급: 비석이 세워진 1536년은 한글 창제 후 약 90년이 지난 시점이다. 이 시기에 이미 한글로 된 비석이 세

워질 수 있었다는 점은 한글이 상당히 널리 보급되어 있었음을 보여준다.

5. 문화적 융합: '영비'라는 한자 표현과 함께 한글 내용이 새겨진 점은 한자 문화와 한글 문화의 공존을 보여준다.

이 비석은 한글이 창제 이후 실제 사회에서 어떻게 사용되고 인식되었는지를 보여주는 중요한 증거이다. 한글이 일반 대중과의 소통을 위한 실용적 도구로 사용되었지만, 동시에 '글 모르는 사람'을 위한 것이라는 인식은 당시 한글의 이중적 지위를 반영한다.

이는 새로운 문자 체계의 도입과 정착이 단순한 언어적 변화가 아니라 복잡한 사회문화적 과정임을 보여준다. 한글은 기존의 한자 중심 문화와 공존하면서도 점차 그 사용 영역을 확대해 나갔으며, 특히 계층 간 소통의 도구로서 중요한 역할을 했음을 알 수 있다.

따라서 이윤탁의 '한글영비'는 한글의 사회적 수용과 활용, 그리고 그 과정에서의 문화적 융합을 보여주는 중요한 역사적 자료이다. 이는 문자 정책의 효과가 장기간에 걸쳐 사회 전반에 영향을 미치며, 기존 문화와의 상호작용을 통해 새로운 문화적 형태를 만들어낸다는 점을 시사한다.

또 정조(正祖)의 통치 기간(1776~1800)은 한글의 지위와 사용에 있어 중요한 전환점이 되었다. 정조의 한글 중시 정책은 이전 시기와는 다른 접근을 보여주며, 이는 한글의 사회적 위상과 실용적 가치를 크게 향상시켰다.

정조의 한글 정책의 주요 특징과 그 의의는 다음과 같다.

1. 왕실의 직접적 사용: 정조가 직접 한글로 편지를 쓴 것은 한글의 지위 향상에 큰 영향을 미쳤다. 이는 한글이 더 이상 '비속한' 문자가 아니라 왕실에서도 인정하고 사용하는 정당한 문자 체계임을 공식화한 것이다.

2. 실용적 가치 강조: 법령을 한문과 한글로 함께 게시하여 일반 백성들이 이해할 수 있게 한 것은 한글의 실용적 가치를 인정하고 활용한 중요한 사례이다. 이는 한글이 국가 통치와 법 집행에 있어 중요한 도구로 인식되었음을 보여준다.

3. 학문적 연구 장려: 정조가 중용한 실학자들이 한글 연구를 본격화한 것은 한글에 대한 학문적 접근을 촉진했다. 이는 한글의 체계적 발전과 이론화에 기여했을 것이다.

4. 문자 생활의 이분화: 18세기 이후 한자 중심의 문자 생활이 점차 이분화되는 경향은 한글의 사용 영역이 확대되고 있음을 보여준다. 이는 한글이 점차 한자의 역할을 대체해 가는 과정의 시작으로 볼 수 있다.

5. 한자의 지위 약화 예고: 이러한 변화는 한국에서 한자의 절대적 지위가 약화되고 한글이 그 자리를 대체할 것임을 예고하는 것이었다. 이는 장기적으로 한국의 문자 체계가 한글 중심으로 재편될 것임을 시사한다.

정조의 한글 정책은 단순히 새로운 문자의 보급을 넘어 사회 전반의 변화를 촉진하는 계기가 되었다. 이는 문자 정책이 단순한 의사소통 수단의 선택이 아니라 사회 구조, 교육 체계, 문화적 정체성 등에 광범위한 영향을 미치는 중요한 요소임을 보여준다.

특히 주목할 점은 정조의 정책이 한글과 한자의 공존을 추

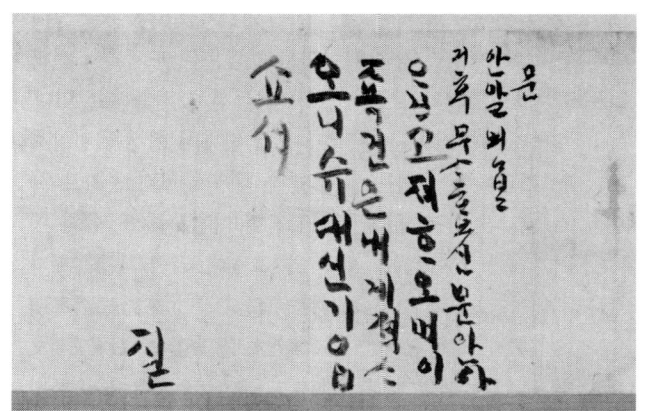

6-20. 어린 정조가 "내게는 작은 족건(버선)을 수대(외사촌, 홍수영)에게 신겨 달라"며 외숙모(여흥 민씨)에게 보낸 편지. 국립한글박물관 소장.

구했다는 것이다. 법령을 한문과 한글로 함께 게시한 것은 두 문자 체계의 상호보완적 사용을 의미한다. 이는 급진적인 변화보다는 점진적이고 실용적인 접근을 통해 한글의 지위를 향상시키는 전략이었다고 볼 수 있다.

따라서 정조 시대의 한글 정책은 한글의 사회적 지위 향상, 실용적 가치 인식, 학문적 발전, 그리고 장기적인 문자 체계의 변화를 촉진했다. 이는 문자 정책이 국가의 문화적, 사회적 발전에 미치는 광범위한 영향력을 보여주는 중요한 역사적 사례이다. 또한 이 시기의 변화는 이후 한국의 문자 문화가 한글 중심으로 발전해 나가는 중요한 전환점이 되었다고 할 수 있다.

각국의 언서는 음(陰)에 속하는 반면에 예부터 만들어 전해 오는 창힐이 만든 문자는 양(陽)에 속한다고 할 수 있다. 각국의 공문은 음에 속하지만 옛사람의 의리가 담긴 글은 양에 속한다. 그런 이유로 최근에는 언문과 공문은 도처에서 신장하는데 반해, 고자와 고문은 도처에서 점차 위축되고 있다. 동방이라는 한 지역을 두고 날마다 그 변화의 형세를 관찰해보건대, 오래지 않아 언문이 이 지역 내에서 공적 문자로 사용될 것 같다.……만사만물 중 어느 한 가지 사물도 음이 이기지 아니하는 것이 없는 법인 즉 그렇게 되면 태평성세가 그 가운데에 있을 것이다.(各國諺書可屬於陰， 古來倉頡製字可屬於陽也。各國科式文可屬於陰，古人義理文可屬於陽也。故諺文科文到處倍蓰，古字古文到處漸縮。如持東方一域而日觀於其消長之勢，則不久似以諺文爲其域內公行文字……此其兆矣。物物事事無一物一事之不陰勝者，則一治一亂亦在其中間…….李圭象(1727~1799)，『一夢稿・世界說』)

이규상(李圭象, 1727~1799)의 『일몽고(一夢稿)』(6-21)에 수록된 이 글은 18세기 후반 한글과 한자의 위상 변화에 대한 예리한 통찰을 보여준다. 이 글의 핵심 내용과 의의를 분석해보자.

1. 음양의 대비: 이규상은 한자('창힐이 만든 문자')와 각국의 고유문자('언서')를 각각 양과 음으로 대비시킨다. 이는 전통적인 음양 개념을 문자 체계에 적용한 것으로, 당시 지식인들의 세계관을 반영한다.

2. 변화의 관찰: 그는 언문(諺文)과 공문(科文, 관료 선발 시험에 쓰이는 문체)이 확산되는 반면, 고자(古字)와 고문(古文)이 위축되고 있다고 관찰한다. 이는 실제 사회에서 일어나고 있던 문자사용의 변화를 정확히 포착한 것이다.

3. 미래 예측: "오래지 않아 언문이 이 지역 내에서 공적 문자로 사용될 것 같다"는 예측은 매우 선견지명이 있는 통찰이다. 실제로 이로부터 약 1세기 후 한글은 국문(國文)

의 지위를 얻게
된다.

4. 철학적 해석: "만
사만물 중 어느 한
가지 사물도 음이
이기지 아니하는
것이 없는 법"라는
표현은 변화의 필
연성을 음양 철학
으로 설명하고 있
다. 이는 한글의
부상을 자연스러운
역사적 흐름으로
인식하고 있음을
보여준다.

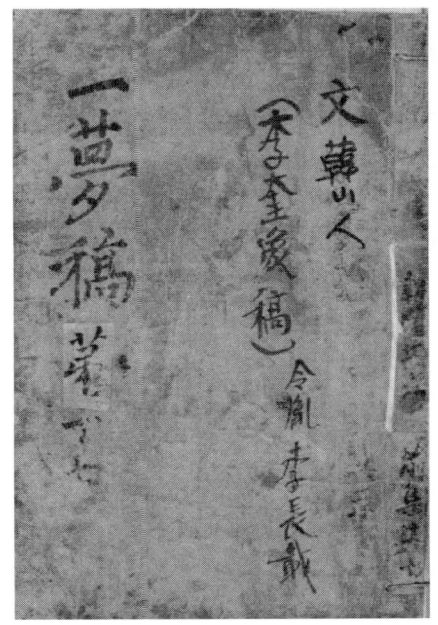

6-21. 이규상(李圭象, 1727~1799)의
『일몽고(一夢稿)』(충청국학디지털아카이브)

5. 사회 변화에 대한
전망: "태평성세
가 그 가운데에
있을 것이다"라는
언급은 문자 체계의 변화가 사회 전반의 변화와 연결될
것이라는 통찰을 보여준다.

이규상의 이 글은 당시 지식인들 사이에서 한글의 위상 변
화와 그 잠재적 영향에 대한 인식이 존재했음을 보여준다.
특히 한글이 공적 영역에서 사용될 것이라는 예측은 매우 중
요하다. 이는 한글이 단순히 민간에서 사용되는 문자가 아니
라 국가의 공식적인 문자 체계로 발전할 가능성을 인지하고
있었음을 의미한다.

실제로 19세기 말에 이르러 한글은 '언문'에서 '국문'으로

그 지위가 격상되었다. 이는 한글이 더 이상 부차적인 문자 체계가 아니라 국가의 주요 문자 체계로 인정받게 되었음을 의미한다. 이로써 한글은 한자가 담당해왔던 제한적 기능을 넘어 문자 생활 전반을 담당하는 주류 문자로 자리 잡게 되었다.

이러한 변화는 단순한 문자 체계의 전환을 넘어 한국 사회의 근대화, 민족 정체성의 강화, 교육의 대중화 등과 밀접하게 연관되어 있다. 한글의 지위 향상은 더 넓은 계층이 문자 생활에 참여할 수 있게 함으로써 사회적, 문화적 변화를 촉진하는 중요한 요인이 되었다.

따라서 18세기 후반 이규상의 예측과 19세기 말의 실제 변화는 문자 정책과 사회 변화의 밀접한 관계를 보여주는 중요한 사례이다. 이는 문자 체계의 변화가 단순한 언어학적 현상이 아니라 광범위한 사회문화적 변동을 수반하는 과정임을 입증한다.

제7장

근대와 현재의 한자

제7장 근대와 현대의 한자

제1절 근대: 한글의 공식문자 인정과 국한문 혼용

개화기의 한글 공식문자 인정 과정은 한국 문자 역사의 중요한 전환점이었다. 이 시기의 주요 사건과 변화를 다음과 같이 정리할 수 있다.

1. 외세 침략과 서구 문물 유입:

    20세기 말, 외세의 침략과 서구 문물의 유입은 개화파들을 중심으로 한글 사용 강조 움직임을 촉발시켰다. 이는 민족 정체성 강화와 근대화 노력의 일환으로 볼 수 있다.

2. 순 한글 신문의 등장:

    - 『독립신문』(1896년 창간)
    - 『제국신문』(1898년 창간)

    이러한 순 한글 신문의 등장은 한글의 실용성과 대중성을 증진시키는 데 큰 역할을 했다.

3. 국한문 혼용의 채택:

   - 『대한매일신보』(1904년 창간)

   국한문 혼용은 한글의 위상을 제고하면서도 급진적 변화를 피하는 중간적 접근이었다.

4. 강위의 국문관:

   '한문으로부터 탈피하되 국문 전용이 가져올 혼란을 막고 안정적인 글쓰기를 위해 국한 혼용을 하자'는 강위의 주장은 당시의 균형 잡힌 접근을 보여준다.

5. 『한성순보』(7-1)에서 『한성주보』(7-2)로의 변화:

   1883년 순한문으로 발간되던 『한성순보』가 1886년 국한문 혼용의 『한성주보』로 바뀐 것은 당시의 언어 사용 변화 추세를 반영한다.

6. 갑오경장과 한글의 공식 인정:

   1894년 갑오경장 시기에 한글이 공식적으로 국문으로 인정받았다. 이는 한글 창제 450년 만의 일로, 한글의 지위가 획기적으로 향상되었음을 의미한다.

7. 칙령 제1호 공문식 14조:

   1894년의 이 칙령은 '법령과 칙령 등은 모두 국문으로 본을 삼고 한역을 붙이고 혹은 국한문을 혼용함'을 원칙으로 삼았다. 이로써 한글은 '나랏말(國文)'의 지위를 공식적으로 획득했다.

8. 교육 분야의 변화:

   1895년 개교한 한성사범학교에서 국문으로 교육이 이루어지기 시작한 것은 한글의 실제적 사용이 교육 현장으로 확대되었음을 보여준다.

이러한 변화들은 한글이 단순한 보조 문자에서 국가의 공
식 문자로 격상되는 과정을 보여준다. 이는 단순한 언어 정
책의 변화를 넘어 한국 사회의 근대화, 민족 정체성의 강화,
대중 교육의 확대 등과 밀접하게 연관된 광범위한 사회 변화
의 일환이었다. 국한문 혼용의 채택은 전통과 근대의 조화,
급진적 변화에 따른 혼란 방지 등을 고려한 실용적인 접근이
었다고 볼 수 있다.

7-1. 『한성순보(漢城旬報)』

7-2. 『한성주보(漢城週報)』

이제 한글의 사용은 근대화와 함께 한민족이 해결해야할 커다란 민족적 과제로 떠올랐다. 서재필(徐載弼, 1864~1951)은 『독립신문(獨立新聞)』의 창간호에서 이렇게 선언했다.

"우리 신문이 한문을 아니 쓰고 단지 국문으로만 쓰는 것은 상하 귀천이 다 보게 하기 위함이다. 또 국문을 이렇게 구절을 떼서 쓴 즉 누구라도 이 신문 보기가 쉽고 신문 속에 있는 말을 자세히 열어 보게 함이다."

이 시기의 한글 사용과 관련된 주요 사항들을 다음과 같이 정리할 수 있다.

1. 한글 사용의 민족적 과제화: 근대화 과정에서 한글 사용은 단순한 문자 선택의 문제가 아니라, 민족 전체가 해결해야 할 과제로 부상하였다. 이는 언어와 문자가 개인의 의사소통 수단을 넘어, 민족 정체성과 직결된 핵심 요소라는 인식이 확산되었음을 반영한다.

2. 서재필의 『독립신문』 창간 선언: 서재필은 『독립신문』 창간 선언에서 "상하 귀천이 다 보게 하기 위함"이라고 밝힘으로써, 한글 사용을 계층 간 정보 격차를 해소하는 수단으로 인식하고 있음을 분명히 하였다. 또한 "누구라도 이 신문 보기가 쉽고"라는 표현을 통해, 한글이 지닌 대중성과 접근성을 적극적으로 강조하였다. 이는 한글이 근대적 공론장의 형성을 가능하게 하는 문자로 이해되었음을 보여준다.

3. 지석영·주시경 등의 언어 개혁 노력: 지석영과 주시경을 비롯한 선각자들의 지속적인 활동을 통해, 새로운 개념을 표현하기 위해 불가피하게 도입되는 한자어를 제외하고

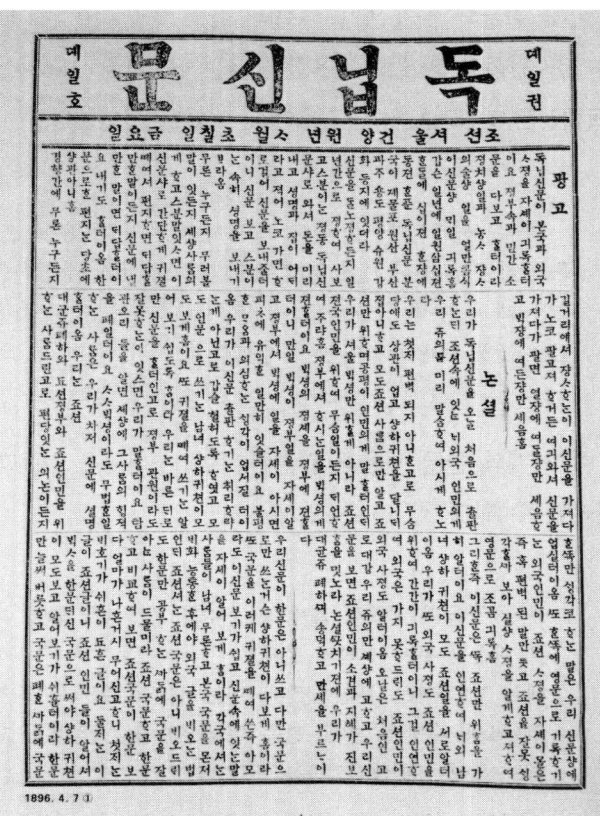

7-3. 『독립신문(獨立新聞)』

가능한 한 국문, 즉 한글로 표기해야 한다는 인식이 사회
전반으로 확산되었다. 이는 한글을 중심으로 한 자립적
문자사용의 기초를 마련한 움직임이었다.

4. 언문일치의 실현: 이 시기를 거치며 기존의 '언문불일치'
   상태에서 '언문일치'로의 전환이 점차 이루어졌다. 이는
   한국어를 한국어답게, 그리고 한글로 기록하는 체계가 사
   회적으로 정착되었음을 의미하며, 문자 체계의 독립성과
   효율성이라는 측면에서 중요한 발전으로 평가된다.

5. 어문 민족주의의 대두: 갑오개혁을 전후로 한글 사용은 점차 자주독립과 애국을 상징하는 민족주의적 의미를 띠게 되었다. 언어와 문자가 단순한 의사소통 수단을 넘어, 민족 정체성을 구성하는 핵심 요소로 인식되기 시작한 것이다.

6. 을사조약 이후의 변화와 대응: 1905년 을사조약으로 인한 국권 상실은 한글의 위상에 새로운 도전을 가져왔다. 일본의 영향 아래에서 한자 사용이 다시 강화되는 경향이 나타났으나, 동시에 한글은 일제 지배에 저항하는 상징적 표식으로 인식되었다. 이러한 상황 속에서도 민족주의자들과 한글 연구자들의 지속적인 노력에 의해, 한글은 단절되지 않고 그 명맥을 유지하며 계승될 수 있었다.

이러한 변화들은 한글이 단순한 문자 체계를 넘어 민족의 정체성, 독립성, 그리고 근대화와 밀접하게 연관된 문화적, 정치적 상징으로 발전해갔음을 보여준다. 특히 일제 강점기에 한글이 저항의 상징이 되었다는 점은 언어와 문자가 민족의 생존과 독립 투쟁에서 중요한 역할을 할 수 있음을 보여준다.

이 시기의 한글 사용에 대한 논의와 실천은 언어 정책이 단순히 의사소통의 효율성 문제를 넘어 민족의 정체성, 사회 계층 간의 평등, 그리고 정치적 독립성과 밀접하게 연관될 수 있음을 보여주는 중요한 역사적 사례이다. 이는 현대의 언어 정책과 문화 정책을 이해하고 수립하는 데 있어서도 중요한 시사점을 제공한다.

개화기부터 일제 강점기에 이르는 시기의 한글 발전과 사용은 『독립신문(獨立新聞)』, 『국한회어(國漢會語)』, 그리고 『조선어사전(朝鮮語辭典)』을 통해 그 변화의 궤적을 살펴볼 수 있다.

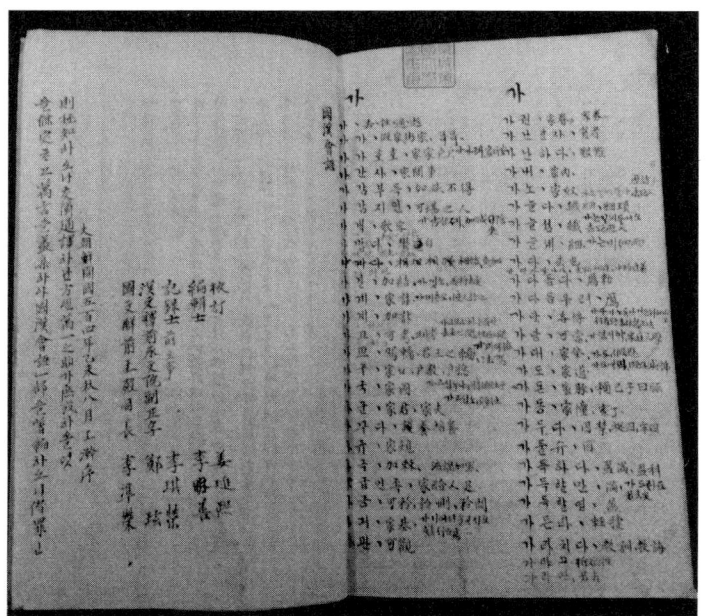

7-4. 『국한회어(國漢會語)』(1895). 1895년 이준영, 정현, 이기영, 이명선, 강진희의 다섯 사람이 편찬한 우리나라 최초의 국어 대역사전으로 서울대 규장각 소장의 필사본이다.(국가유산포털)

첫째, 1896년에 창간된 『독립신문』(7-3)은 한국 최초의 민영 일간지로, 국문판과 영문판을 동시에 발행했다. 격일간으로 시작하여 일간지로 발전한 이 신문은 한글의 대중화와 근대적 언론의 시작을 상징한다. 국문판의 발행은 한글이 공식적인 정보 전달 매체로 사용되기 시작했음을 보여주며, 이는 한글의 사회적 위상 변화를 반영한다.

둘째, 1895년에 편찬된 『국한회어』(7-4)는 이준영 등이 만든

국한대역사전으로, 25,520개의 표제항을 가나다라 순으로
배열하고 표제어는 한글로, 풀이말은 한문으로 표기했다.
이 사전은 새로운 제도와 학문에 관한 용어를 많이 수록
하여 당시의 사회 변화를 반영했으며, 한국 최초로 가로
쓰기를 시도했다는 점에서 큰 으의를 지닌다. 이는 한글
과 한문의 공존, 새로운 개념의 드입, 그리고 한글 표기법
의 혁신을 동시에 보여주는 중요한 자료이다.

셋째, 1938년 문세영이 편찬한 『조선어사전』(7-55)은 약 10
만 개의 어휘를 수록한 대규모 사전으로, 「한글맞춤법통
일안」에 따라 표기한 최초의 사전이라는 점에서 큰 의미
를 지닌다. 이 사전은 현대적 으미의 국어 사전 편찬의
시초로 볼 수 있으며, 당시의 표즌어 보급에 크게 기여했
다. 또한 이두(吏讀) 찾기를 포함하고 있어, 전통과 근대를
연결하려는 시도도 보여준다.

이 세 자료는 각각 한글
의 대중화와 공식화, 언어
의 근대화와 혁신, 그리고
한글의 표준화와 체계화라
는 중요한 변화를 반영한
다. 이를 통해 우리는 개화
기부터 일제 강점기에 이
르는 동안 한글이 단순한
의사소통 도구에서 민족
정체성의 상징이자 근대화
의 매개체로 그 의미가 확
장되었음을 알 수 있다.

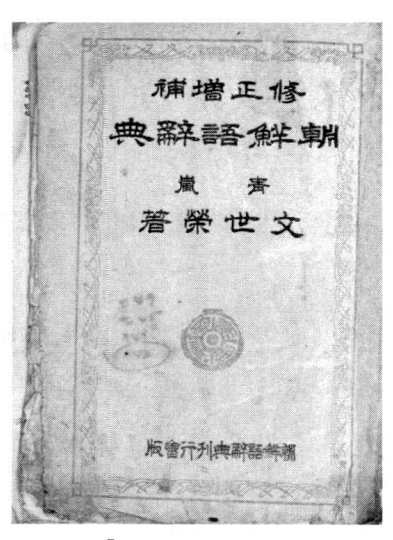

7-5. 『조선어사전(朝鮮語辭典)』

특히 일제 강점기라는 특수한 상황에서도 이러한 한글 관련 사업이 지속되었다는 점은 주목할 만하다. 이는 언어가 민족 정체성 유지에 중요한 역할을 할 수 있음을 보여주며, 동시에 문화적 저항의 한 형태로서 언어 정책이 가질 수 있는 의미를 시사한다.

따라서 이 시기의 한글 관련 자료들은 언어와 문자가 사회 변화와 밀접하게 연관되어 있으며, 문화적, 정치적 변동의 중요한 지표가 될 수 있음을 보여준다. 이는 단순한 언어학적 현상을 넘어 당시의 사회, 문화, 정치적 상황을 종합적으로 반영하는 중요한 역사적 자료로서의 가치를 지니고 있다.

제2절 일제강점기의 언어 지배와 저항(1910-1945)

(1) 무단통치기: 일본어 강요와 '서동문' 정책

일제강점기는 한국의 언어 정책사에서 가장 암울한 시기였다. 1910년 한일강제병합과 함께 시작된 무단통치기(1910-1919)는 일본의 조선 강제 병합으로 시작되어 3.1 운동 발발 전까지의 시기를 지칭한다. 이 시기 일제의 언어 정책은 조선의 문화와 언어를 억압하고 일본어를 강요하는 것을 특징으로 한다.

1911년 공포된 '조선교육령'은 이 시기 언어 정책의 핵심을 보여준다. 이 법령은 일본어를 '국어'로 지정하고 조선어를 선택과목으로 격하시켰다. 이는 언어를 통한 식민 지배 강화의 명확한 표현이었다. 모든 공교육이 일본어로 이루어지게 되면서, 조선인들은 자신의 모국어 사용권을 심각하게

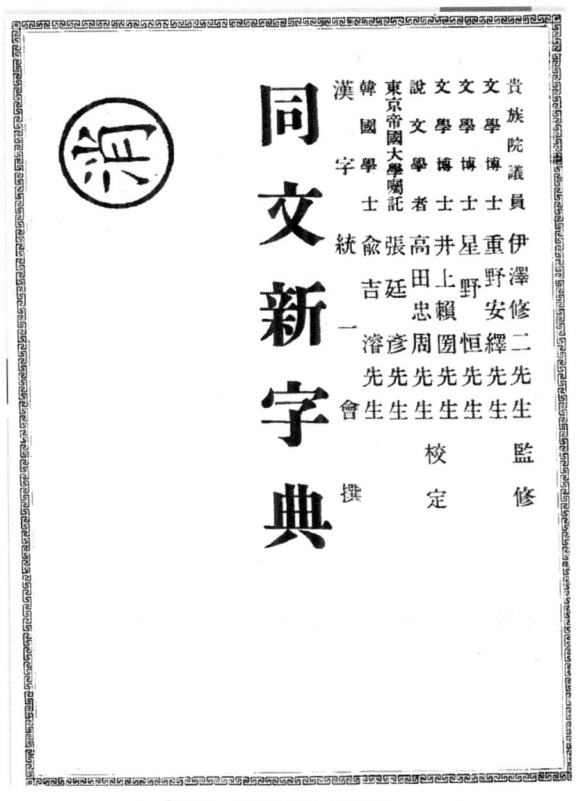

7-6. 『동문신자전(同文新字典)』(1909)
일제가 대동아공영권의 한자통일을 위해 편찬한 자전이다.
여기서의 '동문'은 진시황의 '서동문'을 그대로 가져왔다.
책머리에 이토 히로부미의 제지기 실렸고, 한국인으로는
유길준이 편찬에 참여했다.

제약받게 되었다.

1912년에는 '조선총독부 편집과'가 설치되었다. 이 기관의 주요 목적은 교과서 편찬과 용어 통일이었다. 이를 통해 일본어 중심의 언어 정책이 체계적으로 실행되었고, 조선의 언어와 문화는 점차 주변화 되었다.

이 시기에 주목할 만한 또 다른 측면은 일본의 '서동문(書同文)' 정책이다. 이는 한자 문화권 내에서 일본의 문화적 헤게모니를 확립하려는 시도였다. 일본은 한자를 매개로 동아시아 문화권에서의 주도권을 확보하려 했다. 조선에서는 이를 통해 일본식 한자음 교육이 강화되었고, 전통적인 한자 사용 방식이 변형되기 시작했다.

'서동문' 정책은 표면적으로는 문화적 공통성을 강조하는 것처럼 보였지만, 실제로는 일본의 문화적 우위를 전제로 한 것이었다. 이는 언어를 통한 문화적 동화의 한 형태였으며, 조선의 문화적 정체성을 약화시키는 결과를 낳았다.

(2) 문화정치기: 제한적 허용과 한글 운동의 조직화

3.1 운동 이후 일제가 표면적으로 유화정책을 표방한 문화정치기(1919-1937)에도 본질적으로는 여전히 조선의 언어와 문화를 억압하는 성격을 유지했다. 그러나 이 시기에는 조선어 사용에 대한 일부 허용과 조선어 연구의 제한적 허용이 이루어졌다.

1922년 개정된 '제2차 조선교육령'은 이러한 변화를 반영한다. 이 법령으로 인해 조선어 교육 시간이 증가하고 일부 학교에서 조선어 과목이 필수로 지정되었다. 그러나 이는 실질적인 조선어 교육의 강화라기보다는 일본어 교육의 효율성을 높이기 위한 방편이었다.

이 시기에 주목할 만한 사건은 1921년 '조선어학회'(후에 한글학회로 개칭)의 설립이다. 조선어학회는 한글 맞춤법 통일안 제정, 표준어 제정 등 중요한 업적을 남겼지만, 이들의 활동은 항상 일제의 감시와 제약 하에 있었다.

1933년 '한글 맞춤법 통일안'의 제정은 이 시기 언어 정책의 중요한 사건이다. 이는 현대 한글 맞춤법의 기초를 마련했다는 점에서 큰 의의가 있다. 그러나 이 통일안의 공식적인 사용과 보급은 일제에 의해 크게 제한되었다.

'서동문' 정책은 이 시기에도 지속되었지만, 그 형태와 강도

7-7. 『한국역대자전총서』(하영삼 주편, 도서출판3, 2017).
일제강점기에 편찬된 '국한문신옥편', '한선문신옥편', '증보자전대해', '자전석요', '신자전', '일선신옥편', '자림보주', '회중일선자전', '신정의서옥편', '실용선화대사전' 등 대표적 자전 12종을 선별해 교감과 표점을 거친 전자 배판본이다.

가 변화했다. 이 시기 일본은 보다 교묘한 방식으로 '서동문' 정책을 추진했다. 조선어 연구를 허용하면서도 그 연구 방법론과 결과가 일본의 언어학적 관점을 따르도록 유도했다. 또한, 한자 교육에서도 일본식 한자음과 독법을 강조하면서 조선의 전통적인 한자 사용 방식을 점진적으로 변형시켰다.

(3) 민족말살기: 극단적 동화 정책과 조선어학회 사건

중일전쟁 발발과 함께 시작된 민족말살기(1937-1945)는 일제의 조선 민족성 말살 정책이 극에 달했던 시기이다. 이 시기의 언어 정책은 이전 시기들과는 질적으로 다른, 극단적인 형태를 띠었다.

1938년 공포된 제3차 조선교육령은 이 시기 언어 정책의 본질을 여실히 드러낸다. 이 법령으로 인해 조선어는 학교 교육에서 필수과목에서 완전히 제외되었다. 대신 일본어가 유일한 '국어'로 지정되어, 모든 교육이 일본어로만 이루어지게 되었다. 이는 조선어 교육의 실질적인 금지를 의미했으며, 조선어의 공적 영역에서의 사용이 크게 제한되는 결과를 낳았다.

이 시기 언어 정책의 극단성은 1942년 발생한 '조선어학회 사건'에서 잘 드러난다. 조선어 연구와 보급을 위해 활동하던 조선어학회 회원들이 대거 체포되어 고문을 당하고 투옥된 이 사건은, 일제의 언어 말살 정책이 얼마나 극단적이었는지를 보여주는 상징적 사례이다.

이 시기에 '서동문(書同文)' 정책은 그 본질이 더욱 노골적으로 드러났다. 일본은 '서동문' 정책을 통해 단순히 문화적 영향력을 확대하는 것을 넘어, 조선인의 정체성 자체를 일본인으로 바꾸려는 시도를 했다.

1940년에 시행된 창씨개명 정책은 '서동문' 정책의 극단적 형태로 볼 수 있다. 조선인의 이름을 일본식으로 바꾸게 함으로써, 언어적 차원에서 조선인의 정체성을 말살하려 했던 것이다. 또한, 공문서나 신문, 잡지 등에서 한자는 일본식 약자만을 사용하도록 강제했으며, 한자의 읽는 방식도 일본식으로 통일하려 했다.

7-8. 일제강점기의 한자 혼용 예

이 시기에는 '국어상용운동'이라는 이름하에 일상생활에서도 일본어 사용이 강제되었다. 가정에서조차 일본어를 사용하도록 강요받았으며, 조선어를 사용하다 적발되면 처벌을 받았다. 이는 언어를 통해 민족의 정체성을 완전히 말살하려는 시도였다.

　그러나 이러한 극단적인 정책에도 불구하고, 조선인들의 은밀한 저항은 계속되었다. 가정에서 비밀리에 조선어를 사용하거나, 한글 문학작품을 몰래 필사하여 돌려 읽는 등의 방식으로 조선어와 한글을 지키려는 노력이 이어졌다.

제3절 광복 이후: 국한문 혼용과 현재

(1) 한글 사용 정책의 변화

한국의 문자사용 역사는 한자에서 한글로의 점진적인 전환 과정을 보여준다. 훈민정음(訓民正音) 창제 이전과 이후 상당 기간 동안 한자는 문자생활의 주된 수단이었다. 그러나 임진 왜란 이후, 특히 영조·정조 시대에 이르러 고대소설의 등장과 함께 훈민정음의 사용이 점차 증가하기 시작했다.

갑오경장을 전후하여 훈민정음의 사용이 크게 증가했지만, 한자 사용이 줄어든 것은 아니었다. 그러나 이 시기부터 문자 생활의 주도권이 점차 한자에서 정음으로 이행하는 경향이 나타나기 시작했다. 1894년 갑오경장 때 한글이 국문(國文)의 지위를 획득했으나, 일제 강점기를 거치면서 일본의 영향으로 한자 사용이 다시 보편화되는 복잡한 양상을 보였다.

1945년 광복 이후, 한글 사용을 촉진하기 위한 여러 정책 이 시행되었다. 문교부의 조선교육심의회는 학교교육에서 한 자폐지와 횡서 쓰기를 시행했으며, 1948년에는 「한글전용법」 이 공포(7-9)되어 공문서에서의 한글 사용이 의무화되었다. 그 러나 사회 전반적으로 국한문 사용이 지속되자, 정부는 1957 년 「한글전용 적극추진에 관한 건」을 결의하고, 1961년에는

한글전용법을 더욱 강
화했다.

한편, 한자 교육에
대한 정책은 일관성
없이 변화를 겪었다.
1950년대에는 상용한
자를 선정하여 교육했
지만, 1968년에는 한
글전용 5개년계획안을
통해 상용한자를 폐지
하고 교과서에서 한자
를 전면 제거했다. 그
러나 1971년에는 다
시 한문교육을 하기로
결정하는 등 정책의
일관성이 부족했다.

7-9. 1948년 공포 「한글전용법」(국가기록원)

이러한 변화 속에서도 시간이 흐를수록 한글 사용은 점차
보편화되고 한자 사용은 위축되었다. 1980년대에 들어서면서
한글 사용의 제도화가 본격화되었다. 1984년 국어문법통일안
이 확정되고 국어연구소가 개설되었으며, 1986년에는 개정된
「외래어표기법」이 공포되었다. 1988년에는 「한글맞춤법」과 「
표준어규정」이 공포되어 1989년부터 시행되면서 본격적인 한
글 전용 시대가 전개되었다.

이러한 과정은 문자 정책이 단순히 언어학적 차원의 문제

7-10. 신문으로 본 한자병용 변화(1965년도)

가 아니라 사회, 문화, 정치적 상황과 밀접하게 연관되어 있음을 보여준다. 한글과 한자 사용의 변화는 한국의 근대화 과정, 민족 정체성의 형성, 그리고 교육 정책의 변화와 깊이 연관되어 있으며, 이는 문자 정책이 국가의 문화적, 정치적 지향점을 반영하는 중요한 지표가 될 수 있음을 보여준다.

21세기에 들어서면서 한국의 한자 정책은 새로운 국면을 맞이하게 되었다. 이러한 변화는 주로 국제 정세의 변화, 특히 중국의 세계적 위상 강화와 밀접하게 연관되어 있다.

중국이 세계 경제의 주요 축으로 브상하면서, 한국과 중국

7-11. 신문으로 본 한자병용 변화(1981년도)

간의 지리적, 문화적 근접성이 새롭게 주목받기 시작했다. 이
는 한자에 대한 관심 증대로 이어졌다. 특히 세계 경제의 블
록화 현상, 즉 유럽연합(EU), 북미자유무역지대(NAFTA), 아
시아 태평양 경제협력체(APEC), 자유무역협정(FTA), 동남아
시아 국가연합(ASEAN) 등의 형성에 대응하여 동아시아를
중심으로 한 '공용문화권' 구상이 부각되었다. 이 과정에서
유가사상과 함께 한자가 동아시아를 하나로 묶을 수 있는 중
요한 문화적 요소로 재조명받게 되었다.

이러한 변화를 반영하여 1990년대부터 한국 사회 내에서 한
자 존속을 주장하는 목소리가 커지기 시작했다. 그 결과, 도로

7-12. 1988년 5월15일 발행 <한겨레신문> 창간호

표지 및 지명 표기 등에 한자가 병기되기 시작했고, 1998년에는 한자교육추진총연합회가 결성되었다. 이는 한자 교육의 필요성에 대한 사회적 인식이 확대되고 있음을 보여준다.

2009년에는 정운찬 총리가 초등학교에서의 한자 의무 교육을 건의하는 등 정부 차원에서도 한자 교육의 중요성을 인식하기 시작했다. 실제로 서울의 일부 초등학교에서는 한자 교육이 의무화되기도 했다. 더 나아가 2015년에는 2018년부터 적용될 초등학교 교과서에 한자를 병기하는 방안이 추진되기도 했다.

이러한 변화는 한국의 문자 정책이 단순히 국내적 요인뿐

7-13. "제주시, 2024년 3월까지 관광안내표지판에 일본어 추가"
(https://www.seogwipo.co.kr/news/articleView.html?idxno=67457)

만 아니라 국제적 정세 변화에도 민감하게 반응함을 보여준다. 특히 경제적, 문화적 측면에서 동아시아 지역의 중요성이 커짐에 따라, 한자가 지역 내 문화적 소통과 경제적 협력을 위한 중요한 도구로 재인식되고 있는 것으로 보인다.

그러나 이러한 변화가 한글의 위상을 약화시키는 것은 아니다. 오히려 한글과 한자의 병용을 통해 더 풍부하고 정확한 의사소통을 추구하는 방향으로 나아가고 있다 할 것이며, 이는 글로벌 시대에 맞춰 언어적 다양성과 문화적 정체성을 동시에 추구하는 균형 잡힌 접근으로 볼 수 있다.

따라서 21세기 한국의 문자 정책은 국내적 필요성과 국제적 환경 변화를 동시에 고려하는 복합적인 양상을 보이고 있다. 이는 문자 정책이 단순한 의사소통 수단의 선택을 넘어 국가의 문화적 정체성, 교육 정책, 그리고 국제 관계와 밀접하게 연관되어 있음을 보여주는 중요한 사례라고 할 수 있다.

한국의 한자 정책과 교육은 복잡하고 때로는 일관성이 부족한 양상을 보여왔다. 이는 한글 전용 정책과 한자 교육의 필요성 사이에서 균형을 찾으려는 노력의 결과라고 볼 수 있다.

(2) 상용 한자의 제정

1945년 이후, 한자 사용 폐지를 전제로 한 보완책으로 한자의 제한적 사용 및 교육이 시도되었다. 1951년 9월, 문교부는 처음으로 교육한자 1,000자를 제정·발표했으며, 1957년에는 300자가 추가되어 1,300자로 확대되었다. 이는 한글 전용 정책을 추진하면서도 한자에 대한 기본적인 이해의 필요성을 인정한 결과로 볼 수 있다.

1967년 12월에는 한국신문협회가 상용한자 2,000자를 선정하였다. 이는 언론계에서 필요로 하는 한자의 범위를 규정한 것으로, 실용적인 측면에서의 한자 사용 필요성을 반영한 것이다.

그러나 1968년 한글전용정책의 실시로 인해 1970년부터는 모든 공문이 한글로만 작성되고, 초·중·고등학교의 모든 교과서에서 한자의 노출 표기가 사라졌다. 이로 인해 한자의 사용이 크게 줄어들었다. 이는 한글 전용 정책의 강화로 인한 결과였지만, 동시에 한자 교육의 부재로 인한 문제점들이 드러나기 시작했다.

7-14. 정치가 된 국한문 논쟁

이러한 상황을 반영하여 1972년 8월, 문교부는 다시 1,800자의 중등학교 교육용 한자를 제정·발표하였다. 이 기조는 현재까지 이어지고 있으며, 이는 한자 교육의 필요성을 인정하면서도 그 범위를 제한하려는 시도로 볼 수 있다. 교육용 기초한자는 1,800자로 규정되었지만, 인명이나 지명 등의 고유명사는 이 기초한자에 관계없이 교육할 수 있도록 하였다. 또한 학습 효과를 위해 필요한 경우 추가 한자를 지도할 수 있되, 그 범위를 1,800자의 10% 이내로 제한하가도 했다.

이러한 정책의 변화는 한국 사회에서 한자의 위치가 계속해서 재조정되고 있음을 보여준다. 한글 전용을 기본 원칙으로 하면서도, 한자에 대한 기본적인 이해의 필요성을 인정하고 있는 것이다. 이는 한글과 한자를 대립적인 관계로 보는 것이 아니라, 상호 보완적인 관계로 인식하려는 노력의 일환으로 볼 수 있다.

하지만 이러한 정책의 변화가 빈번하게 일어나고 때로는 일관성이 부족했다는 점은 한국의 언어 정책이 여전히 과도기적 상태에 있음을 시사한다. 이는 한국어의 특성, 역사적 배경, 그리고 변화하는 국제 환경 등 복잡한 요인들을 모두 고려해야 하는 한국 문자 정책의 어려움을 반영한다.

그럼에도 한국의 한자 교육 정책은 한글 전용의 원칙을 유지하면서도 한자의 실용적 필요성을 인정하는 방향으로 진화해 왔다. 이는 언어 정책이 단순히 언어학적 고려사항뿐만 아니라 사회적, 문화적, 국제적 요인들을 복합적으로 반영해야 하는 복잡한 과정임을 보여준다.

漢字병용 논란 확산
"이해 쉽다" "한글 위축" 찬·반 엇갈려

문화부선"계획대로 추진"

정부의 한자병용 확산방안을 둘러싼 찬반 논란이 정부 부처간의 이견을 넘어 유관단체, 시민에게로 확산되고 있다. / 관련기사 3·6면

한글전용을 주장해온 한글학회, 한국바른말연구원 등 4개 단체는 10일 오전 서울 정부 세종로청사 후문에서 한자병용 추진방침 철회를 촉구하는 집회를 열고 「정부는 정보화·세계화를 내세우면서 한글전용법을 폐기하려는 음모를 넓히고 있다」며 「나라를 망치는 한자병용 추진을 즉각 중단하라」고 주장했다. 한글학회는 12일 공시대책회의를 열고 공식성명서 채택, 법적투쟁 등을 강구키로 했다.

전국한자교육추진총연합회, 한국어

문교육연구회 등 한자교육의 필요성을 강조해온 단체들은 「정부의 방침을 환영한다」며 「이를 계기로 한자혼용 정책으로 나아가야 한다」고 주장했다. 이번 논쟁은 시민들에게까지 번져 찬성론과 반대론이 엇갈렸다.

그러나 PC통신망에서는 한자병용을 반대하는 의견이 많은 것으로 드러났다.

문화관광부는 이날 보충설명자료를 통해 「한글전용이라는 어문정책의 대전제는 변함이 없다」며 「그러나 대통령의 지시가 있은만큼 한자병용 방침은 계획대로 추진할 것」이라고 밝혔다. 문화부는 이르면 다음주말쯤 「사무관리규정」(대통령령) 개정협의 등 필요한 행정적 조치를 취할 방침이다.

조찬제기자

7-15. 한자병용의 논쟁

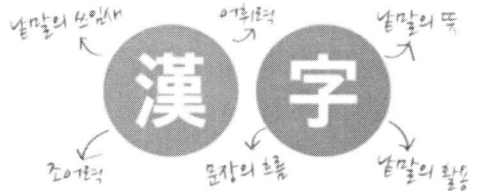

2015.05.29

조선일보

초등학교 교과서 한자 병기,
교육 효과 크다!

초등학교 3학년부터 한자를 병기한다면 4년간 500자, 즉 1년에 100자 남짓의 한자를 배우는 것이므로 큰 부담이 되지 않을 것이다. 學校와 병기된 學校를 본 학생은 學生이나 學年, 學習, 學歷, 放學 등을 보았을 때 낱말의 뜻을 쉽게 이해할 수 있을 뿐만 아니라 같은 한자가 다른 낱말에서 어떻게 쓰이는지 다양한 쓰임새를 알 수 있게 될 것이다. 효율적인 길을 놔두고 굳이 먼 길로 돌아가겠다는 이유를 알 수 없다. (계속)

출처:http://news.chosun.com/site/data/html_dir/2015/5/28/2015052804267.html

기사
보기

7-16. 한자병용 문제는 여전히 진행 중이다

　한국의 한자 정책은 교육, 언론, 법률 등 다양한 분야에서 각기 다른 방식으로 발전해왔다. 이는 한자의 실용적 필요성과 한글 전용 정책 사이의 균형을 찾으려는 노력의 결과로 볼 수 있다.

　먼저, 교육 분야에서는 1972년 8월에 1,800자의 '교육용 기초 한자'가 제정되어 같은 해 9월부터 교육에 사용되었다. 이 체계는 중학교 900자, 고등학교 900자로 구성되어 있으며, 2000년 12월 30일 교육부에서 44자를 교체했지만 기본 틀은 현재까지 유지되고 있다. 이 정책은 인명과 지명 등 고유명사에 대해서는 예외를 두고, 필요한 경우 10% 범위 내에서 추가 한자를 교육할 수 있도록 유연성을 부여했다. 1975년부터는 국어 교과서에도 한자 병기가 가능해져, 한자 교육의 범위가 확대되었다.

둘째, 언론계에서는 1967년 12월 한국신문협회가 선정한 2,000자의 상용한자표를 1968년 1월 1일부터 출판물의 기준으로 삼았다. 이는 언론의 특성상 더 넓은 범위의 한자가 필요하다는 인식을 반영한 것이다.

셋째, 법률 분야, 특히 대법원의 한자 사용 정책은 더욱 광범위한다. 2001년 1월에 법원 업무를 위한 한자 4,789자를 확정하고, 2005년 1월 1일부터 159자를 추가하여 5,138자를 사용하고 있다. 이는 법률 용어의 정확성과 전문성을 위해 더 많은 한자가 필요하다는 판단에 따른 것으로 보인다.

넷째, 인명용 한자의 경우, 대법원은 1990년 호적법 개정으로 처음에는 2,731자로 제한했다. 이는 어려운 한자 사용으로 인한 불편을 해소하고 전산화의 편의성을 위한 조치였다. 그러나 이로 인한 불편을 해소하기 위해 여러 차례 개정을 거쳐 2015년부터는 총 8,142자로 확대되었다.

물론 이러한 다양한 정책은 한국 사회에서 한자의 역할과 필요성이 분야에 따라 다르게 인식되고 있음을 보여준다. 교육 분야에서는 기초적인 한자 이해에 초점을 맞추고 있는 반면, 언론과 법률 분야에서는 더 광범위한 한자 사용을 필요로 하고 있다.

이러한 정책의 다양성은 한글 전용을 기본으로 하면서도

각 분야의 특성과 필요에 따라 한자 사용을 조절하는 실용적인(pragmatic) 접근을 보여준다. 그러나 동시에 이는 한국의 문자 정책이 여전히 통일된 방향을 찾지 못하고 있음을 시사하기도 한다.

따라서 한국의 한자 정책은 한글 전용이라는 큰 틀 안에서 각 분야의 특성과 필요에 따라 다양하게 발전해왔다고 할 수 있다. 이는 언어 정책이 단순히 언어학적 고려사항뿐만 아니라 사회적, 실용적, 기술적 요인들을 복합적으로 반영해야 하는 복잡한 과정임을 보여준다. 앞으로도 이러한 다양성을 인정하면서도 더 체계적이고 일관된 정책 방향을 모색하는 것이 한국 문자 정책의 과제가 될 것으로 보인다.

연도	명칭	한자 수	비고
1951	상용한자	1,200	
	교육한자	1,000	
1957	교육한자	1,300	1951년 상용한자에서 300자 추가
1968	한국신문협회 상용한자	2,000	
1972	교육용 기초 한자	1,800	10% 이내 추가 교육 허용
1990	대법원 인명용 한자	2731	이후 8차의 보완을 거쳐 5,761자로 확장
2000	(수정) 교육용 기초 한자	1,800	44자 교체
2001	법원용	4,789	
2005	법원용	5,138	2001년 안에 159자 추가
2015	(수정) 대법원 인명용 한자	8,142	

7-17. 상용한자, 교육한자, 인명한자 일람표

한국의 전선화와 관련하여, KS 코드에서의 한자 처리는 한국의 문자 정책이 디지털 시대에 맞춰 어떻게 진화하고 있는지를 보여주는 중요한 지표이다.

KS 코드에서 한자는 기본 4,888자(소위 해정전산망 코드)와 확장 2,856자를 포함하여 총 7,744자를 다루고 있다. 이는 앞서 언급된 교육용 기초 한자 1,800자나 언론계의 2,000자 상용한자표보다 훨씬 광범위한 범위를 포괄하고 있다. 이는 디지털 환경에서 다양한 한자를 처리할 수 있는 능력이 필요하다는 인식을 반영한 것으로 볼 수 있다.

더 나아가 KS X 1005-1 표준은 총 23,274자의 한자를 포함하고 있다. 이는 유니코드 2.0을 반영한 것으로, 한중일 통합 한자를 적용하고 있다. 이 표준이 대한민국에서 실제 사용하지 않는 한자까지 포괄하고 있다는 점은 주목할 만하다. 이는 다음과 같은 의미를 지닌다.

1. 국제 표준과의 호환성: 유니코드 표준을 따름으로써 국제적인 문자 처리 시스템과의 호환성을 확보하고 있다.
2. 확장성: 현재 사용하지 않는 한자도 포함함으로써 미래의 필요성에 대비하고 있다.
3. 문화적 연계성: 한중일 통합 한자를 적용함으로써 동아시아 문화권의 연계성을 인정하고 있다.
4. 기술적 완전성: 가능한 한 많은 한자를 포함함으로써 텍스트 처리의 기술적 완전성을 추구하고 있다.

연도	명칭	구현한자	비고
1987	KS X 1001(KS C 5601-1987)(행망코드)(정보 교환용 부호계)	4,888	2004년에 개정된 'KS X 1001:2004'가 최신 규격
1991	KS X 1002(KS C 5657-1991)(정보 교환용 부호 확장 세트)	7,744	2,856 추가
1995	KS X 1005-1(KS C 5700-1995)KS X 1005-1(유니코드)	23,274	

7-18. 표준코드 한자 일람표

이러한 접근은 한국의 문자 정책이 단순히 국내적 필요성뿐만 아니라 국제적 표준과 기술적 요구사항을 고려하고 있음을 보여준다. 이는 글로벌화된 디지털 환경에서 한국어와 한자의 처리가 더 넓은 맥락에서 이루어져야 한다는 인식을 반영하고 있다.

동시에 이는 한자 사용에 대한 한국의 접근이 매우 실용적이라는 것을 보여주기도 한다. 즉, 한글 전용을 기본 원칙으로 하면서도, 필요에 따라 광범위한 한자 사용을 가능하게 하는 기술적 기반을 마련하고 있는 것이다.

따라서 KS 코드에서의 한자 처리 방식은 한국의 문자 정책이 디지털 시대에 맞춰 진화하고 있으며, 국내적 필요성과 국제적 표준, 그리고 기술적 요구사항을 균형 있게 고려하고 있음을 보여준다. 이는 앞으로의 한자 정책이 더욱 복잡하고 다면적인 접근을 필요로 할 것임을 보여준다.

제4절 21세기 글로벌화와 디지털 시대 (2000-현재)

(1) 국어기본법과 균형적 언어 정책

2000년대 이후 한국의 언어 정책은 글로벌화의 심화, 디지털 기술의 급속한 발전, 그리고 다문화 사회로의 진입이라는 복합적인 요인들이 작용하는 가운데 새로운 패러다임을 모색하게 되었다.

노무현 정부 시기인 2005년 제정된 '국어기본법'은 이 시기 언어 정책의 핵심적 전환점이었다. 이 법은 한글 전용을 원칙으로 하되, 필요한 경우 한자를 병기할 수 있도록 허용했다. 이는 한글과 한자의 균형 있는 사용을 법적으로 보장하는 중요한 조치였으며, 지난 60여 년간 지속되어온 한글 전용 정책에서 실용주의적 균형 정책으로의 공식적 전환을 의미했다.

2007년 개정 교육과정에서는 한문 교육이 더욱 강화되었다. 중학교에서 한문 교육 시간이 증가했으며, 고등학교에서는 한문 과목의 선택 폭이 넓어졌다. 이는 글로벌 시대에 대응하는 언어 능력 강화를 위한 조치로 해석된다.

(2) 한류와 한글의 세계화

7-19. k-pop(https://www.lafilm.edu/blog/a-brief-history-of-kpop/)

21세기 들어 한국 문화의 세계적 확산, 즉 '한류'는 한글의 국제적 위상에도 큰 변화를 가져왔다. K-pop, K-드라마, K-영화 등 한국 문화 콘텐츠의 글로벌 성공은 한글에 대한 세계적 관심을 크게 높였다.

이러한 변화는 한국의 언어 정책에도 새로운 차원을 더했다. 한글이 단순한 국내 의사소통 도구를 넘어 문화 외교와 소프트 파워의 핵심 수단으로 인식되기 시작한 것이다. 세종학당의 설립과 확대는 이러한 노력의 대표적 사례이다.

한류의 확산과 함께 한글의 국제적 위상이 높아지면서, 이를 문화 외교의 수단으로 활용하는 정책이 강화되었다. 이는 언어를 통한 소프트 파워 확대 전략으로, 국제 관계에서 새로운 형태의 문화적 영향력을 행사하려는 시도라고 할 수 있

[K-Culture] 봉준호의 '기생충', 21세기 최고 영화로...NYT 선정 1위
봉준호 '기생충', NYT 선정 21세기 최고 영화 1위...한국영화, 세계사 다시 쓰다
봉준호·박찬욱·셀린 송까지...'K-무비'의 서사는 이제 세계의 언어가 됐다

7-20. k-film 『기생충』. NYT 선정 20세기 최고의 영화에 올랐다.

7-21. k-drama 오징어게임

다. 이 과정에서 한글은 단순한 의사소통 도구를 넘어 국가 브랜드의 핵심 요소로 자리 잡게 되었다.

흥미롭게도, 한류의 성공에는 한국의 독특한 하이브리드적 언어 환경이 기여한 것으로 분석된다. 한글, 한자, 알파벳의 공존은 K-문화 콘텐츠에 문화적 하이브리드성, 시각적 독특성, 효과적인 문화간 번역 능력을 제공했다. 이는 한국의 언어 정책이 단순히 국내적 차원을 넘어 글로벌 문화 교류의 핵심 요소로 작용할 수 있음을 보여준다.

(3) AI 시대의 새로운 언어 환경

디지털 기술의 발전은 한자 사용 환경에 큰 변화를 가져왔다. 컴퓨터와 스마트폰의 보급으로 한자 입력이 다양화하고 용이해졌는데, 이는 일상생활에서의 한자 사용 증가로 이어졌다. 특히 SNS에서의 한자어 사용 증가는 주목할 만한 현상이다.

자연어 처리 기술의 발전은 한글-한자 병용의 기술적 용이성을 크게 증대시켰다. AI 기반 번역 및 변환 기술의 발전으로 한글과 한자 간의 전환이 더욱 쉬워졌다. 이는 향후 언어 정책에 있어 한글과 한자의 유연한 활용 가능성을 보여준다.

언어 데이터의 중요성 증대에 따라 한자 지식의 새로운 가치가 부각되고 있다. 한자어 데이터가 한국어 자연어 처리의 정확성을 높이는 데 중요한 역할을 한다는 것이 확인되면서,

7-22. "한강, 한국작가 첫 노벨문학상 수상"
https://www.donga.com/news/Culture/article/all/20241011/130195303/2

AI 시대에 한자 교육의 새로운 필요성도 제기되고 있다.

최근에는 인공지능(AI) 기술의 발전이 언어 정책에 새로운 과제를 제시하고 있다. AI 번역 기술의 발전은 한자 지식의 필요성에 대한 새로운 논의를 불러일으키고 있다. 한편으로는 AI가 번역을 대신해줄 수 있다는 관점이 있지만, 다른 한편으로는 AI의 정확한 작동을 위해서는 인간의 언어 이해 능력이 더욱 중요해진다는 관점도 존재한다.

다문화 사회로의 진입도 한국어 교육 정책에 영향을 미쳤다. 정부는 결혼이민자와 그 자녀들을 위한 한국어 교육 프로그램을 확대했다. 이 과정에서 한자 교육의 필요성도 재조명되었다. 다양한 문화적 배경을 가진 학습자를 위한 유연한 언어 정책 수립이 필요해졌고, 한자를 통한 아시아 문화권 이해 증진 프로그램 개발도 모색되고 있다.

예컨대, '케이팝 데몬 헌터스'('케데헌')는 2025년 6월 20일 넷플릭스 공개 후, 플랫폼이 '역대 가장 인기 있는 영화'로 공인할 정도의 시청 성과를 거두었다. 가상의 걸그룹 'HUNTR/X'와 라이벌 'Saja Boys'를 전면에 내세운 뮤지컬 애니메이션은, 싱어롱 상영에서 북미·영국 등 1,300회 이상 매진을 기록했고, 사운드트랙은 빌보드 핫100 톱10에 네 곡을 동시에 올리고 누적 스트림 30억 회를 넘기며 '영상→음원→팬덤'의 순환을 만들었다.

이 성공은 한국 문화가 한글(표음)과 한자어(표의)를 병용해 온 '문자의 혼융성'을 K-팝의 글로벌 유통 문법으로 재매개했기 때문이다. 예컨대, 작품은 라틴 문자 로고("HUNTR/X"), 한국어 자막, 그리고 한자어 의미가 갈라지는 명명('Saja'=저승사자, 'messenger')을 겹쳐 배치함으로써, 한국성을 '설명'이 아니라 '읽고 따라 부르는' 수행으로 경험하게 한다. 특히 혼문(魂門)을 비롯해 도깨비·물귀신·저승사자 같은 무속적 존재들이 K-팝 무대의 조명·안무·가사 자막과 결합하는 순간, 낯선 신화는 곧바로 '검색 가능한' 텍스트가 되어 팬덤의 번역·해설·밈 생산을 촉발한다. 그래서 'Honmoon' 같은 고유명은 한국어 음가를 유지한 채 세계관의 핵심 개념으로 기능하면서, 번역 가능한 발음과 번역 불가능한 정서를 동시에 붙든다. 결과적으로 '케데헌'은 혼융적 문자체계가 축적한 다층적 해독 능력을 글로벌 팬덤의 참여 관행과 접속시켜, 문화적 특수성을 세계적 소비형식으로 전화(轉化)시킨 사례라 할 수 있다.

7-23. '케이팝 데몬 헌터스' 2025년 6월 20일 공개된 넷플릭스 오리지널 미국 애니메이션 영화. 대한민국의 K-POP 아이돌을 소재로 하는 최초의 해외 제작 애니메이션이며 역사상 최초로 K-POP 음악을 활용한 뮤지컬 애니메이션이다. 한국 약칭은 '케데헌', 영미권 약칭은 'KPDH'로 통하는 경우가 많다.(나무위키)

제8장

인쇄와 한자의 보급

제8장 인쇄와 한자의 보급

한국의 인쇄술 발전은 문자 생활과 문화 전파에 혁명적인 변화를 가져왔다. 이는 서구에서 **구텐베르그**의 인쇄술이 근대화의 원동력이 되었던 것에는 미치지 못하지만 유사한 영향을 한국 사회에 미쳤다. 한국의 인쇄술 발전 과정은 다음과 같이 정리할 수 있다.

1. 목판 인쇄의 도입과 발전: 한국은 초기에 중국의 목판 인쇄 기술을 도입하여 이를 개량하고 응용했다. 이는 문자의 대량 복제를 가능하게 하여 지식 전파의 속도를 크게 향상시켰다.

2. 금속활자의 발명: 1234년(고종 21)에서 1241년 사이에 한국은 세계 최초로 금속활자를 발명했다. 이는 구텐베르그의 금속활자 발명(1455년경)보다 약 200년이나 앞선 것으로, 세계 인쇄 문화사에서 매우 중요한 의미를 지닌다.

3. 『직지심체요절(直指心體要節)』의 제작: 1377년에 제작된 『직지심체요절』은 현존하는 세계 최고(最古)의 금속활자 인쇄본으로, 서구 최초의 금속활자 인쇄본보다 78년이나 앞선다. 이는 한국 인쇄 기술의 우수성을 입증하는 중요

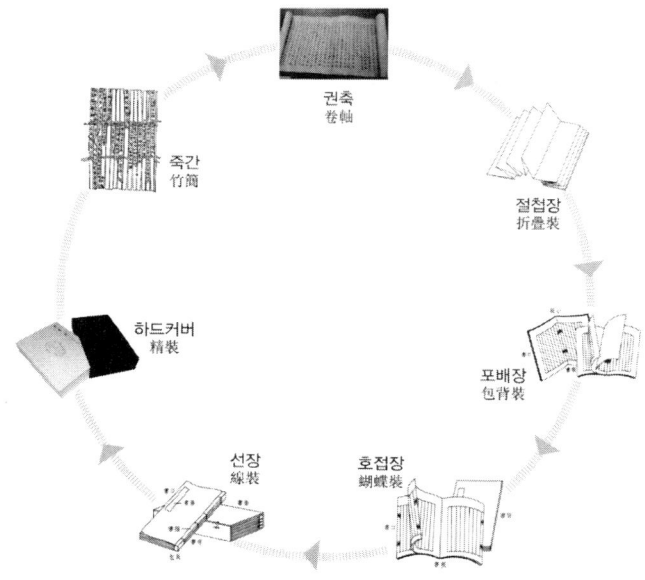

권축
卷軸

죽간
竹簡

절첩장
折疊裝

하드커버
精裝

포배장
包背裝

선장
線裝

호접장
蝴蝶裝

8-1. '책의 역사'.

제작 방식에 따라 이상의 과정을 거쳤다. 책(冊)은 종이가 보편화되기 전 죽간에다 글을 쓰고 이를 묶어 놓은 모습을 그렸다. 종이가 보편화된 이후 책의 제작 형식이 진보하여 지금은 하드커버와 소프트커버가 유행하게 되었고, 또 컴퓨터의 발달로 전자책(e-book)이라는 새로운 형식도 출현하였다.

한 증거이다.

이러한 인쇄술의 발전이 한국 문화에 미친 영향은 다음과 같이 평가할 수 있다.

1. 지식의 대중화: 인쇄술의 발전으로 책의 대량 생산이 가능해져, 지식이 더 넓은 계층에게 전파될 수 있었다.

2. 문화의 비약적 발전: 한자 문화가 급속도로 보급되면서 문학, 철학, 과학 등 다양한 분야에서 문화적 발전이 가

속화되었다.

3. 표준화된 지식의 전파: 동일한 내용의 책이 대량으로 생산됨으로써, 지식의 표준화와 정확한 전파가 가능해졌다.

4. 문자 생활의 변화: 필사에 의존하던 문자 생활이 인쇄물 중심으로 변화하면서, 문자의 사용과 학습 방식에도 큰 변화가 일어났다.

5. 국가 정책의 효율적 전파: 인쇄술의 발달로 국가 정책이나 법령 등을 더 빠르고 정확하게 전국에 전파할 수 있게 되었다.

6. 문화적 자부심: 세계 최초의 금속활자 발명은 한국의 문화적 자부심의 원천이 되었으며, 이는 현대까지도 이어지고 있다.

따라서 한국의 인쇄술 발전은 단순한 기술의 진보를 넘어 문화, 교육, 정치, 사회 전반에 걸친 광범위한 변화를 촉발했다. 이는 한자 문화의 보급과 함께 한국 문화의 발전을 가속화하는 핵심 요인이 되었으며, 세계 문화사에서도 중요한 의미를 지니는 성과였다. 이러한 인쇄술의 발전은 한국의 문자문화가 어떻게 진화하고 확산되었는지를 이해하는 데 중요한 맥락을 제공한다.

제1절 목판

목판(木板) 인쇄는 한국 인쇄술의 초기 형태로, 그 제작 과정과 역사적 의의는 매우 중요한다. 목판본의 제작 과정은 다음과 같다.

1. 나무를 베어 판목으로 켠다.
2. 판목을 물에 오래 담그거나 쪄서 지방질을 제거하여 부식을 방지한다.
3. 이 과정은 동시에 목판을 판각하기 쉽도록 만든다.
4. 대패질하여 표면을 매끄럽게 한다.
5. 바탕 책을 뒤집어 붙인다.
6. 글자를 하나하나 새긴다.
7. 새겨진 판을 이용해 인쇄한다.

한국에서 확인된 최초의 목판인쇄물은 『무구정광대다라니경(無垢淨光大陀羅尼經)』(8-2)인데, 이는 704-706년 신라 성덕왕 시대에 인쇄된 것으로 추정된다. 이 유물은 한국 최초의 목판인쇄물일 뿐만 아니라, 현존하는 세계 최초의 인쇄물로 인정받고 있다. 이는 한국 인쇄술의 선진성을 보여주는 중요한 증거이다. 이에 비해 다른 동아시아 국가들의 초기 목판인쇄물은 다음과 같다.[1]

---

1) 박병선, 『한국의 인쇄』(청주고인쇄박물관, 2003) 28쪽.

- 중국: 868년 간행된 『금강경(金剛經)』
- 일본: 764-770년 사이에 간행된 것으로 추정되는 『백만
  탑다라니경(百萬塔陀羅尼經)』(8-3)

이러한 비교는 한국의 목판인쇄술이 동아시아에서 가장 이른 시기에 발달했음을 보여준다. 『무구정광대다라니경』은 중국의 최초 목판본보다 약 160년, 일본의 최초 목판본보다도 약 60년 앞서 제작되었다. 이러한 사실은 다음과 같은 의의를 지닌다.

1. 기술의 선진성: 한국이 동아시아에서 가장 먼저 발달된 인쇄 기술을 보유하고 있었음을 보여준다.
2. 문화적 영향력: 이른 시기의 인쇄술 발달은 문화의 전파와 보존에 큰 영향을 미쳤을 것이다.
3. 불교문화의 전파: 초기 인쇄물들이 대부분 불경이라는 점은 인쇄술이 불교문화의 전파에 중요한 역할을 했음을 시사한다.
4. 문자 문화의 발전: 인쇄술의 발달은 문자사용의 확대와 문해율 향상에 기여했을 것이다.
5. 역사적 의의: 세계 최초의 인쇄물이라는 사실은 한국 문화사의 중요한 성취로 평가된다.

이러한 목판인쇄의 발달은 후대의 금속활자 발명으로 이어지는 중요한 기술적 기반이 되었다. 목판인쇄에서 시작된 한국의 인쇄 기술은 지속적으로 발전하여 세계 인쇄 문화사에 중요한 족적을 남기게 된다.

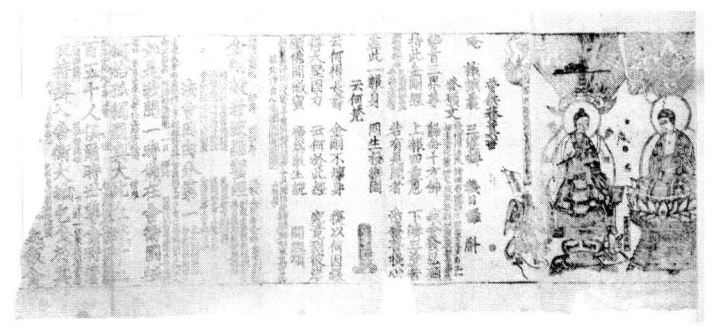

8-2. 「무구정광대다라니경(無垢淨光大陀羅尼經)」(『문자』 186-187쪽)

『무구정광대다라니경(無垢淨光大陀羅尼經)』(8-2)은 『불정존승다라니경(佛頂尊勝陀羅尼經)』의 한역본을 목판으로 인쇄한 통일신라시대 다라니 경전이다. 1966년 경주 불국사 석가탑 해체수리 과정에서 2층 탑신부의 사리공에서 출토되었으며, 현재국보 제126-6호로 지정되어 있다. 두루마리 형식의 목판 권자본으로 폭 약 8cm, 총 길이 약 620cm의 닥종이에 1행 8-9자의 한자를 촘촘히 인쇄한 것이 특징이다. 간행 시기는 통일신라 8세기 초, 성덕왕-경덕왕 초기 사이, 대략 706-742년경(늦어도 751년 이전)으로 추정된다.2) 현존하는 것 가운데

---

2) 정확한 간행 연대는 간기(刊記)가 없어 확정할 수 없으나, 현재 연구 성과를 종합하면 대체로 다음과 같이 정리할 수 있다. (1)중국 당나라에서 『무구정광대다라니경』이 한역된 시점: 측천무후 시기 장안 연간(701-704년), (2)이 경전이 신라에 수용되어 탑 봉안에 사용되기 시작한 시점: 황복사 삼층석탑 사례 등을 근거로 성덕왕 5년(706년)경 이후로 추정, (3)불국사 석가탑(서석탑, 무구정광탑) 중수 관련 묵서지의 판독 결과, 석가탑은 742년(천보 원년)에 창건되었고, 그때 이미 이 다라니경이 봉안되어 있었음이 밝혀짐. 따라서 늦어도 742년 이전에 제작되었을 것으로 추정된다. 김성수, 「무구정광대다라니경의 간행시기에 관한 재검증 연구」(『서지

세계 최고(最古) 수준의 목판 인쇄본으로 널리 인정된다. 탑 내 사리장엄구의 일부로 봉안된 이 유물은 통일신라 불교가 다라니 신앙과 고도의 인쇄기술을 결합하여 공덕과 국태민안을 도모하였음을 보여주는 대표적 사례로 평가된다.

이보다는 시기기 뒤지지만, 중국 최초의 목판본은 868년 간행된 『금강경』이 있고, 일본에는 764-770년 사이에 간행된 것으로 추정되는 『백만탑다라니경(百萬塔陀羅尼經)』(8-3)이 있다.

8-3. 일본의 『백만탑다라니경(百萬塔陀羅尼經)』(부분).
츠쿠바대학(筑波大学) 부속도서관 소장.

이러한 신라의 목판인쇄술은 고려에 전승되었는데, 1007년(목종 10) 총지사(摠持寺) 주지가 조각해서 인출한 『총지사보협인다라니경(摠持寺寶篋印陀羅尼經)』(8-4)은 실감이 나는 불화(佛畵)의 모사(模寫)와 정교한 도각(刀刻)으로 이루어진 고려 목판인쇄의 정화(精華)라 할만하다.

고려 시대의 목판인쇄술은 신라의 기술을 계승하여 더욱

학연구』 36, 한국서지학회, 2007, 39~79쪽), 「석가탑 묵서지편의 판독과 관련한 "무구정광경"의 간행 년대에 관한 연구」(『서지학연구』 41, 2008, 41~66쪽) 참조

8-4. 『총지사보협인다라니경(摠持寺寶篋印陀羅尼經)』(나무위키)

발전시켰다. 이 시기의 주요 인쇄물과 그 의의를 살펴보면 다음과 같다.

1. 『총지사보협인다라니경』(1007년)(8-4): 이 경전은 총지사 주지에 의해 제작된 불서로 알려져 있다. 실감 나는 불화와 매우 정교한 도각이 특징으로, 단순한 경전 인쇄를 넘어 시각적·조형적 완성도가 극히 높은 작품으로 평가된다. 이러한 점에서 『총지사보협인다라니경』은 고려 초기 목판 인쇄술의 정수를 보여주는 대표적 사례로 간주된다.

2. 『초조대장경』(1011년 이후): 이 경전은 거란의 침입이라는 국가적 위기에 대응하여, 국가 차원에서 제작이 추진된 불교 대장경이다. 이는 불교의 힘을 빌려 국난을 극복하고자 한 호국불교적 의도가 강하게 반영된 사업이었다. 이 대장경의 일부인 『초조본 현양성교론』(8-5)은 법상종의 핵심 논서로, 고려 불교 사상사의 중요한 위치를 차지한다.

3. 『속대장경』(1091-1101년): 이 경전은 약 10년에 걸쳐 제작된 불교 경전 집성으로, 기존의 『초조대장경』을 보완·확장하기 위한 목적으로 간행되었다. 이는 고려가 불교 경전의 정합성과 완결성을 중시하며, 대장경 편찬 사업을 지속적·체계적으로 추진했음을 보여준다.

4. 『재조팔만대장경』(1237년 이후): 이 경전은 몽골의 침입

이라는 또 다른 국난에 대응하여 제작된 대장경으로, 이전 대장경이 소실된 이후 이를 다시 조성한 것이다. 이 대장경은 내용의 정확성, 목판의 정밀도, 보존 상태 등 모든 면에서 고려 목판인쇄술의 절정을 보여주는 작품으로 평가되며, 오늘날까지도 동아시아 불교 인쇄문화의 최고 성취로 손꼽힌다.

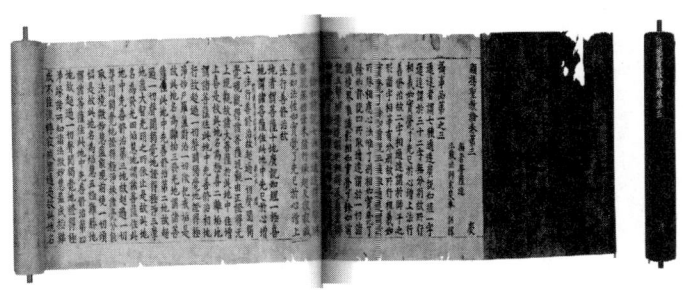

8-5. 『초조본 현양성교론((初雕本 顯揚聖敎論)』(『베스트셀러』 130-131쪽).
이는 『초조대장경』에 포함된 불교 논서로, 거란의 침입이라는 국가적 위기 속에서 불교의 교학적 정통성을 확립하고자 한 국가적 불전 편찬 사업의 산물이며 법상종(法相宗)의 핵심 교리를 체계적으로 해명한 논서이다.

이처럼 고려 시대의 목판인쇄술은 단순한 기술적 발전을 넘어 국가의 정신적, 문화적 대응 수단으로서, 그리고 지식 보존과 전파의 중요한 매체로서 큰 역할을 했다. 이는 한국 인쇄 문화사의 중요한 장을 이루며, 후대의 금속활자 발명으로 이어지는 기술적, 문화적 토대가 되었다.

고려를 계승한 조선시대의 목판인쇄는 고려시대의 전통을 이어받아 지속적으로 발전했다. 이 시기의 목판인쇄의 특징과 의의를 다음과 같이 정리할 수 있다.

1. 대규모 인쇄 사업의 지속: 1458년(세조 4년)에 해인사에서 팔만대장경을 다시 인출한 사실은, 고려시대에 확립된 대규모 불전 인쇄 사업의 전통이 조선에 이르러서도 계승되었음을 분명히 보여준다. 이는 조선이 유교 국가를 표방하면서도, 고려 불교문화가 축적해 온 인쇄 유산을 문화적 자산으로 인정하고 활용했음을 시사한다.

2. 인쇄 주체의 다양화: 조선시대에는 관청이 주도한 **관판본(官板本)**보다, 민간이 주도한 **사판본(私板本)**이 오히려 더 활발하게 제작되었다. 사판본은 다시 사찰판, 서원판, 사가판 등으로 세분화되어, 인쇄 활동의 주체와 목적이 한층 다양해지는 양상을 보였다.

3. 사찰 인쇄의 규모와 지속성: 기록에 따르면 약 120개 사찰에서 불전을 조각하였고, 그 결과 284종에 달하는 사찰 판본이 인출되었다. 이는 국가 이념 차원에서 불교가 억압받던 시기에도 불구하고, 불교가 여전히 중요한 문화적·지적 영향력을 유지하고 있었음을 잘 보여준다.

4. **사가본(私家本)**의 성격: 사가본은 주로 저자의 자손이나 문인들이 조상 또는 스승의 시문집을 간행하는 형태로 이루어졌다. 아울러 약 50-60년을 주기로 씨족 공동체가 족보를 간행하는 관행도 정착되어 있었는데, 이는 인쇄술이 개인과 가문의 기억을 보존하는 핵심 수단으로 기능했음을 의미한다.

5. 인쇄 기술의 변화: 이 시기에는 주자인쇄, 즉 금속활자 인쇄가 점차 활발해지면서, 목판인쇄의 기능과 위상에도 변화가 나타났다. 관청 주도의 관판본은 점차 사라지는 반면, 사가판을 중심으로 한 민간 인쇄는 명맥을 유지하며 지속되었다.

6. 문화사적 의의: 목판인쇄는 여전히 지식의 보존과 전파에 핵심적인 역할을 담당하였다. 사찰, 서원, 개인 등 다양한 주체가 인쇄에 참여함으로써, 특정 이념이나 기관에 종속

되지 않은 지식과 텍스트의 다양성이 유지될 수 있었다.

7. 사회적 의미: 사가판의 성행은 개인과 가문 단위의 문화적·학문적 활동이 활발했음을 보여주는 지표이다. 특히 족보의 정기적 간행은 조선 사회가 가문과 혈연을 중심으로 조직된 사회였음을 상징적으로 드러낸다.

8. 불교와 인쇄 문화의 관계: 공식적으로 불교가 억압받는 상황에서도, 사찰을 중심으로 한 불교 문헌의 인쇄가 지속되었다는 점은 주목할 만하다. 이는 불교가 제도적 위상과는 별개로, 지식과 문화의 차원에서는 여전히 중요한 역할을 수행하고 있었음을 보여준다.

이처럼 조선시대의 목판인쇄는 고려시대의 전통을 이어받되, 새로운 사회적, 문화적 맥락에 맞게 변화했다. 관(官) 중심에서 민간 중심으로, 불교 중심에서 유교와 불교의 공존으로, 그리고 대규모 국가사업에서 개인과 가문 중심의 소규모 인쇄로 변화하는 과정을 보여준다. 이는 조선 사회의 변화를 반영하면서도, 여전히 지식의 보존과 전파라는 인쇄의 기본적 기능을 유지했음을 보여준다.

제2절 활자

활자(活字) 인쇄의 발명과 발전은 인쇄 역사의 중요한 전환점이었다. 이 혁신적인 기술의 주요 특징과 의의는 다음과 같다.

1. 활자의 정의와 제작 목적: 활자는 활판인쇄를 위해 제작된 글자가 새겨진 작은 조각을 의미하며, 동일한 문자를 반복 사용하기 위해 고안된 인쇄 도구이다. 재료는 찰흙, 나무, 금속 등으로 다양하며, 글자를 좌우가 반전된 상태로 새기거나 주조하여 제작한다. 이러한 제작 방식은 인쇄 시 올바른 방향의 글자가 찍히도록 하기 위한 기술적 전제에 해당한다.

2. 목판인쇄의 한계와 문제의식: 기존의 목판인쇄는 한 문헌마다 새로운 판을 새겨야 했기 때문에 제작비용과 시간이 과도하게 소요되었고, 특정 텍스트에만 사용 가능한 일회적 성격이라는 한계를 지니고 있었다. 활자 인쇄는 이러한 목판인쇄의 구조적 제약을 극복하기 위한 대안적 인쇄 기술로 등장하였다.

3. 활자 인쇄의 기술적 장점: 활자 인쇄는 필요한 글자만을 선택하여 조합함으로써 인쇄할 수 있어 작업 효율이 매우 높다는 특징을 지닌다. 또한 동일한 활자를 반복적으로 재사용할 수 있어 비용과 시간을 절약할 수 있으며, 내용이 다른 여러 문헌을 상대적으로 손쉽게 인쇄할 수 있다는 점에서 확장성과 유연성을 갖춘 인쇄 방식으로 평가된다.

4. 활자의 기원과 교니활자: 활자 인쇄의 기원은 북송 시기의 장인 **필승(畢昇)**에게로 거슬러 올라간다.[3] 그는 1041-1048

8-6. '인쇄도구'. 인쇄용 물품을 보관하는 나무상자. 밀대 5개, 대칼 7개, 대저 칼 7개, 인판용 대쪽 22개, 계선용 대쪽 70개, 대자 6개, 활자 1,480개, 기타 10개임. 높이 17.5㎝, 세로 21.5㎝, 가로 54㎝. 국립민속박물관 소장.

년경 찰흙으로 활자를 만들어 불에 구워 사용하는 **교니활자**(膠泥活字)를 발명한 것으로 전래진다. 이는 인류 인쇄사에서 최초로 확인되는 활자 인쇄의 사례로 평가된다.

5. 초기 활자 인쇄의 제작 과정: 초기 활자 인쇄에서는 먼저 철판 위에 점착성 물질을 바른 뒤 활자를 배열하였다. 이후 열을 가해 점착성 물질을 녹이면서 활자 면을 고르

---

3) 필승(畢昇, ?-1051)은 중국 북송 시대의 평민 발명가로, 인류 인쇄사의 혁명을 이끈 교니활자(膠泥活字, 점토활자)를 발명하였다. 그 이전까지 유지되던 목판 인쇄는 판마다 새겨야 하고 오류 수정이 어려운 한계가 있었는데, 필승은 점토르 개별 활자를 만들어 굽고, 철판 위에 철범을 깔아 활자를 배열한 뒤 인쇄하는 방식을 고안했다. 이는 활자의 재사용과 효율적인 조관을 가능케 하여 인쇄의 속도와 유연성을 획기적으로 높였다. 그의 발명은 후대 나무·금속 활자 기술의 기초가 되었으며, 지식의 대량 보급과 문화 발전에 지대한 공헌을 한 것으로 평가받는다. 그의 업적은 심괄(沈括)의 『몽계필담(夢溪筆談)』을 참조하면 된다.

게 맞추고, 이를 식혀 굳힌 다음 인쇄에 사용하였다. 이 과정은 활자를 고정하면서도 배열을 조정할 수 있도록 한 초기 기술적 시도였다.

6. 초기 활자의 한계와 기술적 과제: 그러나 교니활자는 재질적 특성상 쉽게 부서지고 응고력이 약해 실제 인쇄 현장에서 안정적으로 사용되기 어려웠다. 이로 인해 교니활자는 실용화 단계에 이르지 못했으며, 이러한 한계를 극복하기 위한 재료와 제작 방식에 대한 지속적인 연구가 이후 이어지게 되었다.

7. 활자의 종류와 재질 구분: 활자는 사용 재료에 따라 금속(金屬)활자, 목(木)활자, 도(匋=陶)활자 등으로 구분된다. 이러한 재질상의 차이는 내구성, 재사용 가능성, 인쇄 품질에 직접적인 영향을 미치며, 각 시대와 지역의 기술 수준과 인쇄 목적에 따라 선택적으로 활용되었다.

활자 인쇄의 발명은 인쇄술의 혁명적 발전을 가져왔다. 이는 지식의 보급과 문화의 확산에 큰 영향을 미쳤으며, 특히 동아시아에서는 한자 문화권의 특성상 더욱 중요한 의미를 가졌다. 활자 인쇄의 발전은 단순한 기술적 진보를 넘어, 지식의 대중화와 문화의 발전을 촉진하는 중요한 역할을 했다.

한국의 경우, 이러한 활자 인쇄 기술을 더욱 발전시켜 세계 최초로 금속활자를 발명하게 된다. 이는 한국 인쇄 문화의 우수성을 보여주는 중요한 사례이며, 세계 인쇄 문화사에서도 큰 의미를 지니는 사건이라 하겠다.

(1) 금속활자

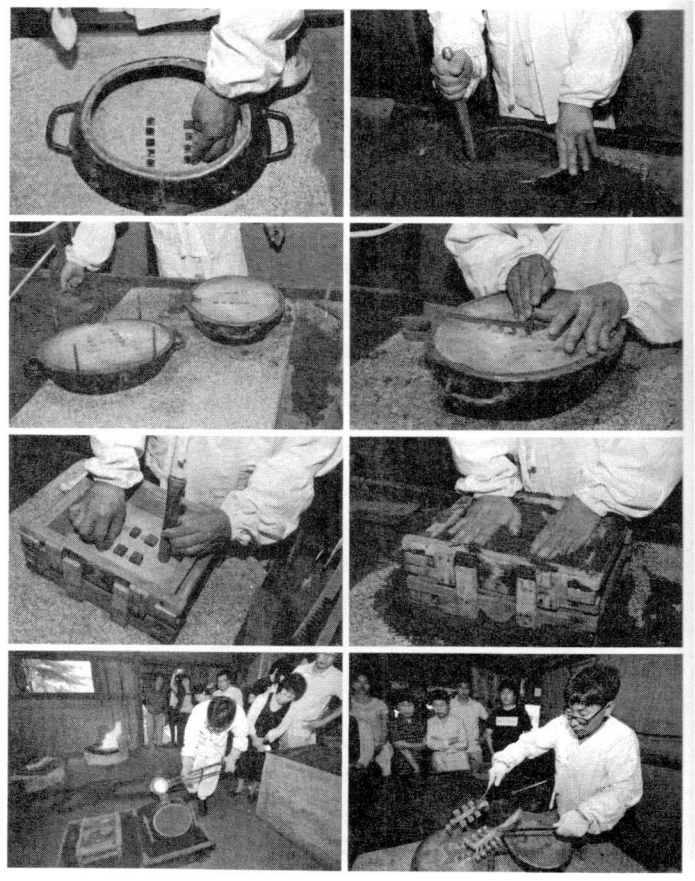

8-7. 활자주조과정(재현)

1. 동(銅)활자

금속활자 중에서도, 특히 **동활자**의 발명과 사용은 한국 인쇄 역사에서 매우 중요한 의미를 지닌다. 이에 대한 주요 내용을 정리하면 다음과 같다.

1. 금속활자의 종류와 재질적 특징: 금속활자는 사용된 재료에 따라 여러 유형으로 구분된다. 동활자는 놋쇠로 만든 활자로, 구리·아연·주석·납·철 등의 합금을 사용하여 제작되었으며, 내구성과 주조 안정성 면에서 가장 우수하여 가장 널리 활용된 금속활자였다. 이에 비해 철활자는 무쇠활자라고도 불리는데, 재질 특성상 주조가 비교적 거칠어 정밀한 인쇄에는 한계가 있었다. 한편 연활자는 주석활자로도 불리며, 조선 시대에 단 한 차례 사용된 기록만 전하는 특수한 사례로 알려져 있다.

2. 금속활자의 기원에 대한 논의: 금속활자의 기원과 관련하여 고려 문종 시기(1047-1083), 1102년, 혹은 12세기 중기 등을 기점으로 삼는 여러 설이 제기되어 왔으나, 이를 직접적으로 입증할 만한 자료는 부족하다. 다만 현재 학계에서는 13세기 전기에는 이미 금속활자 인쇄가 실제로 이루어지고 있었다는 견해가 지배적이다.

3. 초기 금속활자 인쇄의 역사적 증거: 초기 금속활자 인쇄의 중요한 증거로는 1234년, 최이(崔怡)가 주자본 「남명천화상송증도가」를 번각하여 배포하였다는 기록이 전한다. 이는 당시 개경에서 이미 금속활자로 인쇄된 『증도가』가 존재했음을 전제로 한 조치로 이해되며, 고려 사회에서 금속활자 인쇄가 실질적으로 활용되고 있었음을 강하게 시사한다.

4. 『상정예문』의 금속활자 인쇄: 『상정예문』의 인쇄와 관련해서는 이규보(李奎報)의 「신인상정예문발문」(8-8)에 이 책이 금속활자로 인쇄되었다는 사실이 명시되어 있다.

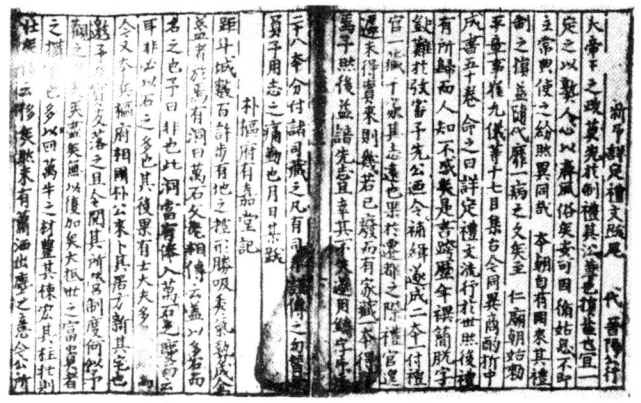

8-8. 「신인상정예문발문(新印詳定禮文跋尾)」(『고인쇄』 57쪽)

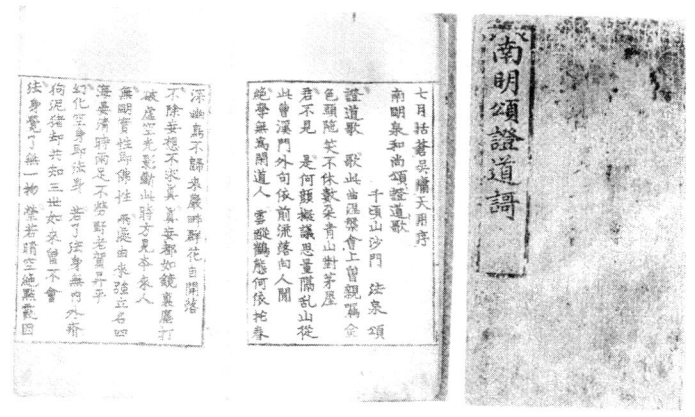

8-9. 고려 주자판(鑄字版) 「남명천화상송증도가(南明泉和尙頌證道歌)」
飜刻本(『고인쇄』 45쪽)

인쇄 시기는 대체로 1234년에서 1241년 사이로 추정되
며, 이는 고려 금속활자 인쇄의 실질적 운용 시기를 구체
화해 주는 중요한 단서이다. 다만 현재 『상정예문』의 실
물은 전하지 않아, 문헌 기록을 통해서만 그 존재와 인쇄
방식을 확인할 수 있을 뿐이다.

이러한 기록들은 한국에서 금속활자 기술이 보수적으로 보아도 13세기 초에 이미 발달해 있었을 것으로 추정된다. 이는 세계 인쇄 역사에서 매우 이른 시기에 해당하며, 특히 구텐베르크의 금속활자 발명(15세기 중반)보다 200년 이상 앞선 것이다.

이러한 금속활자의 발명과 사용은 한국의 인쇄 문화가 세계적으로 앞서 있었음을 보여주는 중요한 증거이며, 한국 문화사의 중요한 성취로 평가된다.

특히 1234년 최이가 번각·배포한 주자본 『남명천화상송증도가』의 활자 즉 '증도가자(證道歌字)'에 대한 새로운 연구 결과는 한국 인쇄 역사, 나아가 세계 인쇄 역사에 매우 중요한 의미를 지닌다. 주요 내용을 정리하면 다음과 같다.

1. 연구 결과의 개요: 경북대학교 연구단은 고려시대 활자 109점을 대상으로 과학적·형태학적 분석을 수행한 결과, 그중 62점을 '증도가자'로 분류하였다. 이들 활자에 대한 방사성 탄소연대 측정 결과, 사용 시기는 대체로 1033년에서 1155년 사이로 추정되었으며, 이는 고려 전기 금속활자 사용 가능성을 제기하는 중요한 근거로 제시되었다.

2. 역사적 의의의 잠재성: 이 연구 결과가 학계와 공적 기관에서 공인될 경우, '증도가자'는 현존하는 세계 최고(最古)의 금속활자로 인정될 가능성을 지닌다. 이는 1377년에 인쇄된 직지심체요절보다 무려 138년이나 앞서는 시기로, 세계 인쇄사와 한국 인쇄문화사 모두에 결정적인 전환점을 제공하는 성과가 된다.

3. 보조적 문헌 증거: 이러한 주장을 뒷받침하는 간접 증거

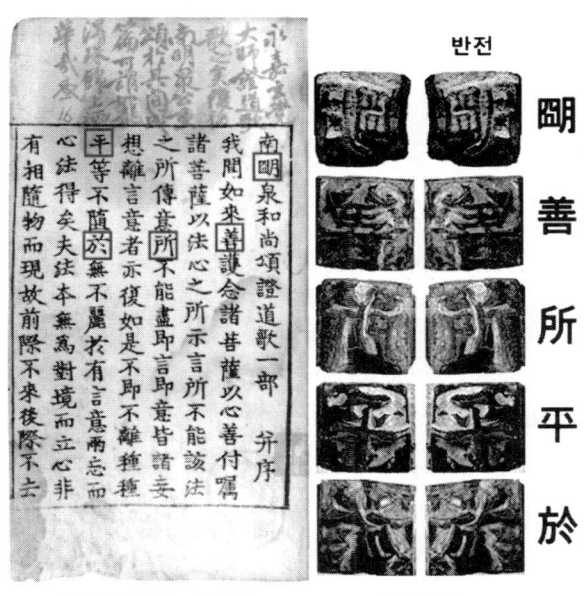

8-10. '증도가자(證道歌字)'라고 주장하는 활자와
'남명천화상송증도가' 번각 목판본(삼성본) 비교(법보신문)

로는 보물 제758호 목판본 「남명천화상송증도가」의 기
록이 자주 인용된다. 해당 기록에 따르면, 이 책은 1239
년에 이미 존재하던 금속 활자본을 목판으로 번각하여 인
출한 것으로 전해지는데, 이는 고려시기에 금속활자 인쇄
본 「증도가」가 실재했음을 전제하는 서술로 이해된다.

4. 현재의 판단과 논쟁 상황: 문화재청은 2017년, 서체 비
교 결과의 불확실성, 방사성 탄소연대 측정의 한계, 유물
출처의 불분명성 등을 이유로 증도가자의 보물 지정을
부결하였다. 이 결정으로 문화재 지정 절차는 일단락되
었으나, 동시에 고려 시대 제작 가능성을 완전히 배제하
지는 않는다는 입장을 함께 밝혔다. 이에 따라 일부 연구
자들은 추가 과학 분석과 문헌 재검토의 필요성을 제기

하며, 중도가자의 역사적 가치와 성격을 둘러싼 학술적 논의는 현재까지도 계속되고 있다.

이 연구 결과가 갖는 의의는 다음과 같다.

1. 세계 인쇄사의 재편 가능성: 만약 해당 성과가 공인될 경우, 세계 최초의 금속활자 발명 시기는 기존 통설보다 크게 앞당겨지게 된다. 이는 유럽 중심으로 서술되어 온 기존의 인쇄사 서사를 근본적으로 재구성하게 만드는 중대한 학문적 전환점이 될 수 있다.

2. 한국 인쇄 기술의 선진성 입증: 이미 11세기 초반에 금속활자 기술을 보유하고 있었다는 사실은, 고려 사회가 고도의 인쇄 기술과 이를 뒷받침하는 제작·운용 능력을 갖추고 있었음을 의미한다. 이는 한국 인쇄 기술이 동시대 세계사적 맥락에서도 선도적 수준에 있었음을 보여주는 증거가 된다.

3. 문화적 자부심의 제고: 세계 최초의 금속활자 발명국이라는 위상은 한국 문화사의 위상을 재정립하는 계기가 될 수 있으며, 이는 한국 사회 전반에 문화적 자부심을 고양하는 상징적 자산으로 작용할 가능성이 크다.

4. 학술적 가치와 연구 확장: 이 발견은 고려시대의 문화 환경, 기술 체계, 지식의 생산과 전파 방식에 대해 새로운 연구 지평을 열어준다. 특히 불교, 국가 권력, 기술 혁신이 결합된 구조를 종합적으로 재해석할 수 있는 계기를 제공한다.

5. 기술사적 의미: 금속활자의 존재는 11세기 고려의 금속 주조 기술과 합금 기술에 대한 재평가를 가능하게 한다. 이는 단순한 인쇄 기술을 넘어, 당시의 재료공학과 장인 기술의 수준을 새롭게 조명하게 만든다.

6. 국제적 파급 효과: 이와 같은 발견은 국제 학계와 대중
   의 큰 관심을 불러일으킬 수 있으며, 나아가 한국 문화재
   와 한국 고대 기술의 국제적 위상을 한층 강화하는 계기
   로 작용할 수 있을 것이다.

8-11.
『백운화상초록불조직지심체요절(白雲和尙抄錄佛祖直指心體要
節)』(『고인쇄』 58쪽)

　그러나 이 연구 결과가 아직 최종 공인되지 않았다는 점에
주의해야 한다. 향후 추가적인 검증고 연구가 필요할 것이며,
이를 통해 '증도가자'의 역사적 가치가 더욱 명확히 밝혀질
것으로 기대된다. 그래서 이 발견은 한국 인쇄 문화사 연구에
새로운 장을 열 수 있는 중요한 계기가 될 수 있을 것이다.

학계가 공인하는 현전하는 최초의 금속 활자본은 1972년 '세계 도서의 해'를 기념하기 위한 책 전시회에 처음 내 놓은 『백운화상초록불조직지심체요절(白雲和尙抄錄佛祖直指心體要節)』(8-11)이다. 현재 프랑스 국립도서관에 보관되어 있는 세계 최초의 금속 활자본『직지』는 1377년(우왕 3)에 주자인시(鑄字印施)된 것으로 공인을 받았으며, 그에 따라 고려 때의 문헌에 나타난 주자인쇄의 기록도 모두 사실적인 것으로 인정받게 되었다.

줄여서『직지(直指)』라고 불리는 이『백운화상초록불조직지심체요절』은 세계 인쇄사에서 매우 중요한 위치를 차지하며, 이의 주요 특징과 의의는 다음과 같이 요약될 수 있다.

1. 인쇄 시기와 장소: 이 책은 1377년(우왕 3년)에 청주 흥덕사에서 금속활자로 인쇄되었다. 이는 서양에서 구텐베르크가 금속활자를 사용해 인쇄한 시기보다 약 78년 앞선 사례로, 세계 인쇄사에서 매우 이른 시점에 해당한다.

2. 발견 경위와 학계의 인정: 이 책은 1972년 '세계 도서의 해' 기념 전시회를 통해 처음으로 대중과 학계에 공개되었다. 이 계기를 통해 고려 시대 문헌에 산견되어 있던 주자인쇄 관련 기록들의 신빙성이 실물 자료를 통해 확인되었고, 한국 금속활자 인쇄 전통에 대한 국제적 인식도 본격적으로 형성되었다.

3. 서지학적 특징: 이 책의 판식은 사주단변(四周單邊)이며 계선이 마련되어 있다. 반엽은 11행에 행당 18-20자로 구성되어 있고, 주문은 쌍행으로 배열되었다. 판심에는 '직지(直指)'라는 판심제가 표기되어 있으며, 책의 크기는 24.6×17.0cm이다. 장정은 다섯 개의 구멍을 뚫어 붉은

실로 꿰맨 선장본으로, 고려 말 불서의 전형적 제책 방식을 보여준다.

4. 현재의 소장 현황: 이 책은 현재 프랑스 국립도서관에 소장되어 있으며, 한국에는 원본이 전하지 않는다. 이로 인해 반환 문제와 함께 국제 문화유산으로서의 관리와 접근 문제가 지속적으로 논의되고 있다.

5. 국제적 인정: 이 책은 2001년, 그 역사적·문화적 가치를 인정받아 유네스코 세계기록유산으로 등재되었다. 이를 통해 고려의 금속활자 인쇄술은 세계사적 차원에서 공식적으로 평가받게 되었다.

6. 학술적 가치와 전승: 이 책은 이기 19세기 말, 모리스 꾸랑의 『한국도서지보유』에 기록되어 있어 비교적 이른 시기부터 서지학적 존재가 알려져 있었다. 이는 이 책이 단순한 우연적 발견물이 아니라, 장기간에 걸쳐 학술적 관심의 대상이 되어 온 문헌임을 보여준다.

이 문헌의 존재와 인정은 다음과 같은 중요한 의의를 지닌다.

1. 세계 인쇄사 재편: 『직지』의 발견으로 금속활자 인쇄의 기원이 동아시아, 특히 한국으로 앞당겨졌다.

2. 한국 인쇄 기술의 우수성 입증: 14세기 후반 이미 고도로 발달한 금속활자 기술을 보유하고 있었음이 증명되었다.

3. 고려 시대 기록의 신뢰성 확보: 『직지』의 존재로 인해 고려 시대의 다른 금속활자 인쇄 기록들도 신빙성을 얻게 되었다.

4. 문화적 자부심: 세계 최초의 금속활자본을 보유했다는 사실은 한국의 문화적 자부심을 높이는 요소가 되었다.

5. 국제적 관심 증대: 『직지』는 한국의 인쇄 문화에 대한 국제적 관심을 크게 높였다.

6. 추가 연구 촉진: 이 발견은 한국의 고대 인쇄술에 대한 더 많은 연구와 발굴을 촉진했다.

이처럼 『직지』의 발견과 인정은 한국 인쇄 문화사의 중요한 이정표가 되었으며, 세계 인쇄사에서 한국의 위상을 크게 높인 사건이었다. 이는 한국의 과학기술사와 문화사 연구에 새로운 지평을 열어주었다고 볼 수 있다.

『직지』의 전통을 이은 조선시대의 금속활자 발전은 한국 인쇄 문화의 중요한 부분을 차지한다. 태종 시대부터 시작된 체계적인 금속활자 제작은 조선 왕조 전체에 걸쳐 지속되었으며, 이는 한국의 문화적, 기술적 발전을 잘 보여준다. 주요 내용을 정리하면 다음과 같다.

1. 정책적 배경: 태종 시대부터 숭문(崇文) 정책이 강력히 추진되었다. 이는 문화와 교육을 중시하는 정책으로, 인쇄술 발전의 중요한 동력이 되었다.

2. **주자소(鑄字所)** 설치: 금속활자 제작을 위한 전문 기관인 주자소가 설치되었다. 이는 금속활자 제작의 체계화와 전문화를 의미한다.

3. 주요 금속활자의 제작:
   - 1403년(태종 3년): 계미자(癸未字)
   - 1420년(세종 2년): 경자자(庚子字)
   - 1434년(세종 16년): 갑인자(甲寅字)
   - 1580년(선조 13년): 경진자(庚辰字)
   - 1895년(고종 32년): 학부인서체자(學部印書體字)

4. 지속적인 발전: 조선 건국 초기부터 말기까지 약 500년에 걸쳐 다양한 활자가 지속적으로 제작되었다. 이는 인쇄술의 지속적인 발전과 혁신을 보여준다.

5. 기술적 진보: 시간이 지남에 따라 활자의 품질과 다양성이 향상되었다. 이는 금속 주조 기술, 디자인 기술 등의 발전을 반영한다.

6. 문화적 영향: 지속적인 활자 제작은 책의 대량 생산과 보급을 가능하게 했으며, 이는 조선의 문화와 교육 발전에 크게 기여했다.

7. 국가 주도의 사업: 금속활자 제작이 국가 주도로 이루어졌다는 점은 조선 정부가 문화와 교육에 큰 비중을 두었음을 보여준다.

8. 시대별 특징: 각 시대별로 제작된 활자들은 당시의 문화적, 정치적 특징을 반영한다. 예를 들어, 세종 시대의 활자는 한글 창제와 관련이 있을 수 있다.

9. 기술 전승: 500여년에 걸친 지속적인 활자 제작은 기술의 안정적인 전승과 발전을 의미한다.

이러한 조선시대의 금속활자 발전은 단순한 기술적 진보를 넘어 문화적, 교육적 발전의 핵심 요소였다. 지속적이고 체계적인 활자 제작은 조선의 문화적 번영과 지식의 보급에 크게 기여했으며, 이는 한국 문화사의 중요한 부분을 차지한다. 또한, 이러한 전통은 현대 한국의 인쇄 및 출판 산업의 기반이 되었다고 볼 수 있다.

8-12. 청주 고인쇄 박물관 뜰에 설치된 역대 활자 연표 비석.

조선시대 인쇄 문화의 중심지로 **주자소(鑄字所)**(8-14)가 있는데, 그 역사와 기능은 다음과 같이 요약될 수 있다.

1. 설립과 초기 활동: 1403년(태종 3년) 설치되어 승정원에 소속되었으며, 예문관 대제학 이직 등이 조선 최초의 금속활자인 계미자(癸未字) 제작했다.

2. 위치 및 소속 변경: 1435년(세종 17년) 경복궁 안으로 이전했으며, 1460년(세조 6년) 교서관으로 소속 변경 및 전교서(典校署)로 개칭했다.

3. 조직 구조: 『경국대전』에 기록된 장인 구성을 보면 활자 주조부터 책자 인쇄까지 전문 분야별로 분업화되었음을 알 수 있다.

4. 활자 제작 방식: 주자도감(鑄字都監), 지방 감영, 수어청(守禦廳) 등에서 임시로 활자 제작했으며, 제작된 활자는 교서관으로 옮겨 인쇄에 사용했다.

活字名	鑄造時期		字體	代表印出本
前期(壬辰倭亂 以前)				
癸未字	1403	太宗 3년(永樂 元年)	歐陽詢 楷體	『古註詩書』, 『左傳』
庚子字	1420	世宗 2년(永樂 18년)	歐陽詢 楷體	『古註詩書』, 『左傳』
甲寅字	1434	世宗 16년 (宣德 9년)	晉體 衛夫人字	『孝順事實』, 『論語』
丙辰字	1436	世宗 18년 (正統 원년)	晉體 衛夫人字	『晉陽大君珠書』
乙亥字	1450	文宗 元年(景泰 元年)	蜀體字	『安平大君瑢書』
乙亥字	1455	世祖 元年(景泰 6년)	晉蜀兼體	『姜希顔書』
乙酉字	1465	세조 10년 (成化 元年)	蜀體字	『鄭蘭宗書』
甲申字	1484	成宗 15년 (成化 20년)	晉體 小楷字	唐板, 『王荊公集』, 『歐陽公集』
癸丑字	1493	成宗 24년 (弘治 6년)	晉體 楷字	明朝新版『通鑑綱目』
成宗實錄字	1499	燕山君 5년 (弘治 12년)경	晉體 中小楷字	未詳
丙子字	1516	中宗 11년 (正德 11년)	晉體 中楷字	『資治通鑑綱目』
癸酉字	1573	宣祖 6년(萬曆 元年)	再鑄 甲寅字	再鑄 甲寅字
庚辰字	1580	宣祖 13년 (萬曆 8年)	晉蜀兼體	未詳
後期(壬辰倭亂 以後)				
宣祖實錄字	1603 -1606	宣祖 36-39년	晉蜀體字 混用	未詳
訓練都監字				

蜀體字	1603	宣祖 36年 경	蜀體字體	未詳
安平大君體字	1610	光海君 2년	蜀體字體	安平大君字印本
乙亥字體字	1613	光海君 5년 경	乙亥字體	未詳
庚辰字體字	1632	仁祖 10년 경	楷正小字	未詳
孝宗實錄字	1691	顯宗 2년	楷正晉體	未詳
顯宗實錄字	1677	肅宗 3년	楷正晉體	未詳
行書體木活字	1656	孝宗 7년 경	中小型行書體	未詳
三鑄甲寅字	1845	顯宗 11년 경	晉體	甲寅字印本
韓構字	1674 -1720 재위	肅宗 초	小型行書體	韓構의 書
校書館印書體字				明板印書體印本
第一校書館印書體字	1684	肅宗 10년 경	明體印書體	明嘉靖年間板
第二校書館印書體字	1723	景宗 3년 경	明體印書體	明萬曆年間板
校書館筆記體字	1688	肅宗 14년 경	楷正晉體	未詳
丁酉字	1777	正祖 元年	晉體	甲寅字印本, 『心經』,『萬病回春』
生生字	1792	正祖 16년	印書體字	淸乾隆板『康熙字典』
整理字	1795	正祖 19년	印書體字	生生字
聚珍字	1815	純祖 15년 경	行書體字	明錢謙益『初學集』
全史字	1822	純祖 22년	印書體字	淸乾隆勅板『二十

		경		一史』本
後期 木活字				
觀象監木活字	1724 -1776 재위	英祖 초	小型楷正體	『康熙字典』字體와 비슷함
司譯院木活字	1743	英祖 19년 경	印書體	校書館印書體字와 비슷함
監營(箕營)	1740	正祖 16년 경	楷正筆書體	未詳
印譜木活字	1825	純祖 25년 경	楷正晉體	未詳
印書 및 筆書體字	1800-1834 재위	純祖 초	印書 및 筆書體	未詳
整理字體字	1800-1834 재위	純祖 초	整理字體	整理字印本
全史字體字	1863	哲宗 14년 경	全史字體	全史字印本
小型筆書體字	1810	純祖 10년 경	小型楷字體	張混의 書
學部印書體字	1895	高宗 32년 경	印書體	未詳

8-13. 조선시대 주요 활자 목록표(金斗鍾, 『韓國古印刷技術史』, 363-366쪽 재정리)

5. 정조 시대의 변화: 규장각(奎章閣)을 내각, 교서관을 외각으로 삼아 관찬서 편찬했으며, 1794년 창경궁 안 홍문관 자리에 새로운 교서관 설치, 감인소(監印所)로 명명했으며, 이후 태종 때의 예에 따라 다시 주자소로 개칭했다.

6. 유물: 조선시대 주자소에서 주조한 활자 일부가 국립중앙박물관에 소장되어 있다.

이처럼 주자소는 조선시대 인쇄 문화의 중심지로서, 한국 인쇄 기술의 발전과 지식의 보급, 그리고 문화의 발전에 크

게 기여했다. 이는 한국
문화사에서 매우 중요
한 위치를 차지하며, 현
대 한국의 발달된 출판
문화의 역사적 기반이
되었다고 볼 수 있다.

2. 철활자(鐵活字)

조선 시대의 **철활자**
사용은 한국 인쇄 문화
의 발전과 다양화를 보

8-14. 주자소(鑄字所) 터.
"1403년(태종3)부터 1800년(정조
4)까지 금속활자를 만들던
곳이다."(서울 중국 충무로 3가 60-1)

여주는 중요한 사례이다. 한국에서의 철활자는 1573년(선조
6) 처음으로 개주갑인자(改鑄甲寅字)를 철 합금으로 주조한
것을 시작으로, 경진자(庚辰字, 1580), 문집자(文集字, 1684),
춘추강자(春秋綱字, 1797) 등이 쇠로 주조되었다.

순조 초기부터는 민간에서도 철활자를 주조하여 상업적으
로 사용하기 시작했는데, 이를 '필서체(筆書體) 철활자'라고
부른다. 이 활자의 정확한 제작자, 시기, 장소 등은 기록이
전해지지 않아 정식 활자명을 붙이지 못하고 있다. 그러나
이 필서체 철활자는 순조 때부터 고종 때까지 주로 민간의
문집, 족보, 및 일상에 필요한 여러 가지 서적을 간행하는
데 광범위하게 사용되었다.

흥미로운 점은 왕실에서도 이 활자를 사용했다는 것이다.

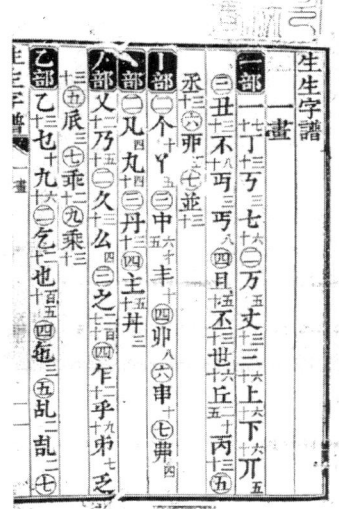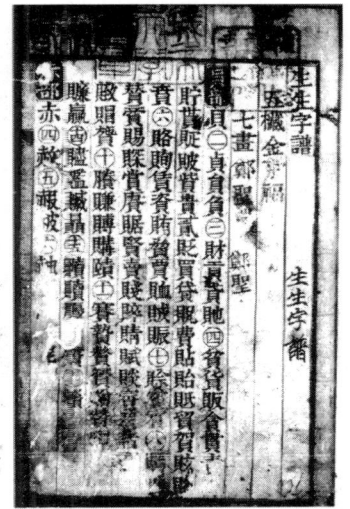

8-15. 『생생자보(生生字譜)』(1책). 생생자를 만든 1792년(정조 16)에 『강희자전』의 예를 따라 생생자의 자종(字種) 및 자수(字數)를 기록한 자보(字譜)이다. 생생자는 규장각에서 정조의 명을 받아 만든 목활자인데, 청나라의 사고전서취진판(四庫全書聚珍版) 형식을 본떠 강희자전자(康熙字典字)를 자본(字本)으로 황양목(黃楊木)을 사용해 만들었다. 이 활자는 대자(大字) 157,200자와 소자(小字) 144,300자를 만들었는데, 그 중 절반은 규장각에서 만들고 나머지는 평양에서 만들었다.

조선왕실의 종합족보인 『선원속보(璿源續譜)』(8-16)를 인쇄하는 데 이 활자가 활용되었다는 사실은 민간에서 제작된 활자의 품질과 유용성이 왕실에 의해서도 인정받았음을 보여준다.

필서체 철활자는 왕실이나 중앙관청에서 만든 활자에 비해 품질은 떨어지지만, 민간 인쇄를 촉진시켰다는 점에서 역사적 의의가 크다. 이 활자의 크기는 1.1×1.1㎝ 정도로 비교적 작은 편이었는데, 이는 다양한 형태의 서적 인쇄에 적합

8-16. 철활자로 간행한 『선원속보(璿源續譜)』, 조선, 19세기.

했을 것으로 보인다.

이러한 철활자, 특히 민간에서 사용된 필서체 철활자의
등장과 사용은 조선 후기 인쇄 문화의 대중화와 지식 확산
을 보여주는 중요한 증거이다. 이는 인쇄술이 더 이상 왕실
이나 관청의 전유물이 아니라 보다 광범위한 계층으로 확산
되었음을 의미한다. 또한, 민간에서도 활자를 제작할 수 있
을 정도로 금속 주조 기술이 발전했다는 것은 당시의 기술
적 진보를 반영한다.

따라서 철활자의 사용, 특히 필서체 철활자의 보급은 조
선 후기 인쇄 문화의 발전과 대중화를 잘 보여주는 사례이
다. 이는 고려 시대부터 이어져 온 금속활자 기술의 연속성
을 보여주는 동시에, 조선 후기 사회 변화와 문화적 다양성
증가를 반영하는 중요한 문화사적 현상이라고 할 수 있다.

8-17. 국립중앙박물관 소장 대표 금속활자. 왼쪽으로부터 갑인자(1772),
삼주한구자(1858), 교서관인서체자(17-18세기), 재주정리자(1858).
『금속활자에 담은 빛나는 한글』(2008), 113쪽.

3. 연활자(鉛活字)

근대식 연활자의 도입은 한국 인쇄 문화의 새로운 전환점을
마련했다. 1880년(고종 17년), 프랑스 신부 리델(Ridel) 주교의
주도로 일본 요코하마에서 처음 주조된 연활자는 한국 인쇄
문화의 근대화를 알리는 신호탄이었다. 이 활자로 『한불자전
(韓佛字典)』(8-18)이 인쇄되었고, 이어서 1881년에는 『한어문전
(韓語文典)』(8-19)과 『텬쥬셩교공과(天主聖敎工課)』가 간행되었다.

이 연활자는 나가사키를 거쳐 1886년 한불 수교 이후 한국
으로 유입되어, 다양한 성경 인쇄에 활용되었다. 한편, 신교파
에서는 1882년 만주의 봉천 등지에서 『누가복음』과 『요한복
음』을 인쇄하며 새로운 인쇄 기술의 활용 범위를 넓혀갔다.

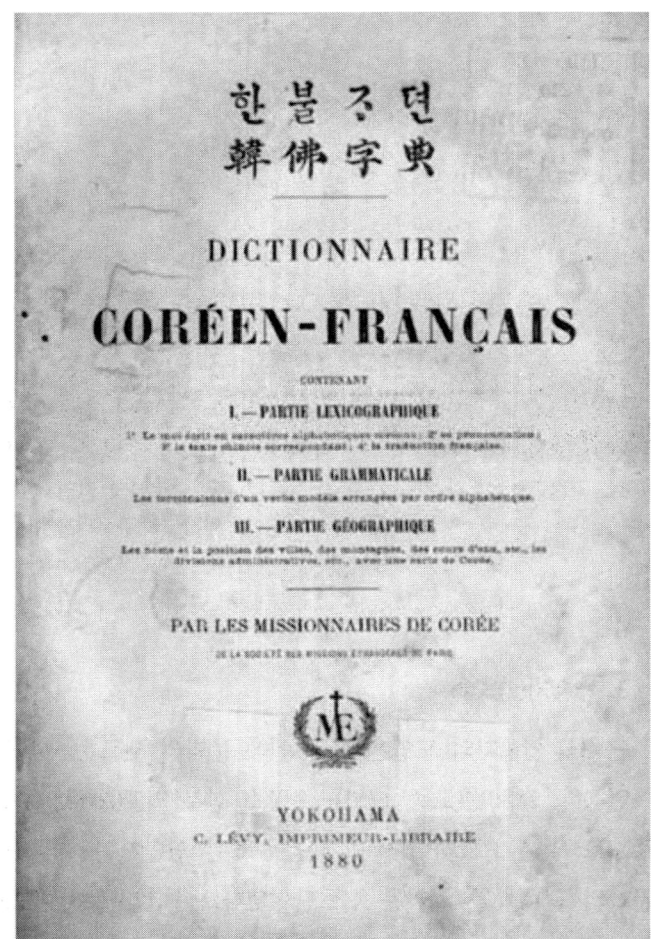

8-18. 『한불자전(韓佛字典)』

1880년 파리외방선교회 한국선교단에서 편찬한 한불대역사전이다.
병인교난(1866) 때 한국을 탈출한 리델(Felix-Clair Ridel) 주교가
서울출신의 신도 최지혁(崔智爀)의 도움을 받아 만주
차구(岔溝)에서 편찬하고서 그 원고를 일본으로 가져가서
1880년 출판하였는데, 한국 최초의 연활자
인쇄본이다.(한국민족문화대백과)

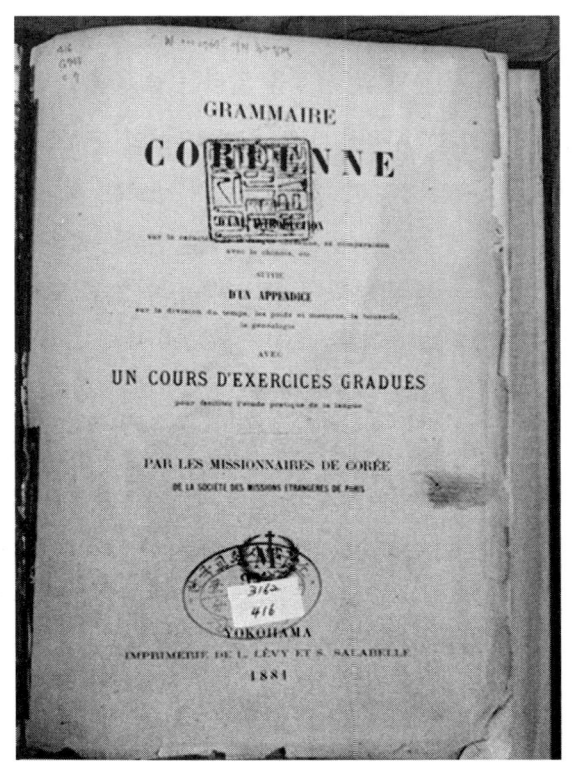

8-19. 1881년 연활자로 인쇄된
『한어문전(韓語文典)』(한국교회사연구소)

한국 땅에서 연활자를 이용한 최초의 인쇄물은 마르코의 복음서를 한국어로 번역 발간된 『다가의젼□복음셔언해』인데, 이는 한국 인쇄 역사에서 연활자 시대의 시작을 알리는 중요한 사건이었다.

국가 차원에서의 연활자 도입은 1883년(고종 20년) 박문국(博文局) 설치와 함께 본격화되었다. 일본으로부터 연활자를 수입하여 한국 최초의 신문인 『한성순보(漢城旬報)』를 인쇄했고, 1886년에는 『한성주보(漢城週報)』도 간행했다. 이러한 신문의 발간은 단순한 인쇄 기술의 변화를 넘어, 한국의 새로운 문체, 즉 '신문체'의 시작을 알리는 중요한 사건이었다.

연활자의 도입과 사용은 한국 인쇄 문화의 근대화를 상징하는 동시에, 지식 전파와 대중 교육의 새로운 시대를 열었다. 특히 신문 발간을 통한 정보의 빠른 전파는 한국 사회의 근대화와 대중의 의식 변화에 큰 영향을 미쳤다. 또한, 성경과 같은 종교 서적의 인쇄는 서양 문화와 사상의 유입을 가속화하는 데 기여했다.

따라서 연활자의 도입은 단순한 인쇄 기술의 변화를 넘어 한국 사회의 근대화, 대중문화의 형성, 그리고 새로운 지식과 정보의 유통 방식에 큰 변화를 가져왔다. 이는 한국 문화사에서 전통과 근대의 전환점을 잘 보여주는 중요한 사례라고 할 수 있다.

(2) 목활자

한국의 **목활자(**木活字**)** 사용 역사는 매우 오래되었지만, 그 정확한 시작점은 명확하지 않다. 현존하는 기록과 유물을 통해 목활자 사용의 역사를 추적해볼 수 있다.

1377년 흥덕사에서 주자로 인쇄된 『백운화상초록불조직지심체요절』에서 이미 목활자가 일부 혼용되고 있다는 점은 주목할 만하다. 이는 금속활자와 목활자가 동시에 사용되었음을 보여주는 중요한 증거이다.

1395년의 기록에 따르면, 백주지사 서찬이 제작한 목활자

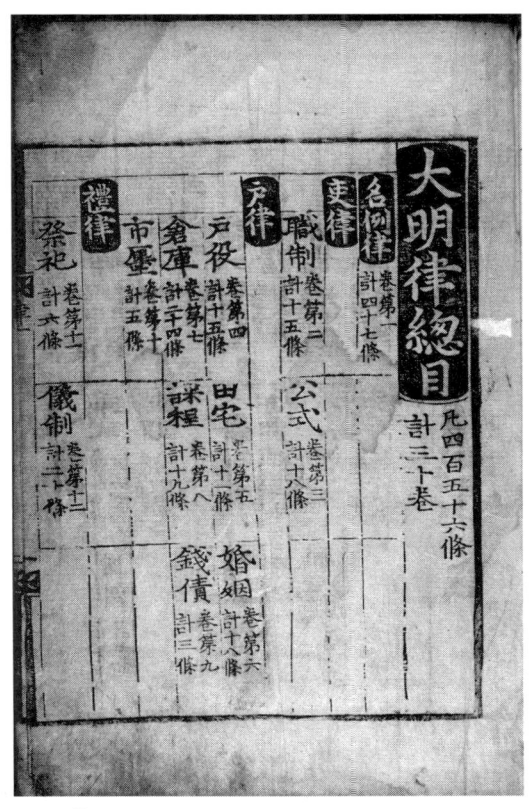

8-20. 『대명률집해』(한국학중앙연구원 소장). 태조 때
고사경(高士裵)과 김지(金祗) 등이 이두를 사용하여
알기 쉽게 직해하게 하였으며, 1395년 2월 100여
본을 간행하였다.

로 『대명률직해』(8-20) 100부를 인쇄하여 반포했다고 한다.
비록 실물이 전해지지 않아 아쉽지만, 이는 목활자가 공식적
인 문서 제작에 사용되었음을 보여주는 중요한 기록이다.

조선 시대에 들어서면서 목활자 사용의 구체적인 증거가
나타난다. 1395년(태조 4년)에 제작된 『개국원종공신녹권』

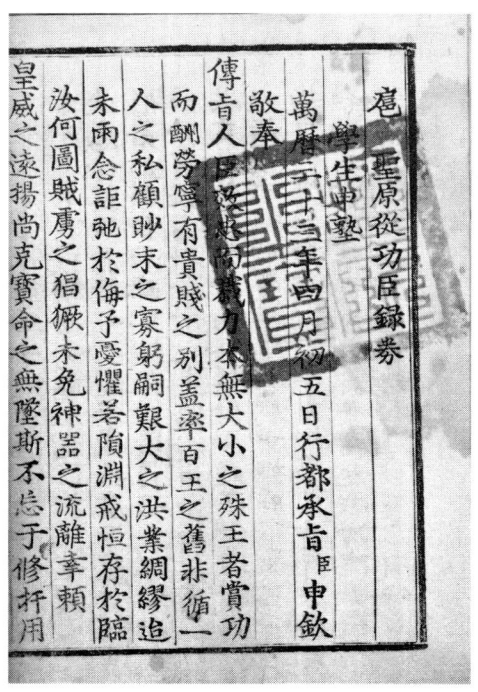

8-21. 「호성원종공신녹권(扈聖原從功臣錄券)」

(8-21)은 현존하는 가장 오래된 목활자 인쇄물 중 하나이다. 현재 북한에서 발견된 한노개의 녹권과 남한에서 발견된 이원길 및 미상의 녹권 2종이 이에 해당한다. 또한 1397년 심지백에게 하사된 녹권도 목활자로 인쇄되었다.

세종 시대는 목활자 인쇄술이 정교하게 발전한 중요한 시기였다. 1448년(세종 30)에 발간된 『동국정운(東國正韻)』의 대자와 1455년(단종 3)의 『홍무정운역훈(洪武正韻譯訓)』에 사용된 한자와 한글 대자는 목활자로 제작되었다. 이 활자들은 관서에서 제작한 것으로, 그 정교함과 인쇄의 선명함이 특징적이었다.

1495년(연산군 1)에는 성종의 명복을 빌기 위해 원각사에서 대규모 불경 간행 사업이 있었다. 이때 사용된 목활자는 매우 우아하고 정교했다고 전해진다. 이듬해에는 더욱 발전된 한자와 한글 활자가 제작되었는데, 이를 '인경자(印經字)'라고 불렀다. 이 활자로 인쇄된 서적들, 예를 들어 『육조법보단경』, 『진언권공』의 국역본, 『천지명양수륙잡문』 등은 그 품질이 금속활자와 혼동될 정도로 정교했다고 한다. 이 시기는 목활자 인쇄기술이 절정에 달한 때로 평가된다.

또 1605년(선조 38)에 제작된 『호성원종공신녹권』(8-21)은 임진왜란 당시 선조의 어가를 의주까지 호송한 공신들의 명단을 기록한 문서이다. 이 문서는 조선 초기 목활자 기술의 정교함을 보여주는 중요한 예시이다.

이러한 역사적 사례들은 한국 목활자 인쇄술의 발전 과정을 잘 보여준다. 초기에는 금속활자와 병용되던 목활자가 점차 독자적인 발전을 이루어, 특정 분야에서는 금속활자에 버금가는 품질을 달성했음을 알 수 있다. 특히 불경 인쇄나 공신록권과 같은 중요 문서 제작에 목활자가 사용되었다는 점은 주목할 만하다.

목활자의 발전은 한국 인쇄 문화의 다양성과 기술적 성숙도를 보여준다. 금속활자와 목활자가 각각의 장점을 살려 병용되었다는 점, 그리고 목활자 기술이 지속적으로 발전하여 금속활자에 버금가는 품질을 달성했다는 점은 한국 인쇄 문화의 특징적인 면모라고 할 수 있다. 이는 한국의 인쇄 기술이 단순히 한 가지 방식에 의존하지 않고, 상황과 필요에 따라 다양한 기술을 발전시키고 활용했음을 보여주는 중요한 증거이다.

임진왜란 이후 한국의 인쇄 문화는 큰 변화를 겪었다. 전쟁으로 인한 피해로 주자인쇄의 기능이 마비되었지만, 책에 대한 수요는 여전히 존재했다. 이러한 상황에서 한국의 인쇄 문화는 새로운 방향으로 발전하게 되었다.

교서관(校書館)이 제 기능을 하지 못하게 되자, 훈련도감(訓練都監)이 그 역할을 대신하게 되었다. 군인들을 동원하여 책을 출판하고 전국적인 수요를 충당했다는 사실은 당시의 어려운 상황에서도 지식과 정보의 전파를 중요하게 여겼음을 보여준다. 이러한 노력은 1668년 무신자가 주조되어 주자인쇄가 복구될 때까지 약 70년간 지속되었다.

이 시기에 출판된 책들을 '훈련도감자본'이라고 부르는데, 이는 한국 인쇄 역사에서 특별한 위치를 차지한다. 대표적인 예로 『육조법보단경(六祖法寶壇經)』과 『주례정의(周禮正義)』(8-22)를 들 수 있다.

이 『주례정의』는 17세기에 제작된 것으로, 그 크기가 28.9x19.2cm이다. 이 책의 인쇄 품질은 임진왜란 이전의 목활자에 비해 거칠고 조잡한 편이다. 그러나 이러한 기술적 퇴보에도 불구하고, 훈련도감자본은 중요한 의의를 지닌다.

> 첫째, 전쟁으로 인해 피폐해진 상황에서도 책의 보급을 위해 노력했다는 점이다. 이는 지식과 문화의 계승에 대한 강한 의지를 보여준다.
>
> 둘째, 군인들까지 동원하여 인쇄 문화를 주도했다는 점은 당시 사회가 얼마나 책과 지식을 중요하게 여겼는지를

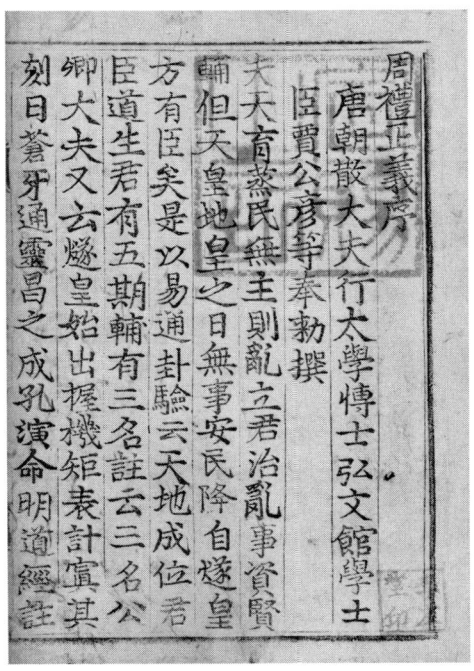

8-22. 『주례정의(周禮正義)』(『베스트셀러』 51쪽)

보여준다. 이는 군사 조직이 문화적 역할도 담당했다는 점에서 특별하다.

셋째, 이 시기의 경험은 한국 인쇄 문화의 회복력과 적응력을 보여준다. 주자인쇄가 불가능한 상황에서 목활자를 활용하여 지속적으로 책을 생산했다는 점은 주목할 만하다.

따라서 훈련도감자본의 시대는 한국 인쇄 문화의 위기와 극복의 역사를 보여준다. 비록 인쇄 품질은 이전에 비해 떨어졌지만, 이 시기의 노력은 한국 인쇄 문화의 연속성을 유지하고, 나아가 새로운 발전의 기반을 마련했다는 점에서 그 역사적 의의가 크다. 이는 한국 문화의 강인함과 지속성을 보여주는 중요한 사례라고 할 수 있다.

(3) 진흙 활자

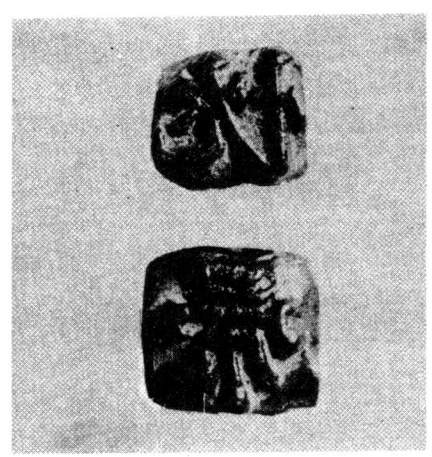

8-23. 진흙 활자

　진흙 활자, 또는 도활자(陶活字)는 한국과 중국의 인쇄 역
사에서 독특한 위치를 차지한다. 이 활자 기술의 발전과 사

용에 대해 다음과 같이 정리할 수 있다.

1. 기원과 초기 발전: 북송 시대 필승의 교니활자에서 기원했다. 원나라 초기 요추와 양고의 시도가 있었으나 실용화에 실패했다.

2. 제작 방법의 발전: 진흙으로 인판을 만들고, 구운 활자를 배열하고, 가마에서 다시 구워 고착시키는 방법 개발했는데, 이 방법은 활자를 한 번만 사용할 수 있어 실용성에 제한이 있었다.

3. 중국에서의 실용화: 18세기 이후에야 실제로 보급된 것으로 알려졌다.

4. 한국에서의 도활자 사용: 18세기 초에 도입된 것으로 추정되어, 중국과 비슷한 시기로 비정된다.『동국후생신록』에 이재항의 도활자 제작법 소개되었다.

5. 한국의 도활자본 실례: 1722년 청해의 문회헌 도자계에서

8-24. 도활자

인쇄한 『삼략직해』, 1737년 김세렴의 『동명집』 등이 있다.

6. 현존하는 도활자 유물: 국립중앙박물관, 성암고서박물관, 개인 소장 등에 보존되고 있으며, 상주 지방에서 발견된 도활자는 모퉁이에 구멍이 있어, 철사나 끈으로 꿰었던 것으로 추정된다.

도활자의 사용은 금속활자나 목활자와는 다른 특징을 가지고 있다. 한 번만 사용할 수 있다는 한계에도 불구하고 도활자가 개발되고 사용된 것은 당시의 인쇄 수요와 기술적 실험 정신을 보여준다.

따라서 이 기술은 한국과 중국의 인쇄 문화 교류를 보여주는 좋은 예이다. 두 나라에서 비슷한 시기에 실용화되었다는 점은 동아시아 지역의 문화적, 기술적 연관성을 시사한다.

나아가 도활자의 사용은 인쇄 기술의 다양성을 보여준다. 금속활자와 목활자가 주로 사용되던 시기에 새로운 재료와 기술을 시도했다는 점은 당시 인쇄 문화의 혁신적 성격을 반영한다.

제3절 석경(石經)과 와경(瓦經)

석경(石經)은 경전을 돌에 새겨 영구히 보존하고자 한 중요한 문화유산이다. 이는 단순한 인쇄 기술을 넘어 문화적, 정치적, 종교적 의미를 담고 있다.

중국의 석경 역사는 다음과 같이 발전했다.

1. 한나라 시대: 「희평석경(熹平石經)」(175-183)이 대표적인데, 후한의 영제가 채옹에게 명하여 제작. 7경(經)을 포함하며, 경서 문자의 표준화를 목적으로 했다.

2. 위나라 시대: 「삼체석경(三體石經)」(또는 「정시석경(正始石經)」)(8-25)이 있는데, 소전(小篆), 예서(隸書), 고문(古文, 즉 전국문자)의 세 가지 서체로 경전을 새겼다.

3. 당나라 시대: 「개성석경(開成石經)」(837)이 대표적인데, 현존하는 중요한 석경 중 하나이다.

4. 이후의 발전: 촉의 「촉석경」(938), 송의 「송석경」(1061)과 「남송석경」(1135), 청의 「청석경」(1791) 등이 대표적이다.

8-25. 위(魏) 정시(正始) 연간의 삼체(三體)석경(石經)

이러한 석경들은 주로 유가 경전을 담고 있었다. 반면, 불교 경전의 석경은 다른 발전 과정을 거쳤다.

- 북위에서 시작하여 북제 때 성행
- 금·원 이후 쇠퇴
- 주요 예: 북제의 태산 「대반야경」, 북향당산 석굴의 석경, 방산의 석경, 원의 거용관과가탑의 육체 석경

석경의 제작과 사용은 다음과 같은 의의를 지닌다.

1. 문자의 표준화: 경전의 정확한 전승을 위한 노력을 보여준다.
2. 정치적 권위: 왕권의 정당성과 유교적 통치 이념을 강화하는 수단이었다.
3. 교육적 기능: 표준화된 경전을 통해 일관된 교육을 가능하게 했다.
4. 문화적 지속성: 돌에 새김으로써 문화유산의 영구적 보존을 추구했다.
5. 종교적 의미: 불교 석경의 경우, 종교적 공덕을 쌓는 행위로 여겨졌다.
6. 기술적 발전: 돌을 다루는 기술과 문자를 새기는 기술의 발전을 촉진했다.

석경은 동아시아 문화권에서 문자와 경전의 중요성을 잘 보여주는 문화유산이다. 이는 단순한 기록 수단을 넘어 정치, 종교, 교육, 문화의 복합적 산물로서, 당시 사회의 가치관과 지식 체계를 반영한다. 석경의 존재는 문자의 힘과 지식의 영속성에 대한 동아시아 문화권의 깊은 믿음을 보여주는 중요한 증거이다.

8-26. 조맹부(趙孟頫) 체(體) 『시경(詩經)』
석경(『조선왕실 각석』 244쪽)

한국의 석경(石經) 문화는 중국에 비해 그 수가 적지만,
독특한 특징과 중요한 의의를 지니고 있다. 현존하는 한국의
석경은 크게 유가 경전과 불교 경전으로 나눌 수 있다.

1. 유가 경전 석경의 전승: 조선시대에는 유가 경전 가운데 『
   시경』의 일부를 돌에 새긴 석경이 제작되었으며, 현재 약
   20여 점이 전해진다. 그 대표적 사례로는 조선 왕실이 소장
   하였던 **조맹부(趙孟頫)**체 **『시경』** 석경(8-26)을 들 수 있다.

이 석경은 주희의 주석을 포함한 『시경집전』을 저본으로
삼아 제작되었고, 글씨는 원나라를 대표하는 서예가 조맹부
의 서체를 본떠 새겨졌다. 이는 조선이 성리학적 정통성과
서예적 권위를 동시에 중시했음을 보여주는 사례이다.

2. 불교 석경의 형성과 전개

(1) 경주 칠불암(七佛庵) 『금강반야바라밀경』 석경: 경주 칠
불암에서 전하는 『금강반야바라밀경』 석경은 8~9세기
통일신라시대에 조성된 것으로, 현존하는 가장 이른 불
교 석경으로 평가된다. 현재까지 5편이 발견되었으며, 판
면에는 괘선을 긋고 큰 글씨로 경문을 새긴 것이 특징이
다. 이는 초기 불교 석경 제작의 형식과 미감을 잘 보여
준다.

(2) 『창림사법화석경(昌林寺法華石經)』: 『법화경』을 새긴 창
림사 석경은 791년경 제작된 것으로 추정된다. 이 석경
은 1966년 경주시 배동배수지에서 24편이 발견되었으며,
각 판석은 세로 약 150cm, 가로 약 100cm의 크기를 지
닌다. 판면은 3단 구성, 1행 30자·42행 체제로 새겨졌고,
전체는 19매의 판석으로 이루어졌을 것으로 추정된다.
이는 통일신라 후기 석경 조성의 규모와 정교함을 잘 보
여준다.

(3) 구례(求禮) 화엄사(華嚴寺) 『화엄석경(華嚴石經)』(8-27):
구례 화엄사에 전하는 『화엄경』 석경은 통일신라 말기에
조성된 것으로, 보물 제1040호로 지정되어 있다. 이 석경
은 『화엄경』 60권본을 기준으로 1행 28자씩 새겼으며,
서체는 구양순체를 포함한 해서체와 육조체가 혼합된 양
상을 보인다. 현재는 약 14,000여 점의 파편만 남아 있
으나, 전승에 따르면 김생의 글씨로 알려져 있어 서예사
적 가치 또한 크다.

이와 같은 유가·불교 석경은 경전을 영구히 보존하고자

8-27. 구례(求禮) 화엄사(華嚴寺) 「화엄(華嚴)석경(石經)」

한 문자 매체의 물질화 전략이자, 서예·경학·신앙이 결합된 종합 문화유산이다. 특히 석경은 필사와 인쇄 이전·이후의 문자문화가 공존하던 국면을 보여주며, 동아시아 경전 수용과 해석의 방식을 입체적으로 이해하게 하는 중요한 자료로 평가된다.

이외에도 기와에다 경전을 새긴 특이한 유물이 전하는데, 이를 **와경(瓦經)**이라 한다. 와경은 현재 1편이 전하고 이것이 유일한 예이다. 기와의 앞뒷면에 각 5행씩 정자체로 된 불경이 새겨졌으나, 어떤 경전인지를 아직 알려지지 않았다.

제9장

종교와 한자

제9장 종교와 한자

제1절 불교

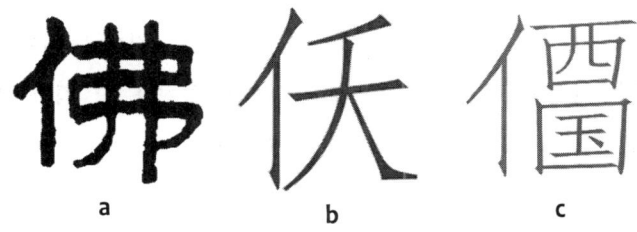

9-1. '불(佛)'자의 다양한 모습들.

불교를 대표하는 글자인 불(佛)은 '붓다'의 음역어지만 인간(人)의 경계를 넘어선(弗) 존재라는 의미를 담았다.

이에 반해 조선시대에 많이 사용됐던 불(佛)의 이체자(b)는 '요상한(夭) 사람(人)'이라는 뜻을 담았는데, 성리학(유가)을 통치철학으로 삼고, 불교를 배척하던 조선의 실상을 잘 담았다. 또 베트남 한자에 보이는 불(佛)의 이체자(c)는 '서쪽(西) 나라

(國=国)(인도)에서 온 사람(人)'이라는 중립적 의미를 담았다.

(1) 삼국시대

한국에 불교가 전파된 시기와 과정은 삼국에 따라 다소 차이가 있다. 전통적으로 372년 고구려 소수림왕 2년에 동진의 순도와 아도가 불경과 불상을 가지고 들어와 초문사와 이불란사를 창건하고 설법을 시작한 것이 한국 불교의 시작으로 알려져 왔다. 그러나 최근 연구에 따르면, 남방, 특히 가야 지역에서 이보다 앞선 시기의 불교 유적과 흔적들이 발견되고 있어, 인도로부터 해상 무역로를 통해 직접 불교가 전래되었을 가능성도 제기되고 있다.

고구려는 순도와 아도의 설법과 전도를 공식적으로 허용한 후, 평양에 여러 사찰을 짓고 불교 전파에 힘썼다. 그 결과 많은 고승이 배출되었고, 열반종, 삼론종, 천태종, 살바다종 등의 종파가 형성되었다. 의연, 담징, 도림 등의 승려들은 각각 불교 발전, 일본 전파, 호국불교 실현 등에 큰 업적을 남겼다.

백제는 384년 침류왕 1년에 인도 승려 마라난타가 동진을 경유하여 입국하면서 불교가 전래되었다. 왕흥사와 미륵사 등 많은 사찰이 건립되었고, 삼론종, 계율종, 성실종의 세 종파가 성립되었다. 백제 불교는 특히 일본과 밀접한 관계를 맺어, 도장, 혜총, 도림 등 많은 고승들이 일본에 건너가 불교 전파에 큰 공헌을 하였다.

신라는 삼국 중 가장 늦게 불교를 받아들였지만, 527년

법흥왕 14년 이차돈의 순교 이후 공인된 이후 빠르게 발전했다. 국가적 종교로 존숭되어 승려와 사원이 두터운 보호를 받았고, 많은 구법승이 인도와 당나라에 유학하여 당나라의 13종을 도입, 발전시켰다. 특히 선종은 독자적으로 발전하여 구산선문의 분파를 이루었다.

특히 신라 불교는 호국불교로서 사상, 정치, 문화, 외교, 생활은 물론 건축과 예술 방면에도 큰 영향을 미쳤다. 황룡사, 통도사, 불국사, 해인사 등 많은 명찰이 창건되었고, 불국사의 석가탑과 다보탑, 석굴암 등 귀중한 문화재가 조성되었다. 또한 원광, 자장, 의상, 원효 등 많은 고승이 배출되어 각각 국민도의 확립, 문물제도 수립, 화엄 교리 전파, 불교의 대중화 등에 큰 공헌을 하였다.

이처럼 불교는 삼국 각기 다른 역사적 맥락 속에서 수용·발전하며 한반도 문화의 근간을 형성하였는데 요약하면 다음과 같다.

1. 고구려: 372년 순도와 아도에 의히 불교가 공식적으로 전래되었다. 이후 평양을 중심으로 다수의 사찰이 건립되었고, 열반종·삼론종·천태종·살바다종 등 다양한 교학 종파가 발전하였다. 이 과정에서 의연, 담징, 도림와 같은 저명한 승려가 배출되었으며, 고구려 불고는 일본에까지 전파되어 동아시아 불교 교류의 선구적 격할을 하였다.

2. 백제: 384년 인도 승려 마라난타에 의해 불교가 전래되었다. 이후 왕흥사와 미륵사 같은 사찰이 세워졌고, 삼론종·계율종·성실종이 발전하였다. 벡제 불교는 교학적 세련성과 국제성을 특징으로 하며, 도장, 혜총, 도림 등 승려를 통해 일본 불교 형성에 결정적 기여를 하였다.

3. 신라: 527년 이차돈의 순교를 계기로 불교가 공인되었고, 이후 국가적 종교로서 두터운 보호를 받으며 발전하였다. 당나라의 13종 불교를 수용·소화하는 한편, 구산선문이라는 독자적 선종 체계를 형성하였다. 신라 불교는 호국불교로서 정치·문화·예술 전반에 깊은 영향을 미쳤으며, 황룡사, 통도사, 불국사와 같은 명찰과 석가탑·다보탑·석굴암 등 걸출한 문화유산을 남겼다. 또한 원광, 자장, 의상, 원효 등 사상적 거장을 배출하여 한국 불교의 사상적 깊이를 결정지었다.

이러한 삼국시대의 불교 전파와 발전은 한국 문화사에서 매우 중요한 의미를 지니며, 특히 문자 문화의 발전에도 큰 영향을 미쳤다. 불경의 전파와 번역, 주석 활동, 석경 제작 등을 통해 한자 문화가 더욱 깊이 뿌리내리게 되었고, 사찰을 중심으로 한 교육 활동과 국제 교류를 통해 문자 문화가 더욱 발전하게 되었다.

(2) 고려시대

고려시대 불교는 신라불교를 계승하면서도 독자적인 발전을 이루었다. 태조 왕건은 불교를 국교로 정하고 승과를 제정하여 승려를 우대하는 등 적극적인 숭불정책을 펼쳤다. 이러한 정책은 고려 전반에 걸쳐 계승되어 불교가 사상적 지주로 자리 잡게 되었다.

이 시기에는 개성의 왕륜사를 비롯한 16사, 봉은사, 부석사 등 많은 사찰이 건립되었고, 관촉사 석등, 부석사 조사전

벽화, 대흥사의 종 등 수많은 우수한 불교 예술품이 탄생했다. 특히 문종 때 간행된 고려판 『팔만대장경』은 한국 불교 문화의 대표작이자 세계문화유산으로 인정받고 있다.

고려 불교는 신라에 비해 이름난 고승의 배출은 적었지만, 몇몇 주목할 만한 인물들이 있었다. 예컨대 체관은 천태종을 재흥시켰고, 대각국사 의천은 송나라 유학 후 교장도감을 설치하고 4,740여 권의 교장을 간행하는 큰 업적을 남겼다. 중기의 지눌과 균여, 말기의 나옹과 보조 등도 중요한 고승으로 평가된다.

고려 불교의 종파는 초기에 신라의 종파를 계승하다가 말기에 이르러 다소 분화되었다. 조계종, 천태법사종, 천태소자종, 화엄종, 총남종, 자은종, 신인종, 남산종, 도문종, 중신종, 시흥종 등 11종이 성립되어 다양한 불교 사상이 공존하게 되었다.

이러한 고려시대 불교의 발전도 한국 문화사에서 매우 중요한 의미를 지닌다. 불교는 단순한 종교를 넘어 정치, 사회, 문화 전반에 걸쳐 깊은 영향을 미쳤으며, 특히 문자 문화의 발전에도 큰 기여를 했다. 대장경의 간행, 불교 경전의 번역과 주석 활동, 사찰을 중심으로 한 교육 활동 등은 한국의 문자 문화를 더욱 풍부하고 깊이 있게 만들었다. 또한 불교를 통한 국제 교류는 한국의 문화적 시야를 넓히는 데 큰 역할을 했다.

다음에서는 몇 가지 중요한 고려 불교 관련 한자유물을 소개하고자 한다.

1. 『대혜보각선사서(大慧寶覺禪師書)』(9-2)

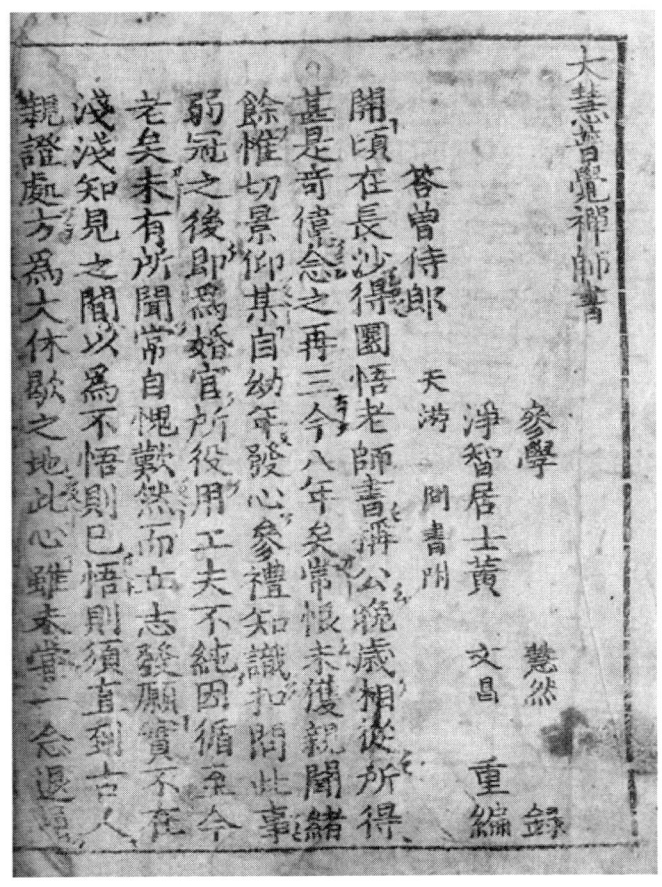

9-2. 『대혜보각선사서(大慧寶覺禪師書)』(『베스트셀러』 57쪽)

『대혜보각선사서』는 남송대 선승 대혜 종고(大慧宗杲, 1089~1163)
의 서간을 집성한 문헌으로, 간화선(看話禪)의 이론과 실천이 가장
집약적으로 드러난 자료로 평가된다. 이 책은 제자와 재가 신도
에게 보낸 편지를 중심으로 구성되어, 공안 참구의 방법, 의심

(疑情)의 유지, 문자 의존에 대한 비판 등 대혜 선사 특유의 선사상을 구체적 언설로 제시한다는 점에서 선종 사상사 연구에 중요한 위치를 차지한다. 특히 묵조선(默照禪)을 비판하고 '화두 참구'를 선 수행의 핵심으로 확립한 대혜의 입장이 실천적 맥락 속에서 생생히 드러난다. 동아시아 불교사적으로는 송대 선의 성격을 규정한 핵심 텍스트로서, 고려·조선 선종에 미친 영향 또한 지대하여 한국 선불교의 사상적 전개를 이해하는 데 필수적인 문헌으로 평가된다.

2. 『초조대장경(初雕大藏經)』(9-3, 9-4)

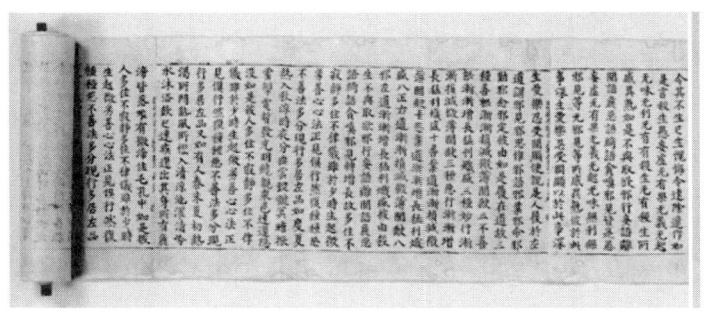

9-3. 『초조대장경』(호림박물관소장)

『초조대장경』은 고려 전기에 국가 주도로 간행된 불교 전적 집성으로, 한국 불교사와 동아시아 대장경사에서 기념비적 위상을 지닌 문헌이다. 일반적으로 현종 대(11세기 초) 거란의 침입이라는 국가적 위기 속에서 호국불교의 이념에 따라 조성된 것으로 이해되며, 불력(佛力)을 통해 외침을 극복하고자 한 국가적 발원의 산물이라는 점에서 그 성격이 분명하다.

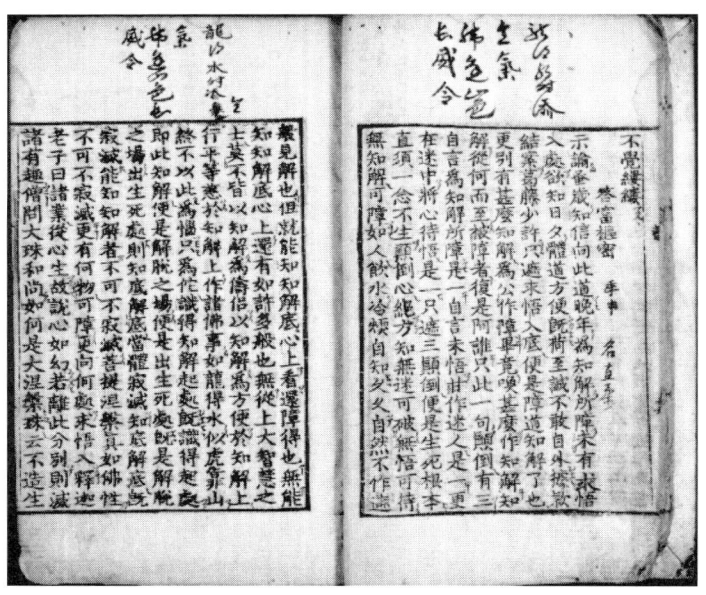

9-4. 『초조대장경』(『베스트셀러』 59쪽)

이 『초조대장경』은 중국에서 전래된 여러 판본 대장경을 바탕으로 교감·수용하여 조성되었으며, 고려 불교계가 축적한 교학적 성과와 문헌 수용 역량을 집약적으로 보여준다. 비록 오늘날 목판 원본은 몽골 침입 과정에서 대부분 소실되었으나, 이를 계기로 재 조성된 재조대장경, 즉 팔만대장경의 성립을 가능하게 한 사상적·기술적 전범으로 기능하였다. 이 점에서 초조대장경은 단절된 유물이 아니라, 고려 대장경 사업의 기원적 단계이자 방향성을 제시한 선행 체계로 평가된다.

『초조대장경』의 학술적 의의는 다음과 같이 요약할 수 있다. 첫째, 고려가 불교를 국가 이념 차원에서 조직적으로 운영했음을 보여주는 실증 자료라는 점, 둘째, 동아시아 불교 경전 전승 과정에서 고려의 주체적 선택과 편집 의식을 확인할 수 있다는 점에 있다. 나아가 이는 이후 한국 불교가 교학·선종·의례를 통합하는 토대를 마련한 문헌사적 성과로서, 한국 불교 문화의 장기적 형성을 이해하는 데 핵심적인 위치를 차지한다.

(3) 조선시대

조선 시대에 들어서면서 불교는 이전과는 매우 다른 상황에 직면하게 되었다. 조정의 **숭유억불** 정책으로 인해 불교는 전례 없는 수난기를 겪게 되었다. 국가는 도첩제를 실시하여 출가를 통제하고, 사전에 과세를 부과하며, 승려의 궁중 출입과 도성 내 출입을 금지하는 등 강력한 억불 정책을 펼쳤다.

특히 연산군 시기에는 불교에 대한 탄압이 극에 달했다. 승과가 폐지되었고, 삼각산의 여러 절에서 승려들이 쫓겨났으며, 원각사의 불상이 옮겨지고 그 자리에 기관이 들어섰다. 선종의 본산인 흥덕사와 흥천사가 없어졌고, 여승은 궁중의 노비로 전락했으며 많은 승려들이 강제로 환속되었다.

중종 때에도 이러한 탄압은 계속되어, 경주의 동불상을 녹여 병기를 만들고 원각사를 헐어 그 재목을 민가 건축에 사용하는 등의 일이 있었다. 그러나 이러한 강압적인 정책에도 불구하고, 민간에 깊이 뿌리내린 불교 신앙 자체를 완전히 말살하지는 못했다. 특히 상류층 부인들의 불교 신앙은 여전히 강하게 유지되었다.

그러나 모든 조선의 왕들이 불교를 탄압한 것은 아니었다.

태조 이성계는 석왕사, 태고사, 해인사 등에 비판을 하사하며 불교를 옹호했고, 세종과 세조 때는 간경도감(刊經都監)을 설치하여 불경을 간행하기도 했다. 특히 세종은 불교 종파를 정비하여 선종과 교종으로 통합하는 중요한 개혁을 단행했다.

이러한 어려운 상황 속에서도 조선 시대에는 여러 명승이 배출되었다. 무학을 비롯하여 임진왜란 때 큰 활약을 보인 서산과 사명 등의 승려들은 불교계뿐만 아니라 국가적으로도 중요한 역할을 수행했다.

이처럼 조선 시대의 불교는 국가의 강력한 억불 정책 하에서도 완전히 사라지지 않고 명맥을 유지했으며, 때로는 국가적 위기 상황에서 중요한 역할을 담당하기도 했다. 이는 불교가 한국 사회에 깊이 뿌리내린 종교이자 문화로서, 외부적 압박에도 불구하고 그 본질적인 영향력을 잃지 않았음을 보여준다. 또한 이 시기의 경험은 한국 불교가 이후 근현대에 이르러 새로운 모습으로 변화하고 발전하는 데 중요한 밑거름이 되었다고 할 수 있다.

이들 중, 『인천안목(人天眼目)』과 『수륙무차평등재의촬요(水陸無遮平等齋儀撮要)』는 조선 초기 불교문화의 중요한 측면을 보여주는 귀중한 문헌들이다.

1. 『인천안목』(9-5)은 1395년(태조 4년)에 무학대사가 회암사에서 간행한 책으로, 남송의 승려 지소가 불교 5개 종파의 기본 사상과 창시자들의 행적을 요약 정리한 내용을 담고 있다. 이 책은 원래 1357년(고려 공민왕 6년)에 원나라에서 활동하던 강금강이 간행한 것을 원본으로 삼

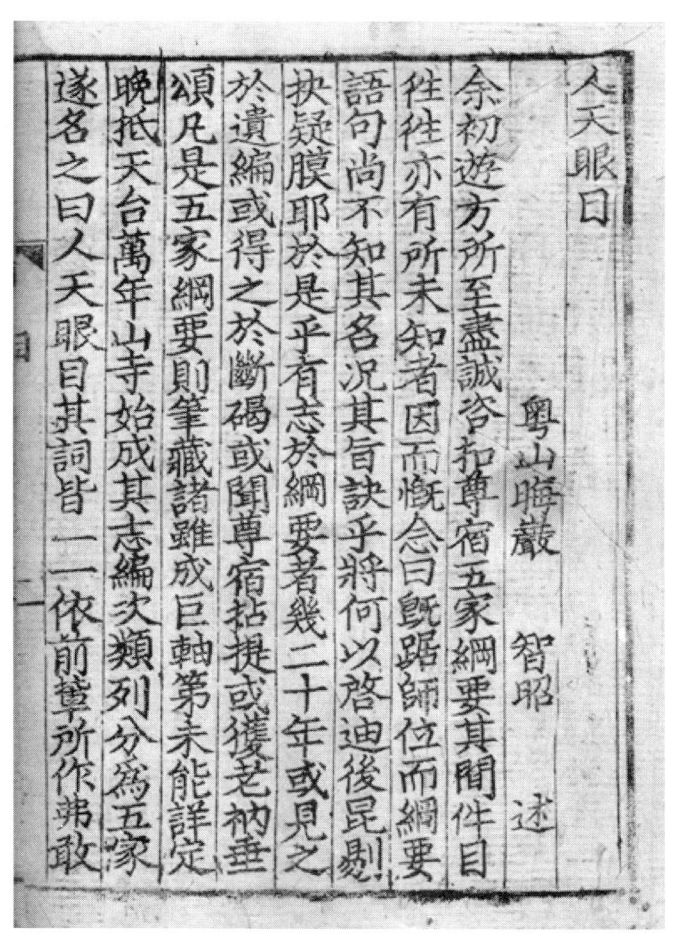

人天眼目

余初遊方所至盡誠咨扣尊宿五家綱要其間件目
往往亦有所未知者因而慨念曰旣跼師位而綱要
語句尚不知其名況其旨訣乎將何以啓迪後昆剗
抉疑膜耶於是乎有志於綱要者幾二十年或見之
於遺編或得之於斷碣或聞尊宿拈提或獲老衲垂
頌凡是五家綱要則筆藏諸雖成巨軸第未能詳定
晚抵天台萬年山寺始成其志編次類列分爲五家
遂名之曰人天眼目其詞皆一一依前輩所作弗敢

9-5. 『인천안목(人天眼目)』(『베스트셀러』61쪽)

았다. 28.4x17.6cm 크기의 이 책은 현재 서울역사박물관
에 소장되어 있다.

이 문헌은 조선 초기에 불교의 주요 사상과 역사에 대한
이해가 여전히 중요하게 여겨졌음을 보여준다. 또한 고
려 말부터 조선 초까지 이어지는 불교 문헌의 전승 과정
을 잘 보여주는 예시이기도 한다.

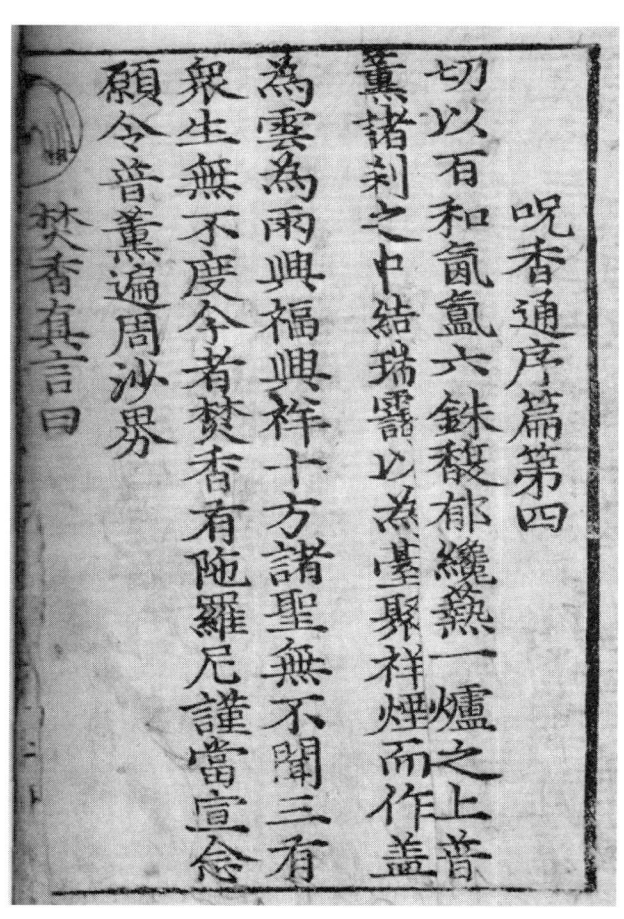

9-6. 『수륙무차평등재의촬요(水陸無遮平等齋儀撮要)』(『베스트셀러』 63쪽)

2. 『수륙무차평등재의촬요』(9-6)는 1483년에 전라도 진안의 중대사에서 간행된 판본으로, 육지와 물에서 죽어간 영혼을 달래는 의식인 수륙무차재의 절차를 요약한 책이다. 이 책의 원본은 1470년(성종 원년)에 세종의 5남인 광평대군의 부인 신씨가 부군과 아버지의 영혼을 위해 견성사에서 간행한 것이다. 30.0x19.4cm 크기의 이 책

역시 서울역사박물관에 소장되어 있으며, 원본은 보물 제1105호로 지정되어 호림박물관에 소장되어 있다. 이 문헌은 조선 시대에도 불교적 의례가 여전히 중요한 역할을 했음을 보여준다. 특히 왕실과 관련된 인물들이 이러한 불교 의례서를 간행했다는 점은 조선 초기 불교의 위상을 이해하는 데 중요한 단서가 된다.

이 두 문헌은 조선 초기 불교의 다양한 측면을 보여준다. 『인천안목』은 불교 교리와 역사에 대한 학문적 관심을, 『수륙무차평등재의촬요』는 실제적인 의례와 신앙생활의 측면을 각각 반영하고 있다. 또한 이 문헌들의 존재는 조선의 숭유억불 정책에도 불구하고 불교가 여전히 사회의 중요한 부분으로 남아있었음을 보여준다.

(4) 일제강점기

일제강점기는 한국 불교에 큰 변호와 도전을 가져온 시기였다. 1911년 일제가 제정·공포한 사찰령은 한국 불교를 억압하고 민족정신을 말살하려는 의도로 만들어진 법령이었다. 이 법령에 따라 한국의 불교 조직은 31개의 본사와 1,200개의 말사로 재편되었다. 이러한 조치로 인해 한국 블교는 일제의 식민지 통치기관인 조선총독부의 직접적인 감독 하에 놓이게 되었다.

그러나 이러한 일제의 통제 정책은 역설적으로 한국 불교가 항일 민족종교로서의 정체성을 강화하는 계기가 되었다. 특히 1919년의 3·1 운동 당시 많은 승려들이 독립운동에 적극적으로 참여했다. 이 중에서도 한용운(1879~1944)과 백용성(1864~1940)은 독립선언 33인에 포함되어 항일 운동의 정신적 지도자 역할을 했다.

한용운은 시인이자 독립운동가로, 그의 불교 사상과 민족의식은 깊이 연관되어 있었다. 그는 불교의 근대화와 민족해방을 동시에 추구했으며, 그의 저술과 활동은 당시 한국 불교계에 큰 영향을 미쳤다. 백용성 역시 독립 운동가이자 불교 개혁가로, 한글로 불경을 번역하는 등 불교의 대중화와 민족의식 고취에 큰 기여를 했다.

이 시기 한국 불교는 일제의 탄압에 맞서 민족의 정체성을 지키고 독립운동을 지원하는 중요한 역할을 했다. 많은 사찰들이 독립 운동가들의 은신처가 되었고, 승려들은 직접 독립운동에 참여하거나 후방에서 지원 활동을 펼쳤다.

동시에 이 시기는 한국 불교의 근대화가 시작된 때이기도 한다. 일본 불교의 영향으로 승려의 육식과 결혼이 허용되는 등 전통적인 불교 관행에 변화가 일어났고, 새로운 불교 사상과 서구 철학의 유입으로 한국 불교 사상의 지평이 넓어졌다.

따라서 일제강점기의 한국 불교는 외부의 억압에 맞서 민족의식을 지키고 독립운동을 지원하는 역할을 하면서도, 동시에 근대화의 과정을 겪었다. 이 시기의 경험은 해방 이후 한국 불교가 새로운 모습으로 변모하는 데 중요한 기반이 되었다. 한용운, 백용성과 같은 인물들의 활동은 불교가 단순히 종교적 차원을 넘어 민족의 정신적 지주로서 기능할 수 있음을 보여주는 중요한 사례이다.

9-7. 시루(甑). 부산 범어사(梵魚寺) 소장. 아가리 부분에 장문의 명문이 새겨졌다.

(5) 현대

1945년 8·15 광복 이후 한국 불교는 새로운 시대를 맞이하며 조직적, 제도적 변화를 겪었다. 전국불교대회를 개최하여 교구제를 정립하고, 중앙에 총무원을, 각 도에 교무원을 설치하여 종헌에 따른 조직 강화를 이루었다. 이는 일제 강점기의 통제에서 벗어나 자주적인 불교 조직을 구축하려는 노력이었다.

1950년 한국 전쟁 이후, 한국 불교는 전쟁으로 파괴된 100여 개의 사찰을 복구하는 한편, 불교의 대중화 운동을 적극적으로 전개했다. 이 시기 불교계는 사회복지 활동에도 참여하여 고아원을 설립하고, 교육 분야에서도 동국대학과 해인대학 등의 대학교와 여러 중고등학교를 운영하며 문화 사업에 기여했다. 이는 불교가 종교적 영역을 넘어 사회, 교육, 문화 전반에 걸쳐 영향력을 확대하려는 노력의 일환이었다.

그러나 1954년 이후 한국 불교는 비구(比丘)와 대처(帶妻) 두 파의 분쟁으로 인해 분열을 겪게 된다. 이 분쟁은 한국 불교의 정체성과 방향성에 대한 근본적인 논쟁을 불러일으켰고, 결과적으로 여러 개의 종단으로 갈라지는 계기가 되었다.

1970년대 중반까지만 해도 당시 문화공보부에 등록된 불교 종단은 18개에 불과했으나, 이후 신생 종단의 난립과 재편을 거치면서 현재 정부에 종교법인으로 등록하고 한국불교종단협의회에 가입한 불교 종단은 30개에 이른다.[1] 이들 가운데 대한불교조계종이 전통사찰 수와 승려 수에서 압도적으로 큰 최대 종단이며, 태고종·천태종·진각종·총지종·법상종·법화종·미륵종·보문종 등이 주요 종단으로 자리 잡고 있다.[2] 이러한 다종단 체제는 한국 불교 교단 구조의 다양성을 보여주는 동시에, 종단 간 협의기구(한국불교종단협의회)에 의존하는 느슨한 조정 구조로 인해 통일된 지도 체계의 부재, 교세 경쟁과 행정·재정 운영의 중복 등과 같은 구조적 문제점을 낳는다는 비판도 함께 제기되고 있다.

---

1) "2015특별기획: 격랑의 시대 넘어 일신한 한국불교, 깨달음의 사회화·자비 나눔 종교로", "광복 70년 불교 70년- ①종단"(2015.02.06.) (『현대불교』 https://www.hyunbulnews.com)
2) "한국불교종단탐방-대한불교조계종"(『불교일보』 2025.04.16.) https://www.bulkyoilbo.co.kr)

문화체육관광부의 전통사찰 통계와 한국불교종단협의회의 회원종단 조사 결과를 종합하면, 전국 사찰 수는 2018년 기준 약 1만7천여 개로 추정되며, 이 가운데 전통사찰로 지정·등록된 사찰은 2024년 9월 기준 983개이다.[3] 종단협 소속 30개 회원종단만을 기준으로 보더라도 사찰 수는 2014년 1만4,742개에서 2024년 1만152개로 감소하였고, 승려(정사) 수 역시 같은 기간 3만5,117명에서 2만1,383명 수준으로 줄어든 것으로 집계된다.[4]

한편 한국리서치와 갤럽 등의 전국 조사에서 자신을 불교 신자라고 응답한 비율은 최근 몇 년간 전체 인구의 약 16~17% 수준을 유지하고 있으며, 2023년 총인구 약 5,170만 명을 기준으로 환산하면 한국 사회에서 불교를 신앙으로 표방하는 인구는 대략 800만~900만 명 안팎으로 추정된다.[5] 이러한 수치는 사찰·승려 수의 감소 추세에도 불구하고 불교가 여전히 한국 사회에서 중요한 종교적·문화적 위상을 점하고 있음을 시사한다.

현대 한국 불교는 전통의 계승과 현대화라는 두 가지 과제에 직면해 있다. 한편으로는 오랜 역사와 전통을 가진 한국 불교의 정신적 가치를 지키면서, 다른 한편으로는 현대

---

3) "전통사찰 지정등록 현황"(지표누리 e나라지표,
   https://www.index.go.kr)
4) "불교닷컴"
   (https://www.bulkyo21.com/news/articleView.html?idxno=60942)
5) "한국갤럽"
(https://www.gallup.co.kr/gallupdb/reportContent.asp?seqNo=1208&utm
   _source=chatgpt.com)

9-8. 통도사(通度寺) 대웅전 금강계단. 뒤쪽에 부처님 진신 사리를
봉안하여 삼보(三寶) 사찰 중 '불보(佛寶)' 사찰로 불린다.

사회의 요구에 부응하는 새로운 불교문화를 창출해야 하는
도전에 직면해 있다. 또한 다른 종교와의 공존, 사회 참여,
국제화 등 다양한 과제들도 안고 있다.

따라서 현대 한국 불교는 광복 이후 조직적 정비와 대중
화, 사회 참여 등을 통해 새로운 모습으로 발전해왔지만, 동
시에 내부적 분열과 현대화의 과제 등 여러 도전에 직면해
있다. 이러한 상황 속에서 한국 불교는 전통과 현대의 조화,
종교적 가치와 사회적 역할의 균형을 찾아가는 과정에 있다
고 할 수 있다.

제2절 유교

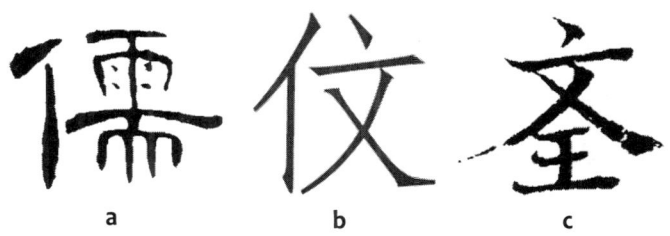

9-9. '유(儒)'의 이체자(b)와 '성(聖)'의 이체자(c)

유교를 뜻하는 유(儒)는 인(人)이 의미부고 수(需)가 소리부로, "어떤 필요나 수요(需)를 해결해 줄 수 있는 사람(人)"이라는 뜻을 담았다. 갑골문에서 떨어지는 물과 팔을 벌리고 서 있는 사람을 그려 목욕하는 제사장의 모습을 형상화했는데, 제사를 지내기 전 목욕재계(沐浴齋戒)하는 모습이다. 이후 이러한 제사가 주로 기우제(祈雨祭)였던 때문인지 금문에 들어 물이 우(雨)로 바뀌었고, 이후 사람의 모습이 이(而)로 잘못 변해 수(需)가 되었다. 이후 제사장이라는 의미를 강조하기 위해 인(人)을 더해 지금의 유(儒)가 되었다. 제사장은 그 집단의 지도자였으며, 지도자는 여러 경험과 학식을 갖춘 사람이어야 했다. 그래서 이후 유(儒)는 학자나 지식인을 통칭하는 개념으로 쓰였으며, 그러한 사람들의 집단을 유(儒), 그러한 학파를 유가(儒家), 그러한 학문을 유학(儒學)이라 부르게 되었다.6)

---

6) 하영삼, 『한자어원사전』(도서출판 3, 2018), "유(儒)"자의 해석.

조선사대 때 자주 쓰였던 '유(儒)'의 이체자 유(仈)는 유가의 성리학을 통치 철학으로 채택하여 500년간이나 왕조를 유지한 조선시대에서 등장한 유(儒)의 속자이다. 이는 '문인(文人)'이 바로 지식인이자 지도자였던 유(儒)임을 천명했는데, 무(武)에 대한 부정적 전통이 이렇게 형성되었을 런지도 모를 일이다.

또 문(文)과 왕(王)의 상하구조로 쓴 '성(聖)'의 이체자 성(㲻)은 한국 고유 약자로, 밀양 손씨 문중 문서에서 필자가 발견한 글자다. 이는 '성인'이 '문왕(文王)'임을 직접 표상한다. 문왕은 주나라를 열었던 성인 중의 성인이다. 또 '문선왕(文宣王)' 공자를 연상시키기도 하는 매우 직관적인 글자여서, 현대 중국의 간화자인 성(圣)보다 훨씬 뛰어난 창의적 글자로 평가된다.[7]

(1) 삼국시대

유교가 한국에 전래된 정확한 시기는 기록의 부재로 확실하지 않다. 그러나 일반적으로 삼국시대에 당나라의 학제인 국학(國學)을 도입한 때를 그 기원으로 보고 있다.

고구려의 경우, 372년(소수림왕 2년)에 태학(太學)을 설립한 것으로 알려져 있다. 더욱이 285년(고이왕 52년)에 왕인(王仁) 박사가 『논어』와 『천자문』을 일본에 전했다는 기록이 있어, 이미 그 이전부터 유학이 전래되었을 것으로 추정된다.

---

7) 하영삼, 『100개 한자로 읽는 중국문화』(도서출판3, 2017), 139쪽 참조.

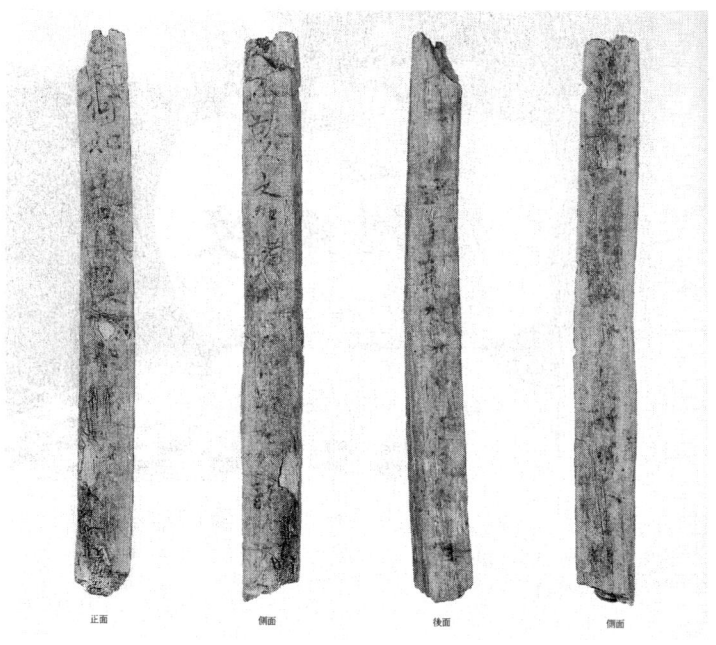

正面　　　側面　　　後面　　　側面

9-10. 『논어』 명문 죽간(『문자신라』 136쪽). 경남 김해시 저습지에서
발견된 가야 시대의 유물이다.

신라의 경우도 오래 전부터 유교가 전래된 것으로 보이나,
국학의 건립은 고구려나 백제에 비해 상당히 늦은 682년(신
문왕 2년)에 이루어졌다. 그러나 신라는 당나라에 유학생을
파견하여 학문을 장려하는 등 적극적인 태도를 보였다. 특히
최치원(857~?)은 당나라 과거에 급제하여 명성을 떨쳤으며,
설총은 이두(吏讀)를 창시하여 구경(九經)을 해석하는 등 유교
경전의 한국화에 크게 기여했다.

9-11. 경주향교. 한국 최초의 향교이다.

　이러한 삼국시대의 유교 수용은 한국 문화의 근간을 형성하는 중요한 계기가 되었다. 유교는 국가 체제의 정비, 교육 제도의 확립, 문자 문화의 발전, 국제 교류의 확대 등 다양한 측면에서 영향을 미쳤다. 또한 이두의 창시와 같은 사례는 유교 문화를 한국의 실정에 맞게 수용하려는 노력을 보여준다. 이러한 유교의 영향은 이후 고려와 조선을 거쳐 현대에 이르기까지 한국 문화의 중요한 특징으로 자리 잡게 되었다.

(2) 고려시대

　고려시대 유교의 발전은 시기에 따라 부침을 겪었다. 태조의 숭불정책으로 인해 초기에는 유교가 다소 부진했으나,

992년(성종 11년)에 국자감이 설립되면서 유교 교육의 기반이 마련되었다. 문종 재위 시기(1046~1083)에는 최충이 9재를 설치하여 학도를 가르치는 등 유교 교육이 활성화되었다.

그러나 이후 240년간 무신의 발호와 계속된 전란으로 유교는 다시 침체기를 겪었다. 이러한 상황은 충렬왕 재위 시기(1274~1308)에 안향이 연경에서 『주자전서』를 들여오면서 극적인 전환을 맞게 된다. 안향(安珦)은 국학을 설립하고 대성전을 건립하여 공자를 존숭하는 등 유교 부흥에 힘썼으며, 이로 인해 한국 주자학의 시조로 평가받고 있다.

안향의 제자들인 백이정, 우탁, 권부 등도 주자학 부흥에

9-12. 『시전대전(詩傳大全)』과 『시경언해(詩經彦解)』

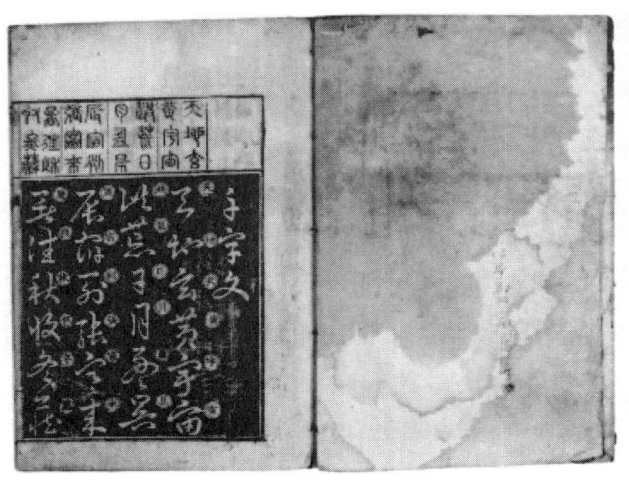

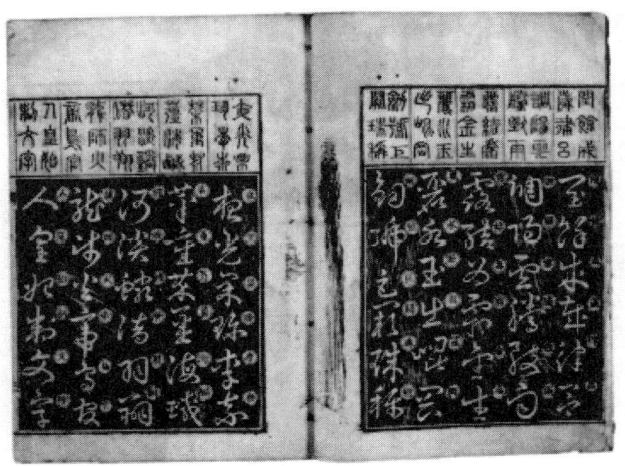

9-13. 『초천자문』(『베스트셀러』 72쪽). 19세기, 28.6×8.9센티.
석봉(石峯) 한호(韓濩)가 초서로 쓴 『천자문』이다.

기여했으며, 이들의 학통은 고려 말의 이제현, 이색, 이숭인,
정몽주 등으로 이어졌다. 특히 정몽주(鄭夢周)는 성리학에 정
통하고 도덕과 경륜에도 뛰어나 동방 이학의 시조라 불린다.

고려시대에는 유교 경전과 역사서의 간행도 활발히 이루어졌다. 1045년(정종 11년)에는 중앙의 비서성에서 『예기정의』와 『모시정의』가, 지방의 동경관(경주)에서 『전한서』와 『후한서』 등이 간행되었다. 1056년(문종 10년)에는 비각에서 『시』, 『서』, 『예기』, 『의례』, 『역』, 『춘추좌전』, 『춘추공양전』, 『춘추곡량전』, 『논어』, 『효경』, 『한서』, 『진서』, 『당서』 등 다양한 유교 경전과 역사서가 간행되었다.

이러한 고려시대의 유교 발전 과정은 불교와 유교가 공존하면서도 점차 유교, 특히 성리학이 중요한 사상적 기반으로 자리 잡아 가는 과정을 보여준다. 이는 이후 조선시대 성리학 중심의 사회로 전환되는 중요한 토대가 되었다.

(3) 조선시대

조선 전기에는 개국 초부터 태조·태종 대에 이르는 **숭유억불(崇儒抑佛)** 정책과 성리학을 국가 통치 이념으로 삼는 조치가 추진되면서 유교가 크게 발전하게 되었다. 조선 왕조의 유교적 통치 이념의 기초를 처음으로 체계화한 사람은 정도전(鄭道傳, 1342~1398)이다. 그는 『불씨잡변(佛氏雜辨)』을 비롯하여 『조선경국전(朝鮮經國典)』·『경제문감(經濟文鑑)』 등에서 불교를 비판하고, 유교, 특히 성리학에 기초한 정치·사회 질서를 국가의 근본이념으로 삼을 것을 주장하였다. 한편 고려의 유신(儒臣) 길재(吉再)의 학통을 이어받은 김종직(金宗直)은 당대의 유종(儒宗)이 되었고, 그의 문인 김굉필(金宏弼)·

정여창(鄭汝昌)·조광조(趙光祖) 등이 유명하나, 여러 차례의 사화(士禍) 속에서 현실 정치에서 뜻을 펼치지는 못하였다. 또 이언적(李彦迪)·노수신(盧守愼) 등의 거유(巨儒)도 유적(流謫)을 당함으로써, 사림계 유학자들은 차차 벼슬을 단념하고 산림(山林)에 숨어 오로지 학문과 후진 양성에 전념하는 경향을 강화하게 되었다.

9-14. 도산서원(陶山書院) 전경. 퇴계 이황의 학덕을 기리기 위해 건립된 서원으로, 한국 정신문화의 상징이다. 2019년 유네스코 세계문화유산에 등재되었다.

당시 학자들 가운데 서경덕(徐敬德)·조식(曹植)·김인후(金麟厚) 등이 그 대표적 인물이라 할 수 있는데, 특히 서경덕은 주자의 이기론(理氣論)을 비판적으로 수용하면서 기일원론(氣一元論)을 주장함으로써 한국 주기론(主氣論)의 선구자가 되었다. 그 후 명종·선조 때에는 많은 유학자가 배출되어 조선 성리학의 전성시대를 이루었다. 그 중에서도 이황(李滉, 退溪,

1501~1570)과 이이(李珥, 栗谷, 1536~1584)가 가장 뛰어나, 이황을 "동방의 주부자(朱夫子)", 이이를 "동방의 성인(聖人)"이라 부를 만큼 대단한 학자였다. 특히 이황은 사단칠정(四端七情) 문제를 둘러싸고 "사단은 이가 발하여 기가 따르고, 칠정은 기가 발하여 이가 탄다(四端理發而氣隨之 七情氣發而理乘之)"는 이기호발설(理氣互發說)을 전개함으로써 주리학파(主理學派)의 이론적 토대를 세웠고, 그의 학설과 저술은 임진왜란 이후 일본에 전해져 야마자키 안사이[山崎闇齋]를 비롯한 여러 주자학자에게 큰 영향을 끼쳐, 동아시아 사상사에서 한국 성리학이 중요한 위치를 차지하게 하였다.[8] 그의 문하에서는 류성룡(柳成龍)·김성일(金誠一)·정구(鄭逑) 등 저명한 학자가 배출되었다.

한편 이이(李珥)는 사단과 칠정이 모두 기(氣)의 발현이며 이(理)는 그에 탄다고 보는 '기발이승일도설(氣發理乘一途說)'을 제시하여, 이와 기가 실제에서는 분리될 수 없고 작용하는 것은 어디까지나 기라는 점을 강조하였다. 후대에는 이를 중심으로 기의 역할을 중시하는 주기설(主氣說)로 정리되었고, 그 학설은 김장생(金長生)·이귀(李貴)·조헌(趙憲) 등을 거쳐 김집(金集)·송시열(宋時烈) 등 기호학파(畿湖學派)의 거유에게 이어졌다.[9] 이황의 학통은 조선 후기 영남학파에서 이상정(李象靖)·이진상(李震相) 등이 적극 계승·발전시켜, 주리론(主理論)을 새로운 시대적 맥락에서 재해석하는 데 기여하였

---

8) 『민족문화대사전』 "사단칠정(四端七情)"
   (https://encykorea.aks.ac.kr/Article/E0025438)
9) "우리역사넷" 김장생(金長生)(https://contents.history.go.kr)

다. 또 송시열의 문인 권상하(權尙夏)의 제자 이간(李柬)과 한원진(韓元震)은 인간과 만물의 본성이 같고 다른가를 둘러싼 인물성동이론(人物性同異論)에 서로 다른 견해를 취하여, 이른바 낙론(洛論)과 호론(湖論)으로 갈라져 호락논쟁(湖洛論爭)을 전개하였다. 이러한 논쟁은 심성·우주론에 관한 성리학 내부의 이론적 전개이면서 동시에 노론 내부의 지역·학파 갈등 및 당쟁과 결부되어 예송(禮訟) 등 정치적 대립을 심화시키는 요인이 되었다는 평가를 낳고 있다.

9-15. 성균관(成均館)의 명륜당(明倫堂) 현판(명나라 주지번이 썼다)

18세기 조선 후기에 접어들면서 학문계에 큰 변화가 일어났다. 공리공론에 치우친 순리학파(純理學派)를 대신하여 실사구시(實事求是)의 학문을 주장하는 **실학파(實學派)**가 대두하였다. 유형원(柳馨遠), 이익(李瀷), 박지원(朴趾源) 등이 이 새로운 학문 조류의 대표적 인물로 꼽힌다.

이들 실학자들은 기존의 성리학적 사고에서 벗어나 보다

실용적이고 개혁적인 사상을 펼쳤다. 예를 들어, 유형원의『반계수록(磻溪隨錄)』에서는 토지제도 개혁안을 제시하였고, 이익의『성호사설(星湖僿說)』(9-16)은 다양한 실용 지식을 집대성하였다. 박지원의『열하일기(熱河日記)』는 청나라 견문록으로, 새로운 문체를 시도하여 주목받았다.

그러나 실학파의 발전은 오래가지 못했다. 당시 동점(東漸)하던 서학(西學)의 영향을 받았다는 혐의로 조정의 탄압을 받게 된 것이다. 이로 인해 실학자들은 그들의 탁월한 경륜을 충분히 펴지 못한 채 학파로서의 영향력이 쇠퇴하고 말았다.

실학의 쇠퇴 이후, 성리학이 다시 부흥하는 기세를 보였다. 그러나 조선 말기의 성리학자들은 여전히 여러 학설로 나뉘어 각자의 학파 이론만을 고수하는 경향을 보였다. 이항로의『화서집(華西集)』이나 기정진의『노사집(蘆沙集)』 등이 이 시기의 대표적인 성리학 문헌으로 꼽힌다.

조선 후기 유학자들의 이러한 태도, 즉 지나치게 형식과 체면에 집착하는 완고함과 고집은 결과적으로 한국의 개화에 큰 장애물로 작용하기도 했다. 그러나 동시에 이러한 태도가 전통적인 한자 문화의 보존에 기여했다는 점도 간과할 수 없다. 이 시기의 한자 사용은 전통과 변화 사이의 갈등을 여실히 보여주는 하나의 지표라고 할 수 있을 것이다.

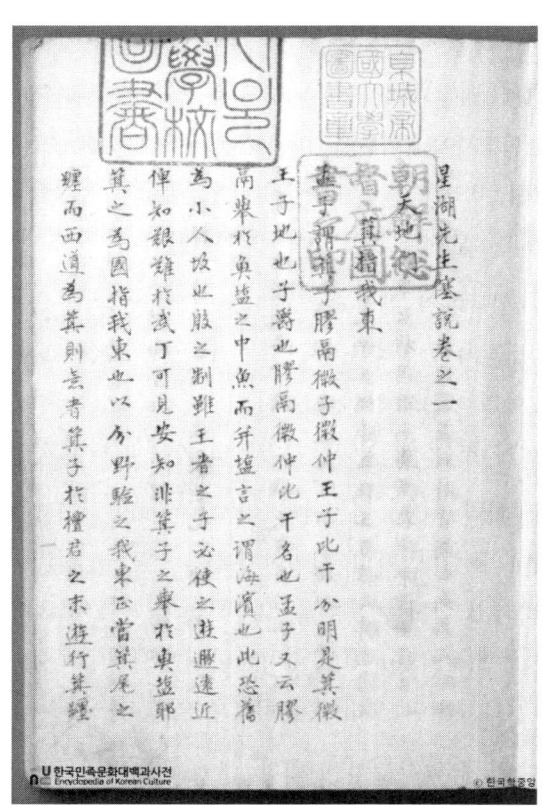

9-16. 『성호사설(星湖僿說)』(한국민족문화대백과사전)
천지문 · 만물문 · 인사문 · 경사문 · 시문문 등의
5문으로 분류하여 3,007항목의 글을 수록한
실학서이다.

(4) 일제 강점기

일제의 침략으로 국가의 위기가 고조되자, 많은 유학자들이 애국의 대의를 위해 앞장섰다. 송병선(宋秉璿), 최익현(崔益鉉), 조병세(趙秉世), 민영환(閔泳煥), 이준(李儁), 안중근(安重根) 등이 그 대표적 인물들이다. 이들은 전통적인 유교 사상을 바탕으로 국가 수호와 민족 독립을 위해 노력했다.

9-17. 신채호의 『조선상고사』 연재 첫회. 조선일보 1931년 6월 10일자에 실린 글이다.(조선일보 DB)

특히 주목할 만한 인물로 신채호(申采浩, 1880~1936)를 들수 있다. 그는 1898년 19세의 나이로 성균관에 입학하여 전통 유학을 수학했으며, 같은 해 '만민공동회(萬民共同會)' 조직에 참여하면서 애국계몽운동에 투신했다. 이후 그는 유교 개혁에 앞장서는 등 전통과 근대를 아우르는 활동을 펼쳤다.

유교 개혁 운동의 또 다른 주축으로 박은식(朴殷植, 1859~1925)과 장지연(張志淵, 1864~1920) 등을 들 수 있다. 이들은 1909년 9월 대동교(大同敎)를 창립하여 유교 개혁 운동을 본격화했다. 이는 1908년 신기선(申箕善), 유길준(兪吉濬), 김윤식(金允植) 등이 설립한 친일 유교 단체인 '대동학회(大東學會)'(후에 공자교로 개칭)에 대한 저항의 성격도 띠고 있었다. 대동교를 통해 이들은 민족정신을 기반으로 한 유교의 조직화를 꾀하며, 민족적 종교 운동을 전개했다.

이 시기 유학자들의 활동은 전통 유교 사상을 계승하면서도, 시대의 변화에 대응하여 유교를 개혁하고 민족 독립 운동의 사상적 기반으로 삼고자 했다는 점에서 의의가 있다. 그들의 저술과 활동은 대부분 한자로 이루어졌으며, 이는 당시 지식인 사회에서 한자가 여전히 중요한 의사소통 수단으로 기능했음을 보여준다.10)

---

10) 금장태, 『한국유학의 탐구』(서울대학교출판부, 1999) 참조.

(5) 현대

1945년 8·15 광복 후, 한국의 전통을 파괴하고 친일과 일제에 예속됐던 속박에서 벗어나 전국 유림의 조직을 재건하는 과정이 이루어졌다. 일제 강점기 동안 유학이 이른바 황도유학(皇道儒學)으로 전락하여 식민 통치 이념에 편입되었다는 자기성찰 속에서, 전국 유림(儒林)은 친일 잔재에서 벗어나 통일된 유림 단체를 구성하려는 운동을 전개하였다. 유림들의 조직 재건은 1945년 말 성균관에서 열린 유도회 창립총회와 1946년 성균관 내에 유도회총본부(오늘날 성균관유도회총본부)를 설치한 일, 그리고 교육 기능으로서 성균관대학(오늘날 성균관대학교)을 설립한 일을 통해 구체화되었다. 현재 성균관의 산하에 전국(남한)의 향교가 편제되어 있으며, 2024년 종합 보고서와 2025년 문화체육관광부 종합계획에 따르면 남한에 남아 있는 향교는 234개, 서원은 약 1,087개로 집계된다. 그러나 성균관·향교의 전통적 국가조직은 일정 부분 재건되었지만, 전통사회에서 사림(士林)이 주도적 역할을 하였던 전국의 많은 서원은 본래 향촌 유림이 자율적으로 설립·운영하던 사설 교육·제향 기관이었기 때문에 유교 교단 조직 속에 일괄 편입되지 못하고, 오늘날에도 대체로 개별 재단과 지역 연고를 지닌 유림 집단에 맡겨진 상태로 남아 있다.

유교 조직의 성격이 이미 개혁의지를 상실하고 전통을 고수하는 데 급급한 실정이므로, 제도 종교로서의 유교는 여전히 시대 변화의 추이와는 거리를 두고 있으며 대중화에도 성공하지 못하고 있다. 이미 1990년대의 연구에서도 유교 교단이 유도회와 성균관·향교 조직에 의존하면서 상·하급 조직 간 결속과 통제가 느슨하고, 지도층이 현대 사회에 발언할 대표성을 충분히 확보하지 못하고 있다는 점이 지적된 바 있다. 다만 성균관과 성균관유도회총본부를 중심으로 한 유도회 조직은 서울의 총본부와 각 시·도 본부, 그리고 2000년대 초 기준 200여 개를 크게 상회하는 지부를 두고 있으며, 산하에 청년유도회와 여성유도회 등 여러 분과 조직을 설치하여 성년례, 전통예절 교육, 충효 교육, 지역 봉사 활동 등 부분적인 대중화 사업을 전개하고 있다. 2023년 「성균관·향교·서원 전통문화의 계승·발전 및 지원에 관한 법률」 제정과 2025년 제1차 성균관·향교·서원 전통문화 계승·발전 종합 계획 수립은, 전국 234개 향교와 1,087개 서원을 전통문화 교육과 지역문화의 허브로 삼아 청소년 인성교육, 유교 인문학 프로그램, 디지털 아카이브 등으로 기능을 확장하려는 국가 차원의 시도로 평가할 수 있다.

통계청 '인구주택총조사'의 종교 통계를 보면, 유교를 자신의 종교라고 응답한 인구는 1995년 약 21만 명(21만 0천 명, 전체 인구의 0.5%)에서 2005년 약 10만 4천 명(0.2%), 2015년에는 약 7만 6천 명(0.2%)으로 꾸준히 감소해 왔다. 같은 시기 종교가 있는 인구 전체 가운데 유교가 차지하는 비중도 1995년 약 0.95%, 2005년 약 0.42%, 2015년 약 0.35% 수준에 불과하여, 제도 종교로서의 한국 유교가 통계상 극소수 집단으로 축소되어 있음을 보여준다. 연령 구조를 보더라도 2015년 기준 유교 신자의 노인(65세 이상) 인구 비율은 41.1%로 분석되어, 주요 종단 가운데 가장 심각한 고령화 양상을 보이고 있다. 최근 한국리서치 등에서 실시한 2024년 전국 성인 조사에서도 개신고 20%, 불교 17%, 천주교 11%, 기타 종교 2%, 무종교 51%라는 결과가 제시되는데, 여기서 '기타 종교' 범주에는 유교·원불교·천도교 등 모든 소수 종교가 함께 포함된다. 이를 감안하면, 유교를 종교적 정체성으로 명시적으로 표방하는 인구는 전체 인구의 1%를 크게 밑도는 규모로 추정할 수 있다.[11]

이와 같은 수치들은 유교 신자 수가 전체 인구의 1%에도 못 미칠 뿐 아니라, 그 내부에서도 노인 인구의 비율이 압도적으로 높다는 점을 보여주며, 오늘날의 한국 유교가 조직 재생산과 세대교체, 그리고 대중적 기반 확보라는 측면에서 매우 어려운 처지에 놓여 있음을 시사한다. 물론 유교를 '종교'라기보다는 생활 철학·윤리 체계로서 수용하며, 제례와 가족 문화, 일상적 가치관 수준에서 유교적 규범을 공유하는 사람들까지 포함한다면 그 영향력은 통계상의 신자 수보다 훨씬 크다고 보아야 한다. 그럼에도 현대 한국 사회에서 유학의 현대화와 대중화, 그리고 이를 담아낼 제도적·조직적 기반을 재구축하는 일은 여전히 중대한 과제로 남아 있다.[12]

---

11) 통계청, 「2015 인구주택총조사 표본 집계 결과(인구·가구·주택 기본 특성 및 종교)」, 2016.
12) 금장태, 『한국유학의 탐구』(서울대학교출판부, 1999).

제3절 도교

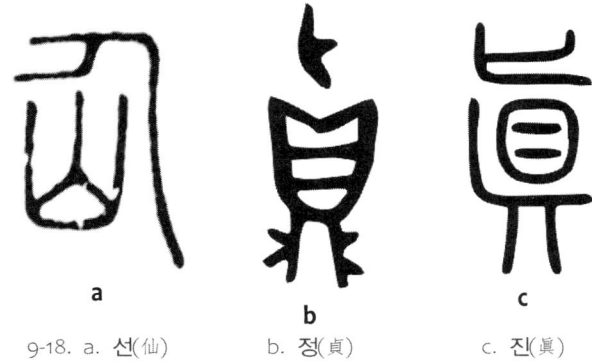

9-18. a. 선(仙)　　b. 정(貞)　　c. 진(眞)

　신선(神仙)을 뜻하는 '선(仙)'은 '산에 사는 사람'을 직접적으로 표상한 글자이다. 인(人)이 의미부이고, 산(山)이 소리부인데 의미도 겸하여, 속세를 떠나 산에 거주하는 초월적 존재를 가리킨다. 『설문해자』에는 위에서처럼 인(人)이 산(山) 위에 있는 모습을 형상화한 '선(仚)'이나, '오르다'의 뜻을 지닌 선(䙴)으로 구성된 '선(僊)'의 자형도 함께 전한다. 여기서 선(仙)은 신선, 승천, 초월, 사후 세계 등 도교적 이상을 포괄하는 개념으로 확장되었다.

　또 '정(貞)'은 본래 '점치다, 신에게 묻다'라는 뜻에서 출발한 글자이다. 갑골문에서는 복(卜)을 의미부로, 정(鼎)을 소리부로 하여, 불로 거북 껍질을 지져 점괘를 얻는 행위를 나타냈다. 이때 불에 의해 곧게 갈라지는 금에서 '곧다'는 의미

가 파생되었고, 이후 '정직함, 절개, 정절'의 뜻으로 발전하
였다. 전국시대 이후 정(鼎)이 자형이 유사한 패(貝)로 오인
되어 오늘날의 자형이 되었다.

그런가 하면 진인(眞人)이나 진리(眞理)를 뜻하는 '진(眞)'은
정(貞)에서 분화된 개념으로 이해할 수 있다. 상나라의 정인
(貞人)이 신과 인간을 매개하던 점복관이었다면, 주나라 이후
에는 천지의 도(道)를 체득한 인간형 이상을 지칭할 새로운
명칭이 필요해졌고, 그 결과가 진(眞)이다. 『설문해자』는 이
를 신선의 변형·승천으로 설명하지만, 실제로는 전국시대 이
후 신선사상의 확산 속에서 형성된 개념으로 보인다. 진(眞)
은 점복 시의 엄정한 태도에서 출발하여 '참됨, 진실, 진리'
로 의미가 확장되었고, 도교에서는 최고 경지의 인격자인 진
인(眞人)을 가리키는 말로 정착하였다.[13]

이렇게 볼 때, '정(貞)→진(眞)→선(仙/僊)'은 '신에게 묻는
행위'에서 '참됨의 인격', 나아가 '초월적 존재'로 개념이 전
개된 연쇄로 이해할 수 있다. 이는 신탁 중심 사회에서 인문
적·수행적 이상으로 이행한 사상사의 흐름을 한자 내부에
각인한 사례라 할 수 있다.

도교(道敎)는 한국의 종교 및 사상 체계에서 독특한 위치를
차지하고 있다. 이 종교는 신선사상을 기반으로 자연발생적
으로 형성되었으며, 여기에 노장(老莊)사상, 유교, 불교, 그리
고 다양한 통속적 신앙 요소들이 융합되어 발전했다.

---

13) 하영삼, 『한자어원사전』(도서출판3, 2018), 선(仙), 정(貞), 진(眞)의 해
석 참조.

한국 도교의 특징은 다음과 같이 요약될 수 있다.

1. 토착적 기반: 한국에는 중국의 신선방술과는 별개로, 도
   교 수용에 적합한 고유의 문화적 토대가 존재했다. 이는
   주로 산악신앙, 신선설, 그리고 이와 연관된 다양한 방술
   형태로 나타났다.

2. 복합적 성격: 한국의 도교는 토착 신선사상을 기초로 하여
   중국의 도가 사상을 수용하고 융합한 복잡한 양상을 띤다.
   이는 한국 도교의 독특성을 형성하는 요인이 되었다.

3. 문자사용: 도교 경전과 의례에서는 한자가 광범위하게
   사용되었다. 예를 들어, 『도덕경(道德經)』, 『포박자(抱朴
   子)』 등의 중요 도교 문헌들이 한자로 쓰여 있으며, 이는
   한국 도교의 발전과 전파에 중요한 역할을 했다.

4. 사상적 융합: 도교는 노장사상, 유교, 불교 등 다양한 사상
   을 수용하여 독특한 철학적, 종교적 체계를 형성했다. 이는
   한자를 매개로 한 지식 전달과 교류의 결과라고 볼 수 있다.

5. 의례와 실천: 도교의 의례와 수행 방법에는 한자로 쓰인
   주문(呪文), 부적(符籍) 등이 중요한 역할을 한다. 이는 한
   자가 단순한 문자 체계를 넘어 종교적, 주술적 의미를 지
   니고 있음을 보여준다.

한국 도교의 이러한 특성은 한자 문화권 내에서 발전한 종
교적, 철학적 전통이 어떻게 지역적 특성과 결합하여 독특한
형태로 발전할 수 있는지를 보여주는 좋은 예라고 할 수 있다.

한국의 도교는 전개 양상이 복합적이지만, 연구자들 사이에
서는 대체로 다음 세 가지 흐름으로 나누어 설명하기도 한다.

1. 토착적 신선사상: 고대부터 이어져 온 산악·천신 숭배와 영웅·조상 신격화는 한국 고유의 신선사상과 결합하여 독특한 '선(仙)' 전통을 이룬다. 단군신화에서 천제 환인(桓因)의 아들 환웅(桓雄)이 태백산 신단수 아래로 강림하고, 그 후손인 단군이 신성한 통치자로 등장하는 서사는 이러한 산악신앙과 신선적 상상력을 잘 보여주는 사례로, 후대에는 도교적 신선사상의 선구적 형태로 해석되기도 한다. 이처럼 토착적 신선·산악신앙은 중국 도교가 수용된 뒤 형성된 선도(仙道) 전통의 사상적 기반이 되었다.

3. 과의적(科儀的) 도교: 고구려 말기에 중국 당으로부터 공식 도입된 도교는 주로 국가 차원의 재앙 퇴치와 복을 비는 재초(齋醮) 의례를 중심으로 전개되었다. 영류왕 27년(624)에 이미 당에서 파견된 도사가 천존상과 『도덕경』을 가지고 와 강론하였고, 보장왕 2년(643)에는 연개소문(淵蓋蘇文)의 건의로 당 태종이 도사 8명과 『도덕경』을 보내오자, 왕이 불교 사찰 일부를 도관(道觀)으로 바꾸어 도교 의례를 행하게 하였다. 고려 시대에는 복원궁(福源宮) 등 여러 도관이 설치되어 국가적 재초와 피액(避厄)·기복(祈福) 의례를 담당함으로써, 도교가 불교와 더불어 국가 의례 체계의 한 축을 이루었다. 조선 초에도 소격전(昭格殿)을 중심으로 도교식 초제가 거행되었으나, 성리학을 앞세운 사림의 비판 속에서 16세기 이후 도교 시설이 철폐되고 국가 차원의 도교 의례는 급격히 쇠퇴하였으며, 그 요소들 상당수는 민간 신앙과 무속·풍속 속으로 흡수되었다.

3. 수련적 도교: 신라 후기에는 유당학인(留唐學人)들이 당나라에서 내단(內丹)·양생(養生)을 중심으로 한 수련 도교를 배워 귀국함으로써, 도교의 수련 전통이 지식인층에까지 영향을 미치게 되었다. 김가기(金可紀)·최승우(崔承祐)·승려 자혜(慈惠) 등으로부터 시작되는 도맥(道脈)은 조선 전기의 김시습(金時習)에 이르러 크게 융성한 것으로 『해동전도록(海東傳道錄)』 등에서 전한다. 이 흐름에서는

불로장생이나 신비
체험 자체보다는 호
흡·정좌·양생법을 통
한 심신 수양과 마
음의 평정, 신체의
건강 증진이 중시되
었고, 그 수련법과
방술의 일부는 후대
의 선도(仙道)·기공,
양생술 및 전통 의
학 체계의 형성에
일정한 영향을 미친
것으로 평가된다.

9-19.『도덕지귀(道德指歸)』. 조선 후기
대표 경학자인 보만재(保晩齋)
서명응(徐命膺, 1716~1787)의
노자(老子)『도덕경(道德經)』에 대한
역작이다.

이러한 도교의 다양한
형태와 발전 과정에서
한자는 중요한 역할을
했다. 도교 경전, 의례문,
수련법 등이 한자로 기록되고 전승되었으며, 이는 한국 도교
의 독특한 특성 형성에 기여했다. 또한 한자를 통해 중국 도
교 사상의 수용과 한국적 변용이 가능했으며, 이는 한국 도
교의 풍부한 사상적, 문화적 토대를 만드는 데 중요한 역할
을 했다. 이를 반영한 몇 가지 자료와 그 상징을 살펴보자.

1. 일월오봉도(日月五峰圖)

'일월오봉도'(9-20)는 조선 왕의 어좌 뒤에 놓여 "왕이 앉
는 자리=우주의 중심"이라는 질서를 시각화한 병풍이다. 일

9-20. '일월오봉도(日月五峰圖)'. 조선시대, 비단에 색, 세로 194.7센티, 국립중앙박물관 소장

(日)과 월(月)은 태극에서 분화한 음양의 두 극으로 밤낮과 생멸의 균형을, 좌우 대칭은 그 조화의 안정성을 드러낸다. 일월이 한 화면에 공존함으로써 시간의 직선성은 지워지고 순환만 지속되는 '영원한 현재'가 마련된다. 오봉(五峯)은 오악·오방·오행의 공간질서를 이루며, 봉래(蓬萊)로 상징되는 신선 세계의 이상향을 환기한다. 산은 하늘과 땅을 잇는 축으로서 인간의 정치가 우주적 질서와 접속하는 통로를 제시한다. 바다와 폭포는 산에서 바다로, 다시 증발과 강우로 되돌아오는 기(氣)의 유통, 곧 도(道)의 생성·변화를 형상화한다. 소나무의 장생 표상까지 더해져, 왕은 천·지·인의 삼재를 조율하는 매개자로 자리매김한다. 도교적으로 이는 궁정 공간을 동천복지

(洞天福地)로 성역화하며, '자연(自然)'과 감응하는 통치의 정당
성을 천지 운행의 논리로 뒷받침한 우주론적 도상이다.

2. 침구도(鍼灸圖)

'침구도(鍼灸圖)'(9-21)
는 인체를 단순한 해부
학적 대상이 아니라, 기
(氣)의 흐름이 천지의
운행과 상동(相同)하는
'소우주'로 파악한 도상
이다. 도교적 관점에서
신선이 됨은 외부를 정
복하는 일이 아니라, 몸
안의 기를 조율하여 장
부·정신을 맑히고 생명
력을 보존하는 '양생(養
生)'의 성취를 뜻한다.
오장육부의 조화는 음양
의 균형과 오행의 상생·
상극이 몸 안에서 안정
적으로 작동하는 상태이
며, 병은 기·혈의 정체
와 편승(偏勝)에서 비롯

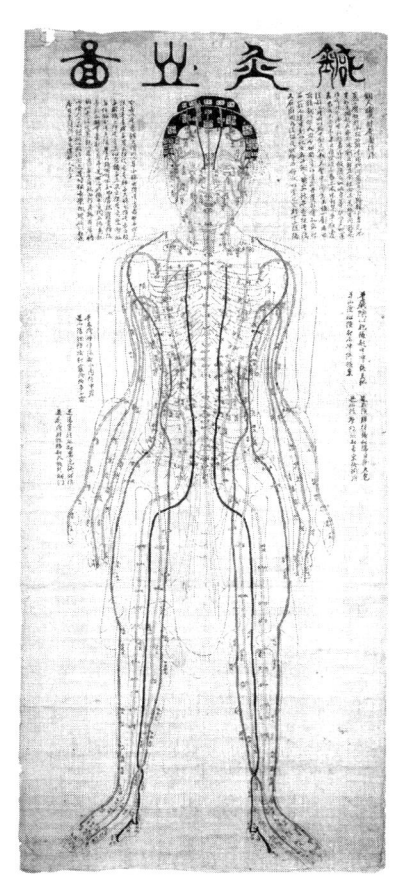

9-21. 침구도(鍼灸圖): 신선이 되는
법(도가 139). 조선 후기.
114.6센티×48.5센티. 국립중앙박물관
소장.

된다. 14경락과 365경혈의 표시는, 기가 순환하는 통로와 관

문을 지도화하여 막힘을 풀고 허실을 조정함으로써 '자연(自然)'의 리듬을 몸에 회복시키려는 기술적 장치이다. 따라서 침·뜸은 단순 치료를 넘어, 정(精)·기(氣)·신(神)의 수련을 돕는 방법으로 이해되며, 인체를 천둔·지리와 같은 질서의 좌표 속에 배치함으로써 '신선의 길'이 곧 기의 통달과 조화라는 세계관을 시각화한다.

3. 『동의보감(東醫寶鑑)』

허준(許浚, 1539~1615)이 1596년에 왕명을 받아 편찬을 시작하여 1610년에 완성한 백과사전적 의서인 『동의보감』(9-22)은 인체를 '내경(內景)'이라는 우주적 공간으로 설정해 천지의 기(氣) 운행을 몸 안에서 읽어내는 소우주론을 체계화한 저작이다. 도교 양생에서 장생은 정·기·신의 보전, 음양·오행의 조화, 기혈의 무정체(無停滯)를 통해 '자연(自然)'의 리듬에 합치하는 데서 성립한다. 내경·외형·잡병·탕액·침구의 5편

9-22. 『동의보감(東醫寶鑑)』.
조선시대, 1613년, 25권 25책,
활자본, 보물 제1085-2호, 장서각
소장.

구성은 장부-형체-병증-약물-경락이라는 층위를 하나의 기운 운영학으로 연결하여, 병을 억누르기보다 '치미병(治未病)'과

순환 회복을 지향한다. 더 나아가 풍·한·서·습의 외감과 칠정(七情)·노일(勞逸)·음식의 내상을 함께 다루어, 정동과 생활습관을 기의 편승으로 해석하고 계절·시간에 맞춘 섭생을 처방한다. 결국 의술은 약물·침구의 기술을 넘어 호흡, 절제, 조화의 삶을 통해 몸을 '도(道)'에 접속시키는 수행으로 제시되며, 이는 '천인상응(天人相應)'의 세계관을 의료 실천으로 번역한 것이다.

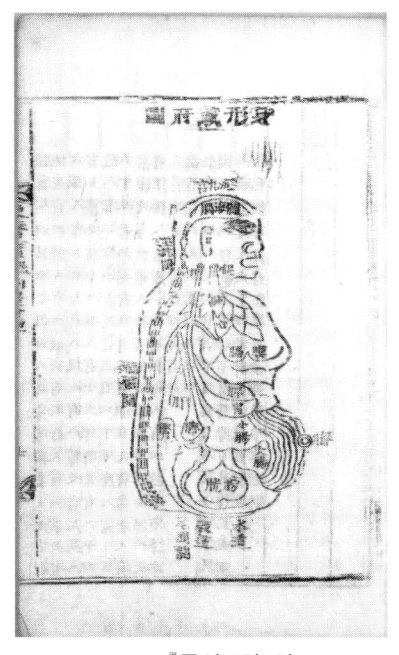

9-23. 『동의보감』의
'신형장부도(身形臟腑圖)'

5. 『태상감응편도설언해(太上感應篇圖說諺解)』

1852년에 명나라 허남증(許纘曾)이 편찬한 7책으로 된 중국의 도교경전 『태상감응편도설』을 한글로 번역한 책이다 (9-24). 최성환(崔瑆煥)이 1848년(헌종 14)에 다시 편집하여 한문본 『태상감응편도설』을 간행하고, 1852년에 다시 만한문(滿漢文)으로 된 『선악소보도설(善惡所報圖說)』 일부를 구하여 그 도상(圖像)과 한문은 원본대로 두고 만주글자만 한글로 고쳐 인출(印出)하였다 한다.

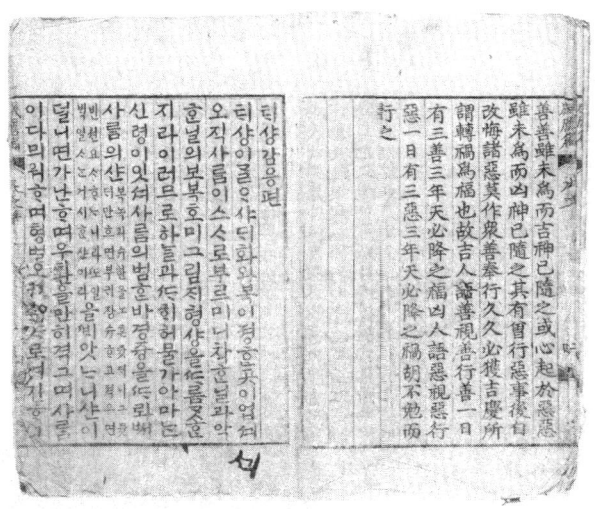

9-24. 『태상감응편도설언해(太上感應篇圖說諺解)』(『도교』
144쪽). 조선, 1852년, 32.0×20.0센티. 5권 5책. 목판본.
국립중앙박물관 소장.

　이 책은 '도(道)'를 초월적 형이상학이 아니라 우주를 관
통하는 윤리적 인과로 재규정한다. 천지의 신명은 인간의 선
악을 늘 감찰·기록하며, 한 번의 말과 마음가짐까지 '감응'하
여 복(福)과 화(禍)로 되돌아온다는 전제를 세운다. 이때 보
응은 단순한 개인 심리가 아니라 천상 관부와 명부의 행정
질서, 곧 공덕과 과실을 계산하는 '공과'의 체계로 설명된다.
그러므로 수행은 산중의 비술보다 일상에서의 적선·금악, 절
제와 참회, 욕망의 정화로 구체화되고, 이는 정·기·신을 보전
해 장생과 신선의 경지에 이르는 양생론과 직결된다. 도상과
언해는 선악소보의 장면을 눈앞의 사건으로 제시함으로써
천인상응(天人相應)·선악응보의 세계관을 대중화하고, 몸과
마음의 교정이 곧 우주 질서에 합치하는 길임을 교화한다.

조선 후기의 언해·인출은 독서층을 확대하여 가문과 공동체의 행실을 규율하고 재난을 예방하는 실천 지침으로 작동했으며, 유교적 교화 담론과도 공명하는 '생활 속 도교'의 성격을 드러낸다고 할 수 있다.

6. '덕후'명 청동 거울(德厚銘銅鏡)(9-25)

덕후(德厚)라는 두 글자를 상하로 배치하고, '수즉광성자(壽卽廣城子)'와 '작비곽령공(爵比郭令公)'이라 적었다. 『장자(莊子)』에 나오는 신선 광성자(廣成子)자만큼 오래 살고, 당나라 때 갖가지 복을 다 누렸던 곽자의(郭子儀, 697~781) 만큼 복을 누리라는 뜻이다.

9-25. '덕후'명 청동
거울(德厚銘銅鏡)(『도교』 145쪽)
고려. 지름 8.8센티.
국립중앙박물관 소장.

7. 『해동전도록(海東傳道錄)』

『해동전도록』(1610)(9-26)은 한무외(韓無畏, 1517~1610)가 한국 도가사상인 단학(丹學), 곧 내단 수련의 전승 계보를 압축적으로 정리한 도서로, '전도(傳道)'를 혈연·정권이 아니라 사자상승(師資相承)의 수행적 권위로 정초한다. 신라 말 최승우 등이 중국에서 종리권의 단학을 전수받은 뒤 최치원, 고려 이명, 조선 김시습을 거쳐 저자에게 이르는 계보를 제시함으로

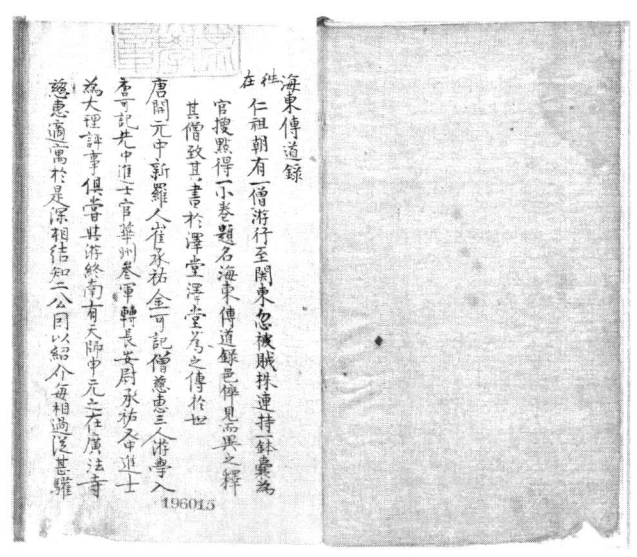

9-26. 『해동전도록(海東傳道錄)』(『도교』 136쪽)

써, 도(道)는 문헌의 지식이 아니라 몸에서 몸으로, 심법에서 심법으로 '밀전'되는 기술이자 경험임을 강조한다. 여기에 열거된 연단비법의 서목은 내단이 단순한 약물 연단이 아니라 정·기·신의 연마를 통해 기의 순환을 회복하고 장생의 경지에 이르는 종합적 양생학이라는 관점을 뒷받침한다. 또한 '해동'의 전승을 중국 도맥의 주변으로 두지 않고 하나의 정통으로 서술함으로써, 천인상응의 우주론과 신선학의 이상을 한반도 지성·수행 전통 속에 위치시키는 문화적 자기정당화의 장치로 기능한다. 결국 이 책의 세계관은 도가의 보편적 수행 원리(내단·양생·감응)를 지역적 계보와 결합해, 역사란 곧 수행의 연속이며 '도'의 현현은 전승의 계열 손에서 지속된다는 관념을 선명히 드러낸다.

8. 『당사주(唐四柱)』

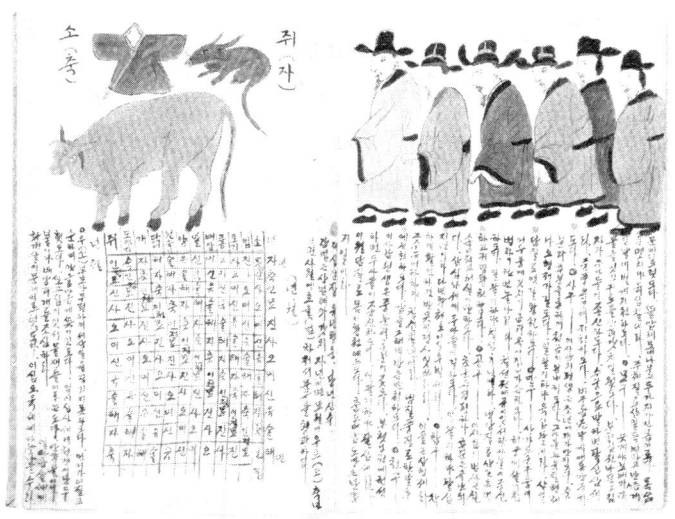

9-27. 『당사주(唐四柱)』(『도교』 247쪽)

『당사주』(9-27)는 당대(唐代) 이허중(李虛中)의 설에 기대어, 출생의 연·월·일·시를 천귀(天貴)·천액(天厄)·천권(天權)·천파(天破)·천간(天奸)·천문(天文)·천복(天福)·천역(天驛)·천고(天孤)·천인(天刃)·천예(天藝)·천수(天壽)의 12성과 대응시키고, 그 '조우(遭遇)'로 초년·중년·말년·평생의 길흉을 산정하는 점법이다. 간지·오행의 상생상극과 강약을 계산하는 일반 사주와 달리, '당사주'는 인간의 시간표지와 성신(星神)의 운행이 맺는 만남 자체를 운명의 핵심 변수로 삼는다. 길성(7)·흉성(5)의 배치는 우주의 기운이 일정한 리듬으로 생애 국면을 통과한다는 순환적 시간관을 드러낸다. 송대 서자평(徐子平)이 간지·오행을 가미한 뒤 사주와 분화하였고, 조선에서는 18~19세기 무렵 삽화·한글 풀이와 손마디 계산 같은 간편한 방식으로

대중화되었다. 이는 별을 신격화하고 인간의 명(命)을 천문
질서 속에서 읽어내는 도교의 '천인상응'·'감응론'이 민간 생
활지식으로 전환된 사례이다. 따라서 이 점법은 예언이라기
보다 '때'를 읽어 처신을 조율하는 실천적 우주론에 가깝다.

9. 『옥추보경(玉樞寶經)』

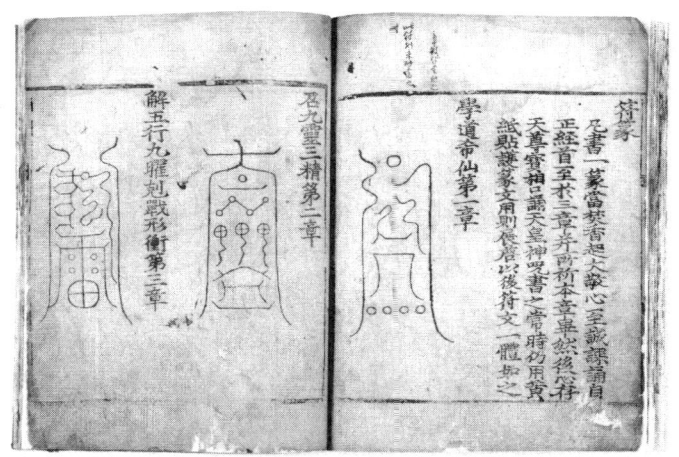

9-28. 『옥추보경(玉樞寶經)』. 조선시더, 1831년. 34.0×26.3센티.
고판화박물관 소장.

조선시대 1831년 간행된 『옥추보경』(9-28) 부적(符籍)은 '구
천응원뇌성보화천존' 신앙을 핵으로 한 뇌법(雷法) 계열 독경문
화 속에서, 부적·주문으로 신장(神將)과 뇌부 권능을 청해서 해
액(解厄)·기복을 도모하는 주술 문서이다. 경문 운용은 계청송·
정구(淨口) 주문 등 정화 절차와 결합하여 치병·호위를 수행하
고, 상황에 따라 주문과 부적을 선택적으로 적용한다. 조선에서
는 맹인 점복자가 천경을 먼저 송독한 뒤, 소원에 따라 지경

15장 가운데 한 장을 택해 21회 또는 49회 반복 송독하는 방식으로 실천되었다. 한 가지 경으로 15가지 소원을 비는 '종합경'이라는 성격은 무경(巫經)으로서 축사(逐邪)·해액 의례에 널리 활용되게 했고, 천상 질서와 인간사가 '감응'으로 연결된다는 천인상응의 세계관을 점복문화의 기층으로 고착시켰다.

10. 「활인심방(活人心方)」

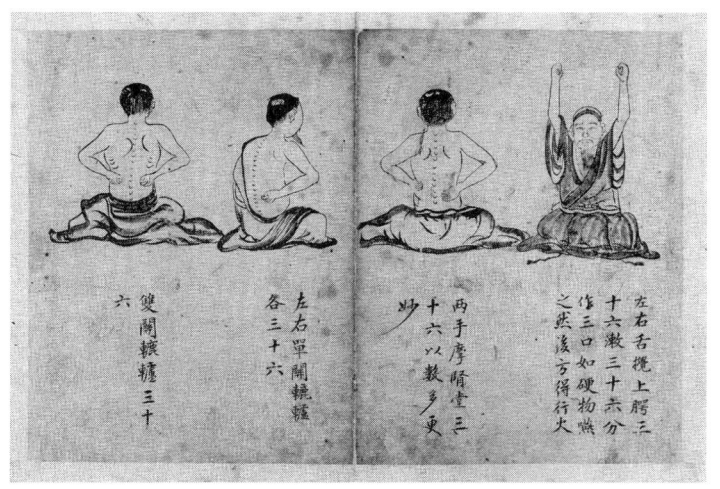

9-29. 「활인심방(活人心方)」(『도교』 126쪽). 조선시대, 16세기, 한국학진흥원 소장.

「활인심방」(9-29)은 퇴계 이황이 명대 도교 양생서인 주권(朱權)의 『구선활인심법』을 발췌·요약하여 친필로 정리하고, 도인법(導引法) 도상을 곁들인 소책자로, 병의 근원을 심(心)에 두고 마음 수양과 기혈 운행의 조화를 통해 생명을 '되살리는' 방책을 제시했다. 여기에서 '활인(活人)'은 단순한 응급치료가 아니라 막힌 기능과 침체된 기운을 다시 소통시키는 도교적 양생(養生)의 개념으로 이해되며, 치심(治心)을 통해 욕망과 칠정을 고르게 하고, 도인법을 통해 정·기·신의 순환을 바로잡는 것을 목표로 한다. 호흡·자세·동작을 결합한 도인법은 "천지의 기운을 끌어들여 유통시키는 법"으로 설명되며, 인체를 우주 기운이 드나드는 소우주로 전제하는 도교적 신체관을 전제한다. 이황은 이를 일상적으로 실천함으로써 장수에 이르렀다고 전해지는데, 이는 성리학적 경(敬) 수양과 도교적 양생술이 결합된 형태로, 도(道)를 마음 수행과 신체 수련이 동시에 작동하는 하나의 생명질서로 파악하는 세계관을 드러낸다 할 수 있다.

11. 「동방삭을 새긴 팔각(八角) 간주석(間柱石)」(9-30)

팔각형으로 된 이 석조물은 통일 신라 때 만들어진 석등의 간주석인데, 조선시대 때 측면에다 다음의 글자를 새겼다. "갑진년 유월 초칠일 오시에 동방삭이 이 우물에서 나왔다. 정씨가 축원 드린 곳이다(甲辰六月初七日午時, 東方朔出於此井中. 鄭氏祝願所.)" 동방삭(東方朔)은 중국 한나라 무제(武帝, 기원전 141~87 재위) 때의 전설적인 인물로 불로장생의 상징이다. 동방삭은 우물을 파고 지하세계로 들어가 영지(靈芝)를 먹으며 신비한 세계에 오래 머물다 나왔다고 한다.

글씨 탁본

9-30. 동방삭팔각석(東方朔八角石). 통일 신라(명문은 조선시대).
70×22센티, 국립경주박물관 소장.

436 유물로 읽는 한국 한자의 역사

제4절 기독교

9-31. 천(天)   주(主)

　'하늘'을 뜻하는 '천(天)'은 사람을 뜻하는 대(大)의 머리를 크게 강조한 상형에서 출발한다. 원래는 사람의 머리 윗부분을 크게 그려, 인간 신체와 닿는 가장 위쪽, 곧 '머리 위의 세계'를 가리켰다. 이 머리의 강조가 가로획(一)으로 정형화되면서 현재의 자형이 되었다. 여기서 천(天)은 '위에 있는 것', '최고', '꼭대기'의 의미를 거쳐, 자연으로서의 하늘, 질서와 운행의 원리, 더 나아가 초월적 존재로서의 하늘까지 포괄하게 되었다. 중요한 것은 하늘을 자연물로 직접 그리지 않고, 인간의 신체를 기준으로 설정했다는 점으로, 이는 천(天)이 인간 세계와 분리된 초월이 아니라 인간 삶 위에 놓인 최고 질서로 인식되었음을 보여준다.

　'주인'을 뜻하는 '주(主)'는 등잔의 불꽃 심지와 받침을 그린 상형에서 비롯되었다. 불빛을 내는 심지는 어둠을 밝히는 핵심 요소이므로, 여기서 '중심', '핵심'이라는 의미가 나왔다.

이후 '중심이 되는 존재'라는 뜻이 확장되어 '주인', '주재자', '주장하다' 등의 의미로 발전하였다. 주(主)가 주인이라는 뜻으로 일반화되자, 본래의 '심지' 의미는 화(火)를 더한 주(炷)로 분화되었다. 즉 주(主)는 단순한 지배자가 아니라, 자신을 태워 주변을 밝히는 중심이라는 의미 구조를 지닌다.

이 두 글자를 결합한 천주(天主)는 문자 그대로는 '하늘의 주재자'이지만, 어원적으로는 '인간 위에 놓인 최고 질서(天)의 중심이자 근원적 주체(主)'를 뜻한다. 곧 천주는 자연·도덕·세계 질서의 최상위에 있으면서, 만물을 밝히고 이끄는 궁극적 중심 원리로 이해될 수 있다. 이는 초월적 신격이면서 동시에 인간 세계의 방향성과 의미를 규정하는 최고 기준이라는 점에서 성립한 개념이다.

(1) 천주교

1. 근세

근세 초기, 서구가 동양을 지배하기 시작하던 서세동점(西勢東漸)의 시대에 서학이 동아시아로 전파되면서 한국도 천주교를 접하게 되었다. 이 과정은 주로 중국과 일본을 통해 이루어졌으며, 다음과 같은 주요 사건들이 있었다.

   a. 임진왜란 시기 (1598년): 스페인 예수회 신부 **세스페데스**(Cespedes, G.)가 조선에 파견되어 일본인 천주교 장병들의 신앙을 돌봄.

b. 중국 주재 예수회 선교사들과의 교류: 리치(Ricci, M., 利瑪竇)와 샬(Schall, A., 湯若望) 등이 북경을 방문하는 조선 사신들과 교류.

c. 주요 교류 사례:

1631년(인조 9년): 정두원(鄭斗源)이 신부 로드리게스(Rodriguez, J., 중국명 陸若漢)를 만나 과학기구와 서적을 획득.

1720년(숙종 46년): 이이명(李頤命)이 신부 쾨글러(Kogler, F.)와 수아레스(Suarez, J.)를 방문하여 역상(曆象)과 서교(西敎)에 관해 논의.

1766년(영조 42년): 홍대용(洪大容)이 흠천감(欽天監) 소속 신부 할레르스타인(Hallerstein, A.)과 고가이슬(Gogeisl, A.)과 서양의 학문과 종교에 관하 필담함.

이 시기 천주교 전래 과정에서 한자의 역할은 매우 중요했다.

1. 문화적 매개체: 한자는 동아시아 지식인들 사이의 공통 문자 체계로, 조선 사신들과 중국 주재 선교사들 간의 의사소통을 가능케 했다.

2. 지식 전달의 수단: 서양의 과학 지식과 종교 사상이 한자로 번역되어 전파되었다. 예를 들어, 리치의 『천주실의(天主實義)』와 같은 서적들이 한자로 쓰여 조선에 유입되었다.

3. 용어의 번역과 창제: 새로운 개념과 사상을 표현하기 위해 한자를 이용한 새로운 용어들이 만들어졌는데, '천주(天主)', '서학(西學)' 등과 같은 용어가 그 예이다.

4. 필담(筆談)의 도구: 홍대용의 사례에서 볼 수 있듯이, 한자는 직접적인 언어 소통이 어려운 상황에서 필담을 통한 깊이 있는 지적 교류를 가능하게 했다.

한자의 이러한 역할은 천주교뿐만 아니라 서양 문물 전반의 수용과 이해에 중요한 기여를 했으며, 이는 후에 한국의 근대화 과정에도 영향을 미쳤다.

또한 중국의 선교사들이 한문으로 저술한 한역서학서(漢譯西學書)가 17세기 초부터 계속 조선에 도입하여 실학운동(實學運動)에 자극을 주었을 뿐만 아니라 서학이라는 새로운 학풍을 낳게 하였다. 이수광(李睟光), 유몽인(柳夢寅), 이익(李瀷) 등이 『천주실의(天主實義)』(9-32)를 연구하기 시작하였고, 1784년(정조 8) 이승훈(李承薰)이 북경에서 영세를 받고 돌아와 이벽·정약전 등과 함께 신앙공동체를 구성함으로써 비로소 교회가 창설되었다. 이후 초기 신도들의 활발한 저술활동과 교리연구, 복음전파를 위한 명도회(明道會)의 조직과 성공적인 전교활동 등에 힘입어 조선교회는 크게 발전하였다.

그러나 1801년(순조 1)의 신유(辛酉) 박해(迫害)를 비롯해 근 1백 년 동안 10여 회에 걸쳐 크고 작은 박해가 끊이지 않았다. 이러한 어려움에도 1882년(고종 19)에 미국을 비롯한 구미(歐美) 여러 나라들과의 조약, 특히 1886년의 조불수호통상조약은 불완전하나마 조선에 처음으로 종교의 자유를 가져다주었다. 이를 계기로 최초의 본당인 서울의 **종현본당**(鐘峴本堂, 지금의 명동성당)이 건설되었다.

더 나아가 정부와 교회 간의 충돌을 미연에 방지하고자 1899년(고종 36) 교민조약(敎民條約)이 체결되어, 비로소 한국인에게도 신교의 자유가 공식으로 인정되었다. 이러한 일

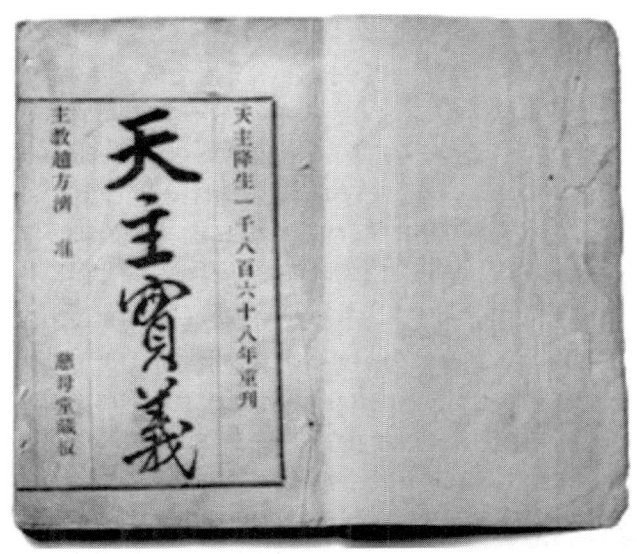

9-32. 『천주실의(天主實義)』

련의 과정을 통해 한국 천주교는 초기의 어려움을 극복하고 점차 한국 사회에 뿌리내리게 되었다.

이 시기 천주교의 한국 전래와 발전 과정은 다음과 같이 요약 될 수 있다.

1. 한역 서학서의 유입과 사상적 영향: 17세기 초부터 중국 에 파견된 가톨릭 선교사들은 서양의 신학·과학·철학을 한문으로 번역·저술하였으며, 이러한 한역 서학서는 조선 지식계에 점진적으로 유입되었다. 이 문헌들은 기존 성 리학적 세계관에 문제를 제기하며 인식의 지평을 확장하 였고, 실학운동의 형성과 전개에 중요한 자극을 제공하 였다. 특히 천주실의는 서양의 신 개념과 우주론을 체계 적으로 제시한 저술로, 이수광, 우몽인, 이익 등 조선의 대표적 지식인들이 이를 연구하며 '서학'이라는 새로운 학문적 조류를 형성하였다.

2. 한국 천주교회의 자생적 창설: 1784년(정조 8) 이승훈이 북경에서 세례를 받고 귀국한 사건은 한국 천주교회의 실질적 출발점으로 평가된다. 그는 귀국 후 이벽, 정약전 등과 함께 신앙공동체를 조직하였으며, 성직자 없이 평신도 주도로 교리를 연구하고 신앙 실천을 이어갔다. 이는 동아시아 천주교사에서도 보기 드문 자생적 교회 형성 사례로, 한국 천주교회의 독특한 성격을 규정한다.

3. 초기 교회의 전개와 조직화: 초기 천주교 공동체는 신앙의 확산과 정착을 위해 활발한 저술 활동과 교리 연구를 전개하였다. 이들은 서학서를 바탕으로 교리 이해를 심화시키는 한편, 복음 전파를 목적으로 명도회를 조직하여 체계적인 전교 활동을 수행하였다. 이러한 평신도 중심의 조직과 실천은 교회의 내적 결속을 강화하고, 신앙을 지식과 윤리 실천의 차원에서 정립하는 데 기여하였다.

4. 박해의 지속과 신앙의 유지: 그러나 천주교는 조선의 유교적 국가 질서와 충돌하며 강한 탄압을 받았다. 1801년(순조 1)의 **신유박해**를 시작으로 약 100년에 걸쳐 10여 차례의 대소 박해가 이어졌으며, 이는 신앙 공동체에 심각한 타격을 주었다. 그럼에도 불구하고 신자들은 순교와 은신, 비밀 전교를 통해 신앙을 지속하였고, 박해는 오히려 교회의 결속과 신앙의 내면화를 강화하는 계기로 작용하였다.

5. 종교 자유의 부분적 획득과 제도화: 19세기 후반 국제 질서의 변화는 조선의 종교 정책에도 전환을 가져왔다. 1882년 구미 각국과의 조약 체결을 계기로 천주교에 대한 탄압은 완화되었고, 1886년 조불수호통상조약을 통해 비록 제한적이나마 종교의 자유가 공식적으로 인정되었다. 이 시기 서울 종현본당, 즉 오늘날의 명동성당이 건립되면서 천주교는 가시적이고 제도적인 종교로 자리 잡기 시작하였다.

6. 교민조약 체결과 신교 자유의 확립: 1899년(고종 36) 조선 정부와 교회 간의 교민조약 체결은 한국 천주교사에서 결정적 전환점이었다. 이 조약을 통해 한국인에게도 공식적으로 신교의 자유가 인정되었으며, 천주교는 더 이상 비합법적 신앙이 아닌 공인된 종교로서 활동할 수 있는 기반을 확보하였다. 이는 한국 천주교회가 사회적·제도적 종교로 정착하는 계기를 마련하였다는 점에서 역사적 의의가 크다.

2. 일제 강점기

개화기에 천주교는 언론과 교육을 통해 개화운동을 적극적으로 추진하였다. 이는 동시에 애국계몽운동의 성격을 띠고 있었는데, 1906년에 창간된 한글 주간지 『경향신문(京鄕新聞)』이 그 대표적인 사례였다. 천주교는 이를 통해 국민을 자강운동으로 계몽하고 인도하였으며, 국민교육과 기초교육을 실시하는 등 다양한 방면에서 활동을 펼쳤다.

일제 통치 하에서 천주교회가 전교회적 차원에서 국권수호운동과 독립운동에 참여하지는 못했지만, 안중근(安重根)과 서상돈(徐相敦) 등과 같은 평신도들은 이 운동에 적극적으로 참여하였다. 3·1운동 당시에도 서울과 대구의 신학교 학생들이 만세시위에 앞장서는 등 개별적인 차원에서의 참여가 있었다.

그러나 일제의 종교탄압이 강화되면서 천주교의 활동은 점차 제약을 받게 되었다. 『경향신문』은 끝내 폐간되었고, 사범교육기관인 숭신학교도 폐교 당하였으며, 교회학교의 종교교육까지도 금지되기에 이르렀다. 1940년대에 이르러서는 상황이 더욱 악화되어 외국인 교구장을 일본인으로 대치시키고 외국인 선교사를 추방하거나 구금하는 등 천주교에 대한 통제가 한층 강화되었다.

이 시기 천주교의 활동과 그에 대한 일제의 탄압 과정은 당시 한국 사회가 겪고 있던 근대화와 식민지화의 복잡한 양상을 반영하고 있다. 천주교는 한편으로는 근대적 교육과 언론 활동을 통해 한국 사회의 발전에 기여하고자 했으나, 다른 한편으로는 일제의 탄압으로 인해 그 활동이 크게 제한되는 어려움을 겪었다. 이는 당시 한국 사회의 다른 종교 및 사회 단체들이 겪었던 상황과 유사한 것으로, 일제 강점기 한국 사회의 전반적인 모습을 보여주는 한 단면이라고 할 수 있다.

3. 광복 이후와 현대의 천주교

민족의 광복과 함께, 1948년 헌법 제정으로 종교의 자유가 보장되면서 한국 천주교회는 새로운 성장의 기회를 맞이하였다. 언론·출판 분야에서 1946년 10월 6일 천주교 서울대교구 재단이 일간지 『경향신문』을 창간하였고, 이는 가톨릭 언론 활동의 본격적인 출발점이 되었다. 해방 이후 여러 가톨릭계 초등교육기관들이 중·고등교육기관으로 확대·개편되면서 교육 사도직이 강화되었고, 일제 강점기에 폐쇄되었던 경성천주공교신학교는 1945년 다시 개교한 이후 1947년 4월 성신대학(聖神大學)으로 승격 인가를 받아 정규 대학으로 자리 잡았다. 이후 성신대학은 1959년 교명을 가톨릭대학으로 변경하고, 오늘날의 가톨릭대학교 신학대학·의학부 등으로 발전하면서 성직자 양성과 고등교육 두 영역에서 중요한 기반을 마련하였다.

　교회 조직 면에서도 중요한 변화가 있었다. 1948년 5월 충청남도와 대전 일대를 관할하던 지역이 서울대목구에서 분리되어 대전지목구로 설정되었고, 초대 지목구장 원형근(Adrien-Joseph Larribeau) 주교가 부임하면서 이 지역의 사목은 파리외방전교회 선교사들에게 위임되었다. 대전지목구는 1958년 대목구, 1962년 정식 교구로 승격되어 오늘날의 대전교구로 발전하였다. 수도회 분야에서는 1946년 4월 21일 개성에서 방유룡(方有龍) 신부가 창설한 한국순교복자수녀회가 한국 최초의 방인(邦人) 여자 수도회로 세워져, 한국인에 의한 토착 수도회 전통의 출발점이 되었다. 또한 1888년 조선에 진출한 샬트르 성 바오로 수녀회는 그동안 일본 관구에 속해 있다가, 해방 이후 1948년 11월 16일 한국 관구로 독립 승격되면서 한국 사회에서 교육·의료·사회복지 분야에 더욱 조직적인 사도직을 펼칠 수 있게 되었다. 한편 1947년 방 파트리치오(Patrick J. Byrne) 주교가 교황청 순시자이자 초대 교황사절로 한국에 파견되고, 1949년에는 첫 공식 교황사절(사도좌 대리)로 임명됨으로써, 한국교회와 교황청 사이의 관계도 제도적으로 정비되기 시작하였다.

　6·25전쟁의 참혹한 시련에도 남한의 천주교는 휴전 이후 눈에 띄는 성장을 이루었다. 1953년 휴전 무렵 한국 천주교 신자 수는 약 16만 6천여 명에 불과했으나, 1960년에는 약 45만 1,808명, 1962년에는 53만 217명(전 인구의 약 2.17%)으로 급증하였다. 1962년 3월 10일에는 서울·대구·광주 대목구가 각각 대교구로 승격되고, 나머지 대목구(춘천·대전·청

주·제주·전주·광주·부산 등)도 교구로 전환되면서 한국 천주
교회에 정식 교계제도가 설정되었다. 같은 해 개막된 제2차
바티칸공의회(1962~1965)는 전 세계 교회와 마찬가지로 한
국교회에도 전례 쇄신·평신도 사도직 강화·종교 자유 및 인
권 의식 제고 등 깊은 영향을 끼쳤고, 특히 사회 참여와 정
의 구현에 대한 신학적·목회적 문제의식을 고조시키는 계기
가 되었다는 평가를 받는다. 이러한 변화는 한국교회의 성장
과 공적 위상을 가속화하였고, 그 상징적 결실로 1969년 서
울대교구장 김수환(金壽煥) 대주교가 한국 교회 최초의 추기
경으로 서임되었다.

1980년대에 들어서면서 한국 천주교회는 교회 내 쇄신과
사회적 책임을 함께 모색하였다. 1984년에는 한국 천주교회
창설 200주년을 기념하여 교황 요한 바오로 2세가 방한하였
고, 서울 여의도 광장에서 한국의 순교복자 103위를 시성하
여 모두 성인품에 올렸다. 이는 순교 전통을 현대적 교회 의
식과 결합시키는 계기가 되었으며, 이후 1989년 제44회 세
계성체대회를 계기로 다시 이루어진 방한과 더불어 한국 천
주교회의 국제적 위상을 높이는 전환점이 되었다.

2013년 통계에 따르면, 한국 천주교회는 이미 괄목할 만
한 성장을 이룬 상태였다. 주교회의가 발표한 『한국 천주교
회 통계 2013』에 따르면, 2013년 말 교적상 총 신자 수는
544만 2,996명으로, 당시 총인구의 약 10.4%에 해당하였다.
교계 제도는 3개의 대교구(서울·대구·광주)와 13개의 교구를
포함한 16개 교구 체제로 정비되어 있었고, 전국 본당 수는
1,668개, 공소는 791개로 집계되었다. 성직자는 추기경 1명

과 주교 36명을 포함하여 신부 4,901명(한국인 4,695명, 외국인 170명)이었으며, 남녀 수도자는 165개 수도회에 1만 1,737명(남자 46개 수도회 1,564명, 여자 119개 수도회 1만 173명)으로 조사되었다. 이후 10년이 지난 2023년 통계에서 교적상 신자 수는 597만 675명(총인구의 11.3%)으로 소폭 증가하였고, 본당은 1,789개, 공소는 708개, 성직자는 5,721명, 수도자는 1만 1,473명으로 나타나, 외형적 규모는 성장세를 유지하면서도 저출생·고령화·신앙 실천 약화 등 새로운 과제에 직면하고 있음을 보여준다.

이러한 발전 과정은 한국 사회의 정치·경제·문화적 변화와 긴밀히 맞물려 있으며, 천주교가 한국 근현대사에서 교육·의료·사회복지·민주화·인권·평화 운동 등 다양한 영역에서 중요한 역할을 수행해 왔음을 보여준다. 특히 학교·병원·사회복지 시설 설립과 시민사회·노동·농촌·도시 빈민을 향한 사회참여 활동은, 한국 사회의 근대화와 민주화 과정에서 천주교가 상당한 기여를 한 사례로 널리 평가되고 있다.

(2) 개신교

한국의 개신교는 여러 경로를 통해 수용되었으며, 그 과정은 다음과 같이 요약될 수 있다.

첫째, 중국의 선교사들인 **귀츨라프**(Karl Friedrich August Gützlaff), 윌리엄슨, 토머스 등이 한국 선교를 위해 노력했으나 구체적인 성과를 거두지 못했다.

둘째, 로스(John Ross)가 한국인 이응찬, 서상륜 등의 도움
으로 1887년 최초의 한글 신약성서인 『예수셩교젼셔』
(9-33)를 발간하는 등 성서 번역 작업을 수행했다. 이들
성서 번역자들을 권서인(勸書人)이라고 불렀으며, 이들의
활동과 한글성서를 통해 한국인들이 개신교를 수용하게
되었다. 그 결과 1884년 황해도 장연군 송천에 최초의
한국인 교회가 설립되었다.

개화파 지식인 이수정은 1882년 일본에서 입교한 후 『마
가복음서』를 번역했으며, 이 번역본을 가지고 북 장로회 선
교사 언더우드와 북 감리교 선교사 아펜젤러 등이 한국에
도착하여 활동했다.

이후 여러 교파의 선교 활동이 시작되었는데, 개신교 각
교파의 한국 진출과 선교 성향은 시기와 전략에서 뚜렷한 차
이를 보인다. 예컨대, 장로회는 미국 남·북장로회, 캐나다·호
주 장로회 등 4개 선교부가 참여하여 네비어스 선교정책에
입각한 토착화와 자립을 중시하였으며, 자진전도·자력운영·자
주치리의 '3대 원칙'을 통해 교회의 내적 자립을 추구하였다.
감리교회는 미국 남·북 감리회 두 선교부가 중심이 되어 교육
사업과 부녀(婦女) 사업에 주력하며 사회 계몽에 큰 비중을
두었다. 침례교회는 1889년경부터 만주와 시베리아 선교에
관심을 보였고, 성공회는 1891년에, 안식교회는 1904년에 각
각 한국 선교를 시작하였다. 이후 성결교회가 1907년에, 구세
군이 1908년에 활동을 개시하였으며, 특히 구세군은 자선과
사회사업을 중심으로 한 실천적 신앙을 전개하였다.

한국 개신교의 선교전략은 교파별 차이에도 몇 가지 공통점을 보였다. 먼저, 직접적인 선교활동보다는 교육과 의료사업을 통한 간접적인 접근을 택했으며, 천주교와의 차별화를 강조했다. 이는 초기 천주교가 겪었던 박해를 고려한 전략이었다.

초기 한국 개신교의 주요 과제는 민족의 자주독립을 지키는 것이었다. 많은 사람들이 이 목표로 입교했으며, 교회와 기독교계 학교는 민족운동의 중심지 역할을 했다. 그러나 이러한 민족주의적 성향으로 인해 일제강점기에 심각한 위기를 맞게 되었다.

9-33. 『예수셩교젼셔』. 한국 최초의 한글 신약성서로, 1887년에 간행되었으며 한국 기독교사와 한글사에서 획기적인 의미를 지닌 문헌이다.

1907년 평양에서 시작된 대부흥운동은 개신교 공동체의식을 강화하고 한국인 신자와 선교사 간의 이해를 증진시켰다. 이 운동은 성서공부와 기도를 강화하고 교세 확장으로 이어졌다. 그러나 이 운동의 비정치화와 몰역사성으로 인해 당시 한민족의 고통을 종교적 차원에서 극복하는 데 한계가 있었다.

3·1운동을 계기로 개신교는 다른 독립운동 세력과 연대하여 중요한 역할을 했으나, 이후에는 항일투쟁보다는 민족계몽운동을 통한 민족의식 고취라는 계몽주의적 노선으로 전환되었다.

일제의 신사참배 강요에 대해 개신교는 대체로 굴복했으나, 일부 신학교의 폐쇄, 선교사 추방, 조선예수연합공의회 해산 등의 탄압을 받았다. 결국 1945년 7월에는 일본기독교 조선교단으로 흡수되었다.

8·15 광복 이후 교회 재건을 시도했으나 한국전쟁으로 다시 위기에 직면했다. 이 과정에서 교회 분열이 일어나, 1951년 장로교의 고려파, 1953년 예수교장로회와 기독교장로회의 분립, 1954년 감리교의 총리원파와 호헌파 분립 등이 있었다. 이러한 분열은 전통교회에 대한 불신을 초래하고 소종파 운동의 계기가 되기도 했다.

이러한 역사적 과정을 통해 한국 개신교는 복잡한 발전 양상을 보였으며, 민족의 독립과 근대화, 그리고 사회적 변화와 밀접하게 연관되어 발전해 왔다. 동시에 교파 간 분열과 같은 내부적 과제도 안고 있었음을 알 수 있다.

이 시기 몇 가지 중요한 유물을 살펴보면 다음과 같다.

1. 『마가의복음전서 언해』

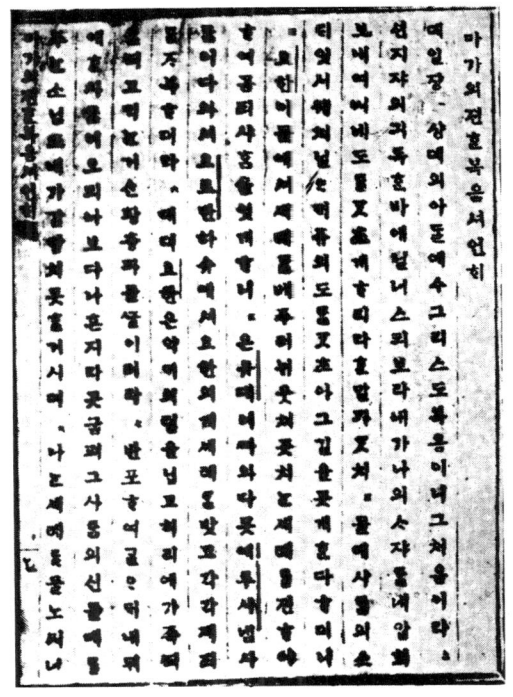

9-34. 『마가의복음전서언해』

『마가의복음전서 언해』(9-34)는 신약성서 『마가복음』을 한 문 원전과 서양 선교사 번역본을 바탕으로 조선어로 옮긴 초기 기독교 번역 문헌이다. 이 언해본은 19세기 말 한국 천주교 선교의 확산 과정에서 제작된 것으로, 한문 성서에 익숙하지 않은 일반 신자들에게 복음 내용을 전달하기 위한 실천적 목적을 지닌다.

언해 과정에서는 한문 구문을 존중하되, 조사와 어미를 활용하여 조선어 어순에 맞게 재구성함으로써 구어적 이해

가능성을 높였다. 이는 중세국어에서 근대국어로 이행하는 시기의 언어 현실을 반영한 자료로서 국어사적 가치도 크다. 또한 복음서의 핵심 메시지를 비교적 평이한 문체로 전달함으로써, 기독교 교리가 지식인층을 넘어 민중층으로 확산되는 데 중요한 역할을 하였다. 따라서 『마가의복음전서 언해』는 한국 기독교사뿐 아니라 번역사·언어사 연구에서도 의미 있는 문헌으로 평가된다.

2. 『성경직해(聖經直解)』

『성경직해』(9-35)는 조선 후기 천주교회에서 성경의 핵심 내용을 한문 중심의 경전 독해 방식에 따라 풀이한 주해서로, 성경을 '직접 해설한다'는 의미에서 직해(直解)라 명명된 문헌이다. 이 책은 성경 원문을 단순히 번역하는 데 그치지 않고, 구절마다 교리적 의미와 신학적 해석을 덧붙여 신자들이 올바르게 이해하고 실천하도록 돕는데 목적을 두었다.

9-35. 『성경직해』

편찬 배경에는 성직자가 부족한 상황에서 평신도 공동체가 자율적으로 신앙을 유지해야 했던 조선 천주교회의 현실이 자리한다. 따라서 『성경직해』는 교리서이자 해설서, 나아가 신앙 교육용 텍스트로 기능하였다. 문체는 한문을 기본으로 하되 이해를 돕기 위한 풀이가 병기되어 있어, 한문 성경과 한글 언해 성경을 잇는 과도기적 성격을 지닌다. 이로써 『성경직해』는 한국 천주교 초기 성서 수용 방식과 신앙 실천의 지적 수준을 보여주는 중요한 자료로 평가된다.

3. 『한불자전(韓佛字典)』

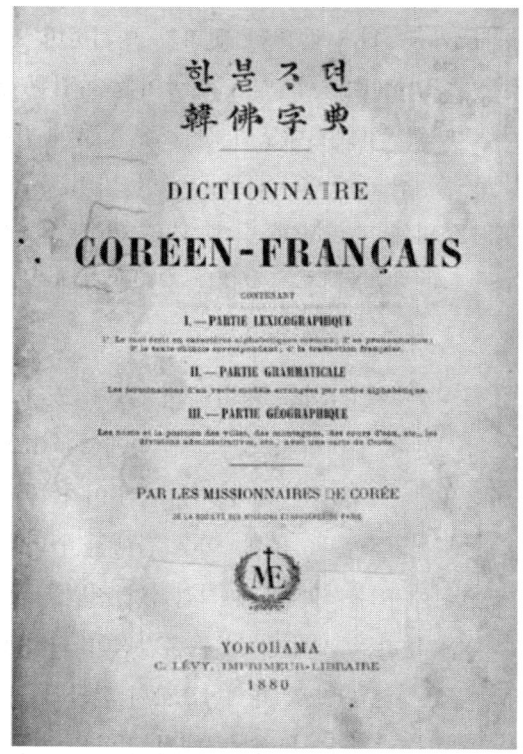

9-36. 『한불자전(韓佛字典, DICTIONNAIRE
COREEN-FRANÇAIS)』

『한불자전』(9-36)은 1880년 파리외방전교회 선교사들에 의해 편찬·간행된 한국 최초의 체계적 근대 사전으로, 한국어 연구사와 서양 선교사 언어학의 결절점을 이루는 문헌이다. 이 사전은 한국어를 프랑스어로 풀이한 이중어 사전으로서, 선교 활동의 실천적 요구에서 출발하였으나, 그 성과는 종교적 목적을 넘어 근대 국어학과 사전학의 기초를 형성하는 데까지 확장되었다.

편찬 방식에서 한불자전의 가장 큰 특징은 표제어를 한글 중심으로 배열하고, 필요에 따라 한자를 병기하며 프랑스어 의미를 대응시켰다는 점이다. 이는 한국어를 독립된 언어 체계로 인식하고 기술하려는 태도의 산물로, 이전의 한문 중심 어휘 인식과 분명한 단절을 이룬다. 또한 방언, 구어 표현, 생활 어휘를 폭넓게 수록하여 실제 사용 언어를 충실히 반영하였으며, 품사 구분과 용례 제시를 통해 근대적 사전 편찬 원칙을 상당 부분 구현하였다.

학술사적 의의는 세 가지로 정리할 수 있다. 첫째, 한불자전은 한국어를 서구 언어학의 분석 틀 속에서 최초로 체계화한 작업으로, 한국어를 '번역 가능한 언어'이자 '기술 가능한 대상'으로 정식화하였다. 둘째, 이후 간행된 언더우드의 『한영사전』 등 근대 이중어 사전에 직접적인 전범을 제공하여, 한국 근대 사전 편찬의 계보를 여는 출발점이 되었다. 셋째, 한글을 실질적 표기 수단으로 채택함으로써 한글의 학술적·공적 위상을 강화하고, 문자 사용의 근대적 전환을 촉진하였다.

요컨대, 한불자전은 선교사의 언어 도구라는 한계를 지니면서도, 한국어를 근대 학문 체계 속으로 편입시킨 결정적 성취로 평가된다. 이는 한국어가 한문 질서에서 이탈하여 독자적 언어로 재인식되는 과정을 집약적으로 보여주는 자료이자, 근대 국어학의 출발을 알리는 기념비적 사전이다.

4. 『한영자전(韓英字典)』과 『영선자전(英鮮辭典)』(9-37)

9-37. 언드우드의 『한영자전(韓英字典)과 언더우드 2세의
『영선자전(英鮮辭典)』

언더우드(Horace G. Underwood, 1859 - 1916)의 『한영자전(韓英字典)』과 언더우드 2세의 『영선자전(英鮮辭典)』(1917)은 근대 한국어 어휘를 서구 언어학적 틀 속에서 체계화한 초기 이중어 사전으로서, 선교·교육·번역 실천과 근대 국어사의 전개를 함께 보여주는 핵심 자료이다.

첫째, 1890년 간행된 『한영자전(韓英字典)』은 "Korean - English &English - Korean" 2부 구성의 간명 사전으로, 조선

어를 영어로 풀이하는 한영부와 영어를 조선어로 풀이하는 영한부를 함께 제시하였다. 포켓판(분책)과 합본(학생판) 형태로도 간행되었으며, 철자법은 『전운옥편』, 자모 배열은 『한불자전』의 체계를 참고하는 등 당대의 문자·사전학 자원을 종합하여 편찬되었다. 한영부는 고유어를 한글 철자·한자·영어 대역 순으로, 한자어는 한글 음과 한자 설명을 중심으로 기술하고, 영한부는 영어 표제어와 문법 정보, 한국어 대역을 제시한다. 특히 용언의 기본형을 '하오체'로 삼은 점은 당시 구어 인식과 표준화의 한 국면을 반영한다.

둘째, 『영선자전(英鮮辭典)』은 일제강점기(1917년)에 언더우드 2세가 아버지의 업적을 이어 발간한 영어-조선어 사전으로, 선교 현장의 필요(설교·교육·번역)와 근대적 어휘 정리의 요구가 결합된 산물로 이해된다.

이러한 언더우드 부자의 두 사전은 (1)한국어를 영어권 지식 체계로 번역 가능하게 만든 초기 '매개 장치'였고, (2)한글·한자 병기의 편찬 관행을 통해 근대 한국어 어휘의 층위(고유어/한자어)를 동시에 기록했으며, (3)이후 외국인·국내 사전 편찬과 성서 번역의 어휘 선택에 장기적 영향을 미친

5. 『조선위국자휘(朝鮮偉國字彙)』(9-38)

『조선위국자휘(朝鮮偉國字彙)』(*Translation of A Comparative Vocabulary of The Chinese Corean, and Japanese Languages*)는 1835년 조선 시대에 영국인 선교사 메드허스트(W. H. Medhurst)가 편찬한 어휘집이다. 메드허스트는 중국과 지리적

으로 가까우면서 한자문화권에 속하는 한국과 일본에 관심을 가졌을 것으로 추정된다. 그는 중국어, 한국어, 일본어를 비교한 『왜어유해(倭語類解)』와 한자 학습의 대표적 교재인 『천자문(千字文)』을 영어로 번역하고 색인을 추가하여 서양인들이 한국어를 학습할 수 있도록 이 어휘집을 만들었다.

9-38. 『조선위국자휘(朝鮮偉國字彙)』

이들 사전은 19세기 한국어의 서구권 소개와 연구에 중요한 역할을 했다. 특히 (1)언어 비교 연구에서 『조선위국자휘』는 동아시아 주요 언어들을 비교할 수 있는 자료를 제공했다. (2)한국어 학습 도구로서, 두 사전 모두 서양인들의 한국어 학습을 위한 중요한 도구였다. (3)문화 교류의 측면에서 이러한 사전들은 한국 문화와 언어를 서구에 소개하는 통로 역할을 했다. (4)선교 활동 지원의 측면에서 특히 『한불자전』은 프랑스 선교사들의 한국 선교 활동을 지원하는 역할을 했다. (5)한국학 발전에서 이 사전들은 서구의 한국학 연구 발전에 기여했다.

이러한 사전들의 편찬은 19세기 후반 한국이 서구 세계와 본격적으로 접촉하기 시작한 시기의 언어적, 문화적 교류를 보여주는 중요한 사례이다. 또한 이는 한자 문화권 내에서 한국어의 위치와 특성을 서구 학자들이 어떻게 인식하고 있었는지를 보여주는 자료이기도 한다.

제10장

예술과 한자

제10장 예술과 한자

서예, 디자인, 광고, 캘리그라피

제1절 서예

서예(書藝)는 문자(文字)를 소재로 하는 조형예술(造形藝術)로, 문자를 통해 개인의 사상과 감정을 예술적으로 표현하는 예술 형태이다. '서예(書藝)'라는 용어는 대한민국 정부 수립 이후에 공식적으로 사용되기 시작했다. 그 이전에는 일본의 영향으로 '서도(書道)'라고 불렸으며, 중국에서는 전통적으로 '서법(書法)'이라는 용어를 사용해 왔다. 이러한 명칭의 차이는 각국의 서예에 대한 인식 차이를 반영한다.

    1. 한국: '서예(書藝)'라는 용어는 이 예술 형태의 '예술성'을

강조한다.

2. 일본: '서도(書道)'는 서예를 하나의 '도(道)', 즉 수양의 길로 인식하는 '도학성'을 반영한다.

3. 중국: '서법(書法)'은 문자를 쓰는 '법칙' 또는 '방법'에 중점을 둔다.

서예는 한자 문화권에서 발전한 독특한 예술 형태로, 단순히 글씨를 쓰는 기술을 넘어 개인의 정신세계와 미적 감각을 표현하는 수단으로 여겨졌다. 이는 문자, 특히 한자가 가진 상형적 특성과 깊은 관련이 있는데, 서예의 특징을 요약하면 다음과 같다.

1. 도구의 중요성: 붓, 먹, 종이, 벼루(문방사우)를 사용하며, 이들 도구의 특성이 작품에 큰 영향을 미친다.

2. 기법과 스타일: 다양한 서체(예컨대 전서, 예서, 해서, 행서, 초서)와 기법이 발전했으며, 각 스타일은 특정 시대나 개인의 특성을 반영한다.

3. 정신적 수양: 서예는 단순한 기술 이상으로, 정신 수양과 인격 도야의 수단으로 여겨졌다.

4. 문화적 가치: 서예 작품은 역사적, 문학적 가치를 지니며, 때로는 중요한 역사적 기록의 역할을 한다.

5. 현대적 변용: 전통적인 서예 기법이 현대 미술과 결합하여 새로운 예술 형태로 발전하고 있다.

서예는 한자 문화권의 문화적 정체성을 형성하는 데 중요한 역할을 했으며, 오늘날에도 여전히 동아시아 문화의 중요한 부분을 차지하고 있다. 현대에는 전통적 가치를 유지하면

서도 새로운 표현 방식을 모색하는 등 지속적인 발전을 이어
가고 있다.

(1) 삼국시대

삼국시대는 이전 중국의 영향을 받아 한나라 때의 예서체
를 비롯해 북조풍의 해서 등이 유행하였다.

1. 고구려

삼국시대의 서예는 중국의 영향을 크게 받아 발전하였다. 특
히 한나라 시대의 예서체와 북조풍의 해서 등이 유행하였으며,
이는 당시 한반도와 중국 간의 문화적 교류를 반영한다.

고구려의 서예 작품 중 가장 뛰어난 것으로 평가받는 것은
단연 414년에 제작된 「광개토대왕비(廣開土大王碑)」(10-1)이다.
이 비석은 소전에서 예서체로 넘어가는 초기 단계의 고예(古
隸)로 써졌으며, 고구려 서예의 정수를 보여준다. 77년경에 조
성된 것으로 추정되는 용강의 「점제현신사비(秥蟬縣神祠碑)」
(10-2) 역시 한대의 예서(隸書)를 대표하는 걸작으로 평가받고
있다. 이는 고구려 초기부터 이미 높은 수준의 서예 기술이
존재했음을 보여주는 중요한 증거이다.

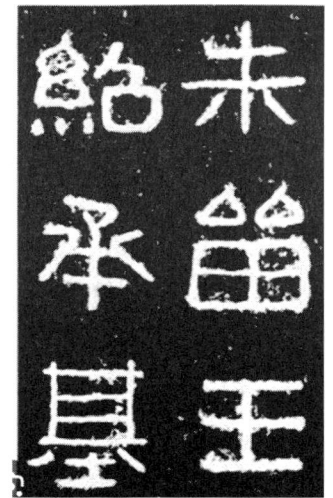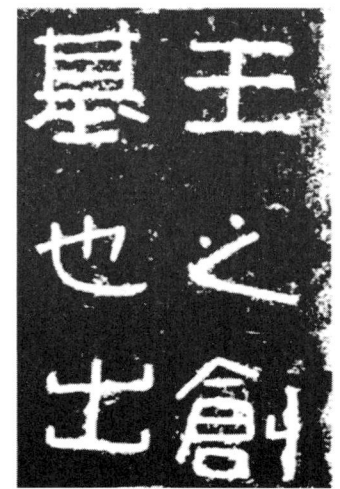

10-1. 「광개토대왕비(廣開土大王碑)」 탁본(부분). 초기 예서체(古隷)

10-2. 「점제현신사비
(秥蟬縣神祠碑)」. 한대
의 예서(隷書), 77년.

10-3. 「평양성벽석각(平壤城壁石刻)」

또 「평양성벽석각(平壤城壁石刻)」(10-3)은 행서로 써진 수작으로, 고구려 서예가 다양한 서체를 구사할 수 있었음을 보여준다.

이 외에도 5세기 후반에 제작된 「중원고구려비(中原高句麗碑)」(3-7)가 있으며, 예서와 행서가 혼용된 필사본인 「모두루묘지(牟頭婁墓誌)」(10-4) 등이 현존한다. 또한 전문(塼文), 석각(石刻), 묘지명(墓誌銘) 등 다양한 형태의 서예 작품들이 남아있어, 고구려 서예의 풍부한 유산을 보여준다.

이러한 고구려의 서예 작품들은 단순히 글씨를 쓰는 기술을 넘어 당시의 역사, 문화, 정치적 상황을 반영하는 중요한 사료로서의 가치도 지니고 있다. 특히 「광개토대왕비」와 같은 작품은 고구려의 영토 확장과 정치적 상황을 상세히 기록하고 있어, 역사 연구에도 큰 도움이 되고 있다.

10-4. 「모두루묘지(牟頭婁墓誌)」. 예서/행서(필사)(길림성(吉林省)
집안시(集安市) 태왕향(太王鄕) 하해방촌(下解放村)
소재)(국가유산지식이음)

2. 백제

백제의 서예 작품 중에서 서예사적으로 중요한 의미를 지
니는 것은 「무령왕릉(武寧王陵) 묘지석」(10-5)과 「사택지적비(砂
宅智積碑)」(3-11)이다.

무령왕릉에서 발견된 매지권(買地券) 2점은 특히 주목할 만
하다. 이 작품들은 남조체로 써졌으며, 525년에 제작된 것으
로 알려져 있다. 이는 고구려의 「광개토대왕비」보다는 약

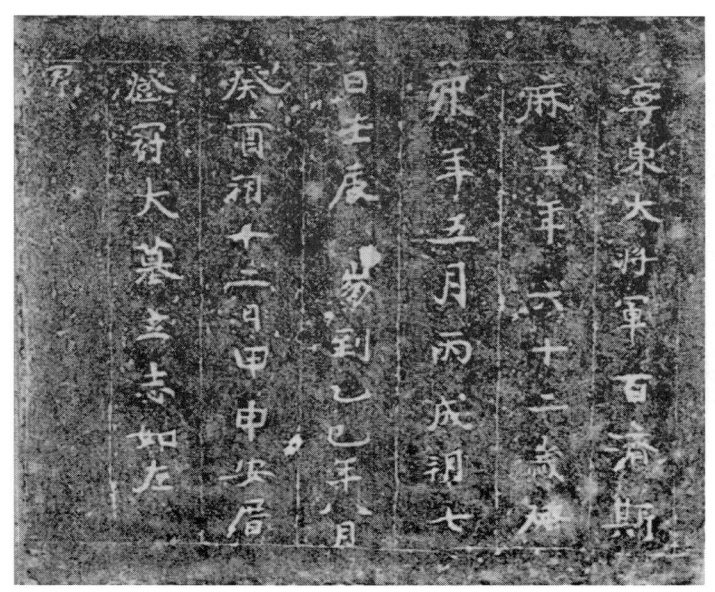

10-5. 「무령왕릉 묘지석」 탁본(전면). 남조체. 지석 뒷면에는 무령왕이
토지신에게 돈 1만 닢을 주고 능을 만들 땅을 샀다는 토지매매 문서
성격의 내용이 있다. 35.2×41.5×4cm. 국립공주박물관 소장.

100여 년 후의 작품이며, 신라의 「진흥왕순수비」보다는 약
40년 앞선 것이다. 따라서 이 매지권은 삼국 간의 서예 발전
을 비교할 수 있는 중요한 자료로 평가받고 있다.

부여에서 발견된 「사택지적당탑비(砂宅智積堂塔碑)」(10-6)는
백제 말기의 작품으로 추정된다. 이 비석의 글씨는 비교적
크고 서체는 방정하며 힘이 있는 것이 특징이다. 주목할 만
한 점은 이 비석의 서체가 남조보다는 북조풍이 짙다는 것이
다.[1] 이는 백제 말기에 이르러 남북조 모두와 문화적 교류가

---

1) 중국 남북조(南北朝) 시대는 정치적 분열과 더불어 예술적 양식도
  뚜렷이 분화된 시기로, '남조풍'과 '북조풍'이라는 독자적인 서예 미
  학이 형성되었다. 남조풍은 풍요로운 강남 지역의 문인 문화를 바

10-6.「사택지적당탑비(砂宅智積堂塔碑)」. 북조체

있었음을 보여주는 중요한 증거로 해석된다.

이러한 백제의 서예 작품들은 단순히 글씨의 아름다움을 넘어 당시의 국제 관계와 문화 교류의 양상을 보여주는 중요한 사료로서의 가치도 지니고 있다. 특히 남조체와 북조체가 모두 나타나는 점은 백제가 중국의 여러 왕조와 활발한 교류를 했음을 보여준다.

탕으로 하여, 우아하고 유연한 필치와 자유로운 구도를 특징으로 하며, 정신적 경지와 기품을 중시했다. 그 절정은 왕희지(王羲之)의 「난정서(蘭亭序)」에서 볼 수 있는 흐르는 듯한 행서와 조화로운 배열이다. 반면, 북조풍은 북방의 강건한 기질과 불교 예술의 영향을 받아 힘찬 방필과 장엄한 구조, 규칙성과 장식성을 추구했다. 이 같은 북조 서풍의 정수는 정비(正碑)의 극치로 평가받는 「장맹룡비(張猛龍碑)」와 같은 '위비(魏碑)'에서 확인할 수 있으며, 굵고 힘찬 필획과 웅장한 필세가 두드러진다.

3. 신라

신라의 서예 작품 중 통일 이전 시기의 대표적인 예로 「진흥왕순수비(眞興王巡狩碑)」 4종(3-20~23)을 들 수 있다. 이는 「창녕비(昌寧碑)」, 「황초령비(黃草嶺碑)」, 「마운령비(磨雲嶺碑)」, 「북한산비(北漢山碑)」를 포함한다. 이 비석들은 북조풍의 해서체로 쓰여져 있으며, 고졸(古拙)하면서도 청경(淸勁)한 기풍을 보여주고 있다.[2]

706년에 제작된 「황복사 탑 동함 명문」(10-7)은 신라 서예의 또 다른 중요한 예이다. 이 명문은 황복사 탑 2층 옥개석에서 발견된 동제 방형함의 뚜껑 내면에 새겨져 있다. 약 350여 자가 종횡으로 간격을 두어 여리한 칼로 새겨졌다. 이 작품의 서체는 당나라의 저명한 서예가인 저수량(褚遂良)의 체

---

[2] 청대 말기의 학자이자 서예가인 강유위(康有爲)는 그의 서론(書論) 저작 『광예주쌍집(廣藝舟雙楫)』에서 '남첩북비론(南帖北碑論)'을 주창했다. 이는 앞에서 설명한 남북조 서풍의 차이를 바탕으로 하고 있는데, '남첩(南帖)'이란 남조에서 유행한 첩(帖), 즉 편지나 초고 등 종이에 쓴 서간 문류(書簡文類)를 가리키며, 이는 왕희지의 전통을 이은 우아하고 유려한 서풍을 상징한다. 강유위는 당송(唐宋) 이후로 이 '남첩'의 서풍이 지나치기 세련되고 관습화되면서 점차 생명력이 쇠퇴하고 약해졌다고 비판하였다. 이에 반해 '북비(北碑)'는 북조 시대에 세워진 비석에 새겨진 서체, 즉 위비(魏碑)를 의미하는데, 강유위는 북비가 지니고 있는 강건하고 소박하며 생동감 넘치는 원석이 갖는 힘과 다양한 조형미야달로 당시 침체된 서예계를 되살릴 수 있는 유일한 해결책이라고 주장했다. 강유위의 이 논의는 고증학(考證學)의 발달과 함께 당시 새롭게 주목받기 시작한 금석학(金石學)의 성과를 서예 이론에 접목시킨 것이며, 그의 '남첩북비론'은 청대 중기부터 일어나기 시작한 '비학(碑學) 운동'에 강력한 이론적 기초를 제공하였으며, 이후 중국 서예가 첩학(帖學) 일변도의 흐름에서 벗어나 비석 서예의 넓은 세계로 나아가는 데 결정적인 역할을 하였다.

를 반영하고 있다. 정숙한 소해체로 쓰여진 이 명문은 다른 금석문에서 보기 드문 일품으로 평가받으며, 국보 제19호로 지정되었다.

10-7. 경주 황복사지 삼층석탑 동합 명문(慶州 皇福寺址 三層石塔 銅函 銘文)

이외에도 「남산신성비(南山新城碑)」(10-8)와 「단양 적성비(赤城碑)」(3-24) 등이 신라 시대의 중요한 서예 작품으로 알려져 있다.

이러한 신라의 서예 작품들은 시대에 따른 서체의 변화를 보여준다. 진흥왕 시기의 비석들이 북조풍의 해서체를 보여주는 반면, 통일신라시대의 「황복사 탑 동함 명문」은 당나라의 영향을 받은 서체를 보여준다. 이는 신라가 시대에 따라 중국

南山新城碑 第一碑

辛亥年二月廿六日南山新城作節如法以作後三
年剛破者罪教事鳥聞敎令誓事之阿良邏頭沙喙
音云為古大舍奴含道使沙喙合親大舍營坫道使沙
喙□□知大舍郡上村主阿良村今知撰干柒生吐
□□知余利上干文知阿尺尺城使干末□次干奴含村次
□氏十文尺□寸次干文尺城使上阿尺城使上珎巾
十匠尺阿□□匠尺面捉上阿良役牽生上
□面捉上知風次困捉上首余次干石捉上珎巾次
□受十一步三尺八寸

10-8. 「남산신성비(南山新城碑)」(제1비). 경주 남산, 삼국, 591년, 석(石), 91.0×44.0cm, 국립경주박물관.

의 다양한 서예 전통을 수용하고 변화해 갔음을 시사한다.

신라의 서예 작품들은 단순히 글씨의 아름다움을 넘어 당시의 정치적, 문화적 상황을 반영하는 중요한 사료로서의 가치도 지니고 있다. 특히 「진흥왕순수비」는 신라의 영토 확장과 정치적 상황을 보여주는 중요한 역사적 자료이다.

(2) 통일신라시대

통일신라시대(676~918)는 한국 서예사에서 매우 중요한 시기로 평가된다. 이 시기에는 삼국 통일과 함께 해서의 전형을 확립한 구양순(歐陽詢), 우세남(虞世南), 저수량(褚遂良) 등 당(唐) 3대가의 영향과 당 태종이 복고시킨 왕희지(王羲之) 서풍이 재해석되어 한국 서예 역사상 최고의 전성기를 이루었다.

당나라와의 교류 증가와 유학생 수의 증가로 인해, 중국 서체의 영향이 더욱 직접적으로 나타났다. 이 시기에는 주로 구양순의 해서체와 왕희지의 행서체가 신라와 고려 두 나라의 서예계를 풍미하였다.

통일신라 초기에는 주로 왕희지의 서체가 유행하였다. 이 시기의 중요한 서예 자료로는 석(釋) 영업(靈業)의 「신행선사비(神行禪師碑)」(813), 「감산사석조불상조상기(甘山寺石造佛像造像記)」, 「성덕대왕신종명(聖德大王神鐘銘)」(771), 「보림사보조선사창성탑비(寶林寺普照禪師彰聖塔碑)」와 김생(金生)의 「태자사낭공대사백월서운탑비(太子寺朗空大師白月栖雲塔碑)」(954) 등이 있다. 이들 작품은 모두 왕희지의 서풍을 따르고 있다.

이들 중 대표적인 서예가와 작품을 소개하면 다음과 같다.

1. 김생(金生)

김생(金生, 711~?)은 통일신라를 대표하는 서예가로 전통적으로 평가되어 온 인물이다. 문헌 기록에 따르면 그는 해서·행서·초서 등 여러 서체, 즉 각체(各體)에 두루 능하였으며, 당시 서단에서 비범한 필력으로 명성을 얻은 존재로 전해진다. 그러나 오늘날까지 김생의 진적(眞蹟)이 단 한 점도 전하지 않는다는 점에서, 그의 실제 서예 세계는 본질적으로 간접 자료를 통해 추정될 수밖에 없는 한계를 지닌다. 이 점은 김생 연구의 출발점이자 동시에 가장 근본적인 문제라 할 수 있다.

현재 김생의 서풍을 가늠할 수 있는 거의 유일한 단서는 고려시대 승려 단목(端目)이 집자하여 제작한 「낭공대사비(朗空大師碑)」이다. 이 비는 김생의 글자를 모아 구성한 집자비로, 후대에 김생을 '신라 최고의 서예가'로 인식하게 만든 핵심 근거가 되어 왔다. 비문에 나타난 필획은 정제된 구조와 안정된 결구를 보이며, 전체적으로 그전적 질서와 균형을 중시하는 서풍을 띤다. 이러한 특징은 전통적으로 왕희지 계열의 정통 서법과의 연관성 속에서 이해되어 왔다.

그러나 집자비라는 매개를 통해 전해지는 서풍을 곧바로 김생 개인의 실제 필법으로 환원하는 데에는 신중함이 요구된다. 집자 과정에서는 필획의 맥락과 필세의 연속성이 필연적으로 해체되며, 편집자의 미의식과 선택이 강하게 개입된다. 따라서 낭공대사비에 나타난 서풍은 김생의 '글씨'라기보다는, 고려시대가 이상적으로 재구성한 김생의 이미지에 가깝다고 볼 수 있다. 이러한 관점에서 보면 김생은 왕희지 서풍을 창의적으로 변용한 대가라기보다는, 후대의 서예 담론 속에서 왕희지적 규범의 신라적 계승자로 과대 표상되었을 가능성도 배제하기 어렵다.

그럼에도 김생의 의의는 결코 축소되지 않는다. 그는 실물작품의 부재에도 불구하고, '신라 서예의 정점'이라는 상징적 위치를 점유하며 이후 한국 서예사에서 규범적 기준점으로 기능해 왔다. 이는 김생이 단순한 개인 서예가를 넘어, 통일신라 한자문화와 서예 인식이 집약된 문화적 기호로 작동했음을 의미한다. 따라서 김생은 실체적 작가라기보다, 한국 서예사에서 이상화된 고전성의 이름으로 이해될 필요가 있다.

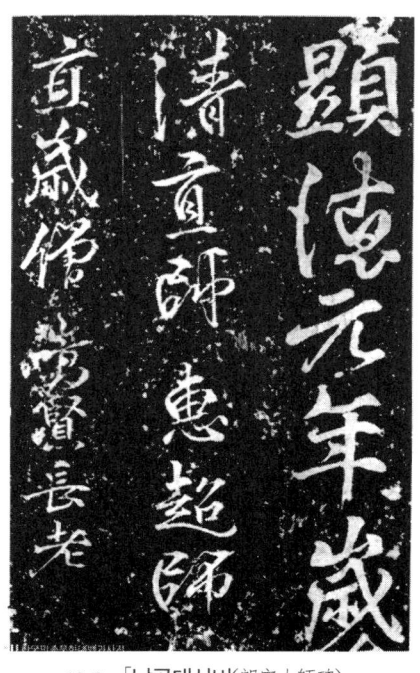

10-9. 「낭공대사비(朗空大師碑)」
(민족문화대백과사전)

2. 석(釋) 영업(靈業)

석(釋) 영업은 신라 하대에 활동한 승려 서예가로, 그의 대표작은 「단속사 신행선사비(斷俗寺神行禪師碑)」(10-10)이다. 이 비는 헌덕왕 5년(813)에 건립된 탑비로, 비문은 병부령 김헌정이 짓고 영업이 서사하였다. 현재 비신은 소실되었으나 탁본과 금석문 기록을 통해 그 내용과 서풍이 전한다. 작품은 신라 불교계 고승의 행적을 기리는 공적 성격을 지니며, 당대 불교·관료 문화의 결합 양상을 보여주는 중요한 자료이다.

영업의 서체는 행서로, 필획의 구성과 결구가 왕희지(王羲之)의 서풍, 특히 집자성교서 계열과 매우 흡사하다. 점획은 유연하되 절제가 분명하고, 자형은 장중하면서도 유려하여 당대 유행하던 왕희지체의 규범성을 충실히 따르고 있다. 이

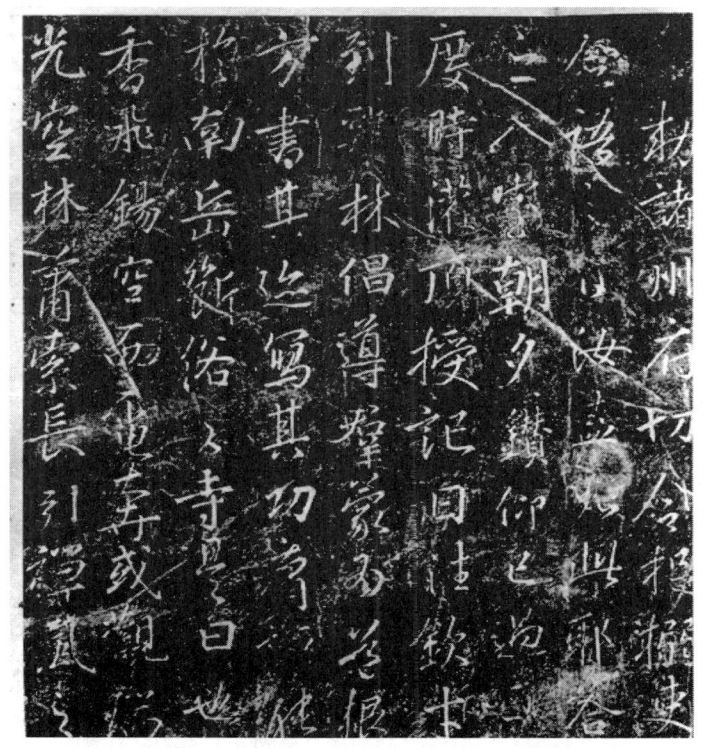

10-10. 「단속사 신행선사비(斷俗寺神行禪師碑)」
탁본(부분)(민족문화대백과사전)

는 영업이 당나라 유학을 통해 중앙의 서예 경향을 직접 수
용했음을 시사하며, 신라 서단이 중국 서법의 최신 흐름과
긴밀히 호응하고 있었음을 입증한다.

이 비의 의의는 첫째, 신라에서 왕희지 서풍의 본격적 정
착을 보여주는 표본이라는 점, 둘째, 승려가 국가적 기념비의
서사를 담당할 만큼 불교 지식인의 문화적 위상이 높았음을
증명한다는 점에 있다. 나아가 신라 서예가 단순한 모방을
넘어 당대 국제적 미학 질서를 능동적으로 수용·확산한 사례

로 평가된다.

3. 「태자사낭공대사백월서운탑비(太子寺朗空大師白月栖雲塔碑)」(10-11)

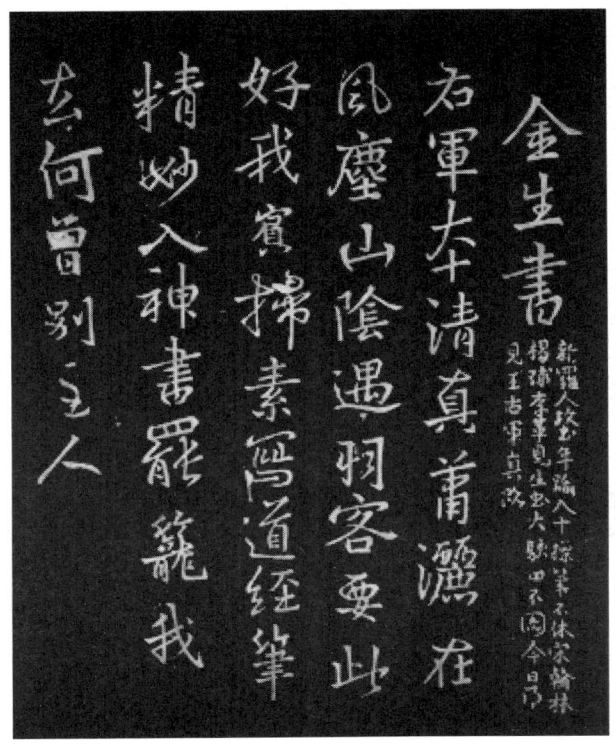

10-11. 「태자사낭공대사백월서운탑비
(太子寺朗空大師白月栖雲塔碑)」 탁본(부분)

이 비는 통일신라 고승인 낭공대사 행적(朗空大師 行寂, 832~917)의 공덕을 기리기 위해 세운 탑비로, 954년(고려 광종 5)에 경상북도 봉화군 하남면 태자리의 태자사(太子寺)에 건립되었다(현 위치: 경북 안동 일대, 현재 비신은 국립중앙박물관 소장). 비문은 신라 말·고려 초의 문장가이자 서예가 최인연(崔仁渷, 868~944)이 지었다.

비에는 약 2,500자의 해서·행서가 새겨져 있는데, 낭공대사의 문인 단목 스님이 김생(金生)의 글씨를 집자하여 구성한 것이다. 이 비는 한국에서는 물론 중국에서도 드문 집자비(集字碑)로, 왕희지 계열 서풍과 김생 서체의 전승 양상을 함께 보여 주는 중요한 금석자료로 평가된다.

이외에, 통일 초기의 「문무왕릉비(文武王陵碑)」, 「김인문묘비(金仁問墓碑)」, 「화엄사석경(華嚴寺石經)」(10-12), 「사천왕사비」 등도 중요한 작품들이다. 이 중 앞의 두 비는 작자 미상이지만 매우 뛰어난 글씨로 방정고아(方正高雅)한 특징을 보인다.

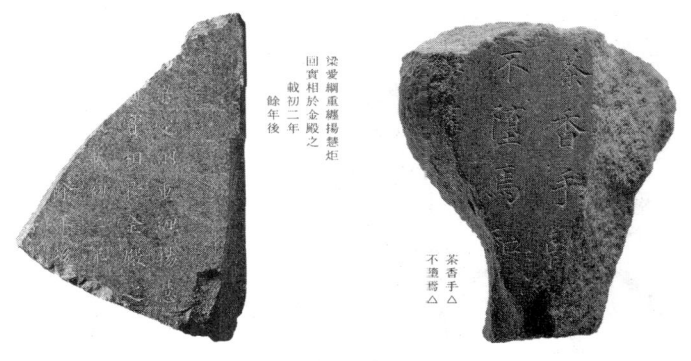

梁愛綱重耀揚慧炬
回寶相於金殿之
載初二年
餘年後

茶香手
不遺手
△ △

茶香手
不遺手
△ △ △

10-12. 『화엄석경(華嚴石經)』. 화엄사.

최근 발견된 사경(寫經) 『대방광불화엄경(大方廣佛華嚴經)』과 일본 쇼소원(正倉院)에 전하는 「신라(新羅) 장적(帳籍)」, 그리고 「성덕대왕신종명」, 「무구정광대탑다라니경」(751), 「화엄석경」(886년 경) 등에서도 당시 서예의 높은 수준을 확인할 수 있다.

특히 김생의 글씨는 한 획의 굵기 변화가 다양하고, 글자의 짜임새에서 율동적 효과와 음양향배(陰陽向背)의 조화를 나타내는 등 뛰어난 기법을 보여준다. 고려의 이규보(李奎報)가 「동국제현서결평론(東國諸賢書訣評論)」에서 김생을 '신품제일(神品第一)'이라고 평가한 것은 이러한 그의 뛰어난 서예기술을 인정한 것이다.

4. 최치원(崔致遠)

10-13. 「쌍계사진감선사대공탑비명(雙谿寺眞鑑禪師大空塔碑銘)」
두전(頭篆), 탁본, 국립중앙도서관 소장

통일신라 말기의 대가인 **최치원**(崔致遠, 857~?)의 서예 세계는 통일신라 말기 문장과 필법이 결합된 지식인 문화의 정점을 보여준다. 그는 당(唐)에서 과거에 급제하여 국제적 교양과 제도 문학의 규범을 체득한 뒤 귀국하였으며, 이러한 경험은 그의 서예가 단순한 개인 기량이 아니라 공적 문자의 형식미를 구현하는 수단으로 기능하게 한 토대가 되었다. 오늘날 그의 확실한 진적은 제한적이나, 금석문을 중심으로 전하는 작품들을 통해 그 서예적 성격과 서예사적 위상을 비교적 분명히 파악할 수 있다.

　최치원의 대표적 서예 작품으로는 이른바 '**사산비명**(四山碑銘)'이 있는데, 「쌍계사진감선사대공탑비명」(「진감선사비」)(10-13), 「성주사낭혜화상백월보광탑비명」(「낭혜화상비」), 「대숭복사비명」(「대숭복사비」), 「봉암사지증대사적조탑비명」(「지증대사비」)을 말한다. 이들 비문은 모두 당대 고승의 행적을 기리는 불교 탑비로, 비문 찬술과 더불어 서사에도 최치원이 깊이 관여한 것으로 전한다. 비문에 나타난 글씨는 해서와 행서의 경계에 위치한 정제된 필법을 보이며, 자형은 안정적이고 결구는 엄정하여 기념비적 문자의 위엄을 잘 드러낸다. 필획은 과장 없이 절제되어 있으나, 전체 구성에서는 느슨함이 없고 문장과 필세가 유기적으로 호응한다.

　최치원의 서예사적 공헌은 크게 세 가지로 정리할 수 있다. 첫째, 신라 하대 서단에 당대 정통 서법의 규범을 정착시키는 데 핵심적 역할을 하였다. 그의 서예는 왕희지 계열의 법도를 충실히 계승하면서도, 기교적 변형보다 규범의 내면화를 중시함으로써 '정전적 서풍'의 기준을 제시하였다. 둘째, 문장가로서의 명성이 서예의 사회적 위상을 고양하였다. 그의 경우 글씨는 문학의 부속물이 아니라, 의미와 형식이 동시에 성립하는 공적 문자 실천으로 기능하였으며, 이는 후대에 문장과 서예의 일체라는 이상을 강화하는 계기가 되었다. 셋째, 불교비문이라는 공공 매체를 통해 서예를 국가·종교 권위의 시각적 표상으로 정련하였다.

이렇게 볼 때, 최치원 서예의 의의는 특정 서체의 혁신에 있기보다, 서예를 통일신라 말기 지식 질서와 제도 문화의 핵심 기호로 확립했다는 데 있다 할 것이다. 그의 주요 작품들은 신라 서예가 국제 규범을 수용하면서도 공적 미학으로 재구성되는 과정을 집약적으로 보여주며, 한국 서예사에서 '문자 권위의 완성형'으로 평가될 만한 결정적 사례를 이룬다 하겠다.

이상의 통일신라 서예의 전반적인 흐름을 보면, 초기에는 왕희지의 서풍이 유행하였는데, 이는 당나라 태종(太宗)의 왕희지 선호에 영향을 받은 것으로 추정된다. 말기에는 구양순의 서풍이 도입되어 고려로 이어졌다.

또 10세기를 전후한 신라 말 고려 초에는 구산선문(九山禪門)의 남종선(南宗禪)과 구양 계통 글씨가 결합되어 험경하고 삼엄한 새로운 시대 서풍이 전개되었다.

(3) 고려시대

고려시대 초기의 서예는 신라의 전통을 이어받아 당나라 대가들의 필법을 모방하는 경향을 보였다. 특히 이 시기에는 구양순(歐陽詢)의 서체가 지배적인 영향력을 행사했다.

구양순체의 대표적인 서예가들로는 구족달(具足達), 한윤(韓允), 민상제(閔賞濟), 안민후(安民厚), 임호(林顥), 오언후(吳彦侯) 등이 있다. 이들은 구양순의 서체를 기반으로 하되, 각자의 개성을 더해 고려 초기 서예의 발전에 기여했다.

특히 주목할 만한 작품으로 안민후(安民厚)의 「법천사지광국사현묘탑비(法泉寺智光國師玄妙塔碑)」(10-14)를 들 수 있다. 이 비석은 국보 제59호로 지정될 만큼 그 예술적 가치를 인정받고 있다. 이 작품은 기본적으로 구양순의 법을 따랐으나, 우세남(虞世南)의 서법에 가까운 특징도 보인다. 근엄하고 정정(正正)하며 품격 높은 일품으로 평가받으며, 고려 초기 서예의 최고 수준을 보여주는 작품으로 여겨진다.

이 시기 서예의 특징은 다음과 같이 요약할 수 있다.

1. 당나라 서예의 직접적 영향: 구양순을 비롯한 당대 서예가들의 스타일을 적극적으로 수용했다.

2. 구양순체의 우세: 여러 당대 서체 중에서도 특히 구양순체가 선호되었다.

3. 개성의 발현: 구양순체를 기본으르 하되, 각 서예가들이 자신만의 특징을 더해 발전시켰다.

4. 우세남 서법의 영향: 안민후의 작품에서 볼 수 있듯이, 구양순체 외에도 우세남의 서법 등 다양한 영향이 복합적으로 나타났다.

5. 고려 특유의 서풍 형성: 당나라 서예의 영향을 받되, 점차 고려만의 독특한 서풍을 형성해 갔다.

10-14. 안민후(安民厚)의
「법천사지광국사현묘탑비(法泉寺智光國師玄妙
塔碑)」. 1085년, 해서, 강원도 원주시 부론면
법천리 소재(국가유산지식이음)

이러한 고려 초기의 서예는 신라의 전통을 계승하면서도 새로
운 변화를 모색했다는 점에서 의의가 있다. 특히 중국 서예의 영
향을 직접적으로 받아들이면서도 한국적 특성을 발전시켜 나갔다
는 점에서, 한국 서예사의 중요한 전환점이 되었다고 볼 수 있다.

고려 중기에 이르면 서예사상에 큰 변화를 일으킨 대가가 나
타났는데, 탄연(坦然)이 그 주인공이다. 왕사와 국사를 지내 명성
이 높았던 그는 구양순체 일색이던 당시의 전통을 깨뜨리고 왕

희지(王羲之)의 서풍에 기초를 둔 서법을 창출하였다. 대표작으로 「문수원비(文殊院碑)」(10-15)가 있으나 실물은 없고 탁본만 전한다. 또 탄연의 문인 기준(機俊)도 탄연에 못지않은 훌륭한 작품을 남겼는데, 「단속사 대감국사비(斷俗寺大監國師碑)」(10-16)가 있다.

10-15. 탄연(坦然)의 「문수원비(文殊院碑)」 잔편

탄연의 서예 특징은 다음과 같다.

1. 왕희지 서풍의 계승: 왕희지의 성교서(聖教書)와 일맥상통하는 특징을 보인다.
2. 사경풍(寫經風)의 융합: 당대 이후 전승되어 온 사경 필법을 자신의 서체에 융합하였다.
3. 유려함과 강인함의 조화: 유려하면서도 강철같이 굳센 골(骨)이 있다고 평가받는다.
4. 독창적 스타일: 기존의 서풍을 바탕으로 새로운 일체(一體)를 형성하였다.

탄연의 서예는 그 뛰어난 예술성으로 인해 김생(金生)과 더불어 신품(神品)이라고 일컬어질 정도로 높은 평가를 받았다.

10-16. 단속사대감국사비(斷俗寺大鑑國師碑)」
(부분)(한국민족문화대백과사전)

또 이암(李嵒)의 「문수사장경각비(文殊寺藏經閣碑)」(10-17)도 중요
하다. 이는 고려시대 1327년의 작품으로 원나라 태정제(泰定
帝)의 즉위식 때 김이(金怡) 등이 원나라에서 가지고 온 불서
(佛書)를 고려 충숙왕 14년(1327) 문수사에 보관된 사실을 기
념하고자 세운 비이다. 비는 일찍이 파손되어 없어졌으나, 다
행히도 이제현(李齊賢)의 『익재난고(益齋亂藁)』에 그 내용이
전하며, 『대동금석서(大東金石書)』에 비의 탁본이 일부 전한
다. 비문의 글씨는 행서로 썼는데, 고려 말에 유행하던 원나
라 조맹부(趙孟頫)의 필법이 잘 나타나 있다. 특히 8㎝ 크기

10-17. 「문수사장경각비(文殊寺藏經閣碑)」와
비액(碑額)(『조선고적도보』)

로 중후한 모습을 보인 전액(篆額)은 신라 이래 대표적인 전
서(篆書)로 평가된다. 비음(碑陰)은 석(釋) 성징(性澄)이 조맹부
체의 해서로 썼다.

또 장단열(張端說)의 「봉암사정진대사원오탑비(鳳巖寺眞靜大

師圓悟塔碑)」(보물 172호)는 한국 서예사에서 드물게 우세남(虞世南)의 서풍을 따른 작품으로, 수윤(秀潤)하고 근정(謹整)한 특징을 지닌 명품으로 평가받는다. 이 비석은 고려 비석 중에서도 최상급으로 꼽히는 작품이다.

이처럼 고려 말기의 서예는 중국과의 활발한 교류를 통해 다양한 서체와 스타일이 공존하며 발전하였다. 조맹부의 송설체가 크게 유행하는 한편, 구양순체나 우세남체 등 다양한 서풍도 함께 발전하였다. 이는 고려 서예가 중국의 영향을 받아들이면서도 독자적인 발전을 이루어 갔음을 보여주는 중요한 증거라 할 수 있다.

(4) 조선시대

1. 초기의 서예와 안평대군(安平大君)

조선 초기의 서예는 고려 말기에 도입된 **조맹부(趙孟頫)**의 서체, 즉 **송설체(松雪體)**가 약 200년간 지배적인 영향을 미쳤다. 이 시기에는 송설체로 쓰인 「증도가(證道歌)」, 「천자문(千字文)」, 「적벽부(赤壁賦)」 등이 왕실의 명령으로 간행되어 널리 보급되었다.

1435년(세종 17)에는 승문원(承文院)과 사자관(寫字官)의 자법(字法)이 해정(楷整)하지 못하다는 이유로 왕희지체를 궤범(軌範)으로 삼게 하였다. 이로 인해 송설체와 왕희지체 두 가지가 함께 유행하게 되었으나, 주류는 여전히 송설체였다.

이 시기의 대표적인 서예가로는 안평대군(安平大君) 이용(李瑢)을 들 수 있다. 그는 시서화(詩書畵) 모두에 뛰어났으며, 특히 송설체에 능했다. 그의 진적으로 일본 덴리대학(天理大學)에 소장된 「몽유도원도(夢遊桃源圖)」의 발문(10-18)이 남아있다.

세종대의 박팽년(朴彭年), 성삼문(成三問), 정인지(鄭麟趾) 등도 서예에 뛰어났다. 이들을 이어 강희안(姜希顔), 김종직(金宗直), 정난종(鄭蘭宗), 소세양(蘇世讓), 김구(金絿), 성수침(成守琛), 이황(李滉), 양사언(楊士彦), 성혼(成渾) 등이 서예로 명성을 얻었다.

서체별로 살펴보면, 해서에는 강희안(姜希顔) 등이, 초서에는 최흥효(崔興孝), 김인후(金麟厚), 양사언(楊士彦) 등이 대표적이었다. 특히 성종 때의 권발(權撥)은 수려한 행서와 초서의 대가로, 그의 초서는 조선시대를 통틀어 가장 뛰어난 것으로 평가받았다.

① 안평대군(安平大君) 이용(李瑢)

조선 초기의 대표적 서예가로 평가되는 안평대군 이용(安平大君 李瑢, 1418~1453)은 왕실 문인·예술가로서 시·서·화 삼절에 모두 뛰어난 인물이었다. 그의 예술 세계는 조선 전기 사대부 문화가 지향한 교양적 이상과 심미적 취향을 집약적으로 보여주며, 특히 서예에서 두드러진 성취를 남겼다.

안평대군의 대표적 서예 작품으로는 일본 덴리대학에 소장된 「몽유도원도」의 발문을 들 수 있다. 이 발문은 안견의 그림에 안평대군이 직접 쓴 글씨로, 현재 전하는 그의 확실한 진

10-18. 안평대군(安平大君) 이용(李瑢)의 「몽유도원도」의 발문.

적으로 평가된다. 글씨는 송설체를 기반으로 한 해서·행서풍으로, 필획이 온건하고 결구가 안정되어 있으며, 지나친 기교보다는 문기(文氣)와 품격을 중시하는 특징을 보인다. 이는 조맹부 계열 서풍의 영향을 충실히 수용한 결과로, 조선 초기 지식인 사회에서 선호되던 고아한 문인 취향을 잘 반영한다.

그의 서예사적 의의는 첫째, 안평대군이 조선 초기 왕실과 사대부 사회에 송설체 중심의 문인서풍을 정착시키는 데 중요한 역할을 했다는 점에 있다. 둘째, 그의 서예는 회화·문학과 결합된 종합 예술로 기능하며, 서예를 단독 기술이 아닌 교양의 총체로 인식하게 하는 기준을 제시하였다. 셋째, 중국 원대 서풍을 모범으로 삼되 이를 조선적 문인 미학 속에서 재구성함으로써, 이후 조선 문인서의 방향성을 선도하였다는 데 있다.

이처럼 안평대군 이용은 조선 초기 서예를 궁정과 사대부 문화의 중심 예술로 끌어올린 핵심 인물로, 그의 서예는 조선 문인서 전통의 출발점을 형성한 상징적 성과로 평가된다.

② 권발(權撥, 1450~1515)

성종 대를 대표하는 서예가로는 **권발(權撥)**을 들 수 있다. 그는 문신이자 학자로 활동하며, 조선 전기 사대부 서예가 지향한 정제된 문인서의 전형을 확립한 인물로 평가된다. 권발의 서예는 과도한 개성 표출이나 기교적 변형을 지양하고, 법도와 절제를 중시하는 성종대 문화정책의 미학적 기조를 충실히 반영한다는 점에서 시대적 성격이 분명하다.

권발의 글씨는 주로 해서와 행서에서 두드러지며, 필획은 단정하고 결구는 안정적이다. 획의 시작과 끝이 분명하고 필세가 지나치게 유장하거나 급격히 치닫지 않아, 전체적으로 엄정하고 고른 인상을 준다. 이러한 특징은 원·명대 문인서풍, 특히 조맹부 계열 서법의 영향을 바탕으로 하되, 이를 조선 사대부의 윤리적·교양적 기준 속에서 재정돈한 결과로 이해할 수 있다. 그의 서예는 시각적 화려함보다 '바르게 쓴 글씨'라는 도덕적 신뢰감을 중시한다.

그의 서예는 첫째, 권발의 서예가 성종 대에 확립된 문치주의와 유교적 질서가 문자 형식으로 구현된 사례라는 점에 있다. 둘째, 그의 서풍은 관료 문서와 금석문, 사대부의 필적에 널리 모범으로 작용하며 조선 전기 정통 문인서의 기준을 제시하였다. 셋째, 서예를 개인 예술이 아니라 공적 교양의 실천으로 자리매김함으로써, 이후 조선 서단이 지향할 '법도 있는 문인서'의 방향을 확고히 하였다고 할 수 있다.

이처럼 권발의 서예는 조선 전기 서예가 제도와 윤리, 교양의 질서 속에서 성숙 단계에 이르렀음을 보여주는 대표적 성과로 평가된다.

3. 강희안(姜希顔)

조선 전기의 대표적 문인 예술가인 강희안(姜希顔, 1417~1464)은 시·서·화에 모두 뛰어난 인물로, 특히 문인적 교양과 이론적 성찰이 결합된 서예 세계를 보여준다. 그는 성리학적 수양을 바탕으로 한 사대부 예술의 이상을 실천한 인물로, 서예 역시 기교의 과시보다는 인격과 학문의 연장선에서 이해되었다.

강희안의 서예(10-19)는 해서와 행서를 중심으로 하며, 필획은 온건하고 결구는 치밀하다. 획의 굵기와 속도에 급격한 변화가 없고, 전체적으로 안정된 리듬을 유지하여 차분하고 절제된 인상을 준다. 이는 원대 문인서풍, 특히 조맹부 계열 서법의 영향을 충실히 수용한 결과로, 조선 초기 사대부 사회가 선호한 고아하고 정제된 미감을 반영한다. 그의 글씨는 화려하거나 강렬하지 않으나, 문기(文氣)가 충만하여 독서와 사유의 흔적이 자연스럽게 배어 있다.

그의 서예사적 의의는 첫째, 서예를 회화·이론과 결합된 문인 예술의 한 축으로 확립했다는 점에 있다. 그는 『양화소록』을 통해 예술 전반에 대한 체계적 인식을 제시하였는데, 이러한 이론적 태도는 서예에서도 동일하게 작동한다. 둘째, 그의 서예는 조선 초기 문인서가 지향한 '수양의 형식'이라는 성격을 잘 보여주는 사례로, 이후 사대부 서예의 규범 형성에 중요한 기준점이 되었다.

이렇듯, 강희안의 서예는 조선 전기 문인 예술이 학문·인격·형식의 조화를 통해 성립했음을 보여주는 대표적 성과로 평가된다.

10-19. 강희안(姜希顔) 글씨

2. 중기의 서예와 한호(韓濩)

조선 중기의 서예는 임진왜란을 기점으로 큰 변화를 겪었다. 고려 말부터 유행해 온 송설체가 지나치게 외형의 균정미에 치중하여 창의성이 결여되었다는 비판이 제기되면서, 새로운 변화의 필요성이 대두되었다.

이 시기의 대표적인 서예가로 한호(韓濩, 호는 石峰)를 들 수 있다. 한호의 서체는 '석봉체(石峰體)'로 불리며, 그가 쓴 『천자문』(10-20) 등이 교본의 표준으로 자리 잡았다. 그의 서체는 약 100여 년간 유행하였지만, 한편으로는 변화의 미를 상실한 간록체(干祿體)로 전락했다는 비판도 받았다.

① 석봉(石峯) 한호(韓濩)

조선 중기의 대표적 서예가인 한호(韓濩, 1543~1605)는 이른바 '석봉체(石峯體)'를 확립한 인물로, 조선 서예사에서 가장 강한 개성을 남긴 서가로 평가된다. 그의 서예는 임진왜란 전후의 격동기 속에서 법도 중심의 문인서에서 필력 중심의 실천적 서풍으로 이행하는 전환점을 형성하였다.

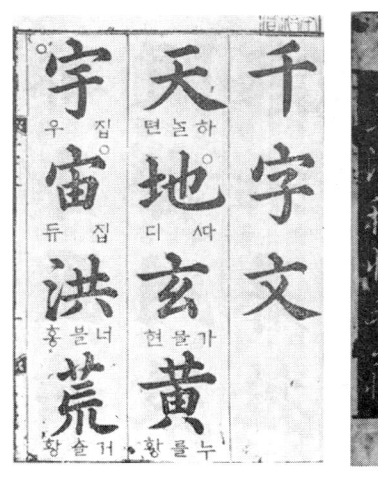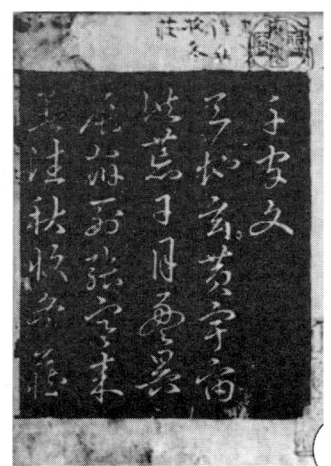

10-20. 한호(韓濩)의 석봉체, 『천자문』과 『초천자』

한호의 대표작으로는 천자문 필사본, 각종 편액과 비문, 묘표 서사 등이 전한다. 이들 작품에서 확인되는 석봉체는 해서와 행서를 바탕으로 하되, 필획이 굵고 힘차며 기세가 분명한 것이 특징이다. 점획의 기복이 크고 장봉(藏鋒)과 노봉(露鋒)을 적극적으로 활용하여 필력의 긴장감을 강조하며, 결구 또한 단정함보다는 기세와 균형의 역동적 조율에 무게가 실린다. 이는 전통적인 조맹부 계열 문인서와 뚜렷이 구별되는 지점이다.

그의 서예사적 의의는 첫째, 조선 서예에서 필력과 실기(實技)의 가치를 전면화하였다는 점에 있다. 석봉체는 실용성과 가독성을 겸비하여 관료 문서, 교육용 서사, 현판 등 다양한 영역에서 널리 수용되었다. 둘째, 중국 명대 서풍을 창조적으로 변용하여 조선 고유의 힘찬 해서 미감을 정형화하였다는 점에서 독자적 서풍의 성립을 보여준다는데 있다.

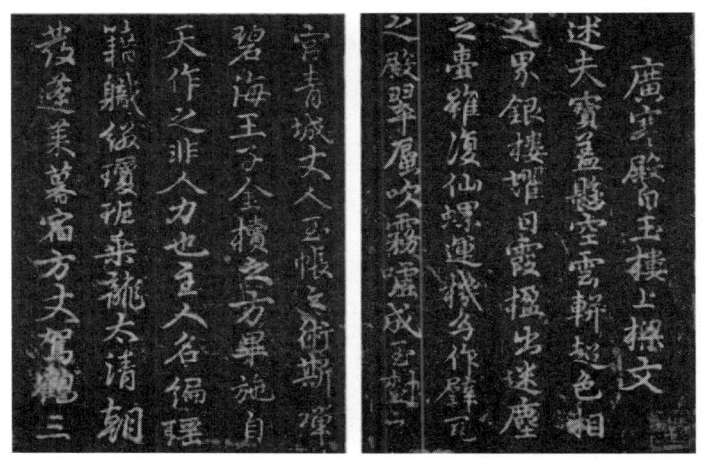

10-21. 한호(韓濩)의 「광한전백옥루상량문(廣寒殿白玉樓上樑文)」

그러나 한계 또한 분명하다. 석봉체는 강한 필세와 규격화된 자형으로 인해 반복적 인상을 주며, 섬세한 문기나 내면적 여백의 표현에서는 제약을 드러낸다. 그 결과 후대에는 모방은 용이하되 변용은 어려운 서풍으로 인식되기도 하였다. 그럼에도 한호의 서예는 조선 서단에서 '힘 있는 글씨'의 기준을 제시한 결정적 성취로 평가된다.

한호 이후에는 '삼대가(三大家)'로 불리는 백하(白下) 윤순
(尹淳), 원교(圓喬) 이광사(李匡師), 표암(豹庵) 강세황(姜世晃)이
등장했다. 이들의 서예에는 중국 송대의 서예가 미불(米芾)의
영향이 컸다고 알려져 있다.

② 백하(白下) 윤순(尹淳)

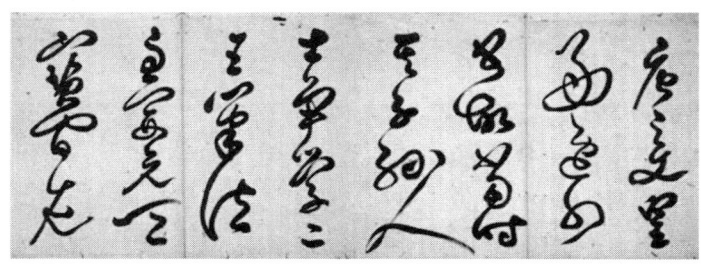

10-22. 윤순(1680~1741)의 「흥진첩(興盡帖)」(부분). 경남대박물관 소장.

윤순은 각 서체에 두루 능했으며, 특히 행서에 뛰어났다
(10-22). 한호의 제자인 이광사는 초서를 많이 남겼는데, 그
의 필력은 매우 숙련되고 힘이 있었다고 평가받는다. 이광사
는 서예의 혁신을 시도하여 『필결(筆訣)』을 저술함으로써 서
예의 이론적 체계를 수립하는 데 기여하기도 했다.

③ 원교(圓嶠) 이광사(李匡師)

조선 후기 명필 원교(圓嶠) 이광사(李匡師, 1705~1777)의 대
표작으로는 전남 해남 대흥사 대웅보전 현판 '대웅보전(大雄
寶殿)'을 들 수 있다. 이 현판은 대흥사의 상징적 편액으로 전
해지며, 사찰 공간에서 원교체(圓嶠體)의 힘과 균형을 응축해

보여준다. 원교체의 특징은 위·진 고법을 중시하면서도 왕희지 일변도의 관습에서 벗어나 종요(鍾繇) 등 고체를 참조하고, 행초에서는 송대 서풍까지 수용해 필세를 굳세고 활발하게 운용하는 데 있다. 의의는 중국 규범의 모방을 넘어 조선적 진체(東國眞體) 형성에 기여하며, 현판·비문 등 공적 매체에서 조선 서풍의 자의식을 강화했다는 점이다. 다만 필세의 과도한 기세와 파격성 때문에 후대에 혹평과 논쟁을 낳았고, 특히 대흥사 현판을 둘러싼 추사 김정희의 비판·반성 일화는 원교체의 평가가 양극화되었음을 상징적으로 보여준다.

10-23. 이광사(李匡師) 현판, 전남 해남의 대흥사 대웅전.

이 시기의 서예는 기존의 틀에서 벗어나 새로운 변화를 모색하는 과정에 있었다고 볼 수 있다. 한호의 석봉체가 일정 기간 유행하면서도 비판을 받았던 것, 그리고 이광사와 같은 서예가들이 이론적 체계화를 시도했던 것은 이러한 변화의 흐름을 잘 보여준다. 또한 '삼대가'의 등장은 조선 중기 서예의 다양성과 발전을 나타내는 중요한 지표라고 할 수 있다.

3. 후기의 서예와 김정희(金正喜)

18세기 말에 이르러 조선의 서예는 큰 변화를 맞이하게 되었다. 이는 청나라 **고증학(考證學)**의 영향과 성리학에 대한 자주적 반성에 기반한 실학의 흥성에 기인한 것이었다. 이러한 변화는 기존의 법첩 위주의 글씨에서 벗어나 금석학(金石學)을 중시하고 고문(古文), 전(篆), 예(隷) 등에 대한 활발한 고찰로 이어졌다.

① 김정희(金正喜, 1786~1856)

이 변화를 주도한 대표적인 인물이 바로 **김정희(金正喜, 1786~1856)**이다. 김정희는 청대의 옹방강(翁方綱), 기균(紀均), 완원(阮元), 손성연(孫星衍) 등의 영향을 크게 받았다. 특히 완원을 흠모하여 자신의 호를 완당(阮堂)으로 지었을 정도였다.

김정희는 서예의 근원을 전한예(前漢隷)에 두고, 이 필법을 해서와 행서에 응용하였다. 그는 전통적인 서법을 탈피하고 새로운 형태의 서법을 시도하여 '추사체(秋史體)'라는 독창적인 경지를 이루었다. 그가 확립한 추사체는 한국 서예사에서 가장 급진적이면서도 이론적으로 자각된 서풍으로 평가된다. 김정희는 서예의 근원을 전한(前漢) 예서(隷書)에 두고, 그 필법과 구조 원리를 해서와 행서에 적극적으로 응용하였다. 이는 단순한 서체 혼용이 아니라, 서예의 본질을 '형식'이 아니라 '법(法)의 생성 원리'에서 재구성하려는 시도였다.

추사체의 형성 과정은 단계적이었다. 초기에는 안진경과 동기창의 서풍을 모방하며 힘과 격조를 익혔고, 한편으로는 구양순체를 통해 엄정한 구조 감각을 연마하였다. 그러나 그는 곧 이러한 당·명대 서법이 '완성된 형식'에 머문다고 인식하고, 그 이전 단계인 한대 예서로 거슬러 올라가 서예의 발생 논리를 탐구하였다. 이 과정에서 금석문 연구와 고증학은 그의 서법 형성에 결정적 역할을 하였다.

완성기의 추사체는 파격적인 결구, 과감한 생략, 불균형 속의 균형이라는 특징을 지닌다. 획은 마르고 거칠며, 점획 간의 간격은 의도적으로 벌어지거나 압축된다. 이는 미숙이나 파괴가 아니라, 예서적 필의(筆意)를 행·해서의 틀 속에 재배치한 결과이다. 추사체는 '잘 쓴 글씨'의 관습적 기준을 해체하고, 문자 내부의 긴장과 사유의 흔적을 전면화한다.

그래서 추사 서예의 의의를 보통 이렇게 요약한다. 첫째, 한국 서예에서 자생적 이론과 실천이 결합된 최초의 독자 서풍이다. 둘째, 금석학과 서예를 결합하여 학문과 예술의 경계를 허물었다. 반면, 강한 개성과 난해성으로 인해 후학의 계승이 제한적이라는 한계도 지닌다. 그럼에도 추사체는 '전통의 재창조'라는 과제를 가장 급진적으로 수행한 성취로 평가된다.

10-24. "추사가 세연 접기 3일 전 쓴 봉은사의 현판"

서울 봉은사 '판전(板殿)' 현판(10-14)은 세로 77㎝·가로 181㎝의 규모로, 1856년(철종 9) 추사 김정희가 쓴 뒤 1992년 서울특별시 유형문화유산으로 지정된 대표적 현판 서예이다. 판전은 『화엄경』 목판을 비롯한 경판을 보관하는 장경각이자 예불 기능을 겸한 건물로, 현판은 그 불사(佛事)의 성취를 기념하는 '문자 공양'으로 이해된다. 추사는 귀양에서 풀려난 뒤 과천과 봉은사를 왕래하며 말년을 보내다가 별세 사흘 전 병중에서 이 글씨를 남겼다고 전하며, 좌측의 "칠십일과병중작(七十一果病中作)"은 그 정황을 직접 알려주고 있다.(『한국민족문화대백과사전』)

　　이 작품의 핵심은 '동자체(童子體)'로 불릴 만큼 의도적으로 순화된 자형과, 점획에 꾸밈이 거의 없는 '졸박(拙朴)'의 필치에 있다. 결구는 단정한 균제(均齊)를 피하고, 획의 눌림·머묾·거친 전환을 숨기지 않음으로써 오히려 노년의 호흡과 정신의 결을 드러낸다. 이는 기교의 결핍이 아니라, 오랜 금석학적 탐구가 도달한 '골기(骨氣)'의 농축이라 할 수 있다. 특히 '전(殿)'자의 왼쪽 획을 삐치지 않고 중봉을 유지한 채 위아래로 곧게 내려 긋는 처리, 그리고 그 직후 자서로 마무리하는 구성은 '외형의 미려함'보다 '필획의 중심'과 '심상의 청정'을 우선하는 추사 말년 서예정신을 상징한다.

　　한국서예사에서 김정희는 청대 비학·금석학을 수용하면서도 조선의 관습적 왕희지식 서풍을 넘어 자주적 표현을 개척한 기점으로 평가되며, '추사체'가 근대 서예의 뚜렷한 출발점이라는 진술도 반복된다. '판전'은 그 독자성을 가장 극단적으로 응축한 종결편이라 할만하다. 거대 현판이라는 공공 매체 위에서조차 그는 장식적 웅장함 대신 '덜어냄'과 '무기교'로 승부하며, 문자(板殿)를 '뜻의 표지'가 아니라 '수행의 흔적'으로 전환했다. 때문에 이 현판은 추사의 영향—후대가 '고졸(古拙)'과 '파격(破格)'을 미덕으로 재인식하게 만든 전환 —을 증언하는 동시에, 그 누구의 모방으로도 환원되지 않는 최후의 독자성을 보여주는 작품이라 할 수 있다.

김정희의 서체는 이후 많은 서예가들에게 영향을 미쳤다. 노석(老石) 이하응(李昰應:흥선대원군), 고균(古筠) 김옥균(金玉均), 향수(香壽) 정학교(丁學敎), 해사(海士) 김성근(金聲根), 석운(石雲) 권동수(權東壽), 차산(此山) 배전(裵婰), 백송(白松) 지창한(池昌翰) 등이 그의 영향을 받은 대표적인 서예가들이다.

② 허목(許穆)

이 시기의 또 다른 중요한 서예가로 허목(許穆, 1595~1682)을 들 수 있다. 그는 특히 전서(篆書)에 뛰어났으며, 이를 통해 고문자에 대한 관심을 환기시켰다.

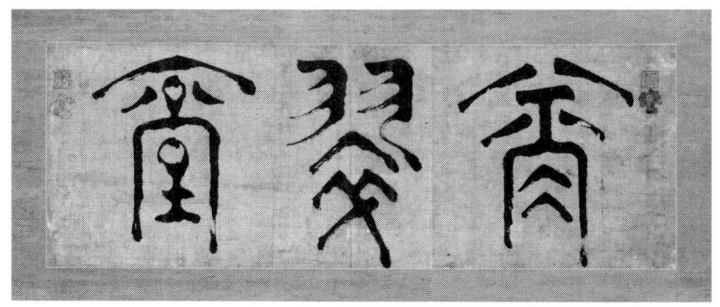

10-25. 허목(許穆) 전서(篆書) 「함취당含翠堂」(국가유산포털)

'허목 전서 **함취당**(許穆 篆書 含翠堂)'(10-25)은 17세기 후반 미수(眉叟) 허목의 전형적 대자(大字) 전서풍을 보여주는 편액 성격의 작품으로, 현재 고려대학교 박물관에 소장되어 2010년 보물로 지정되었다.(유산포털) 장지 한 장에 한 글자씩 '(含) – 취(翠) – 당(堂)' 써 3매를 이어 붙였고, 가운데 '취(翠)'자의 지면 폭이 상대적으로 좁은 점이 오히려 장법의 긴장을 만든다. 또 함취당 주인 홍수보(洪秀輔)가 1791년 발문을 남겨 전래 내력을 확인할 수게 해주며, 그동안 잘 보이지 않던 인장 미로(眉老)·화(和)·구주인(九疇人)·수(叟) 등 네 과가 함께 찍혀 있다.(유산포털)

　허목 전서의 핵심은 '고문(古文)·고전(古篆)' 숭상이라는 지적 지향이 필획의 미감으로 번역된 데 있다. 그는 삼대(三代) 이전의 고문을 최고의 문자로 인정하고, 육경과 고전을 통해 요·순의 치도(治道)를 현실에 구현하려는 상고주의적 사유를 전서에 결박시켰다. 이때 그의 전서는 단순한 서체 선택이 아니라 '도문일치(道文一致)'의 실천, 곧 '옛 글자에 깃든 도'를 오늘의 필법으로 재현하려는 윤리적 미학으로 기능한다.

　'함취당'에서 그 정신은 '금석을 쪼아낸 듯한' 각석적 질감과, 기이함을 기꺼이 받아들이는 생동성의 공존으로 나타난다. '함(含)'은 상부의 아치형 덮개와 내부 공간의 대비가 강해 '포섭·함장(含藏)'의 의미를 구조적으로 드러내고, '취(翠)'는 복잡한 구성요소를 과감히 단순화하면서도 좌우 균형을 잃지 않아 중심축을 세운다. 그리고 '당(堂)'은 건물의 당호(堂號)답게 하부를 넓게 열어 안정감을 부여하는데, 세 글자가 '밀도(翠) – 여백(含·堂)'의 리듬을 이뤄 편액 전체의 호흡을 조율한다. 이러한 운필은 '창고미(蒼古美)의 경계'와 '영활미(靈活美)의 경계'가 교차하는 지점, 즉 '낡고 거친 고기(古氣)'와 '기험(奇險)의 활력'이 동시에 성립하는 지점에 해당한다.

한국 서예사에서 허목의 위상은 17세기 서예가 주자적 수양론과 정통 서풍에 기댈 때, 고문 전서를 바탕으로 강한 독창성을 지닌 '미전(眉篆)'을 개척하여 서예의 지평을 넓힌 데서 결정된다. 실제로 그의 전서는 '동방제일'로 추켜세워지기도 했으나, 당색(黨色)에 따라 '위전(僞篆)'으로 폄하되는 등 평가의 진폭이 컸고, 그 정치사회적 논쟁성 자체가 미전의 역사적 영향력을 역설적으로 증명한다. 또한 그의 고전 지향과 금석미의 감각은 이후 조선 후기의 비학적 미감 확산에 선행하는 자극으로 작용하며, 후대 서풍 전환의 중요한 계기를 마련한 것으로 평가된다.

(5) 근현대

19세기 말엽부터 한국의 서예는 근대화와 함께 큰 변화를 겪게 되었다. 서양식 교육 제도의 드입과 함께 일상적인 필기도구로 연필과 펜이 보편화되면서, 전통적인 붓글씨의 사용이 점차 감소하기 시작했다. 이러한 변화는 서예와 일상생활의 밀접한 관계를 변화시켰고, 전문적이고 직업적인 서예가의 사회적 역할이 새롭게 부각되는 계기가 되었다.

1910년 이후부터 김규진(金圭鎭), 오세창(吳世昌), 정대유(丁大有), 현채(玄采), 김돈희(金敦熙) 등 전문적 서예가들의 활동이 본격화되었다. 1911년에는 서화미술회(書畵美術會)가 발족하면서 전문적인 서예계가 형성되기 시작했다.

1930년대까지의 대표적인 서예가들은 크게 세 부류로 나눌 수 있다.

1. 고관대작을 역임한 관료: 윤용구(尹用求)(예서, 행서), 박영효(朴泳孝)(행서, 초서)
2. 순수한 문인과 학자: 현채(安眞卿體), 유창환(초서), 오세창과 김돈희(黃庭堅體) 등
3. 직업적 전문서예가: 민영익(閔泳翊), 나수연(羅壽淵), 김규진(金圭鎭) 등

이외에도 독립운동가 김구(金九)는 개성적이고 격조 있는 서예가로 높이 평가받았다.

이중 한말(韓末)을 대표하는 서예가이자 서화사가인 오세창(吳世昌, 1864~1953)은 전통 서예의 계승과 근대적 정리라는 이중 과제를 수행한 인물로 평가된다. 그는 대한제국기와 일제강점기를 관통하며 활동하였고, 서예 실천과 더불어 서화사 연구를 통해 한국 서예의 계보를 체계화하는 데 결정적 공헌을 남겼다.

10216. 오세창(吳世昌) 글씨

오세창의 대표작으로는 각종 시문 서간, 현판 글씨와 더불어 서예사적 저술인 『근역서화징(槿域書畫徵)』(10-27)을 들 수 있다. 비록 이 저술은 필적 작품은 아니지만, 서예에 대한 그의 인식과 미학을 집약적으로 보여주는 자료로서 그의 서예 세계를 이해하는 핵심 텍스트이다. 필적 작품에서 그의 글씨는 해서와 행서를 중심으로 하며, 결구가 안정적이고 필획이 단정하여 전통 문인서의 정통성을 충실히 계승하고 있다.

10-27. 『국역 근역서화징』(시공사, 2001)

서예적 특징은 과도한 개성이나 파격을 지양하고, 고법(古法)에 근거한 절제와 균형을 중시하는 데 있다. 그는 김정희의 추사체를 직접적으로 계승하기보다는, 추사가 복원하고자 했던 금석학적 문제의식과 법고창신(法古創新)의 태도를 온건한 방식으로 수용하였다. 그 결과 오세창의 서예는 강렬한 긴장감보다는 학문적 품위와 안정된 문기를 특징으로 한다.

의의는 첫째, 조선 후기에서 근대로 이행하는 시기에 전통 서예의 기준을 보존하고 정리한 '매개자'였다는 점에 있다. 둘째, 서예가를 단순한 필공이 아니라 역사적 주체로 인식하게 하여, 한국 서예를 자각적 전통으로 자리매김하게 했다는 점이다. 오세창의 서예는 혁신보다는 정리와 계승의 미학을 통해, 근대 한국 서예사의 토대를 구축한 성취로 평가된다.

해방 이후 1960년대에는 유희강(柳熙綱, 1911~1976)이 대표적인 서예가로 활동했으며, 이어서 김충현(金忠顯, 1921~2006)과 김응현(金膺顯, 1927~2007) 형제가 뛰어난 업적을 남겼다. 현재는 김양동(金洋東, 1943~) 교수 등이 활발하게 활동하고 있다.

서예 단체로는 한국서예가협회와 동방연서회 등이 대표적이며, 이들 단체를 중심으로 현대 한국 서예의 발전과 보존이 이루어지고 있다.

이러한 근현대 한국 서예의 변화는 전통의 계승과 현대적 적응이라는 두 가지 과제를 동시에 안고 있었다. 일상에서 서예의 역할이 축소되는 한편, 전문적인 예술 분야로서 서예의 위상이 새롭게 정립되는 과정이었다고 볼 수 있다. 이 시기의 서예가들은 전통을 바탕으로 하면서도 새로운 시대에 맞는 서예 예술의 방향을 모색했으며, 이는 현대 한국 서예의 다양성과 독창성 발전으로 이어졌다.

제2절 문자도

문자도(文字圖)는 문자를 그림으로 나타내는 문자 유희의 한 형태로, 한국에서 독특하게 발전한 예술 양식이다. 주로 유학의 주요 개념인 '효(孝), 제(悌), 충(忠), 신(信), 예(禮), 의(義), 염(廉), 치(恥)' 여덟 가지를 표현하기 때문에 효제도(孝弟圖)라고도 불린다. 이 여덟 가지 덕목은 부모에 대한 효도, 형제간의 우애, 나라에 대한 충성, 신의 지키기, 예의 바른 행동, 의로움 지키기, 청렴한 마음가짐, 부끄러움을 아는 것 등을 의미한다.

이러한 문자도는 조선의 통치와 윤리 이념을 잘 반영하고 있으며, 주로 병풍 형태로 제작되어 궁중이나 사대부가의 방에 걸어두고 항상 되새기는 잠언(箴言)의 역할을 했다. 이는 충효와 삼강오륜(三綱五倫)이 강조되었던 조선 사회의 가치관을 시각적으로 표현한 것이라고 볼 수 있다.

문자도의 예술적 가치는 글자의 회화화(繪畫化) 방식, 글자와 그에 따른 상징물의 조합, 형상을 구체화하는 상상력, 자획을 꾸며 내는 장식 무늬와 색감 등에서 찾을 수 있다. 이러한 특징들은 시간을 초월하는 탁월한 디자인 감각을 보여주며, 한국적 타이포그래피의 좋은 예로 평가받고 있다.

예를 들어, '충(忠)'자 문자도에는 한나라 영양왕 시대의 충신 기신(紀信)의 이야기인 기신광초(紀信誑楚)와 함께 충절을 상징하는 어변성룡(魚變成龍)의 고사가 담겨 있다. 여기에는 잉어가 용이 되는 것을 축하하는 가재 모양의 하고(蝦蛄)와 조개, 거북 등이 함께 그려져 있다. 어변성룡은 과거에 급제하여 훌륭한 신하가 되어 나라에 충성할 수 있다는 의미를 담고 있다.

이처럼 문자도는 단순한 글자의 표현을 넘어 깊은 상징적 의미와 교훈을 시각적으로 전달하는 독특한 예술 형식으로, 한국 문화의 중요한 일부를 이루고 있다.[3]

10-28. '효제(孝悌) 문자도(文字圖)' 중 신(信)(왼쪽)과 충(忠)(오른쪽). 조선 말기, 제주대박물관소장.

'충(忠)'자 문자도의 경우, 여기에는 기신광초(紀信誑楚), 즉 한나라 영양왕이 초나라 항우에게 포위되었을 때 충신 기신이 초나라 군사를 속여 물리친 고사를 담았다. 여기에다 충절을 상징하는 어변성룡(魚變成龍)을 축하하는 가재 모양의 하고(蝦蛄)와 조개, 거북 등이 함께 그려졌다. 어변성룡(魚變成

---

3) 세종대왕기념사업회, 『한글글꼴용어사전』, 세종대왕기념사업회, 2011.

龍)은 잉어가 등용문(登龍門)을 통과하여 용이 된다는 뜻으로, 과거에 급제하여 훌륭한 신하가 되어 나라에 충성할 수 있다는 뜻이다.

제3절 캘리그라피와 디자인

현대에 들어서면서 한자는 그 고유의 회화성과 시각성으로 인해 다양한 분야에서 새롭게 활용되고 있다. 특히 광고, 디자인, 캘리그라피 등의 분야에서 한자의 조형적 특성이 주목받고 있다.

(1) 한자광고 예

10-29. 공익광고 '등 돌린 자식'과 '효(孝)'자. '효(孝)'는 자식(子)이 나이 든 부모(老)를 등에 업은 모습이 '효'임을 표상한 글자이다.

10-29와 10-30의 두 공익광고는 한자가 지닌 '가독 가능한 변형성'을 설득의 핵심 장치로 삼는다. 한자는 표음문자와 달

서로 마주 대하면
대화를 여는 門이 됩니다

10-30. 공익광고
'문'이라는 뜻의 한자가
거꾸로 있습니다. 거꾸
로 있으니 의자처럼 보
이네요. "서로 마주 대
하면 대화를 여는 문이
됩니다."(한국방송광고
진흥공사 kobaco)

리 글자 내부에 의미구성의 흔적(부수·결합)이 남아 있어, 획
의 방향·배치·균형을 조금만 어긋나게 해도 곧바로 새로운
해석을 유도한다. 다시 말해 한자는 '읽는 문자'이면서 동시
에 '보는 도상'이며, 이 이중성이 현대 디자인에서 압축적 메
시지 전달과 윤리적 촉발을 가능하게 한다.

첫 사례(10-29)에서 '효(孝)'자의 구성 요소인 '자(子)'를 반
전시키는 순간, 전통 규범으로서의 효(부모를 '업는' 자식)는
유지되면서도, 그 관계의 윤리적 전제가 흔들린다. 뒤집힌 '자
(子)'는 '등 돌림'이라는 신체적 제스처를 즉각적으로 시각화
하며, 관습적 효(孝) 담론을 감상적 미덕이 아니라 현실적 위
험(노후 의존)의 문제로 전환한다. 글자 한 획의 조작이 곧
관계윤리의 재배치로 이어지는 셈인데, 이는 한자가 개념을
'정의'하기보다 '장면화'하는 문자라는 점을 잘 보여준다. 설
득은 설명이 아니라 인지적 충격과 수치·불안을 매개로 한 자
기결정의 촉구로 작동한다.

둘째 사례(10-30)의 '문(門)' 반전은 더 미학적이다. 문이 거

꾸로 놓이는 순간 의자처럼 보이고, 두 개가 마주할 때 비로소 '대화를 여는 문'이 된다는 문구가 성립한다. 여기서 한자는 사물(문)과 행위(대화)의 사이를 잇는 개념적 은유의 기반이 된다. '문(門)'은 경계·통과·개방의 상징인데, 반전된 형상은 그 상징을 '앉아 마주함'이라는 구체적 실천으로 번역한다. 노사관계의 철학이 추상적 협치 담론이 아니라, 몸의 배치(마주 앉기)로부터 시작된다는 메시지가 문자 자체에서 발생한다.

요컨대 이 두 작업은 한자의 장점을 '의미의 압축'이 아니라 '의미의 가동'에서 찾는다. 한자는 고정된 표지가 아니라, 내부 구조의 미세한 조형 변주를 통해 가치·관계·행위의 철학을 즉석에서 발생시키는 시각-사유 장치가 될 수 있다. 공익광고가 요구하는 짧은 노출 시간, 즉각적 판독, 도덕적 결단의 촉발이라는 조건에서, 한자는 언어와 이미지의 경계를 넘어서는 고도의 설득 매체로 기능한다.

(2) 한자 디자인의 예

10-31. '가(家)'를 활용한 현대 디자인.

이 두 작품(10-21)은 '가(家)'의 원형(宀+豕)을 출발점으로 삼되, 하나는 기호를 '밖으로' 확장하고 다른 하나는 기호를 '안에서' 재배치한다. 기와지붕 도상을 얹은 작업은, 자형의 면(宀)이 함축하던 '지붕'의 의미를 한국적 건축 기호(기와)로 구체화하여 '집'의 감각을 즉시 환기한다. '가(家)'의 자형은 그대로 두어 판독성을 지키고, 이미지와 문자, 한어병음(pinyin)·영문 주석의 병치를 통해 의미 - 발음 - 번역의 층위를 한 화면에 조율한다. 즉 한자의 표의성을 훼손하지 않으면서도, 지역적 시각기억과 글로벌 독해 가능성을 동시에 확보한 '도상적 보강'의 창의성이다.

이에 비해 면(宀) 아래의 '시(豕)'를 한글 '집'으로 치환한 작업은 더 급진적이다. 의미를 붙드는 부수(宀)는 보존하되 하부 요소를 발음기호로 바꾸어, 한국어의 한자 수용이 '뜻

(한자) - 독음(한글)'의 이중 매개 위에서 작동해 왔음을 한 글자 내부에서 드러낸다. 한글을 인장(印章)적 조형으로 처리하는 순간, 한자 문화의 매체 전통(전각·낙관) 위에 한국어 음가가 겹쳐지며 '혼성 문자'가 생성된다. 이 작업의 창의성은 '새 글자 만들기' 그 자체보다, 문자가 작동하는 사회적 조건(읽기·번역·교육)을 메타적으로 폭로한다는 데 있다.

따라서 두 작업은 한자 디자인의 확장 가능성을 두 방향으로 제시한다. 하나는 자형을 유지한 채 주변 도상과 주석을 결합해 의미장을 넓히는 방식이고, 다른 하나는 자소를 재조합하여 다문자 환경의 새로운 글자 형태를 실험하는 방식이다. 후자는 규범성과 가독성의 긴장을 동반하지만, 그 긴장 자체가 한자를 고정된 유물이 아니라 계속 번역·재조립되는 살아 있는 그래픽 시스템으로 사유하게 한다.

(3) 캘리그라피

한자의 조형미를 강조한 손 글씨가 다양한 목적으로 활용되고 있다. 전통적인 서예의 기법을 현대적으로 재해석한 캘리그라피는 광고, 출판, 제품 디자인 등 다양한 분야에서 활용되며, 한자의 아름다움을 현대적 감각으로 표현하는 데 기여하고 있다.

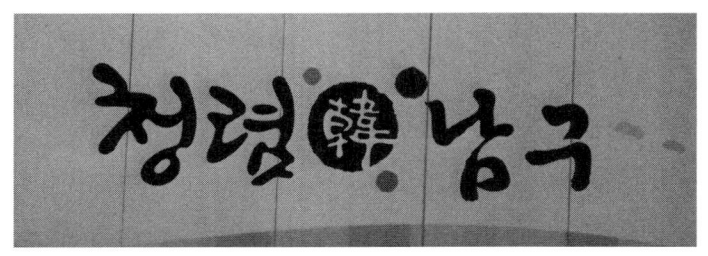

10-32. 한자를 활용한 지자체들의 이미지 광고

"청렴韓 남구"는 '청렴하다'의 관형사형이 시각적으로 '…한'으로 실현되는 지점을 분절해, 그 자리에 '한(韓)'을 대입한다. 여기서 주목할 것은 문법적 표지의 '의미 없음'이 국가표상(韓)이라는 '의미 과잉'으로 치환된다는 점이다. 곧 "청렴한 남구"는 단순한 수식구조를 넘어 "청렴=韓(한국/대한)"이라는 가치 선언으로 재부호화된다. 한자는 원형 인장처럼 배치되어 공공기관의 책임·정당성·공적 권위를 호출하고, 한글은 즉각적 판독성과 생활언어의 친숙성을 보장한다. 결과적으로 이 로고는 한글의 통사적 흐름 속에 한자의 상징자본을 삽입하여, 윤리 담론을 '읽는 순간'에 발생시키는 이중코딩을 성취한다.

"水려한 합천"은 '수려(秀麗)'라는 한자어를 직접 제시하는 대신, '수(秀)'의 음가가 놓일 자리에 물길을 연상시키는 준한자적 도상을 배치한다. 이는 한자(秀麗)의 사전적 의미를 문자 표기에서 경관 경험으로 번역하는 전략이며, 합천호·황강 등 지역의 '물'과 자연성을 한 글자의 위치에 응축한다. 다시 말해, 한자의 장점인 의미 압축이 '문자 지식'에만 의존하지 않고, 도상(물) - 음가(수) - 지명(합천)으로 연쇄되는 시각적 의미작용으로 확장된다.

두 사례가 보여주는 한자 디자인의 의미는, 한자가 더 이상 단독 문자 체계로서만이 아니라 "한글 중심 환경에서 의미를 증폭시키는 그래픽 모듈"로 기능할 수 있다는 데 있다. 한글 은 발음과 문장성을 제공하고, 한자는 역사적 층위·관념적 무 게·상징적 권위를 짧은 형태에 농축한다. 이러한 혼성은 전통 의 '재현'이 아니라, 지역정체성과 공공가치를 설득하기 위한 '재매개'이며, 한자의 현대적 발전 가능성을 '새 글자 창제'가 아니라 '다문자 환경에서의 의미-형상 실험'으로 제시한다.

이러한 한자의 현대적 활용은 전통문화와 현대 디자인의 융합을 보여주는 좋은 사례라고 할 수 있다. 한자가 가진 깊 은 의미와 시각적 특성이 현대적 표현 방식과 결합하여 새로 운 문화적 가치를 창출하고 있는 것이다. 이는 한자 문화의 지속과 발전, 그리고 현대 사회에서의 새로운 역할을 보여주 는 중요한 현상이라고 할 수 있다.

제11장

AI시대 한자와 동아시아,

그리고 미래

제11장 AI시대 한자와 동아시아, 그리고 미래

제1절 동아시아에서의 한자

동아시아는 흔히 '한자 문화권'으로 불리는데, 이는 한자가 이 지역의 문화적 정체성을 형성하는 핵심 요소임을 의미한다. 그래서 한자는 유교 사상과 더불어 동아시아를 이해하는 데 필수적인 코드이다.

중국을 중심으로 한국, 일본, 그리고 베트남 및 일부 동남아시아의 국가들은 오랫동안 한자를 사용해 왔다. 비록 각국이 고유의 문자 체계를 발전시켰지만(한국의 한글, 일본의 히라가나와 가타카나, 베트남의 쯔놈과 알파벳), 여전히 한자를 혼용하고 있으며, 각국 언어의 어휘 중 상당수가 한자어에 기반을 두고 있다.

한국은 중국 다음으로 한자를 가장 오래 사용한 나라로,

그 역사는 2천 년 이상으로 추정된다. 경상남도 창원의 다호리(茶戶里) 유적에서 발견된 실물 붓(2-4) 등의 증거로 미루어 볼 때, 한반도 남부 지역에 이미 기원전부터 한자가 유입되었을 것으로 보인다. 한글 창제 이전에는 유일한 문자 체계였으며, 한글 창제 이후에도 근대까지 가장 중요한 문자로 사용된 것이 한자였다. 현재도 한국어 주요 어휘의 약 70%가 한자어일 정도로 한자는 한국의 언어생활에 깊이 뿌리내리고 있다.

21세기에 들어 중국의 세계적 영향력 증대와 함께 동아시아 지역의 경제적, 정치적 블록화 경향이 강해지면서 동아시아 공동문화권에 대한 논의가 활발해지고 있다. 이러한 맥락에서 한자는 동아시아 문화권 통합 논의에서 중요한 역할을 할 것으로 예상된다.

주지하다시피, 한자는 단순한 문자 체계를 넘어 동아시아의 문화적 유산과 정체성을 대표하는 상징이다. 이는 역사적으로 형성된 공통의 문화적 기반을 제공하며, 현대에 이르러서도 지역 간 소통과 이해를 촉진하는 매개체로서의 역할을 하고 있기 때문이다. 따라서 한자에 대한 이해는 동아시아 문화와 역사, 그리고 현대 사회의 동향을 파악하는 데 필수적인 요소가 될 수밖에 없다.

제2절 동아시아 공용 한자

11-1 '한중일 808한자' 제정을 위한 회의(2014년 중국 揚州).

2014년 4월 중국 양주(揚州)에서 열린 제9차 '한·중·일 30인회'는 동아시아 한자 문화권의 미래에 중요한 의미를 지니는 회의였다. 이 회의에서 '한중일 공용 한자 808자'가 정식으로 채택되었는데, 이는 한중일 삼국 간의 과거사, 영토, 정치적 갈등이 심화되는 상황에서 문화적 연대를 강화하고 미래 세대의 교류를 활성화하려는 노력의 일환이었다.

2015년 3월 일본 요코하마에서 열린 제6회 한·중·일 문화부 장관 회담에서는 이 공용 한자의 중요성이 다시 한 번 강조되었다. 일본 문부과학상 시모무라 하쿠분은 '한자를 통한 문화교류'를 제안하며, 808자 공용 한자가 삼국 국민들의 상호 이해와 문화교류, 그리고 상호 존중의 촉매제가 될 것이라고 강조했다.

11-2 '한중일 808한자' 해설서 집필위원회 발족식(2015)

　이러한 움직임은 한국, 중국, 일본이 각각 다른 형태의 한자를 사용하고 있는 현실에서 비롯된 것이다. 한국은 **번자체(繁字體)**를, 일본은 **약자체(略字體)**를, 중국은 **간화자(簡化字)**를 사용하고 있어 소통에 어려움이 있었다. 이에 '공용 한자'의 필요성이 대두되었고, 808자의 공용 한자 선정으로 이어졌다.

　한국에서는 '한중일 808한자 해설서 편찬위원회'가 구성되어 808자에 대한 자원(字源) 해설과 한중일 한자 간의 형체, 의미, 독음, 용례 등의 차이에 대한 기술이 이루어져 출판된 바 있다(11-3). 이는 이미 상당 부분 이루어진 한중일 한자 코드 부호의 통일화 작업과 함께, 동아시아의 문화적 정체성과 공감대를 확대하는 데 기여할 것으로 기대된다.

　이러한 노력은 비록 808자라는 기초 한자를 대상으로 하고 있지만, 앞으로 대상 한자의 수를 확대하여 한중일 한자의 형체 통일을 추진해 나갈 것으로 보인다. 이는 동아시아가 하나의 '한자문화권'으로서 공생하는 기반을 만드는 중요한 과정이 될 것이다.

한자의 공용화 노력은 단순히 문자 체계의 통일을 넘어, 동아시아 국가들 간의 문화적, 정신적 유대를 강화하고 상호 이해를 증진시키는 중요한 수단이 될 것으로 기대된다. 이는 과거의 갈등을 넘어 공동의 문화유산을 바탕으로 한 새로운 협력의 시대를 열어갈 수 있는 가능성을 제시하고 있다.

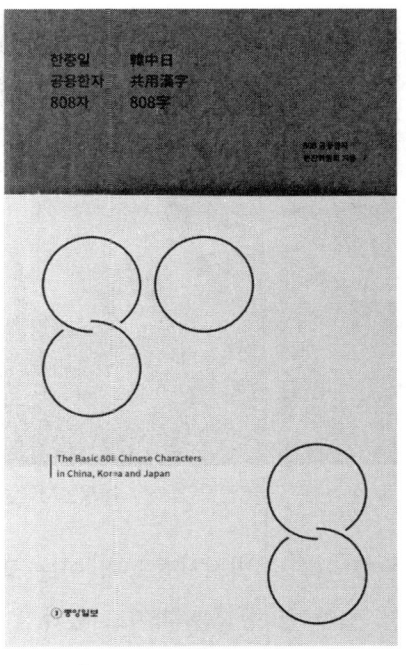

11-3. 『한중일 공용한자 808자』(808 공용한자 편찬위원회, 중앙일보, 2015)

한자는 세계에서 유일하게 수천 년의 역사를 거치면서도 기본적인 모습을 유지하고 있는 문자체계이다. 과거에는 중국에서조차 한자를 표음문자로 대체하려는 움직임이 있었으나, 현재는 이러한 시도가 한자의 특성을 제대로 이해하지 못한 결과였다는 인식이 지배적이다.

한자의 독특성은 표의와 표음 기능을 동시에 갖춘 **형성구조**에 있다. 초기 문자들이 대부분 상형성이나 표의성에 치중했던 것과 달리, 한자는 의미 표현과 소리 표현을 교묘하게 결합시켰다. 이는 한자를 단순한 표의문자가 아닌 **표의−표음**

11-4 세계문자박물관(인천)

문자 체계로 발전시켰으며, 이는 표음문자에 비해 의미 전달
에 있어 큰 장점을 가지고 있다.

1980년대 이후 컴퓨터 한자입력법의 발달은 한자의 복잡한
구조와 많은 필획 수라는 단점을 상당 부분 해결했다. 이는
한자의 사용과 보급을 더욱 용이하게 만들었으며, 한자의 생
명력을 강화하는 데 기여했다. 21세기 인공지능 시대에 진입
한 지금, 전통적으로 말해지던 한자의 네 가지의 어려움1)은
더 이상 한자의 단점이 아니다. 오히려 한자가 갖는 구별성과
의미성, 그리고 정보량이 그 어떤 문자체계보다 장점인 시대
가 되었다.

게다가 한자는 이제 중국만의 자산이 아닌 동아시아 공통
의 문화유산이자 세계의 중요한 문화유산으로 인식되고 있

---

1) 한자의 네 가지 어려움, 즉 사난(四難)은 형태의 어려움(形難), 발음의
어려움(音難), 뜻이 어려움(義難), 사용의 어려움(用難) 등을 지칭한다.

11-5 중국문자박물관(중국 하남성 安陽)

다. 이는 한자가 단순한 의사소통 도구를 넘어 문화적 정체
성과 연속성을 담보하는 매개체로서의 역할을 하고 있음을
의미한다.

한자의 미래는 지속적인 발전과 혁신에 달려있다. 필사속
도와 입력속도를 높이는 방법에 대한 연구는 물론, 한자의
본질과 한자가 갖는 의미 체계 및 인지 방식 등에 대한 연구

가 계속되어야 할 것이다. 동아시아의 정체성을 나타내는 중
요한 요소로서 한중일 삼국은 물론 베트남을 비롯한 동남아
시아, 나아가 전 세계가 어떻게 한자를 연구하고 활용하는가
에 따라 그 미래가 결정될 것이다.

11-6. 한글박물관(서울)

한국 인천의 세계문자박물관과 중국 하남성 안양(安陽)의 **중
국문자박물관** 같은 기관들은 한자의 역사와 발전을 연구하고
전시함으로써, 한자의 문화적 가치와 중요성을 알리는 데 중요
한 역할을 하고 있다. 특히 최근 들어 한자의 상징체계, 한자
와 인공지능 인지연구 등에 관한 연구가 활발한데, 이러한 노
력들은 한자가 단순한 문자 체계를 넘어 인류 문화유산이자 미
래의 중요한 자산으로 인식되고 보존되는 데 기여할 것이다.

11-7. 세계한자학회(QACCS) 제2회 국제학회(일본, 후쿠오카)

11-8. 세계한자학회(WACCS) 제11회 국제학술대회학회(일본, 오사카,
2025.10.16-19)

제3절 인공지능(AI) 시대의 한자의 미래

(1) 한국 한자의 독자성

한국 한자의 독자성을 논의하기 위해서는 우선 동아시아 한자문화권 전체 속에서 한국이 차지하는 위치를 비교사적으로 조망할 필요가 있다. 중국·일본·베트남은 모두 문자 생활의 중심에 한자를 두었던 공통의 역사를 가지지만, 근대 이후 각각 서로 다른 경로를 통해 문자 개혁·언어 정책·세계화 전략을 전개해 왔다. 이들 국가가 선택한 길은 곧 한자를 어떻게 재구성하고, 자국어와 어떤 방식으로 결합할 것인가에 대한 정치적·문화적 선택의 결과이며, 그와의 대비 속에서 한국 한자의 성격이 더욱 분명해진다.

중국은 1949년 중화인민공화국(신 중국) 수립 이후 문자 개혁을 국가 주도의 근대화 전략으로 추진하였다. 1956년에 공포된 「한자간화방안(汉字简化方案)」을 통해 515자의 간화자와 54개의 간화 부수를 제정하고, 이어 1964년에는 2,236자의 「간화자총표」를 마련하여 '간화자'를 전국적으로 통일·보급하였다. 동시에 1958년에는 보통화 표기를 위한 한어병음(漢語拼音)을 도입하여, 독음 표기 체계와 한자 표기 체계를 병행하는 이중 구조를 구축하였다.[2)]

이러한 개혁은 문맹 퇴치와 국민 교육 확대를 목표로 하였을 뿐 아니라, 보통화와 간체자를 결합한 새로운 문자 체제를 사회주의 중국의 근대성, 혁명성의 상징으로 삼으려는 이념적 기획과도 결부되어 있었다. 2000년대 이후 중국은 **공자학원(孔子學院)** 설립과 각종 문화 교류 사업을 통해 중국어와 한자를 국가 브랜드로 국제적으로 확산시키는 한편, 문화유산법·무형문화유산법 등 관련 제도를 정비하고 문자·서예를 포함한 '중화 문화유산'의 보호를 중요한 국가 과제로 설정해 왔다. 요컨대 중국의 한자는 한자의 간화, 한어병음의 제정, **표준어(보통화)**의 보급이라는 세 축의 결합을 통해 근대 국민국가의 표준문자로 재편하는 동시에, 21세기에는 중국어의 세계 최고 언어 위상 정립과 함께 한자의 세계 둔자화를 통해 21세기 중국 굴기와 중국문명 패권 장악의 도구로 재위치화하고 있다.

일본의 경우, 메이지기 이래 근대 국민국어 형성을 둘러싸고 '언문일치(言文一致)'와 문자 개혁을 둘러싼 논쟁이 활발하게 진행되었다. 제2차 세계대전 직후인 1946년 일본 문부성이 발표한 「당용한자표(当用漢字表)」는 1,850자의 한자를 '일상생활에 필수적인 문자'로 한정하여, 국가가 공문서와 학교 교육에서 사용할 한자 목록을 처음으로 표준화한 조치였다. 이후 1981년 「상용한자표(常用漢字表)」가 당용한자를 대체하면서 문자 정책의 방향이 어느 정도 완화되었고, 2010년 「개정 상용한자표」에서는 한자 수를 2,136자로 증대시키고 일부 자형과 독음을 조정하는 등, 전후 초기의 '축소·제한' 중심 정책

---

2) 구체적 성과에 대해서는 하영삼, 『한자의 세계』(신아사, 2013), 377-384쪽 참조.

에서 '현실 사용을 반영한 조정·확대'의 방향으로 전환하였다.3) 일본은 이러한 한자 목록 정책과 더불어 **가나**(仮名) 사용 규범, 외래어 표기 원칙 등을 포괄하는 국어 정책을 통해, 한자·가나·로마자를 복합적으로 사용하는 표기 체계를 정교하게 조정해 왔다. 그와 동시에 1970년대 이후 일본어 능력 시험, 일본어 국제보급 정책 등을 통해 일본어·한자를 패키지로 국제화하려는 시도를 지속하고 있다.

한편, 베트남은 중국·일본과는 상반된 길을 걸었다. 전통적으로 베트남은 관료 체제와 지식인 문화에서 문언(文言)과 한자(字)―즉 '쯔한(chữ Hán, 㐌漢)' 혹은 '쯔느(chữ Nho, 㐌儒)'―을 사용하였고, 13세기 이후에는 한자와 자생적 문자 요소를 결합한 '쯔놈(chữ Nôm, 㐌喃)'을 통해 구어 베트남어를 표기했다.4) 그러나 19세기 말 프랑스 식민 통치의 심화와 더불어 라틴 문자를 기반으로 한 **꾸옥응으**(Quốc ngữ, 國語)가 행정과 교육의 표준 문자로 채택되면서, 한자·쯔놈은 점차 주변화 되었다. 20세기 전반에는 한자 교육이 급속히 축소되었고, 1945년 이후에는 공교육에서의 한자 교육과 공식 사용이 사실상 폐지되었다. 오늘날 베트남 사회에서 한자는 설·결혼식·

---

3) 1945년 이후의 일본 한자 정책 변화 역사에 대해서는 아쓰지 데쓰지(저), 최승은(역), 『전후일본한자사』(역락, 2024) 참조.

4) '쯔한(chữ Hán, 㐌漢)', '쯔느(chữ Nho, 㐌儒)', '쯔놈(chữ Nôm, 㐌喃)'에서 앞의 '쯔(㐌)'는 베트남어 'chữ(글자, 문자)'를 나타내는 베트남 한자(쯔놈자)이고, 뒤의 한(漢), 유(儒), 남(喃)은 각각 한(漢) 즉 중국(중국의 글자), 유학(儒學) 혹은 유가(儒家)(유가의 글자), 베트남 고유어를 표기하는 문자 체계(베트남 고유어 표기 글자)를 뜻한다. 이는 베트남어의 수식 구조가 '피수식어+수식어'의 구조로 되었기에 이렇게 표현한다. 참고로 같은 대상을 한자만으로 표기할 때는 흔히 '한쯔(漢字, Hán tự)라고도 부른다.

제사 등 전통 행사에서의 서예, 일부 고전 연구 분야에 제한적으로 사용될 뿐이며, 문자 생활의 중심은 완전히 라틴 문자로 이행하였다. 최근 중국과의 경제·문화 교류 확대, 전통문화 재평가 속에서 한자·쯔놈에 대한 관심이 부분적으로 재상승하고 있으나, 그 범위는 중국·일본과는 질적으로 다르며 '문화유산 연구'의 차원을 크게 벗어나지 못하고 있다.

이와 같은 세 나라의 경로와 비교할 때, 한국 한자의 위치는 그 어느 쪽에도 완전히 포섭되지 않는 중간적·복합적 성격을 지닌다. 한국은 오랫동안 문언문(文言文)과 한자를 국가 운영과 고급 지식의 표준 문어로 사용해 왔으며, 『훈민정음』 (1443~1446) 창제 이후에도 한자와 한글의 혼용(국한문 혼용)이 20세기 중반까지 지배적인 문자 관행이었다. 그러나 해방 이후 국어 순화와 민족어 중심주의의 흐름 속에서, 특히 1960년대 박정희 정권의 '한글 전용 5개년 계획'과 함께 공교육과 행정 영역에서 한자의 비중이 급격히 축소되었다. 그럼에도 한국 정부는 1972년 「한문 교육용 기초한자」 1,800자를 제정하고 2000년에 이를 재조정하는 등, 한자를 완전히 폐기하기보다는 교육용·문화유산 차원에서 일정 부분 유지하는 절충적 정책을 취해 왔다. 1970년대 이후 중·고등학교에서 한문 과목은 선택·필수 여부와 시수가 여러 차례 변동을 겪었으나, 오늘날에도 1,800자 교육 목표와 각종 한자능력검정시험 등을 통해 한자 교육의 최소한의 제도적 기반은 유지되고 있다.

동시에, 현대 한국어 어휘 구조를 보면 한자어(漢字語)가 전체 어휘의 약 50~60%, 혹은 그 이상(70% 이상)을 차지한다는 연구 결과가 반복적으로 제시되고 있다. 다시 말해, 표기 차원에서는 한자가 눈에 잘 보이지 않는 위치로 밀려났음에도, 의미·어휘 차원에서는 한자가 여전히 한국어의 심층 구조를 형성하는 핵심 계층으로 남아 있는 것이다. 이 점은 문어·학술어·전문 용어·공적 담론에서 특히 두드러지며, 현대 한국어에서 새로운 개념어를 만들 때에도 여전히 한자어 조합 방식이 폭넓게 활용된다는 점에서 확인된다.

이러한 역사적 전개를 고려할 때, 한국 한자의 독자성은 다음과 같은 세 가지 특징으로 정리할 수 있다. 첫째, 중국·일본이 한자를 여전히 주요 표기 수단으로 사용하는 것과 달리, 한국은 '한글 전용'이라는 표면적 문자 정책 아래에서 한자를 주로 교육·어휘·상징의 차원에서 관리하고 있다는 점이다. 다시 말해 한자는 일상 문자 체계의 전면에서 물러났지만, 한자어 어휘의 층위를 통해 한국어 내부에서 여전히 작동하는 '비가시적 문자층'으로 기능한다. 둘째, 베트남이 한자를 사실상 폐지하고 라틴 문자로 완전히 이행한 것과 달리, 한국은 기본 한자 1,800자 교육, 각종 능력 검정, 인명·지명·법률용어·신문 약자 표기 등에서 한자를 제도적으로 존속시키고 있으며, 이를 동아시아 인접 국가들과의 교류 및 전통문화 계승의 중요한 기반으로 인식하고 있다는 점이다. 셋째, 인공지능·디지털 시대에 들어 한자는 더 이상 단순한 '옛 문자'가 아니라, 한중일 3국의 언어를 상호 연결하는 데이터 층위이자, 방대한 한자어 어휘망을 매개로 새로운 디지털 인문학·언어 산업을 설계할 수 있는 잠재적 자원으로 재조명되고 있다는 점이다.

이런 의미에서 한국 한자는, 표기 체계로서는 주변화 되었으나 어휘·문화·데이터 층위에서는 여전히 핵심적 매개로 기능한다는 점에서, 중국·일본·베트남 가운데 어느 경우와도 다른 독특한 이중성·중층성을 지닌다고 할 수 있다. 이는 다음에서 논급할 한글의 이중성이자, 한글-한자 공용 사용의 혼용성으로 설명될 수 있다.

(2) 한국의 독특한 하이브리드 모델

앞서 살펴본 바와 같이 한국 한자는 오늘날 표기 체계 차원에서는 주변화 되었으나, 어휘·문화·데이터 층위에서는 여전히 핵심적 매개로 작동하고 있다. 이러한 이중적 위상은 한글의 존재, 근현대사의 특수한 경험, 급진적 근대화와 전통 재조정의 흐름이 중층적으로 겹쳐 형성된 것이다. 다시 말해, 한국의 문자 환경은 '한글 전용'이라는 표면적 원칙과, '한자어 중심 어휘 구조'라는 심층적 현실이 공존하는 독특한 하이브리드 구조를 이루고 있으며, 이는 곧 한글 자체의 이중성, 그리고 한글-한자의 공동 사용이라는 이중성으로 설명될 수 있다. 이 점을 중심으로 한국의 하이브리드 모델을 세 가지 측면에서 보다 상세히 검토해 보자.

첫째, 한국의 가장 큰 특수성은 한글이라는 고유 문자 체계의 존재와 그 제도적 위상이다. 한글은 창제 당시부터 한국어의 음운 구조를 정확히 표상할 수 있도록 설계된 독창적 문자 체계이며, 20세기 이후 '민족 문자'와 '국가 공용 문자'라는 이중의 상징 자본을 획득하였다. 한자문화권 국가들 가운데 자국어의 음운 구조에 최적화된 독자적 문자를 제도적으로 완비한 경우는 한국이 유일하며, 이로 인해 한국은 문자 정책에서 다른 국가들보다 훨씬 넓은 선택지를 가질 수 있었다. 다시 말해, (1)한자를 완전히 폐기하고 한글 단일 체제로 갈 것인가? (2)한글과 한자를 병용하는 모델을 유지할 것인가? (3)한자의 사용 영역을 얼마나, 어떤 방식으로 제한할 것인가? 등의 문제에 대해, 다른 국가들보다 다양한 정책 조합이 가능하였다. 실제로 해방 이후 한국은 '**국한문 혼용**'에서 '**한글 전용**'에 이르는 여러 정책적 실험을 단계적으로 거치면서, 결과적으로는 "공문서는 원칙적으로 한글 전용, 그러나 교육·언론·학술·법률 영역에서의 제한적 한자 사용 인정"이라는 절충적 체제를 형성하였다. 이 점에서 한국의 문자 체계는 표면적으로는 한글 단일 체제를 지향하면서도, 심층적으로는 한자를 매개로 한 동아시아 문자 세계와 여전히 긴밀히 연동된, 이중적 구조를 갖추게 되었다고 할 것이다.

둘째, 한국 문자 정책의 형성 배경에는 일제 강점기의 경험에서 비롯된 강한 민족주의적 동인이 자리하고 있다. 식민지 시기 조선어·한글은 일본어·가나와의 위계적 관계 속에서 체계적으로 억압되었고, **식민지 교육정책**은 조선어 교육의 축소와 일본어의 강제적 보급을 통해 언어·문자를 동화의 핵심 수단으로 활용하였다. 해방 이후 1948년 「한글 전용에 관한 법률」 제정은 단순한 문자 선택의 문제가 아니라, 식민지 동화 정책을 단절하고 민족 정체성을 회복하려는 상징적 정치 행위로 이해할 수 있다. 이 과정에서 한자에 대한 인식은 필연적으로 이중성을 띠게 되었다. 한편으로 한자는 한국을 포함한 동아시아가 공유해 온 고전 문헌, 유학 전통, 서예 문화의 핵심 매개로서 '공통 문화유산'으로 인식되었다. 그러나 다른 한편으로, 근대 이후 한자가 일본식 한자(일본식 훈·음, 신자체 등)5)를 경유하여 수용되고, 일제 강점기에는 일본어 교육과 결부되어 사용되었다는 역사적 경험 때문에, 한자는 일본 제국주의의 지배와 결부된 부정적 기억의 매개로도 작동했다. 이로 인해 한국 사회에서 한자는 동시에 '계승하야 할 동아시아 문화유산'이자 '극복해야 할 식민 잔재'라는 상반된 상징을 겹겹이 지니

---

5) 여기서 말하는 "일본식 훈·음, 신자체 등"은 근대 이후 한국이 한자를 수용하는 과정에서 일본을 경유한 층위를 지칭하는 개념으로 이해할 수 있다. 먼저 일본식 훈·음은 일본 한자 읽기 체계인 음독(音讀, 온요미)과 훈독(訓讀, 훈요미)을 가리킨다. 일본은 중국 한자음을 자국 음운 구조에 맞게 변형한 음독과 한자에 일본 고유어를 대응시키는 훈독을 결합하여 독자적인 한자 운영 체계를 형성했다. 근대 이후 서양 학술 개념을 번역하는 과정에서 일본은 이러한 체계 위에서 철학(哲學), 문학(文學), 사회(社會), 경제(經濟), 문화(文化), 과학(科學), 혁명(革命), 자유(自由), 민주(民主) 등 이른바 화제한어(和製漢語)를 대량으로 조어하였다. 한국은 이 한자어들을 중국에서 직접 들여온 것이 아니라, 일본에서 이미 정착된 어휘를 자형 그대로 수용한 뒤 한국 한자음으로 다시 읽어 편입하였다는 점에서, 근대 한자어의 상당 부분이 '일본식 훈·음 체계를 전제로 형성된 어휘'를 경유했다고 말할 수 있다.

또한 신자체는 제2차 세계대전 이후 일본이 문자 간소화·표준화를 위해 제정한 새로운 한자 자형을 가리킨다. 學→学, 國→国, 龍→竜과 같이 필획을 줄이거나 널리 쓰이던 약자를 공식 표준 자형으로 인정한 것이 그 대표적 사례이다. 한국은 공식적으로는 번체·구자체를 기본으로 삼았으나, 일제 강점기 일본 제작 교과서·신문·관보의 유통, 그리고 해방 이후 일본·대만·홍콩발 활자·폰트 체계를 경유한 디지털 환경의 형성 속에서 일부 일본식 신자체 또는 그 영향을 받은 자형이 부분적으로 스며들었다. 이는 한편으로는 근대 개념어 다수가 일본의 한자 읽기·조어 전통을 매개로 형성된 어휘를 한국이 다시 한국식으로 재음독하여 받아들였다는 점을, 다른 한편으로는 일본식 자형 정책의 효과가 활자·폰트 차원에서 일정 정도 한국의 문자 환경에 흔적을 남겼다는 점을 말해준다.

게 되었고, 이러한 긴장은 오늘날까지도 한자 교육·한자 정책 논의에서 반복적으로 표출되고 있다.

셋째, 해방 이후 한국이 경험한 급진적 근대화와 그 이후의 전통 재조정 과정 역시 하이브리드 문자 체제를 형성한 중요한 요인이다. 1950~60년대 한국은 산업화와 국민국가 건설을 동시에 추진해야 하는 압박 속에서, 문자·언어 문제를 '근대화의 효율성'이라는 관점에서 다루었다. 1960년대 이후 강력하게 추진된 한글 전용 정책은, 한글을 국민교육과 산업화에 최적화된 '단일 표기 체계'로 설정하고, 한자를 '비효율적·구시대적 문자'로 규정하는 경향을 보였다. 이 시기 공문서와 학교 교과서에서 한자가 빠르게 퇴장하면서, 표기 체계 차원에서는 '한글 단일화'가 상당 부분 실현된 것처럼 보였다. 그러나 1970년대 이후 경제 성장과 함께 사회 전반에 일정한 자신감과 여유가 형성되면서, 한자와 전통문화에 대한 재평가가 이루어지기 시작했다. 특히 고전문학·역사학·철학 등 인문학 연구와 법학·행정학·언론 분야에서 한자어의 필요성이 다시 부각되었고, 중등교육에서의 한문 과목 부활과 기본 한자 표준안 제정 등, '제한적 한자 교육' 체제가 마련되었다. 1990년대 이후 세계화와 정보화가 본격화되면서, 한국 사회는 영어·알파벳·디지털 미디어를 적극 수용하는 동시에, 한글·한자·전통문화의 위상을 재조정하는 이중의 과제를 동시에 떠안게 되었다. 이 과정에서 한글은 '디지털 친화적, 세계화에 적합한 민족 문자'라는 긍정적 이미지를 강화하는 한편, 한자는 '전통·고급 어휘·학술 문화의 매개'로서 보다 좁지만 여전히 중요한 역할을 담당하는 방향으로 기능 분담이 이루어졌다.

이러한 역사적·정책적 경로를 종합하면, 오늘날 한국의 문자 환경은 단순한 '한글 전용'이나 '한글·한자 병용'이라는 이분법으로 포착되기 어렵다. 일상적 표기와 디지털 커뮤니케이션의 차원에서는 한글이 사실상 유일한 문자로 작동하는 반면, 어휘·의미·학술어 구성의 차원에서는 한자어가 압도적인 비중을 차지한다. 따라서 한글은 표면적으로는 독자적 음소 문자이지만, 그 내부에는 한자어 층위가 촘촘히 박혀 있는 다층적 구조를 형성하고 있다. 곧, 한글은 "형태적으로는 자국 문자, 의미적으로는 한자어 네트워크 속에서 작동하는 문자"라는 이중성을 갖는다고 할 수 있다. 이런 맥락에서 한국의 하이브리드 모델은 단순한 '두 둔자 체계의 병렬'이 아니라, '한글이라는 단일 표기 체계 안에서 한자어의 의미망이 심층 구조로 작동하는 중층적 시스템'으로 이해되는 것이 타당하다.

이와 같은 하이브리드 구조는 동아시아 문화 교류와 인공지능(AI) 시대의 지식 생산 환경 속에서 한국에 독특한 가능성을 제공한다. 한편으로, 한국인은 일상적으로는 한글을 사용하면서도, 교육과 사회화 과정을 통해 일정 수준의 한자어 이해 능력을 습득한다. 이는 한중일 3극의 공통 한자어 표층을 이해하고 상호 비교할 수 있는 잠재력을 제공한다. 다른 한편으로, 한글·한자·알파벳을 모두 사용하는 한국의 경험은, 복수 문자 체계를 동시에 다루는 디지털 인프라 설계와 AI 언어 모델 구축에서 중요한 실험장이 될 수 있다. 예컨대 한국어 코퍼스에서 한자어·고유어·외래어의 분포와 결합 양상을 정밀하게 분석하면, 동아시아 언어들 사이의 의미 대응 관계를 한자어 층위에서 재구성하고, 이를 기반으로 한 다국어 지식 그래프를 구축하는 것이 가능하다. 이때 한국에서 축적된 한자 교육·한자능력 검정 데이터, 고전 번역·주석 데이터는 한자어 의미망을 디지털화하는 데 핵심 자원으로 활용될 수 있다.

이러한 관점에서 볼 때, 한국의 하이브리드 모델은 단지 과거의 타협적 산물이 아니라, 인공지능 시대에 새로운 의미를 획득하고 있다. 인공지능 번역·자연어 처리 시스템은 통상 알파벳 기반 언어에 최적화되어 왔으나, 최근에는 한중일을 아우르는 비(非) 알파벳권 언어의 다중 문자 처리가 중요한 과제로 부상하고 있다. 이때 한글 단일 표기 시스템을 가지면서도 한자어에 대한 풍부한 이해와 교육 전통을 보유한 한국은, 문자 처리 알고리즘과 의미망 설계에서 양쪽을 매개하는 '중재자 언어'가 될 잠재력을 지닌다. 곧, 한국어·한글을 중심으로 한자어·중국어·일본어를 연결하는 데이터 허브를 구축할 경우, 한국은 동아시아 언어 자원의 통합·표준화·응용에서 중심적인 역할을 수행할 수 있다. 이는 곧 한국이 동아시아 문화 교류의 '중재자'일 뿐 아니라, 동아시아 언어·지식 데이터의 '플랫폼 제공자'로 전환할 수 있는 가능성을 시사한다.

마지막으로, 한류(韓流)의 확산과 디지털 문화 산업의 성장 역시 한국 하이브리드 모델의 가시성을 크게 높이고 있다. K-드라마·K-팝·K-웹툰·K-게임 등 한국의 문화 콘텐츠는 기본적으로 한글을 전면에 내세우면서도, 작품 제목·캐릭터 이름·세계관 설정·미장센 등을 통해 한자·한자어·전통 상징을 부분적으로 활용하는 경우가 많다. 동시에 영어·알파벳과의 혼용은 글로벌 유통과 소비를 염두에 둔 전략의 일부로 기능한다. 이처럼 한글·한자·알파벳이 한 콘텐츠 안에서 서로 다른 층위를 담당하며 공존하는 구조는, 한국 둔화가 전통과 현대, 동아시아와 서구를 동시에 참조하고 결합하는 '가교적 성격'을 잘 보여준다. 인공지능 기반의 추천 시스템·번역 시스템·콘텐츠 생성 도구가 점차 발전하는 상황에서, 이러한 복수 문자·복수 문화 코드의 공존 경험은 한국이 새로운 디지털 문화생태에서 실험적이면서도 전략적인 위치를 차지할 수 있음을 시사한다.

이상을 종합해 볼 때, 한국의 독특한 하이브리드 모델은 (1)한글이라는 독창적 문자 체계를 중심으로, (2)한자어를 심층 어휘·문화·데이터 층위에서 활용하며, (3)알파벳·영어를 글로벌 커뮤니케이션의 매개로 결합하는 삼중 구조를 통해 형성되어 왔다. 이 구조 속에서 한글은 표기 체계로서의 우위를 점하는 동시에, 한자와의 오랜 결합을 통해 형성된 의미망을 내부에 품은 '이중적 문자'로 기능한다. 그리고 바로 이 지점에서, 한국 한자는 표기 체계로서는 주변화 되었으나 어휘·문화·데이터 층위에서는 핵심적인 매개로 작동하는, 중국·일본·베트남 어느 경우와도 다른 독특한 이중성·중층성·혼용성을 드러내게 된다. 이러한 특수성은 인공지능 시대의 동아시아 언어·지식 인프라 구축 과정에서, 한국이 단순한 수용자를 넘어 설계자이자 중개자로 나아갈 수 있는 이론적·실천적 토대가 될 것이라 생각한다.

(3) 양자역학의 미래와 한자

인공지능과 양자(量子)역학이 결합하는 새로운 과학기술 문명 속에서 한자는 더 이상 과거 문헌을 해독하는 도구에 머무르지 않는다. 한자는 표의문자이면서 동시에 형(形)·음(音)·의(義)를 한 글자 안에 중첩하는 다층적 기호 체계로서, 선형적·배타적 논리에 기초한 알파벳 계열 문자와는 다른 비선형적·관계적 사고 구조를 전제한다. 이러한 구조는 중첩, 얽힘, 간섭 등 서로 모순되는 상태가 하나의 수학적·물리적 틀 안에서 공존하는 양자역학의 세계상을 이해하는 데 매우 적합한 인지적 토대를 제공한다. 여기에다 한글 - 한자 - 서구어가 혼용된 한국의 문자 환경이 결합될 때, 한자는 '한자의 미래'와 '한국의 발전' 모두에 전략적 자산으로 작동할 수 있을 것이다.

우선 개념의 구조라는 차원에서 볼 때, 한자는 양자역학이 요구하는 비고전적 사고와 깊이 공명한다. 예컨대, 양자역학에서 '중첩'은 0과 1, 입자와 파동이 동시에 성립하는 상태를, '얽힘'은 서로 떨어진 계가 하나의 상태로 결속된 비국소적 상관성을 가리킨다. 이는 고전 논리의 "A이거나 B"라는 배타적 선택보다는 "A이면서 동시에 B"라는 포섭적 논리를 요구한다. 동아시아 한자 문화에서 오랫동안 축적된 반훈(反訓) 현상은 이러한 사고를 문자 차원에서 체화한 것이다. 한자에서 '낙(落)'이 '떨어지다'와 '머물다·정착하다'를, '난(亂)'이 '어지럽다'와 '다스리다'를, 납(納)이 '받다'와 '주다'를, '법(法)'이

'지키다'와 '폐기하다'를, '지(止)'가 '멈추다'와 '가다'를 동시에 품고 있는 것처럼6), 하나의 기호 안에 상반된 의미가 공존할 수 있다는 경험은, 상반된 상태의 중첩을 자연스러운 세계의 양식으로 받아들이는 감수성을 길러 왔다. 이런 의미에서 한자는 이미 오래전부터 '양자적 이중성'을 문자 구조 속에 구현해 온 셈이다.

언어 표현의 차원에서 한자는 양자·AI 관련 개념을 구성하는 데 뛰어난 간결성과 압축력을 보여 준다. 중국어에서 '클라우드 컴퓨팅'을 지칭하는 '雲計算(yún jìsuàn)'은 '구름(雲, 구름이 피어오르는 모습을 그린 云에 비가 내리는 모습을 그린 雨가 상하로 결합한 모습)'이라는 상형과 '계산(計算)'이라는 일반 개념을 결합해, 물리적으로는 손에 잡히지 않지만 분산된 자원들의 집합이라는 특성을 직관적으로 드러낸다. 마찬가지로 '量子糾纏(양자 얽힘)'이라는 네 글자는 장황한 수식과 정의를 동원하지 않고도, '미세 단위(量子)' 사이에 형성된 '엉킴·연루(糾纏)'라는 핵심 상을 즉시 환기한다. 향후 '양자상변(量子相變)', '양지융합(量智融合)', '허실전환(虛實轉換)'과 같은 한자식 개념어는 양자 상전이, 양자 - 지능 융합, 실재와 정보의 전환이라는 복잡한 현상을 간결하면서도 의미 깊게 포착

---

6) 예컨대, 낙(落)은 낙엽(落葉)에서는 잎이 '떨어지다'의 뜻이고 낙성(落成)에서는 완성의 '시작'을 뜻한다. 또 난(亂)은 난국(亂國)에서는 나라가 '어지러움'을, 난신(亂臣)은 그런 어지러움을 '다스릴' 수 있는 신하를 말한다. 또 납(納)의 경우, 수납(受納)에서는 받아서 '넣어두다'는 뜻이고, 납세(納稅)에서는 세금을 '내다'는 뜻이다. 또 법(法)은 법수(法水)에서는 물의 이치는 '본받다'는 뜻이지, 법형(法刑)에서는 형벌을 '폐기하다'는 뜻이다. 또 지(止)는 원래 '발'을 그려 '가다'는 뜻이었으나 이후 '멈추다'는 뜻으로 쓰였다.

하는 언어적 틀로 기능할 수 있다. 이와 같은 조어 방식은 양자 정보, 양자 센서, 양자 통신 등 새로운 개념 군을 형성하는 데 있어 한자가 여전히 매우 효율적인 '개념 설계 언어'임을 보여 준다.

뿐만 아니라, 인지 효율성 측면에서도 한자는 장점을 가진다. 열역학·정보이론의 핵심 개념인 엔트로피를 나타내는 '熵(shāng)'은 '불(火)'과 '헤아리다'는 뜻의 '상(商)'을 결합한 글자로, 에너지의 분산과 상태 수의 측정을 동시에 연상시킨다. 이는 "무질서도의 척도"라는 추상적 정의보다 개념의 뼈대를 훨씬 신속하게 잡게 한다. '量子比特(liàngzi bǐtè, 양자 비트, qubit)'에서 '양(量)'은 수량·측정, '자(子)'는 미소 단위, '비특(比特)'은 음역을 통해 디지털 정보 단위를 상기시키며, 물리적 최소 단위와 정보 단위의 결합이라는 양자 비트의 본질을 한눈에 드러낸다. 샤넌(Claude Shannon)이 정보 엔트로피를 통해 "정보량의 평균적 불확실성"을 수식으로 정의했다면, 한자는 형·음·의를 겹쳐 놓은 글자 하나나 짧은 어절 안에 그러한 추상을 시각적·의미적으로 압축해 제시함으로써, 개념 이해의 진입 장벽을 효과적으로 낮춘다.[7)]

---

7) 샤넌이 말하는 정보 엔트로피는, 어떤 메시지가 오기 전에 우리가 가지고 있는 "결과에 대한 불확실성"을 수식으로 측정한 값이다. 예를 들어 여러 가지 경우의 수가 있을 때, 각 경우가 일어날 확률 (p_i)를 넣어 $(-\sum p_i \log p_i)$로 계산해야만 그 의미가 드러난다.$(H(X) = -\sum P(x_i) \log P(x_i))$ 즉, 개념 자체는 직관적으로 이해하기 어렵고, 수학 기호와 확률 분포를 전제로 한다. 반면 한자는 '熵'처럼 火(에너지의 흐름)와 商(헤아림·계산)의 결합으로 "열·에너지 상태를 수량적으로 측정한다"는 이미지를 한 글자에 담거나, '양자규전(量子纠缠)'처럼 네 글자 조합만으로 "미소 단위들 사이의 엉킴"을 한눈에 떠올리게 만든다. 샤넌의 공식을 모르더라도, 이

또한 한자는 새로운 과학·기술 개념을 기존 문화·사상 자산과 융합하는 데 유리한 매개이다. 뇌-기계 인터페이스(Brain-Machine Interface)를 가리키는 `Neural Lace'를 중국어로 번역할 때, 단순 음역 대신 '神經織網(신경 직망)'과 같이 명명하는 시도가 그렇다. 이 표현은 뇌 속 신경 네트워크를 하나의 '짜인 그물'로 형상화함과 동시에, 전통 의학의 '경락(經絡)'·'혈맥(血脈)' 등의 개념과 자연스럽게 연결된다. 만약 양자 네트워크를 '양자경락(量子经络)'과 같이 호명한다면, 추상적인 그래프 구조는 이미 동아시아적 우주론·인체론의 맥락 속으로 편입된다. 이처럼 한자는 양자·AI 기술을 단지 서구 과학의 언어로만 이해하는 것이 아니라, 오랜 한자 문화권의 사유 자원과 접목해 재해석할 수 있도록 함으로써, 기술·윤리·문명론을 가로지르는 복합 담론의 장을 열어 준다.

정보 전달의 효율성 역시 주목할 만하다. 국제기구의 다국어 문서를 비교하면, 동일한 내용을 담은 한자본이 영어·프랑스어본보다 15~20% 정도 더 짧으면서도 핵심 정보를 유지하는 경우가 많다고 지적된다. 이는 문자당 정보량, 곧 정보 엔트로피의 밀도가 상대적으로 높다는 뜻이다.8) 5G 통신 프로

런 글자를 보는 순간 개념의 방향과 핵심 이미지를 먼저 잡을 수 있기 때문에, 추상적인 수학 정의에 바로 들어갈 때보다 개념 이해의 첫 문턱이 낮아지는 효과가 있다는 뜻이다.

8) 언어 간 언어정보의 밀도에 관한 연구는 많지 않다. 일반적으로 알려진 바에 따르면, UNESCO 문화유산 등재 신청서(동일 내용 기준)를 대상으로 했을 때, 12,500자로 된 국어 문서의 경우, 중국어 백화문은 10,800자(한국어 대비 86% 길이), 중국어 문언문 축약판은 7,200자(한국어 대비 58% 길이)로 알려져 있다. 철학적 문헌의 경우는 더 큰 차이를 보인다. 예컨대, 문언문으로 된 「반야심경」의 경우, "觀自在菩薩行深般若波羅蜜多時, 照見五蘊皆空, 度一切苦厄."(18자)을

토콜, 고정밀 기술 문서, 양자 통신 규격 등에서 개념 언어 차원의 고밀도 표현은 필연적으로 요구되는데, 한자 기반 용어 체계는 적은 문자로 복잡한 기술 내용을 정확히 표현함으로써 오독 가능성을 줄이고 전송·보관비용을 절감할 수 있다. 데이터 압축과 정보 효율이 핵심 과제인 양자·AI 시대에, 개념 차원에서 이미 '고밀도 표현'이 가능한 한자의 장점은 결코 사소하지 않다.

이러한 한자의 잠재력은 한국의 문자사용 이중성과 하이브리드성 속에서 더욱 입체적 의미를 획득하게 된다. 한국어 화자는 한글이라는 표음 문자 안에서 한자어의 의미망을 일상적으로 사용하며, 동시에 과학·기술·K-컬처를 통해 영어·알파벳·수학 기호에 익숙하다. 표기 층위에서 한글이 전면에 드러나 있지만, 어휘의 심층 구조에서는 한자어가 개념의 기본 틀을 제공하고, 여기에 서구 과학 언어가 결합하는 삼각 구도가 형성되어 있는 것이다. 따라서 한국은 **문자중심문명**(한자)과

현대 중국어인 백화문으로 번역하면, "觀世音菩薩在深入修行智慧圓滿法門時，清楚地看見五種積聚都是空無自性的，因而超過了一切痛苦與災難."(DeepSeek 번역)이 되어 원문보다 2.5배 이상 길어진다. 이를 한국어로 번역할 경우, "관세음보살께서 완전한 지혜의 법을 깊이 실천하셨을 때, 다섯 가지 쌓임이 모두 본래의 존재가 없음을 분명히 보셨고, 그리하여 모든 고통과 재앙에서 해탈하셨습니다."(구글 번역) 67자(공백제외, 고문 원문의 3.7배)로 늘어난다. 또 아를 영어로 번역했을 경우 "When Avalokiteshvara Bodhisattva was deeply practicing the Dharma of perfect wisdom, he clearly saw that the five kinds of accumulations were all empty of inherent existence, and thus he liberated all suffering and calamities."(구글 번역)로 번역되어, 총 문자수(총 단어 수 24개)는 126자(공백 제외, 공백 포함 시 152자)로 고문 원문의 7배에 해당한다.

로고스중심문명(알파벳·과학 언어)을 동시에 운용하는 '이중 문명 화자'를 대규모로 보유한 사회라고 할 수 있다. 한자는 이 안에서 더 이상 눈에 띄는 표기 체계로 존재하지 않더라도, 한국어 내부의 '보이지 않는 문자'로서 한글 표기, 영어, 수학 기호와 끊임없이 상호작용하며 양자·AI 시대의 새로운 개념 설계와 지식 통합을 지탱하는 심층 인프라로 기능한다.

결국 양자역학의 세계를 이해하고 그 기술적·철학적 함의를 확장해 가는 과정에서, 한자는 고차원 개념을 직관적으로 형상화하고, 인지 효율을 높이며, 전통 사유와 최첨단 과학을 엮어내는 핵심 매개가 된다. 그리고 한글 - 한자 - 서구어의 하이브리드 구조와 문자사용의 이중성을 지닌 한국은, 이러한 한자의 잠재력을 가장 유연하고 창의적으로 활용할 수 있는 조건을 갖춘 공간이다. 이 점에서 한자 교육과 활용은 과거 문명의 유산을 보존하는 차원을 넘어, 양자역학과 AI가 주도하는 미래 문명에서 한국이 개념 설계자이자 지식 중개자로 서기 위한 전략적 투자로 재규정될 필요가 있을 것이다.

제12장

결론: 미래 전망과 과제

제12장 결론

미래 전망과 과제

우리는 앞에서 한자가 한반도에 유입된 이래, 수용 - 자각 - 변용 - 긴장 - 상보성의 복합적 궤적을 따라 전개되어 왔음을 상세하게 살펴보았다. 특히 한글의 창제와 한자 사용의 갈등, 대한제국기의 전통적 한자 권력에 대한 한글의 도전, 일제 강점기 일본어 강요 하에서 강화된 한글의 저항적 성격, 해방 이후 급진적 한글 전용을 통한 탈식민화와 민족 정체성의 재구성, 산업화 시기의 실용주의적 한자 교육 재도입, 그리고 글로벌화·디지털화 시대에 재등장한 하이브리드 언어 정책은 모두, 한자와 한글이 단순한 대립 항이 아니라, 역사적 국면에 따라 역할과 위상을 달리하면서 상호 보완적 관계를 형성해 온 과정을 드러낸다 하겠다.

이러한 과정 속에서 점점 분명해진 것은, 오늘날 한국의 문자 환경이 더 이상 '한글 대 한자'라는 이분법적 대립으로 설명될 수 없다는 사실이다. 한국의 현실은, 한글과 한자의 병존이라는 차원을 넘어, 한글이라는 표기 체계 안에 한자어의 의미망이 깊이 매설되어 있는 '문자사용의 이중성', 그리고 한글·한자·서구어(특히 영어와 알파벳)가 일상적으로 혼용하는 '하이브리드성'이라는 두 축 위에서 이해되어야 한다. 이 두 가지 특성이야말로, 문자중심문명(동아시아 한자 문명)과 로고스중심문명(서구 알파벳·과학·논리 문명)을 동시에 경험하고 공유한 한국의 독특한 위치를 설명해 주며, 나아가 '한자의 미래와 한국 발전'에 한국이 기여할 수 있는 장점을 형성한다고 할 수 있다.

(1) 문자사용의 이중성과 한자의 미래

한국의 문자사용 이중성은 한글과 한자의 관계에서 가장 뚜렷하게 드러난다. 표층적으로 한국 사회는 공문서·교육·미디어 전반에서 한글 전용을 기본 원칙으로 채택하고 있으나, 어휘의 심층 구조에서 한자어가 차지하는 비중은 여전히 압도적이다. 한국어 사용자는 일상적으로는 한글만을 읽고 쓰지만, "경제, 문화, 민주, 정보, 양자, 중첩, 얽힘"과 같은 핵심 개념들을 운용하는 순간, 이미 한자어의 의미망과 더불어 사고하고 있는 셈이다. 다시 말해, 한국의 한글 사용은 '순수 표음 문자'의 사용이 아니라, '한글로 표기된 한자어'를 통해 세계를 이해하는 방식을 동반하고 있다. 한글이라는 표음 문자 층과 그 이면의 한자어 의미 층이 **이중 구조**를 이루는 것이다.

이러한 이중성은 한자의 미래에 두 가지 중요한 함의를 갖는다. 하나는, 한자가 더 이상 표기 체계의 전면에 서 있지 않더라도, 어휘·개념·지식 체계의 층위에서 여전히 결정적인 역할을 수행하고 있다는 점이다. 한자는 '보이지 않는 문자'[1]로서 한국어 내부에서 작동하면서, 새로운 과학·기술·정책 용어를 형성하는 데 계속해서 조어 자원으로 활용되고 있다. 다른 하나는, 이 이중 구조가 한국어 화자로 하여금 자연스럽게 '이중 언어 게임'을 수행하게 만든다는 것이다.[2]

---

1) 여기서 말하는 '보이지 않는 문자'는 특정 철학자의 고유 개념이 아니라, 오늘날 한국어에서 한자가 차지하는 위상을 설명하기 위해 본문에서 제시한 분석적 은유이다. 표기 층위에서는 한글이 전면에 드러나 있으나, 어휘·의미 구조의 심층에서는 한자어가 여전히 지배적인 틀을 제공하고 있다는 점에서, 한자는 소쉬르의 '랑그(langue)'나 데리다의 '원-서기(archi-écriture)'처럼 겉으로 드러난 발화·문자 이전에 작동하는 기호 체계에 비유될 수 있다. 여기서 '보이지 않는다'는 것은 문자로서 소멸했다는 뜻이 아니라, 한글 표기 뒤편에서 개념 형성과 사고방식을 규정하는 잠재적 구조로 기능한다는 점을 가리킨다.
2) 예컨대 다음과 같은 양상이 이에 해당할 것이다. ① '마음 - 정신 - 멘탈'의 선택: 일상 담화에서 정서·심리를 말할 때는 '마음이 약하다'고 표현하다가, 상담·심리학 맥락에서는 '정신 건강', 스포츠나 게임 맥락에서는 '멘탈 관리'로 전환하는 식이다. 이는 동일한 대상이 고유어 - 한자어 - 외래어 층위 사이를 오가며 의미가 미세하게 조정됨을 보여 준다. ② '나라 - 국가 - 스테이트'의 전환: 정치적 공동체를 막연히 말할 때는 '우리나라', 법·정책 담론에서는 '국가 정책', 국제정치·이론 논의에서는 '네이션 - 스테이트(nation-state)'라고 부르며, 논의 수준과 개념 정밀도에 따라 어휘 층위를 바꾸어 쓴다. ③ '살다 - 생활 - 라이프스타일'의 사용: 개인의 생존·거주를 말

한국인은 필요에 따라 한 개념을 순수 한국어 어휘, 한자어, 영어·알파벳 용어로 번갈아 조합해 사용하며, 이는 곧 개념의 층위를 이동시키고 맥락을 전환하는 능력과 직결된다.

이러한 능력은 인공지능과 양자역학의 시대, 즉 고도로 개념화된 과학 언어와 방대한 데이터가 상호 번역되어야 하는 시대에, 한자의 미래를 한국적 방식으로 확장하는 데 유리한 인지적 기반을 제공한다. 한국어 화자는 한자를 더 이상 '옛날 문자'로만 인식하는 것이 아니라, 한글로 표기된 한자어를 통해 새로운 개념을 만들어 내고, 그것을 다시 영어·수학 기호와 연결해 나가는 복합적 작업을 수행할 수 있기 때문이다.

(2) 하이브리드성: 한글-한자-서구어의 혼용과 문명 간 매개의 가능성

한국의 언어 환경을 규정하는 또 하나의 핵심은 한글·한자·서구어의 구조적 혼융(混融), 즉 문자·언어의 하이브리드성이다. 학술·과학·기술 텍스트에서 '양자 얽힘(quantum entanglement)', '큐비트(qubit)의 중첩(重疊) 상태'와 같이 한글·영어·한자 표기가 하나의 문장 안에서 자연스럽게 공존하는 것은 더 이상 특수한 사례가 아니다. 대중문화 영역에서

할 때는 '어디서 산다', 사회학·통계 맥락에서는 '도시 생활', 소비·문화 담론에서는 '라이프스타일(lifestyle)'이라는 어휘를 택함으로써, 같은 현상을 서로 다른 의미틀 속에서 구성한다. '이중 언어 게임'은 이런 식의 상시적인 어휘·문자 층위 이동을 지칭한 것이다.

도 드라마 제목, K-팝 그룹명, 게임 웹툰의 로고 등에 한글과 알파벳, 때로는 한자가 혼합된 시각적 조합이 광범위하게 나타난다.

이러한 하이브리드성은 단지 '잡다한 혼합'이 아니라, 문자중심문명을 대표하는 한자와, 로고스중심문명의 상징인 알파벳·수학 기호·영어가, 한글이라는 득창적 표기 체계 안에서 재구성되는 일종의 문명적 실험이란 할 수 있다. 한국 사회는 오랫동안 경전·고전·역사서를 통해 문자중심문명의 축적된 지식을 습득해 왔고, 근대 이후에는 과학·기술·법·정치 이론을 통해 로고스중심문명의 형식 논리를 받아들였다. 이 두 전통이 한글 – 한자 – 서구어의 하이브리드 사용을 통해 하나의 실천 공간 안에서 만나는 것이 으늘의 한국이다.

그 결과 한국어 화자는 자연스럽게 두 개의 문명 언어를 번역·조정하는 '이중 문명 화자'가 된다. 한자어를 통해 사유할 때에는 관계적·맥락적·전체적 사그, 즉 문자중심문명이 길러 온 통합적 사유가 작동하고, 영어·수학 기호·알파벳을 통해 사유할 때에는 분석적·형식적·논리적 사고, 즉 로고스중심문명이 요구하는 추상화 능력이 활성화된다. 이 두 모드 사이를 오가며 개념을 재배열하고, 서로 다른 인식 체계를 대화시키는 능력은, 양자역학과 인공지능이 요청하는 '형식적 정밀성과 개념적 직관성의 동시 확보'를 가능하게 하는 중요한 문화적 자산이다.

(3) K-Culture의 성공과 문자 이중성·하이브리드성

그간 K-Culture의 성공을 설명하는 데 정치·경제·산업·플랫폼 등의 요인이 주로 논의되어 왔지만, 보다 깊은 층위에서는 한국의 문자 구조 자체가 K-Culture의 미학과 서사 방식에 중요한 영향을 미쳐 왔다고 볼 수 있다. K-드라마와 영화는 한글 자막과 대사를 기본으로 하지만, 인물 이름·지명·기관 명칭·세계관 설정 등에 한자어 어휘를 적극적으로 활용함으로써, 서사에 중층적인 의미망을 부여한다. 동시에 영문 제목·해외 배급용 로고·OST의 영어 가사 등은, 동일한 콘텐츠가 서구어의 로고스 체계 안에서도 소비될 수 있도록 번역과 재맥락화를 수행한다.

K-팝의 경우, 그룹명·곡명·앨범 명에서 한글·영어, 때로는 한자까지 혼합된 명명법이 자주 활용된다. 이는 시각적으로도 독특하고, 의미적으로도 다중적인 해석을 허용한다. 한국 내에서는 한자어적 함의가 작동하고, 동아시아권에서는 공통 한자 문화가 호출되며, 글로벌 시장에서는 영어·알파벳이 즉각적인 인지 가능성을 제공한다. 이러한 문자적 하이브리드성은, 각기 다른 문화권의 관객이 '자신의 문자와 언어'를 통해 K-Culture를 해석하고 참여할 수 있는 여지를 넓힌다.

예컨대, 이러한 문자 이중성과 하이브리드성은 구체적으로 최근 넷플릭스 애니메이션 「케이팝 데몬 헌터스」와 그 OST 'Golden'(HUNTR/X)을 통해 잘 드러난다. 이 곡은 기본적으로 영어 가사 구조를 따르지만, 후렴부에 "어두워진 앞길 속에", "영원히 깨질 수 없는", "밝게 빛나는 우린"과 같은 완전한 한국어 문장을 그대로 삽입한다. 이는 단순한 감탄사 수준의 코드 스위칭이 아니라, 곡의 감정적 정점이 한국어로 발화되도록 설계한 장치로서, 청자는 글로벌 팝의 리듬과 함께 "한국어로만 붙잡을 수 있는 정서"를 동시에 체험하게 된다. 여기에 세계관의 핵심 개념으로 제시된 한자어 '혼문(魂門, Honmoon)'은 "영혼의 문"을 뜻하는 신조어로, 무속·퇴마·팬덤 서사를 한데 묶는 상징적 기표로 기능한다. 제목 'Golden'이 서사의 클라이맥스에서 '황금 혼문'의 완성을 의미하게 되는 구조는, 영어 - 한국어 - 한자어가 하나의 상징망 속에서 결합되는 전형적 사례라 할 수 있다.

유사한 장치는 같은 OST인 'Takedown'에서도 반복된다. 이 곡은 전반적으로 영어 가사로 전개되지만, "정신을 놓고, 널 짓밟고, 칼을 새겨놔", "당당하게 어둠 앞에 다가서, 다 무너뜨려", "영혼 없는 네 목숨을 끊으러"와 같은 한국어 문장을 중간에 통째로 배치함으로써, 악마 사냥이라는 서사의 폭력성과 윤리적 분노가 한국어 파트에서 집중적으로 터져 나오도록 구성한다. 시각적 차원에서도 작품 전반에 걸쳐 한글 간판, "가자 가자", "후배"와 같은 미번역 한국어 대사가 의도적으로 남겨지는데, 이는 배경과 대사 레벨에서까지 '한국어 - 한글'의 물성을 전면에 드러내는 장치로 작동한다. 이처럼 「케이팝 데몬 헌터스」는 영어 팝 송 구조 위에 한국어 문장과 한자어 '혼문'을 결합함으로써, 문자중심문명(한글·한자)과 로고스중심문명(영어·팝 음악 서사)을 하나의 하이브리

12-1. '케이팝 데몬 헌터스'

드 텍스트 안에서 동시 가동한다. K-컬처의 세계적 성공은
바로 이러한 '언어·문자의 이중 구조'를 미학적·상업적 장점
으로 전환한 결과이며, 한국이 보유한 한글 - 한자 - 서구어의
복합 문자 환경이 어떠한 방식으로 글로벌 상상력을 조직하
는지 보여 주는 대표적 사례라 할 수 있다.

나아가, 웹툰·게임·메타버스 콘텐츠에서도 한글 인터페이스
위에 한자어 기반 스킬명, 영어 약어, 수학·과학 기호 등이

혼합되는 구조는 일상이 되었고, 이는 K-Culture가 동아시아 전통·서구 과학·디지털 네이티브 문화를 동시에 끌어안는 매체가 되고 있음을 보여 준다. 즉, 한국의 문자 이중성과 하이브리드성은, K-Culture가 전통과 현대, 동양과 서양, 로컬과 글로벌을 자연스럽게 교차 편집하는 서사·미학적 감수성의 바탕을 이루고 있다. 이 점에서 한국의 문자 구조는 K-Culture의 글로벌 성공을 가능하게 한 '보이지 않는 인프라'였다고 평가할 수 있다.

(4) 양자·AI 시대, 한자의 미래와 한국 발전 가능성

이러한 문자사용의 이중성과 하이브리드성은 '양자역학의 미래와 한자', 더 나아가 '한자의 미래와 한국 발전'이라는 주제와도 직결된다. 양자역학은 고도로 수학화 된 언어를 통해 기술되지만, 동시에 그 수식이 지시하는 세계상을 이해할 수 있는 새로운 형상화·비유·개념 틀을 요구한다. 인공지능 역시 알고리즘·파라미터·벡터 공간이라는 형식 언어만으로는 충분히 이해될 수 없으며, 인간이 그것을 해석하고 책임질 수 있는 서사·윤리·철학적 틀이 필요하다.

이때 한자는 복잡한 양자 개념과 AI 개념들을 동아시아적 우주론·윤리·인간관과 연결해 사유할 수 있게 하는 '개념의 다리'가 될 수 있다. 예컨대, '양자상변(量子相變)', '양지융합(量智融合)', '허실전환(虛實轉換)'과 같은 한자식 개념어는, 양자 물리와 인공지능 기술을 "양과 질, 허와 실, 상과 변"이라는 오랜 사유 틀 속에서 다시 해석하게 함으로써, 기술 개발과 더불어 문명론적 성찰을 촉구한다.

한국은 이러한 작업을 수행하기에 독특한 조건을 가지고 있다. 한글을 통해 한자어·영어·수학 언어를 동시에 표기하고, 학교 교육을 통해 한자·영어·디지털 리터러시를 모두 습득하는 한국 사회는, 양자·AI 시대의 새로운 개념 지도를 그리는 데 필요한 다언어적·다문자적 자원을 이미 상당 부분 확보하고 있다. 한자어 의미망을 정교하게 디지털화하고, 이를 한국어·중국어·일본어·영어와 연결하는 다층 지식 그래프를 구축한다면, 한국은 동아시아 전체를 아우르는 '지식·언어 허브'로 기능할 수 있다. 이는 단지 학술적·기술적 프로젝트를 넘어, 한국이 한자 문명과 로고스 문명을 잇는 중재자, 그리고 양자·AI 시대의 개념 설계자 역할을 수행할 수 있음을 의미한다.

(5) 향후 과제: 언어 정책과 문명 전략의 통합

마지막으로, 이러한 논의를 토대로 할 때, 한국의 언어·문자 정책은 더 이상 '국내 교육 행정의 기술적 문제'에 머물러서는 안 된다. 그것은 문자중심문명과 로고스중심문명을 동시에 공유한 한국이, 21세기 세계 질서 속에서 어떠한 문명적 역할을 수행할 것인가라는 보다 큰 질문과 연결되어 있다.

첫째, 한글 전용 원칙은 유지하되, 한자 교육과 활용을 '전통 보존'이나 '입시 도구' 수준을 넘어, 양자·AI 시대의 인지

훈련이자 동아시아 협력의 기반, 그리고 새로운 개념 창조의 자원으로 재설계할 필요가 있다. 둘째, 한글 - 한자 - 서구어의 하이브리드 구조를 전제로 한 다언어·다문자 교육, 그리고 이를 뒷받침하는 디지털 인프라(코퍼스, 전자사전, 지식 그래프, 문자 기반 AI 모델 등)를 체계적으로 구축해야 한다. 셋째, K-Culture와 과학기술·교육·외교정책을 연계하여, 한자의 미래를 '과거의 유산'이 아닌 '미래 문명 설계의 핵심 자원'으로 위치시키는 종합 전략이 요구된다.

결론적으로, 한국의 한자 정책과 문자 정책은 역사적 맥락과 현재의 기술 발전, 그리고 미래의 국제 관계를 아우르는 문명 전략의 일부로 재구성되어야 한다. 한글과 한자, 그리고 알파벳이 조화롭게 공존하는 한국의 언어 환경은, 다양성과 통합, 전통과 혁신, 문자중심문명과 로고스중심문명이 공존할 수 있는 모델을 제공한다. 이 하이브리드적 공존 모델을 어떻게 이론화하고 제도화하며, K-Culture와 양자·AI 기술, 동아시아 협력의 구체적 프로그램으로 구현해 나가는가가, '한자의 미래와 한국 발전'을 가늠하는 핵심 과제가 될 것이다. 한국은 이 과제를 통해, 단지 자국의 문화 정체성을 강화하는 것을 넘어, 21세기 인류 문명이 나아갈 새로운 패러다임을 제시하는 의미 있는 실험장을 제공할 수 있을 것이다.

참고문헌

참고문헌

『고려사(高麗史)』

『고려사절요(高麗史節要)』

『농서(農書)』(왕정)

『동국이상국후집(東國李相國後集)』

『동국후생신록(東國厚生新錄)』

『몽계필담(夢溪筆談)』(심괄)

『미암일기(眉巖日記)』

『삼봉집(三峯集)』

『수향편(袖香編)』

『양촌집(陽村集)』

『연려실기술(燃藜室記述)』

『오주연문장전산고(五洲衍文長箋散藁)』

『용재총화(慵齋叢話)』

『임하필기(林下筆記)』

『조선왕조실록(朝鮮王朝實錄)』

『100개 한자로 읽는 중국문화』(하영삼, 도서출판3, 2017)

『고려 뱃길로 세금을 걷다』(국립해양문화재연구소, 예맥, 2009)

『고려청자 보물선』(국립해양유물전시관, 2008)

『고문서에 담긴 선조들의 생활과 문화』(북촌미술관, 2025)

『고흥 운대리의 분청사기』(고흥군, 2014)

『국립경주박물관』(국립경주박물관, 2015)

『국립광주박물관』(국립광주박물관, 2010)

『국립중앙박물관』(국립중앙박물관, 2007)

『국립한글박물관 소장 자료 총서』(1,2)(국립한글박물관, 2014)

『국어사 자료 강독』(홍윤표, 태학사, 2017)

『국어사 자료선집』(한국어학연구회, 박이정, 1994)

『금속활자에 담은 빛나는 한글』(국립중앙박물관, 2008)

『금수강산의 삶과 문화』(국립공주박물관, 예백, 2009)

『나려(羅麗)인쇄술의 연구』(천혜봉, 경인문화사, 1978)

『매병 그리고 준: 향기를 담은 그릇』(국립해양문화재연구소, 2013)

『문자, 그 이후: 한국고대문자전』(국립중앙박물관, 2011)

『미륵사지석탑 사리장엄』(국립문화재연구소, 2013)

『번역하고 풀이한 훈민정음』(조규태, 한국문화사, 개정판, 2010)

『부산박물관 소장 유물 도록』(부산박물관, 2013)

『사전의 재발견』(국립한글박물관, 2018)

『사진으로 떠나는 한자역사기행』(하영삼, 도서출판3, 2018)

『선생님, 학생, 교과서』(부산광역시립박물관, 2000)

『세계유산 백제』(국립중앙박물관, 2016)

『신안선 속의 금속공예』(국립해양유물전시관, 예맥, 2027)

『완판본, 고전 책방을 열다』(완판본문화관, 서재, 2022)

『우리의 고전과 옛 교과서 629책』(김한영, 참빛아카이브, 2020)

『이상윤 기증 유물』(1)(한성백제박물관, 2014)

『조선 묘지명』(1,2)국립중앙박물관, 2011, 2012)

『조선시대 그림 속의 옛 배』(국립해양문화재연구소, 예맥, 2010)

『조선왕실의 각석』(국립고궁박물관편, 국립고궁박물관, 2011)

『중국문자학 핸드북』(장극화 외, 하영삼 등 역, 도서출판3, 2024)

『직지에서 디지털까지』(청주인쇄출판박람회조직위원회, 2000)

『찬구들아, 잘 있었니?』(국립한글박물관, 2021)

『천년 고찰 범어사』(범어사 성보박물관, 2015)

『추사를 보는 열 개의 눈』(여승구, 화봉문고, 2010)

『한국 고대의 문자와 기호 유물』(국립청주박물관, 2000)

『한국 고유한자연구』(김종훈, 보고사, 2014)

『한국 근대 한자자전 연구』(하영삼 등, 도서출판3, 2019)

『한국 금석문 탁본전』(부산박물관, 민족문화, 2009)

『한국고인쇄기술사』(김두종, 탐구당, 1974)

『한국고인쇄사』(천혜봉, 한국도서관학연구회, 1976)

『한국고활자개요』(김원룡, 을유문화사, 1954)

『한국문헌학연구』(류탁일, 아세아문화사, 1990)

『한국서지학』(안춘근, 통문관, 1967)

『한국서지학』(천혜봉, 민음사, 1997)

『한국역대자전총서』(16책)(하영삼 등 편, 도서출판3, 2017)

『한국의 고활자』(손보기, 보진재, 1982)

『한국의 도교문화』(국립중앙박물관, 2014, 2쇄)

『한국인쇄대감(韓國印刷大鑑)』(대한인쇄공업협동조합연합회, 1969)

『한국자전의 역사』(박형익, 역락, 2012)

『한국전적인쇄사(韓國典籍印刷史)』(천혜봉, 범우사, 1990)

『한국한자자전』(단국대학교 동양학연구원, 단국대학교출판부, 2023)

『한글의 발명』(정광, 김영사, 2015)

『한글의 큰 스승』(국립한글박물관, 2019)

『한글의 탄생』(노마 히데키 저, 김진아 등 역, 돌베개, 2018, 제15쇄)

『한글이 걸어온 길』(국립한글박물관, 2015)

『한자 전파의 역사』(루이싱 저, 전향란 역, 민속원, 2017)

『한자어원사전』(하영삼, 도서출판3, 2018)

『한자와 아시아』(이시캉화 큐요 저, 홍유빈 역, 역락, 2025)

『한자의 세계: 기원에서 미래까지』(하영삼, 신아사, 2013)

『호암미술관 명품도록』(삼성미술문화재단, 1984)

「근세조선전기활자인본에 관한 종합적 고찰」(김두종, 『대동문화연구』 4, 1967)

「도활자본(陶活字本) 동명선생집(東溟先生集)의 발굴」(천혜봉, 『계간서지학』 15, 1995)

「영남지방현존목활자와 그 인쇄용구」(류탁일, 『규장각』 3, 1979)

「이씨조선주자인쇄소사(李氏朝鮮鑄字印刷小史)」(김원룡, 『향토서울』 3, 1958)

「조선후기활자본의 형태서지학적 연구」(백린, 『한국사연구』 3·4, 1969)

「鑄字談」(房兆楹, 『書誌』 1, 1960)

「支那及朝鮮之古活字」(鮎貝房之進, 『書物同好會會報』 10, 1941)

「한글활자고(活字考)」(김두종, 『최현배선생환갑기념논문집』, 1954)

[네이버 지식백과] 활자 [活字] (한국민족문화대백과, 한국학중앙연구원)

○ **하영삼**(河永三)

경성대학교 중국학과 교수, 한국한자연구소 소장, 세계한자학회 (WACCS) 상임이사, 중국 화동사범대학 중국문자연구응용센터 겸직연구원으로 있으며, 교육부 인문한국플러스(HK+)사업단 단장, 대한중국학회 회장 등을 역임했다. 부산대 중문과 학사, 대만 정치대 중국과 석사, 박사. 한자 어원과 한자에 반영된 문화성을 연구하고 있으며, <한자와 에크리튀르>, <한자어원사전>, <키워드 한자>, <100개 한자로 읽는 중국문화>, <한자의 세계>, <漢字文化學>(중국어), <韓國漢字史論叢>(중국어) 등의 저서와 <완역설문해자>(5책), <허신과 설문해자>, <갑골학 일백년>(5책), <한어문자학사>, <설문해자인지분석>, <한자 속의 예법사상> 등의 역서가 있으며, "한국역대한자자전총서" 등을 주편했다.